알기 쉬운

사회복지조사방법론 3판

| 황성동 저 |

RESEARCH METHODS IN SOCIAL WELFARE 3rd ed.

학지사

3판 머리말

2015년 2판을 출간한 이후 시간이 꽤 흘러 10년이란 시간이 훌쩍 지나갔다. 개정판 주기를 매 5년으로 마음속으로 약속했지만 잘 지켜지지 않았음에 많은 교수님과 연구자들 그리고 학생들에게 미안한 마음을 금할 수 없다. 물론 중간중간 내용을 약간씩 수정해 왔지만 3판을 만들기까지 오랜 시간이 흘러간 것에 대해 전적으로 저자의 불찰임을 다시 한번 고백하지 않을 수 없다.

이번 3판 내용은 2판의 내용과 구성에 비해 크게 달라진 것이 없지만 기본적으로 내용을 업데이트하였다. 주요 개정 내용으로는 제1장에서 경험주의적 연구방법과 해석주의적 연구방법을 포괄한 통합주의적 연구방법에 대한 사례를 제시하였으며, 제3장에서는 사회복지실천과 조사와의 관계에서 조사에 기반한 실천 그리고 실천에 기반한 조사연구에 대한 내용을 추가하였다. 이어 제4장에서는 서스톤척도에 대한 설명과 아울러 구체적인 사례를 제시하였으며, 제5장에서 통계적 분석기법으로 PEM 방법을 제시하였고, 제9장 프로그램 평가 조사에서는 프로그램 평가 유형을 업데이트하여 기본평가, 형성평가, 과정평가, 결과평가의 순서로 재정리하여 보완하였다. 특히 제12장 계량적 자료 분석에서는 분석 프로그램으로 SPSS 대신 최근 많은 관심을 받는, 무료이자 오픈소스 프로그램인 jamovi를 활용하여 분석 결과를 제시하였으며, 분석 내용에 jamovi 스크린샷을 제시하여 현실감을 더하도록 하였다. 하지만 SPSS 이용자를 위해 SPSS를 이용한 분석 메뉴와 분석 결과는 부록에 별도로 제시한 내용을 30.0 버전으로 업데이트하였다. 끝으로 전체 내용을 다시 읽으면서 어색한 문구나 표현을 수정하여 보다 매끄럽게 읽힐 수 있도록 하였으며, 각종 사례 및 예시 등을 추가하여 독자들이 이해하기 쉽도록 준비하였다.

이 책에서는 사회복지조사 방법에 대한 내용을 학생들과 일선 현장의 사회복지사들에게 알기 쉽게 이해될 수 있도록 가능하면 구체적인 사례를 많이 제시하고, 중요 내용은 포인트 및 tip으로 제시하려고 하였다. 아울러 주요 내용들은 〈표〉 및 [그림]으로 다시 정리하여 일목요연하게 이해될 수 있도록 구성하였다. 하지만 여전히 부족한 내용이 많을 줄로 생각하며 앞으로 계속 보완해 나갈 계획이다.

3판을 출간하기까지 많은 분의 도움이 있었다. 특히 이 책을 교재로 사용하면서 다양한 제안과 아낌없는 격려를 해 주신 많은 교수님께 감사를 드리고 싶다. 그리고 강의시간에 유용한 피드백을 해 준 학생들에게도 고마움을 느낀다. 아울러 3판이 나오기까지 헌신적으로 탁월한 편집을 해 준 김순호 편집이사님께 감사를 드린다. 무엇보다 항상 선한 길로 인도해 주신 하나님의 큰 은혜에 깊은 감사를 드리고 싶다. 끝으로 부족한 남편을 믿고 늘 조언과 지지를 보내 준 아내 정화와 직장인으로 성실하게 생활하고 있는 아들 희근에게도 감사하다는 말을 전하고 싶다.

2026. 2.

황성동 씀

1판 머리말

지난 10여 년 동안 사회복지조사론을 강의해 오면서 느낀 점은 학생들이 이 과목을 대체로 어려워하고 있으며, 졸업 후에 그들이 과연 그동안 배운 조사론 내용들을 실천 현장에 적용할 수 있을지 확신하지 못한다는 것이었다. 이런 면에서 이 책을 집필하면서 필자는 우선 학생들에게 사회복지조사론은 배우기 쉽고, 흥미로운 주제라는 점을 강조하고 싶었다. 이런 배경에서 이 책의 제목도 '알기 쉬운'이란 수식어를 덧붙여 『알기 쉬운 사회복지조사방법론』이라고 하였다. 그리고 사회복지조사에 관한 많은 내용이 사회복지의 실천 현장에서 매우 필요한 지식이자 기법들이라는 점을 학생들이 인식하도록 하고 싶어서, 가능하면 많은 사례를 제시하고, 또 실천 현장과 연계된 예시를 들었다.

최근 들어 실천 현장에서 근무하는 사회복지사들이 사회복지조사의 중요성을 인식하고, 자신들의 실천 경험을 과학화·객관화하려는 관심과 노력들을 보이고 있는 점은 고무적이지 않을 수 없다. 사회복지학은 따뜻한 가슴과 냉철한 두뇌를 요구하는 예술이자 과학이기 때문에 사회복지학의 발전을 위해서는 과학적인 조사 방법을 통해 실천의 지식을 쌓아 가야 하고, 효과적인 실천기법들을 개발해야만 한다. 따라서 사회복지사들이 사회복지실천의 효과성과 과학성을 증진해 나갈 때 비로소 전문성도 강화되는 것이다. 그러므로 학생들뿐만 아니라 실천 현장의 사회복지사들에게도 유용하도록 이 책을 구성하였다.

이 책은 크게 3부로 구성되어 있다. 제1부에서는 조사에 대한 기본적인 이해를 도모할 목적으로 1장 조사와 과학, 2장 조사와 사회복지, 3장 사회복지조사의 과정, 4장 측정과 척도로 구성하였다. 그리고 제2부에서는 실제 흔히 활용되는 조사 방법들을 구체적으로 소개하였는데, 5장 단일사례조사설계, 6장 실험조사설계, 7장 설문조사, 8장 욕구조사, 9장 프로그램 평가 조사, 10장 질적 조사로 구성하였다. 마지막 제3부에서는 자료 수집, 자료 분석 및 조사보고서 작성에 대한 내용으로, 11장 2차적 자료 수집과 내용 분석, 12장 계량적 자료 분석, 13장 질적 자료 분석, 14장 조사보고서 작성, 15장 조사와 윤리적 문제로 구성하였다.

이 책은 학부생뿐만 아니라 대학원생들에게도 유용한 사례와 적절한 내용(예를 들면, tip의 내용)들을 담고 있다. 그리고 앞서 언급한 대로 일선 사회복지사들에게도 실천 현장에 적용 가능한 사례와 이론들을 제시하였다. 또한 이 책을 이용하는 사람들을 위해서 각 장마다 요약을 제시하였으며, 중요한 내용들을 표나 그림으로 가능하면 일목요연하게 제시하려고 노력하였다. 아울러 이 책으로 강의하시는 교수님들을 위해서 학생들의 수준에 맞도록 내용을 풀어 설명하였을 뿐만 아니라 그 내용을 압축 또는 요약·정리하였으므로 이 체계를 활용한다면 보다 효과적인 강의가 되리라 생각한다.

하지만 이러한 의도로 준비한 내용이지만 많은 부분에서 오류가 있으리라 생각하며, 부족한 부분은 앞으로 독자들의 지적에 따라 계속 보완해 나갈 것이다. 그리고 모든 오류는 전적으로 저자의 부족함에 기인함을 밝혀 둔다.

이 책을 세상에 내놓을 수 있도록 도와주신 많은 분이 있는데, 우선 지금까지 삶을 인도해 주신 하나님께 진심으로 감사를 드리고 싶다. 그리고 학과의 여러 교수님의 지지와 격려에 고마움을 느끼며, 원고를 정리하는 데 도움을 준 대학원 학생들에게 별도의 감사의 말을 전하고 싶다. 그리고 무엇보다 옆에서 조용히 지켜 주고 조언을 아끼지 않은 아내 정화와 고3임에도 늘 미소를 잃지 않는 희근에게 특별한 고마움을 느낀다.

2006. 1.

저자 씀

알기 쉬운 **사회복지조사방법론**

차례

제3장 사회복지조사의 과정 / 49

제4장 측정과 척도 / 75

제2부 자주 활용되는 조사 방법

제5장 단일사례조사설계 / 111

제6장 실험조사설계 / 133

제7장 설문조사 / 167

제8장 욕구조사 / 203

제12장 계량적 자료 분석 / 281

제13장 질적 자료 분석 / 317

제14장 조사보고서 작성 / 337

제15장 조사와 윤리적 문제 / 351

제1부

조사에 대한 기본적 이해

제1장

조사와 과학

탐구하고자 하는 주요 질문

1. 조사란 무엇을 의미하는가?
2. 조사는 왜 필요한가? 즉, 조사를 하는 목적은 무엇인가?
3. 조사와 과학은 어떤 관계가 있는가?
4. 과학적 접근 방법에는 어떤 방법이 있는가?

1. 조사에 대한 정의

조사(research)란[1] 간단히 말하면 우리가 제기한 질문에 대한 지식을 얻는 것(means of gaining knowledge)을 의미하는데, 여기서는 일정한 논리적 원칙, 즉 과학적 절차를[2] 통해 지식을 얻는 것을 말한다. 다시 말하면, 우리가 제기하는 질문이나 의문에 대해 과학적 절차를 통해 그 해답을 구하는 것이고, 그 해답은 과학적 지식이 되는 것이다.

그리고 이 과학적 지식은 인간과 사회에 대한 여러 현상을 기술하고 설명하기 때문에 우리의 행위와 판단의 근거가 된다. 이처럼 중요한 과학적 지식을 얻는 절차와 방법에 관한 것이 바로 조사 방법(research method)이다.

사례

다음 질문들은 우리가 사회복지 현장에서 흔히 제기할 수 있는 질문으로, 조사를 통해 그 해답을 구하고자 하는 사회복지조사의 주제들이다.

- 가족상담센터에서 우울증이 있는 클라이언트에 대해 상담서비스를 제공한 결과 우울증 문제가 해소되었는가? 그리고 이 클라이언트가 겪은 상담 경험은 어떠하였는가?
- 사회복지관에서 실시하는 방과후 프로그램(after-school program)에 참여한 아동에게 참여하기 이전과 비교하여 어떤 변화가 있었는가? 그리고 이 아동의 프로그램에 대한 참여 경험은 어떠하였는가?
- 우리나라에서 살아가고 있는 다문화가족 결혼이주여성들의 주요 욕구는 무엇인가? 그리고 이들이 한국 사회에 적응해 가고 있는 삶의 모습은 어떠한가?

1 research를 조사, 조사연구 또는 연구 등으로 사용할 수 있지만, 한국의 사회복지사업법에서는 사회복지조사론으로 규정하고 있어 일관성을 위해 '조사'라는 용어를 사용한다. 하지만 이 책에서는 '조사연구' 및 '연구'라는 용어와도 혼용해서 사용하고 있음을 밝힌다.

2 일반적으로 과학적 절차는 객관적이고 체계적 관찰(자료 수집) → 자료 분석 → 해석 → 일반화의 과정으로 구성된다.

2. 조사의 목적

조사를 통해 얻은 과학적 지식은 우리 인간 사회의 여러 현상과 관계를 설명하는 중요한 의미를 갖는다고 앞서 언급하였다. 이제는 이처럼 중요한 조사를 수행하는 목적에 대해 알아보자.

1) 조사의 일반적인 목적

조사를 통해서 얻게 되는 지식은 새로운 것으로서 다음과 같은 세 가지 일반적인 목적을 갖고 있다.

- 기존의 유용한 지식에서 부족한 부분을 보완(예: IQ와 학업성취도)
- 그릇된 개념을 반증(예: 정신질환과 범죄)
- 새로운 관계나 일반화를 제시함으로써 기존의 지식에 기여(예: 감성지수와 성공)

이러한 목적을 염두에 두고 다음의 사례를 살펴보자.

IQ와 학업성취도 IQ와 학업성취도의 관계는 항상 논란이 되어 왔으며, 아직도 그에 대해 명확한 결론이 내려진 상태가 아니다. 따라서 이러한 IQ와 학업성취도에 관련된 조사연구를 추가로 수행하게 된다면, 그것은 기존의 연구 결과에 부족한 부분을 보완하기 위한 것이다.

정신질환과 범죄 일반적으로 정신질환자들은 일반인보다 범죄율이 높기 때문에 더 위험한 존재라고 알려져 있다. 하지만 이러한 고정관념이나 편견을 해소하기 위해 실제로 정신질환자들이 더 많은 범죄를 저지르는가에 대한 조사를 진행할 수 있다.

감성지수(EQ)와 성공 기존의 지식으로는 IQ가 성공의 중요한 요소라고 알려져 있지만, 최근 연구 결과 성공에는 IQ보다는 감성지수인 EQ가 더 중요하다는 주장이 제기되었다. 따라서 EQ가 성공과 어떤 연관성이 있는가를 밝히기 위해 이와 관련된 조사를 실시할 수 있다.

2) 조사의 구체적인 목적

다소 광범위한 조사의 일반적인 목적과는 달리 조사의 구체적인 목적으로 크게 탐색, 기술, 설명을 제시할 수 있다. 이를 다음의 사례를 통해 구체적으로 살펴보자.

탐색(exploration) 양심적 병역 거부자의 삶은 어떻게 전개되고 있는가?

이 사례에서 조사는 기존에 잘 알려져 있지 않은 현상이나 관계에 대해 탐색할 목적으로 진행할 수 있다. 이 경우에는 대체로 연구 대상자의 규모가 작거나 사전 실험적 성격의 조사(pilot test)일 수 있다. 그리고 이렇게 탐색적 목적으로 수행된 조사에서는 명확한 결론을 내리기가 어렵고, 다음 단계의 조사로 진행하기 위한 기초로 활용되는 경우가 많다. 이러한 목적으로 수행하는 조사를 '탐색적 조사'라고 한다.

기술(description) 국내에 거주하는 결혼이주여성의 생활 실태는 어떠한가?

이 경우에는 어떤 한 시점에서 조사 대상자 집단에 대한 구체적인 정보를 수집할 목적으로 진행되며, 이와 같은 조사의 결과로는 어떤 주제에 대한 분명한 정보, 즉 그 속성 및 특성에 대한 구체적인 기술과 묘사가 가능하다. 이러한 목적으로 수행하는 조사를 '기술적 조사'라고 한다.

설명(explanation) 청소년의 사회봉사활동과 사회적 책임의식 간에는 어떤 상관성이 있는가?

앞서 설명한 세 가지 연구 목적 중 가장 상위에 해당하는 것으로서 어떤 변수들 간의 관계를 규명하는 데 초점을 두며, 어떤 현상과 관계의 속성을 구체적으로 설명할 수 있다. 이 경우에는 대체로 어떤 가설을 설정함으로써 조사를 시작하게 되며, 그 조사 결과로 가설을 증명하게 되는 경우가 일반적이다. 이러한 목적으로 수행하는 조사를 '설명적 조사'라고 한다.

3. 조사와 과학

앞에서 조사는 과학적 절차를 통해 지식을 습득하는 것이라고 설명하였는데, 이제 조사와 과학의 관계에 대해 구체적으로 알아보자. 일반적으로 과학적 지식은 과학적 조사를 통해 만들어지며, 과학적 조사는 과학적 지식을 만들어 내는 유용한 방법이 되고 있다. 즉, 사물과 현상에 대한 과학적 인식(이해) 방법은 과학적 조사를 필요로 하게 되고, 그 결과 과학적 지식이 산출되는 것이다. 그런데 이 과학적 조사를 수행하는 방법을 다루는 것이 바로 조사방법론이며, 사회복지조사방법론은 사회복지에 필요한 과학적 지식을 만들어 내는 조사 방법을 다루는 것이다.

> 사회복지에서는 인간과 사회에 대한 많은 지식과 이론이 필요하며 조사를 통해 과학적 지식을 창출하게 되는데, 이는 곧 사회복지의 과학화로 이어지고 사회복지의 과학화는 사회복지 학문의 발전과 실천 방법의 개선을 통해 클라이언트의 삶의 질을 향상시킨다.

1) 지식의 습득 방법

조사는 결국 지식을 습득하는 것을 의미하는데, 우선 지식을 습득하는 방법에 대해 알아보자. 우리가 어떤 현상에 대해 이해하는, 즉 지식을 습득하는 방법에는 가치, 직관, 경험, 권위, 전통 및 과학적 접근법이 있다(〈표 1-1〉 참조). 일반적으로 우리는 현상에 대해 우리가 가지고 있는 가치, 직관, 과거 경험을 통해 직접적으로 이해하지만, 우리 스스로 직접적으로 이해하기 어려울 때는 외부의 권위, 즉 해당 분야의 전문가를 통해 사물과 현상을 이해하게 된다. 그리고 전통적으로 내려오는 규범이나 관습 등을 통해 간접적으로 이해할 수도 있다. 그러나 과학적 방법을 통해 얻는 이해 및 지식이야말로 어떤 현상에 대한 과학적 지식이 되며, 이 과학적 지식은 인간과 사회에 대한 여러 다양한 현상을 기술하고 설명하며, 우리의 판단과 행동을 정당화한다(Marlow, 2011: 3-7). 나아가 클라이언트와 사회의 문제 해결을 통해 삶의 질을 높이는 동시에 사회를 발전시키는 데 기여한다. 이러한 과정을 나타낸 것이 [그림 1-1]이다.

표 1-1 지식을 습득하는 방법

직접적 방법	가치(values)	사람들은 자신이 갖고 있는 가치를 기준으로 사물을 이해한다.
	직관(intuition)	직관은 통찰력(insight)의 일부로서 명확한 기준보다는 개개인이 갖고 있는 경험이나 정서에 의해 느끼고 판단하는 것을 말하며, 때로는 어떤 현상을 직관적으로 이해한다.
	경험(experience)	사람들은 많은 경우 자신이 직접 경험한 사실에 기초하여 사물을 이해한다.
간접적 방법	권위(authority)	사람들이 직접 경험하거나 판단할 수 없을 때는 종종 외부의 지식 출처, 즉 전문가에 의존해서 이해할 때가 많다.
	전통(tradition)	우리는 우리 사회에 전통적으로 내려오는 어떤 관습이나 규범 및 문화에 의해 특정 현상이나 사물을 이해할 때가 종종 있다.
과학적 방법	과학(science)	사람들은 사물을 이해하고 행동할 때 과학적 절차, 즉 체계적인 관찰과 분석, 해석과 일반화의 과정을 통해 산출된 지식(과학적 지식)에 의존한다.

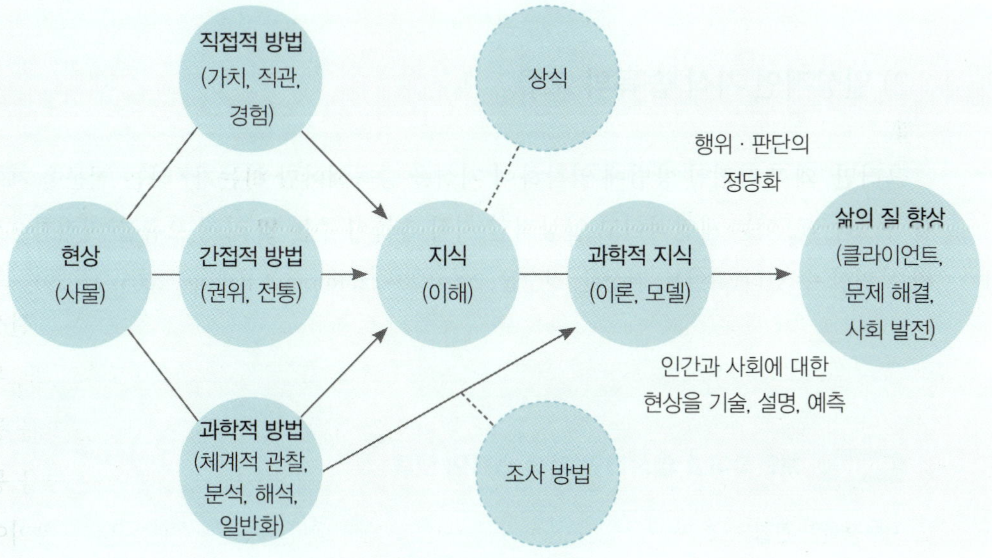

그림 1-1 조사와 과학

Point **조사에 대한 주요 용어**

- **과학**: 사물, 현상에 대한 지식을 객관적으로(과학적인 절차를 통해) 얻는 과정과 절차 그리고 이를 통해 얻은 지식을 말한다(과학적 지식 및 이론도 항상 수정되고 보완될 수 있다).
- **과학적 절차 및 방법**: 체계적 관찰(자료 수집) → 자료 분석 → 해석 → 일반화
- **조사 방법**: 과학적 지식을 얻기 위한 과학적 절차 및 방법에 관한 것, 또는 지식을 얻는 근거나 지식의 주장이 타당함을 밝히는 절차와 같은 것에 대한 논리적 접근을 말한다.
- **이론**: 어떤 현상(관계)을 논리적으로 기술하거나 설명할 수 있는 (보편적인) 지식 체계(과학적 지식 = 과학적 이론)를 말한다(예: 프로이트의 이론, 수요공급이론, 청소년 비행이론, 빈곤의 원인론 등).
- **모델**: 일반적으로 이론이 모델의 상위 개념이라고 인정하지만 큰 차이는 없고 이론과 유사한 기능을 수행한다.
- **상식**: 일상적으로 직접적인 경험을 통해 시행착오를 거침으로써 얻게 되는 단순한 지식을 말한다(예: 구름 → 비).

2) 일상적인 지식 습득의 오류

그러면 "왜 과학적인 방법에 입각하여 지식을 습득해야만 하는가?"라는 질문을 제기할 수 있는데, 이는 개인적이고 일상적인 지식 습득이 주는 몇 가지 오류를 지적함으로써 설명할 수 있다(최일섭, 김성한, 정순둘, 2001: 20-22; Rubin & Babbie, 2005: 24-29).

Point **개인적이고 일상적인 지식 습득의 오류**

- 부정확한 관찰
- 과도한 일반화와 선별적 관찰
- 사후 소급 가설
- 비논리적인 추론

부정확한 관찰 우리가 생활 속에서 관찰하는 일상적인 관찰은 대부분 무의식적으로 이루어지는 경우가 많으므로 대체로 정확하지 않다. 예를 들면, 여러분은 지난 주 수업시간에 교수님께서 매신 넥타이의 색깔을 기억합니까? 아마도 대개 기억하지 못할 것이다. 이처럼 일상적인 관찰은 부정확한 경우가 많다.

과도한 일반화와 선별적 관찰 그리고 어떤 사회복지기관에서 비리가 발생하였다고 해서 마치 전체 복지기관이 비리에 연루된 양 확대해석하는 것은 과도한 일반화에 해당된다. 또한 사람은 자신의 가치나 신념에 국한해서 사물을 관찰하는 경우가 많은데, 이 경우 선별적 관찰이라는 오류를 범하기 쉽다.

사후 소급 가설 과학적 방법에서는 사전 가설이 이루어지지만, 일상적인 지식 습득 과정에서는 관찰된 결과를 가지고 사후에 가설을 유추하는 경우가 많다. 예를 들면, 자원봉사센터에서 자원봉사자를 모집하여 자원봉사에 대한 교육을 통해 자원봉사 참여율을 높이고자 하였으나, 교육에 참가한 사람들이 교육을 이수한 이후에도 참여율이 그다지 높지 않았다면, 이 경우 교육 참여자들이 원래 이타심이 약한 사람들이었을 것이라고 추정하는 것은 사후에 가설을 설정하는 것이라고 볼 수 있다.

비논리적인 추론 '도박꾼의 오류(gambler's fallacy)'에서 보는 것처럼 슬롯머신이나 러시안룰렛을 하는 도박꾼들은 그동안 계속해서 돈을 잃었음에도 불구하고 쉽게 도박을 멈추지 못한다. 이는 그동안 계속 잃어 왔기 때문에 앞으로는 딸 확률이 높을 것이라는 비논리적인 추론에 의거하여 계속 도박을 하게 되는 것이다.

이와 같이 일상적인 방법으로 지식을 습득하는 데는 많은 오류가 있기 때문에 우리는 과학적 방법에 의한 지식, 즉 과학적으로 지식을 습득해야 한다. 그리고 이 과학적 지식을 습득하는 방법 및 절차를 다루는 것이 바로 과학적인 접근 방법 또는 조사 방법이 되는 것이다.

사례

로또 복권의 당첨 확률

로또 복권을 자주 사는 사람은 로또 복권에 당첨될 확률(예를 들면, 1등의 경우 8,145,060 대 1)이 매번 항상 동일하다는 사실을 간과하고 있을지도 모른다.

3) 과학에 대한 접근 방법

그럼 이제 과학에 대한 접근 방법을 다루어야 할 차례다. 하지만 먼저 과학은 무엇인지 그 속성과 구성 요소를 살펴보자. 과학은 과학적 방법을 의미하기도 하고, 그 과학적 방법을 통해 창출된 지식(이론)을 의미하기도 한다. 그리고 과학은 크게 이론(theories)과 연구방법(research methods)으로 이루어지며, 다음과 같은 속성을 지닌다(Neuman, 2003).

표 1-2 **과학의 속성**

보편성 (universalism)	과학에서는 연구자의 특성, 자질, 인종, 민족성 등을 고려할 수 없으며 오로지 과학적 방법, 즉 체계적이고 객관적인 관찰에 기초한 연구 결과가 중요하다.
조직적 검증 (organized skepticism)	모든 과학적 산물은 검증하고자 하는 시각에서 도전받고 검증되어야 한다.
이해관계의 초월 (disinterestedness)	과학자는 자신의 입장과 상충되는 과학적 증거, 즉 연구 결과도 수용할 수 있어야 한다.
공공성 (communalism)	과학적 지식은 그 방법까지 포함해서 반드시 일반 대중과 공유되어야 한다.
진실성 (integrity)	과학자에게는 모든 연구에 있어 진실성이 요구된다. 즉, 연구를 수행하는 데는 일반적으로 윤리강령이 있어 이를 따르게 되어 있다. 그리고 모든 연구에는 연구방법과 결과의 해석에 제한점이 있게 마련이므로 연구의 제한점은 반드시 논의되어야 한다.

과학의 구성 요소인 이론은 우리가 사는 세상에서 일어나는 여러 현상(phenomenon) 속에 있는 논리적 관계(logical relationship)를 묘사하거나 설명해 주며, 실제 이론은 사회복지실천의 다양한 모습(측면)에 대한 우리의 생각과 행동을 이끌어 준다(예: 인간 행

동에 대한 이론으로 발달이론, 사회복지의 주요 실천이론으로 체계이론 등). 그리고 이론은 가치와 구별되며,[3] 현상 속에 나타나는 논리적이고 지속적인 패턴을 이해하고 설명한다. 그러나 과학에는 이론만 존재하는 것이 아니라 과학의 또 다른 측면, 즉 조사 방법도 존재한다. 그리고 이 조사 방법은 다음의 세 가지 원칙을 따르도록 되어 있다.

- 객관적 관찰(objective observation)
- 체계적인 과정(systematic process)
- 반복적인 결과(replication)

즉, 사물을 객관적으로 관찰함으로써 정보를 얻게 되며, 그 조사 과정은 무작위적이거나 불규칙적이어서는 안 되고 체계적으로 이루어져야 한다. 또한 조사는 반복될 수 있어야 하며, 조사가 반복되면서 동일한 결과가 도출될수록 그 조사는 과학적이 된다. 그리고 다양한 이론이 다양한 사회 현상을 설명하듯이 다양한 주제에 적용할 수 있는 다양한 조사 방법이 있다. 그럼 이제 과학에 대한 접근 방법을 구체적으로 살펴보자.

1960년대까지만 해도 과학모델의 주류는 경험주의(positivism or empiricism) 또는 계량적 연구방법(the quantitative method)이었으며, 이 방법에는 한 가지 중요한 원칙이 있다. 즉, 과학은 이론을 지지하는 관찰의 집합체(the collection of observations)로 구성되며, 이 관찰들은 객관적으로 이루어져야 한다는 원칙이다. 여기서 객관적이라는 것은 가능한 연구자의 가치나 편향(bias)이 개입되어서는 안 된다는 것이다(Marlow, 2011: 7-9).

Thomas Kuhn

그러나 시간이 흐르면서 계량적 방법과 원칙들은 도전을 받게 되었는데, 특히 과학의 역사를 연구하는 학자와 새로운 과학을 개척하는 사람 그리고 과학 분야에서 전통적으로 소외되었던 사람(주로 여성, 소수민족 등)들이 기존의 계량적 방법에 대해 의문을 제기하였다. 특히 Thomas Kuhn(1970)은 그의 저서 *The Structure of Scientific Revolution*에서 과학의 역사에 대한 연구를 하던 중, '최고의 이론(best theory)'의 등장과 인정에는 구체적인 관찰과 이론

3 일반적으로 이론은 그 현상(사물)이 무엇이냐에 관심이 있고, 가치는 그것이 어떻게 되어야 한다는 데 관심이 있다(Theory is concerned with what is, but values are concerned with what should be).

외에 또 다른 요인이 있다고 결론 내렸으며, 이 다른 요인에는 가치가 포함된다고 밝혔다. 패러다임에 대해서 논의하면서, 그는 패러다임을 당시 과학자들이 공유하는 신념, 가치, 기술 등의 총합(entire constellation)으로 규정하였다. 그리고 이 패러다임은 일종의 지도와 같은 역할을 하는 것이어서 해결해야 할 문제들, 수용 가능한 이론 그리고 가능한 해결책에 대한 길잡이 역할을 한다고 주장하였다. 그러나 이 패러다임은 시간이 흐름에 따라 변화하며, 그 시대의 변화하는 가치를 반영하므로 객관적으로 관찰될 수 있는, 변화할 수 없는 고정된 현실(fixed reality)이 존재하는 것은 아니라는 것이다. 그러므로 패러다임이 변화됨에 따라 객관적인 실제 또한 변화한다는 것이다(김명자 역, 2005).

예를 들어, 사회복지 분야에서 지난 20세기에 일어난 주요 패러다임의 변화를 들면, 1920년대와 1930년대에는 사회복지실천의 주된 패러다임은 정신분석학적(psychoanalytic) 패러다임이었으며, 의료적 모델(medical model)과 밀접하게 연결되어 있었다. 하지만 1960년대 들어서면서 생태학적 체계모델(ecological systems framework)이 보다 보편화되었고, 이러한 패러다임의 변화는 사회복지실천뿐만 아니라 연구방법에도 많은 영향을 주었다. 즉, 의료적 모델에서 제기되는 연구 질문과 체계이론적 관점에서 제기되는 연구 질문은 매우 다르다고 할 수 있다.

그동안 전통적인 과학적 패러다임에 전혀 영향을 주지 못하던 그룹들이 점차 과학적 인식 방법에 영향을 주기 시작하였으며, 그중 대표적인 그룹이 바로 여권주의적 관점에 선 연구자들(feminist researchers)이었다. 이들은 남성과 여성은 세상을 바라보는 시각이 다르며, 과학에 대한 객관적 모델은 남성적인 사고에 더 가깝다고 주장하였다. 왜냐하면 여성은 보다 관계적이고 상호작용적인 관점에서 세상을 바라보기 때문이다. 여권주의적 연구자들을 비롯한 또 다른 연구자들의 주장에 따르면, 세상에는 객관적으로 관찰할 수 있는 엄격한 객관적 사실(facts)이 존재하지 않는다고 한다.

따라서 이러한 연구자들이 제기한 기존의 주류 과학적 방법에 대한 의문으로 말미암아 새로운 과학적 연구방법이 등장하였으며, 이 주류에 대한 대안(alternative)은 결국 해석주의(interpretivism) 및 질적 연구방법(the qualitative method)으로 명명되었다. 〈표 1-3〉은 이 두 가지 과학적 접근 방법을 비교 설명한 것이다(Marlow, 2011: 9-12).

표 1-3 **과학에 대한 접근 방법의 비교**

경험주의적 접근 방법 (positivist/quantitative approach)		해석주의적 접근 방법 (interpretive/qualitative approach)	
객관성 (objectivity)	사물 및 현상에 대한 객관적 관찰에 기초하고, 가치 및 편향은 최대한 배제한다.	주관성 (subjectivity)	실제(reality)란 외부적으로 존재하기보다는 사람들이 정의하는 것에 달려 있다(based on people's definition of it). 따라서 객관적인 것이 아닌 주관적인 경험이 연구 대상이다.
연구자 중심 (researcher-driven)	연구자와 참여자 간에 명확하게 구별이 되며, 참여자는 수동적인 연구 대상자로서 거의 목소리를 내지 않는다.	대상자 중심 (subject-driven)	여기서 관찰이란 경험주의와는 사뭇 다른 것으로서 사람의 행동은 객관적으로 관찰될 수 없으며, 연구자와 그 연구 대상자가 상호작용을 통해 실제를 형성한다. 그러므로 실제란 상호작용으로 생성(social construction)되며,[4] 이에 따라서 연구에서 대상자의 역할은 보다 적극적이다. 그리고 질적 연구에서는 연구자의 가치와 편향을 명백히 인정한다.
설명 (explanation)	계량적 접근의 목적은 현상의 원인을 찾는 것이다. 즉, 어떤 현상에 연관되는 요인을 발견하여 인과관계를 규명하고자 한다. 따라서 현상을 설명하고 예측하는 데 주된 목적이 있다.	기술 (description)	질적 연구자들은 설명보다는 기술하는 데 더 초점을 둔다. 즉, 실제란 사회적으로 구성되고 상호 간에 형성되는 것이므로 인과관계가 항상 명확히 존재하는 것이 아니다. 대신 상호 간의 실제가 발견되고 기술되는 것이다.
연역적 (deductive)	일반적인 것(general)에서 구체적인 것(particular)으로 결론을 내리는 연역적 방식을 사용한다. 즉, 어떤 이론에서 질문을 만들어 내고, 그 질문은 조사 과정을 통해 관찰된 것과 비교 검토된다.	귀납적 (inductive)	해석주의적 접근 방식에서 지식은 귀납적으로 만들어진다. 즉, 특정한 현상(particular)을 연구하기 위해 관찰을 하고, 그 결과 특정 현상 내의 관계를 기술하거나 설명하는 일반적 사실

4 사회적 생성(social construction)이란 개념은 엄연한 객관적 실제(reality)가 존재한다는 것에 대한 도전이며, 사실 실제란 협상의 결과(negotiated outcome), 즉 사회적 상호작용(social interaction)의 산물로 이해하고 있다.

	예를 들면, 피아제(Piaget)의 인지발달이론은 서로 다른 문화에서도 동일하게 적용할 수 있는지 관찰을 통해 검증된다. 이 관찰 결과는 다시 이론으로 반영된다.		(generalization)이 개발된다. 귀납적 추론에서는 어떤 현상에 대한 일정한 유형(patterns)을 발견하게 되는 것으로, 이론은 관찰에서 도출된다고 본다(A theory is built from observations). 예를 들어, 근거이론적 방법(grounded theory)이 전형적인 경우다.
계량적 (quantitative)	일반적으로 계량적 데이터가 수집된다. 이를 위해서는 연구 주제와 내용에 대한 분류(카테고리)를 먼저 만들고, 이 분류된 것에 숫자를 부여한다. 이것은 통계학적으로 분석된다.	질적 (qualitative)	이 연구방법에서 수집되는 데이터는 일반적으로 계량적인 것이 아닌 질적인 것이다. 숫자 대신 어휘를 사용하며 숨어 있는 의미나 관계의 유형에 초점을 둔다. 대체로 연구 대상은 소규모이며, 각 대상자에게서 심도 있는 정보를 수집하는 데 초점을 둔다.
일반화 (generalizable)	일반적으로 연구 대상자의 규모가 크며, 연구 결과는 가능한 큰 규모의 집단에 일반화하는 데 초점을 둔다. 연구 결과가 일반화되려면 연구 대상이 일반화가 적용되려는 집단에 대해서 대표성을 띠어야 하며, 이 대표성을 띠기 위해서는 대상자 규모가 일정 정도 이상은 되어야 한다.	구체화 (specific)	연구 대상자는 주로 소규모이며, 때로는 한두 사람 또는 소집단이 될 수도 있다. 연구의 결과를 일반화하는 데 초점을 두기보다는 특정 집단 및 주제에 대한 구체적이고 상세한 내용을 밝히는 데 우선순위를 둔다. 그리고 그 결과는 또 다른 연구로의 진행에 기초로 활용된다.

경험주의적 접근 방법은 전통적으로 과학이란 용어와 동의어로 인식되어 왔으며, 주로 자연과학에서 활용되었다. 그러나 이 방식은 점점 많은 비판을 받고 있으며, 사회과학에서 많은 도전을 받고 있다. 특히 인간에 대한 연구를 진행할 때 다른 방식을 배제한 채 이 접근 방식만을 활용하는 것은 많은 의문과 도전을 받게 된다. 그 결과 전통적 방법에 대한 대안으로 해석주의적 접근 방법이 등장하게 되었다. 그러나 이 두 가지 접근 방법은 모두 과학적 지식을 산출하는 유용한 방법으로 인식되고 있으며, 최근에는 두 접근 방법을 통합적으로 활용하는 경향이 나타나고 있다. 즉, 연구자들이 경험주의적 접근 방법으로 설문조사나 실험연구를 진행하면서 아울러 해석주의적 접근 방법인 심층면접이나 포커스그룹 등을 통해 데이터를 수집하고 분석하는 통합적 접근 방법(mixed approach)을 활용하는 경우가 점차 증가하고 있다.

연구 사례

경험주의적 연구

신용석, 정은경, 김정우(2014)는 노인장기요양기관에 근무하는 요양보호사가 인식하는 관리자의 변혁적 리더십과 조직효과성과의 관계에서 요양보호사의 임파워먼트가 미치는 매개효과를 분석하는 연구를 실시하였다. 조사대상으로 서울, 경인 지역 장기요양기관에서 근무하는 283명의 요양보호사를 대상으로 설문조사를 실시한 결과, 장기요양기관의 변혁적 리더십은 조직효과성에 유의미한 영향을 미치며, 요양보호사의 임파워먼트는 조직효과성에 또한 유의미한 영향을 주는 것으로 나타났다. 그리고 변혁적 리더십과 조직효과성과의 관계에서 요양보호사에 대한 임파워먼트가 매개역할을 하는 것으로 나타났다.

해석주의적 연구

전명희(2012)는 미국에 정착한 탈북자들의 적응 과정에서 어떤 경험들을 하게 되는지에 대해 질적 연구를 수행하였다. 이를 위해 미국에 거주하고 있는 탈북자 8명을 대상으로 심층면접을 실시하였으며, 이들의 미국 정착 및 적응에 관한 내용을 근거이론 접근 방법에 의하여 분석하였다. 주요 연구 결과로서 탈북자들이 정착지에 대한 자발적 선택으로 미국에 정착하게 되었으며, 이들의 삶의 방식이 욕구결핍의 해결과정으로서의 정착과정을 밟고 있는 것으로 파악할 수 있었다고 기술하였다.

통합적 연구

Odag와 Mittelstadt(2023)는 독일로 이주해 온 튀르키예 출신 청소년과 한국 출신 청소년을 대상으로 소셜미디어 사용을 통해 독일 사회 적응 및 동화하는 과정에 대한 연구를 수행하였다. 저자들은 우선 계량적 연구방법으로 80명의 이주 청소년을 대상으로 온라인 서베이를 실시하였으며, 또한 튀르키예 출신 15명, 한국 출신 12명을 대상으로 질적 연구방법인 포커스그룹 인터뷰를 실시하였다. 이러한 통합적 연구방법(mixed methods)을 통해 두 이주집단 청소년들이 독일 사회에 적응 및 동화 과정에 있어 차이가 있으며, 적응과정에서 겪는 어려움이 서로 다른 것으로 나타났음을 제시하였다.

4) 사회복지에서 과학적 접근 방법

앞에서 언급한 두 가지 과학적 접근 방법 중 '사회복지에는 어떤 접근 방법이 더 좋은가?'라는 질문에 대해서는 사회복지계 내부에서 많은 논란이 있어 왔다. 그러나 결국은 경험주의와 해석주의 모두 사회복지의 지식 및 이론을 산출하는 데 유용하다는 것이며, 이 주장에 대해서는 이미 문헌에 의해 지지되고 있다(Boland & Atherton, 2002).

사회복지실천에는 다양한 모델이 있고, 각 모델마다 장단점이 있는 것처럼 다양한 연구방법에도 각기 장단점이 있다. 즉, 이 중 어떤 방법도 절대적인 진실(the ultimate 'truth')을 제공할 수는 없다. 이것은 이 두 가지 접근 방법 모두 장점이 있기 때문에 결국 문제는 언제, 어떤 방법을 사용할 것인가에 대한 질문으로 귀결된다. 어떤 문제는 경험주의적(계량적) 접근 방법이 더 적합하고, 또 어떤 문제는 해석주의적(질적) 접근 방법이 더 적합할 수 있다.

앞에서 언급한 다음의 질문을 다시 한번 검토해 보자.

- 가족상담센터에서 우울증이 있는 클라이언트에 대해 상담서비스를 제공한 결과 우울증을 해결하였는가? 그리고 이 클라이언트가 겪은 상담 경험은 어떠하였는가?
- 사회복지관에서 실시하는 방과후 프로그램에 참여한 아동에게 참여하기 이전과 비교하여 어떤 변화가 있었는가? 그리고 이 아동의 프로그램에 대한 참여 경험은 어떠하였는가?
- 우리나라에서 살아가고 있는 다문화가족 결혼이주여성들의 주요 욕구는 무엇인가? 그리고 이들이 한국 사회에 적응해 가고 있는 삶의 모습은 어떠한가?

이상의 세 가지 질문에 대한 전반부, 특히 첫 번째와 두 번째 질문의 전반부는 대체로 경험주의적 접근 방법, 즉 계량적 접근 방법을 통해 질문에 대한 설명을 요구하고 있다. 즉, 이 질문에는 가능한 객관적 정보가 필요하다. 그러나 후반부 질문은 연구 대상자의 경험에 좀 더 초점을 두고 있으므로 이 경우에는 설명보다는 서술하는 데 목적을 둔다.

결론적으로 말하면, 연구방법에 대한 선택은 결국 연구 질문과 연구의 전반적인 목적에 의해 좌우된다고 할 수 있다. 즉, 연구방법은 사회복지실천과 마찬가지로 어떤 한

가지 접근 방법이 항상 옳거나 더 나은 방법이라고 말할 수 없고, 연구 목적과 연구 질문에 따라 적절한 방법을 선택하는 것이 현명하다고 할 수 있다.

이제 다음 장에서는 조사에 대한 기본적인 이해를 바탕으로 사회복지 분야에서의 조사의 필요성과 기능 및 역할 등에 대해 구체적으로 살펴보자.

요약

조사(research)란 과학적 절차를 통해 지식을 습득하는 것을 말하며, 이때 습득된 지식은 과학적 지식이 된다. 이러한 과학적 지식을 얻는 절차 및 방법에 관한 것이 바로 조사 방법(research methods)이다.

1. 조사의 목적

조사는 대체로 기존의 유용한 지식에 부족한 부분을 보완하거나 그릇된 개념을 반증하거나 새로운 관계 및 일반화를 제시하거나 함으로써 기존의 지식에 기여한다는 일반적인 목적을 가지고 있다. 조사를 수행하는 구체적인 목적으로는 탐색(exploration), 기술(description), 설명(explanation)을 들 수 있다.

2. 조사와 과학

1) 지식의 습득 방법

우리가 어떤 현상에 대해 이해하는, 즉 지식을 습득하는 방법에는 가치, 직관, 경험, 권위, 전통 및 과학적 접근법이 있다. 일반적으로 우리는 현상에 대해 우리가 가지고 있는 가치, 직관, 과거 경험을 통해 직접적으로 이해하며, 우리 스스로 직접적으로 이해하기 어려울 때는 외부의 권위, 즉 해당 분야의 전문가를 통해 사물과 현상을 이해하게 된다. 그리고 전통적으로 내려오는 규범이나 관습 등을 통해 간접적으로 이해할 수도 있다. 그러나 과학적 방법을 통해 얻는 이해 및 지식이야말로 어떤 현상에 대한 과학적 지식이 되며, 이 지식은 인간과 사회에 대한 다양한 현상을 기술하고 설명하며 우리의 판단과 행동을 정당화한다. 나아가 클라이언트와 사회문제의 해결을 통해 삶의 질을 높이는 동시에 사회를 발전시키는 데 기여한다.

2) 과학에 대한 접근 방법

1960년대까지만 해도 과학모델의 주류는 경험주의 또는 계량적 연구방법이 었다. 이 방법에는 한 가지 중요한 원칙이 있다. 즉, 과학은 이론을 지지하는 관찰의 집합체로 구성되며, 이 관찰은 객관적으로 이루어져야 한다는 원칙이다. 여기서 객관적이라는 것은 가능한 연구자의 가치나 편향이 개입되어서는 안 된다는 것이다. 그러나 시간이 흐르면서 계량적 방법과 원칙들은 도전을 받게 되었는데, 특히 과학의 역사를 연구하는 학자와 새로운 과학을 개척하는 사람 그리고 과학 분야에서 전통적으로 소외되었던 사람(주로 여성, 소수민족 등)들이 기존의 계량적 방법에 대해 의문을 제기하였다. 이러한 사람들이 제기한 기존의 주류 과학적 방법에 대한 의문은 새로운 과학적 연구방법을 등장시키게 하였으며, 이 주류에 대한 대안은 결국 해석주의 또는 질적 연구방법으로 명명되었다.

3) 사회복지에서의 과학적 접근 방법

과학적 접근 방법 중 '사회복지에는 어떤 접근 방법이 더 좋은가?'라는 질문에 대해서는 사회복지계 내부에서 많은 논란이 있어 왔다. 그러나 지금은 경험주의와 해석주의 모두 사회복지의 지식과 이론을 산출하는 데 유용하다고 알려져 있다. 사회복지실천에 있어 다양한 모델이 있고, 각 모델마다 장단점이 있는 것처럼 각 연구방법에도 각기 장단점이 있다. 따라서 문제는 언제, 어떤 방법을 사용할 것인가에 대한 질문으로 귀결된다. 어떤 문제는 경험주의적(양적) 접근 방법에 더 적합하고, 또 어떤 문제는 해석주의적(질적) 접근 방법이 더 적합할 수 있다. 결론적으로 연구방법에 대한 선택은 연구 질문과 연구의 전반적인 목적에 의해 좌우된다고 할 수 있다. 즉, 조사연구방법은 사회복지실천과 마찬가지로 어떤 한 가지 접근 방법이 항상 옳거나 더 나은 방법이라고 말할 수 없고, 연구 목적과 연구 질문에 따라 적절한 방법을 선택하는 것이 현명하다고 할 수 있다.

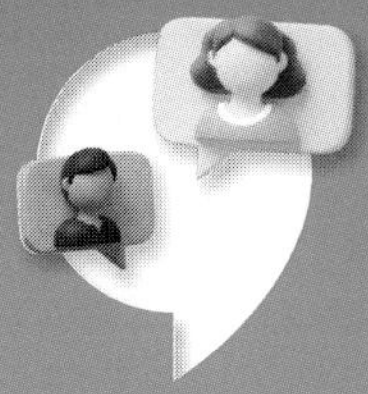

제2장

조사와 사회복지

탐구하고자 하는 주요 질문

1. 사회복지에서 조사는 왜 필요한가?
2. 사회복지에서 조사는 어떤 기능과 역할을 하는가?
3. 사회복지에서 조사는 어떻게 접근하는 것이 좋은가?
4. 우리는 왜 사회복지조사론에 관해 공부해야 하는가?

1. 사회복지조사의 필요성

사회복지는 사회적으로 유용하고 흥미로운 학문 분야이며 전문 직업 영역에 속한다. 따라서 사회복지사는 기본적으로 사람을 상대로 일하기 좋아하고, 학대받거나 정신질환 및 알코올중독을 겪은 가족을 돕거나 노숙자나 노인과 같은 특별한 집단에 도움을 주기 위해 사회복지 직을 선택하게 된다. 그러므로 사회복지를 공부하는 학생은 더 나은 실천가 혹은 상담가가 됨으로써 그들을 도와줄 수 있을 것이라고 이해하고 있으며, 이를 위해 순수함과 열정을 가지고 실천지향적인 학습 과정에 접근한다. 그러나 사회복지를 공부한 학생들이 졸업 후에 취업한 사회복지기관에서 다음 사례와 같은 직무를 담당하는 것은 흔히 있을 수 있는 일이며, 이 일들은 사회복지사에게 조사가 얼마나 필요하고 유용한 것인지를 보여 준다.

사례

1) 당신은 학교사회복지사로 일하면서 학교폭력예방프로그램을 실시하도록 요청받게 되었다. 이 프로그램의 목적은 청소년에게 학교폭력의 피해자가 되지 않고 학교폭력을 학교에서 사전에 예방하는 방법과 같은 정보를 충분히 제공하는 것이다. 몇 달 뒤 당신은 이 프로그램에 참여한 청소년이 학교폭력문제를 대처하는 데 많은 지식을 갖추게 되었다고 확신하게 된다. 이때 당신의 개입에 대한 성공을 어떻게 확신할 수 있을 것인가?

2) 당신이 일하고 있는 지역사회복지관에서 지역의 노인들을 위한 프로그램을 개발하여 노인에 대한 서비스를 보다 효과적으로 제공하고 싶을 때 우선 생각할 수 있는 것은 지역사회 노인들의 욕구를 정확하게 파악하는 것이다. 이때 어떻게 하면 그들의 일상생활, 여가, 취업 등에 대한 욕구를 과학적으로 파악할 수 있을까?

3) 당신은 만성정신장애를 가진 사람을 위한 정신보건센터에서 그들을 위한 서비스를 관리하고 있는데, 센터에서 보다 흥미롭고 새로운 프로그램, 즉 센터 내 카페 운영을 통한 사회 및 직업재활프로그램을 시작하기 위해 지역공동모금회에 프로그램 제안서를 제출했다. 그러자 공동모금회에서는 당신이 제안한 프로그램의 성공 여부를 어떻게 평가할 것인지를 문의해 왔다.

이 세 가지 사례는 몇 가지 조사기법이 요구됨을 보여 준다. 그리고 보통 사회복지사로 일하면서 이러한 과제에 직면하는 것은 쉽게 기대할 수 있으므로 사회복지조사에 대한 기본적인 이해는 물론이고, 이를 성공적으로 수행할 수 있는 자신감과 아울러 조사 수행 능력이 필요하다.

2. 사회복지조사의 기능 및 역할[1)]

사회복지는 높은 이상과 고상한 가치를 지닌 예술적 측면을 포함하는 동시에 객관적이고 합리적인 지식과 이론을 갖추어야 하는 과학이다(Social work is art and science). 그리고 사회복지가 클라이언트의 문제를 해결하고 사회가 요구하는 전문직으로 인정받고 계속 발전하기 위해서는 사회복지의 과학화가 반드시 필요하다. 이러한 사회복지의 전문성 강화와 사회복지 학문의 과학화를 위해서는 사회복지실천의 내용이 조사를 통해 객관적으로 검증되고 지지되어야 한다. 일반적으로 사회복지에서 조사의 기능 및 역할은 크게 두 가지로 나눌 수 있다.

- 조사를 통해 클라이언트의 문제 해결을 위한 과학적 지식의 축적과 효과적인 실천 기법 개발이 가능하고, 이는 결국 사회복지의 과학화로 연결된다.
- 사회복지사는 자신의 개입 및 서비스의 효과를 입증해야 하는 전문직으로서 책무가 있다. 이 책무를 다하기 위해서는 조사가 필요하고, 이러한 책무의 구현을 통해 사회복지의 전문성이 강화된다.

1) 과학적인 지식의 축적과 효과적인 실천 기법의 개발

→ 클라이언트 및 사회의 변화 도모 → 사회복지의 과학화

사회복지실천에서는 클라이언트의 문제에 대한 분석과 해결에 많은 지식(이론)과 실천 기술을 요구하고 있다. 따라서 조사를 통해 유용한 과학적인 지식과 실천 기법을 개

1 사회복지조사의 기능 및 역할은 조사가 의도하는 바(purpose) 또는 사회복지조사의 목적과 같은 의미로 사용된다.

발하고 이를 사회복지실천의 토대로 활용하게 되는데, 이는 결국 클라이언트의 문제 해결, 즉 삶의 역량강화(empowerment)와 사회체계의 변화로 연결된다. 그리고 이것은 궁극적으로 사회복지의 전문화, 즉 과학화에 이르게 된다.

사례

1) 노인의 취업 문제를 해결하기 위해서는 노인의 취업 실태와 취업에 대한 욕구조사가 선행되어야 한다. 이러한 조사를 통해 노인 취업의 현황과 욕구에 대한 과학적 지식을 산출하게 된다.

2) 강박증이 있는 클라이언트의 문제를 해결하기 위해서는 여러 가지 치료 방법, 즉 정신치료, 약물치료, 인지행동치료 등을 활용하게 되는데, 이 중 어떤 치료 방법이 가장 효과적인지를 조사연구를 통해 밝혀낸다면 가장 효과적인 치료 방법을 우선적으로 적용할 수 있을 것이다.

3) 만성정신장애인의 재활을 위해 전통적인 서비스, 전통적인 서비스+사례관리 서비스, 전통적인 서비스+집중사례관리서비스를 세 집단에 각각 적용하였을 때 어떤 집단에서 가장 재활 성공률이 높았는지를 파악할 수 있다면, 그 접근 방법을 향후 주된 서비스 기법으로 활용할 수 있을 것이다.

2) 전문직으로서 책무성 구현

→ 사회복지 전문직의 인정과 발전

사회복지사는 전문가로서 우선 클라이언트에 대해 자신의 개입[2] 또는 치료의 효과를 입증할 윤리적 책무가 있고[3], 아울러 프로그램이나 서비스에 대한 재정적 지원을 제공한 정부나 민간기관에 대해 비용 효과성을 입증할 수 있는 재정적 책무(fiscal accountability)가[4] 있다. 따라서 객관적이고 과학적인 방법을 통해 서비스 효과성과 비

2 개입이란 인간 체계에 변화(planned change)를 가져오려는 사회복지사의 노력을 의미하고, 실천이란 개입의 통합적 의미로 사용되고 있으며, 기술이란 의미는 실천 방법이나 원칙과 같은 구체적인 수단을 말한다.

3 이를 위해 사회복지사는 주요 복지정책의 동향을 예의 주시해야 하고, 효과가 입증된 실천 기법들(evidence-based practice), 최신의 이론과 서비스에 대한 정보를 숙지해야 한다.

4 사회복지사들은 우선적으로 예산이 프로그램의 목적에 맞게 사용되었음을 증명해야 하고, 예산집행 결과 프로그램의 목적이 성취되었음을 입증해야 한다. 그리고 새로운 서비스가 필요한 경우에는 조사를 통해 서비스에 대한 욕구가 명확함을 제시할 수 있어야 한다.

용 효과성에 대한 검증이 필요하며, 이를 통해 전문직으로서 책임과 역할을 다하게 된다. 즉, 사회복지조사를 통해 사회복지실천 노력의 경험적 검증이 가능하며, 이를 통해 사회복지 전문직이 발전하게 된다.

사례

1) 비교적 증상이 심하지 않은 정신분열증 환자를 대상으로 정신치료와 재활 서비스를 제공한 후에 그 치료 효과를 입증하기 위해서는 환자의 현실감각 회복과 대인관계 회복 등이 객관적으로 증명되어야 한다.

2) 또한 자활후견기관에 대한 정부의 재정 지원에 대한 책무를 다하기 위해서는 자활프로그램의 성공 여부(참가자의 취업률 등)도 입증할 수 있어야 한다.

3) 그리고 중·고등학교에서 학교사회복지사를 채용한 이후 이 제도를 지속적으로 운영하도록 하기 위해서는 학교사회복지사의 채용 이후 학생의 만족도가 높아지고 학원폭력 등의 문제가 해소 또는 완화되었음을 입증할 수 있어야 한다.

3. 사회복지조사에 대한 접근

이제 이렇게 중요한 기능과 역할을 하는 사회복지조사를 어떻게 접근하고 시작하는 것이 좋은지 알아보자. 요컨대, 조사는 사회복지사가 클라이언트와 만나는 실천 현장 또는 생활 속의 경험에서 생기는 의문이나 질문에 대한 생각을 전개하는 것으로 시작된다([그림 2-1] 참조). 그리고 조사보고서, 책, 신문 등을 읽다가 생기는 문제나 의문에 대해 생각을 전개하는 것으로도 시작된다. 즉, 현실 생활 중에서 생기는 의문이나 질문을 전개할 때, 또는 만족스럽게 해결되지 못한 문제에 관해 관심을 가질 때 바로 그 시점에서 조사가 시작된다고 할 수 있다.

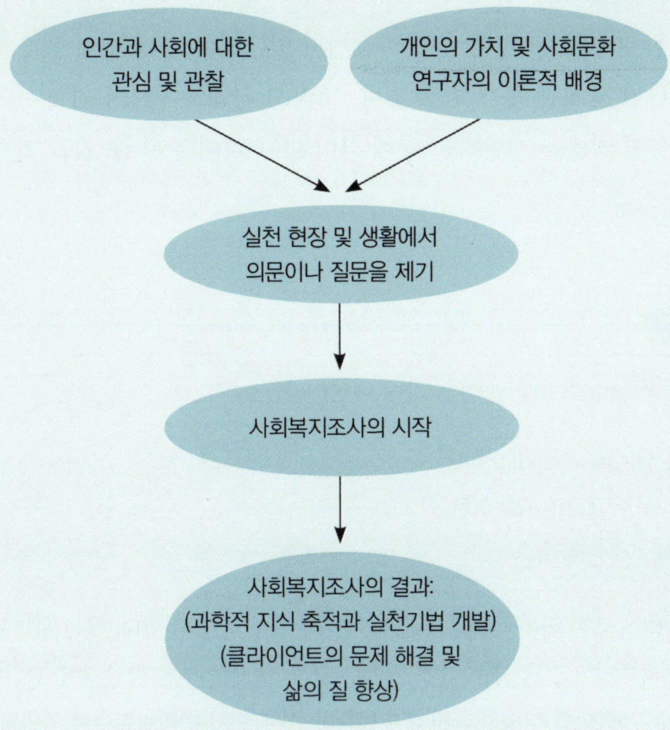

그림 2-1 사회복지조사에 대한 접근

그리고 일상생활에서 의문이란 것은 인간과 사회문제에 대한 관찰에서 비롯되는 것이며, 이 의문이나 관심은 개인과 그 사회의 가치에서 출발한다. 따라서 사회복지조사에 대한 가장 쉬운 접근 방법은 우리가 일상생활이나 클라이언트와 만나는 실천현장에서 의문이나 질문을 제기함으로써 시작하는 것이다(The best way to approach research is to think of a question).

우리는 종종 기존 이론이 새로운 현상을 설명할 수 있는가, 또는 새로운 이론이 반복적으로 발생하는 문제를 설명할 수 있는가에 대해 의문을 제기한다. 이런 경우 도서관에서 또는 AI를 포함한 다양한 접근 방법으로 관련 자료를 면밀하게 찾아보면 그 의문의 답을 알 수도 있지만 항상 그런 것은 아니다. 의문(질문)에 대해 면밀한 탐색(careful search)을 마친 후에도 설명할 수 없다면 그 분야의 지식에 갭(gap)이 존재한다는 것을 발견하게 된다. 이것이 바로 조사가 절실히 필요한 이유다. 기존 문헌에 갭이 있다는 것, 즉 알려진 것보다는 알려지지 않은 것이 더 많다는 것은 의문이 많은 사람에게는 매우 흥미로운 일이다. 그런데 완전히 알려져 있다거나 설명이 더 필요하지 않은 인간과 사회에 관련된 문제란 사실 별로 없다. 따라서 사회복지사가 과학적 지식을 축적하고 효과적인 실천 기법을 개발하는 일에 의미 있는 기여를 할 수 있는 기회란 실로 무한하다고 할 수 있다.

사례

이타주의(altruism)에 대한 기존 이론적 접근

- 역할모델(role model) 이론
- 이타적 유전자(gene) 이론
- 내적 자아충족 이론

이타주의에 대한 이론적 배경은 크게 세 가지로 요약할 수 있다. 우선 사회학습론적 관점에 의하면 이타주의는 주위 사람, 특히 역할모델(예: 테레사 수녀)을 통해 형성된다. 그리고 사회생물학자는 사람마다 이타적 유전자가 있으며, 이 유전자가 활발할수록 이타적인 사람이 된다고 주장한다. 또한 일련의 심리학자들은 자원봉사자에게서 종종 발견되는 자아충족의 동기가 이타심을 발휘하는 추진력이 된다고 주장한다.

4. 사회복지조사 학습의 당위성

마지막으로 '사회복지조사를 왜 공부해야 하는가?' 하는 보다 실용적인 질문에 답해 보도록 하자. 일반적으로 사회복지조사론 학습에 대한 당위성은 다음 네 가지로 정리할 수 있다.

- 학생이든 사회복지사든 조사연구의 결과를 발표한 학술논문이나 연구보고서를 접하고 읽는 것은 흔히 있는 일이다. 이때 우리는 조사연구 결과를 평가하고 판단하며, 그 조사된 자료나 조사 결과를 활용하게 된다. 즉, 우리는 조사연구 결과를 잘 이해하고 활용할 수 있는 유식한 소비자(informed consumer)가 되어야 한다.
- 사회복지사는 자신의 개입과 치료에 대한 책임이 있다. 즉, 자신의 개입과 치료에

대한 효과를 객관적으로 인정받을 필요가 있다. 이때 우리는 조사기법을 활용해 자신의 서비스에 대한 효과를 입증할 수 있어야 한다. 또한 처음으로 사회복지기관에 취업이 되면 첫 직무로 지역사회에 대한 욕구조사를 수행하는 경우가 많으며, 일을 하다 보면 단순히 클라이언트에게 직접적인 서비스만 제공하는 것이 아니라 기관의 서비스나 프로그램을 평가해야 하는 경우가 많다. 이때 조사기법을 활용하여야 한다.

- 사회복지조사론은 「사회복지사업법」에 의해 규정된 필수 10개 교과목 중 하나이며, 동시에 1급 사회복지사 시험 과목 중 하나다. 또한 미국사회복지교육협의회(CSWE)에서는 조사론을 다섯 가지 전문기초교과 영역(정책 및 서비스, 실천, 조사연구, 현장실습, 인간행동과 사회환경) 중 하나로 규정하고 있다. 따라서 사회복지조사론에 대한 학습은 피할 수 없는 과제라고 할 수 있다.
- 한국사회복지사협회에서 규정한 사회복지사 윤리강령(I. 사회복지사의 기본적 윤리 기준 2. 전문성 개발을 위한 노력)에서는 "① 사회복지사는 클라이언트에게 최상의 서비스를 제공하기 위해 지식과 기술을 개발하는 데 최선을 다하며, 이를 활용하고 전파할 책임이 있다. …… ④ 사회복지사는 전문성을 개발하기 위해 노력하되……."라고 규정하면서 전문지식과 기술의 개발을 요구하고 있다.

아울러 미국사회복지사협회의 윤리강령(Code of ethics)에서도 사회복지사들이 조사를 통해 정책과 프로그램을 평가하고 지식을 개발하며, 이를 사회복지실천에 활용할 것을 구체적으로 명시하고 있다.

사단법인 한국사회복지사협회
KOREA ASSOCIATION OF SOCIAL WORKERS

출처: http://www.welfare.net

TIP NASW Code of Ethics 5.02 Evaluation and Research

- Social workers should monitor and evaluate policies, the implementation of programs, and practice evaluations.
- Social workers should promote and facilitate evaluation and research to contribute to the development of knowledge.
- Social workers should critically examine and keep current with emerging knowledge relevant to social work and fully use evaluation and research evidence in their professional practice

자료: NASW (1996).

Point 사회복지 전공 학생과 조사의 관계

사회복지 전공 학생들이 조사에 별다른 흥미를 느끼지 못하고 어렵게 생각하는 것은 어느 한 가지 요인으로만 설명할 수 없는 다원적인 것이지만, 여기서 그중 한 가지 설명을 제시하면 다음과 같다(Royse, 1991).

- 학생들은 대체로 조사연구는 어렵다든가 사회복지실천적 적용과는 관계가 없다는 선입견을 가지고 있다.
- 따라서 조사연구에 대해 충분한 시간을 투자하지 않는다.
- 이는 결국 조사론 수업에 좋은 성적을 거둘 수 없게 되고,
- 이 모든 과정은 종합적으로 '조사론은 너무 어렵다든가 또는 자신은 조사에 별다른 재능이 없다.'는 결론에 이르게 된다.

그러나 사회복지실천과 조사는 모두 문제 해결의 과정으로 양립될 수 있는 것이고, 실제 사회복지현장에서는 다양한 조사 기법과 경험이 요구된다. 그리고 사회복지조사란 실제 공부하다 보면 아주 흥미로운 분야임을 알 수 있다(Research is an interesting subject to learn).

요약

1. 사회복지조사의 필요성

사회복지를 공부한 학생들이 졸업 후에 취업한 사회복지기관에서 조사와 관련된 직무(예: 지역사회 욕구조사, 방과 후 프로그램의 평가 등)를 담당하는 것은 흔히 있을 수 있는 일이다. 이러한 직무는 사회복지사에게 조사연구가 얼마나 필요하고 유용한 것인지를 보여준다.

2. 사회복지조사의 기능 및 역할

사회복지가 클라이언트의 문제를 해결하고 사회가 요구하는 전문직으로 인정받고 계속 발전하기 위해서는 반드시 사회복지의 과학화가 필요하다. 그러나 사회복지의 전문성 강화와 사회복지 학문의 과학화를 위해서는 사회복지실천의 내용이 조사연구를 통해 객관적으로 검증되고 지지되어야 한다. 일반적으로 사회복지에서 조사의 기능 및 역할은 다음과 같이 나눌 수 있다.

- 조사연구를 통해 클라이언트의 문제 해결을 위한 과학적 지식의 축적과 효과적인 실천 기법을 개발하여 사회복지의 과학화를 이루는 것이다.
- 사회복지사는 자신의 개입 및 서비스 효과를 입증해야 하는 전문직으로서 책무가 있다. 이 책무를 다하기 위해서는 조사가 필요하고, 이러한 책무의 구현을 통해 사회복지의 전문성이 강화된다.

3. 사회복지조사에 대한 접근

사회복지조사는 사회복지사가 클라이언트와 만나는 실천 현장 또는 생활 속의 경험에서 생기는 의문이나 질문에 대한 생각을 전개하는 것으로 시작되고, 보고서, 책, 신문 등을 읽다가 생기는 문제나 의문에 대해 생각을 전개하는 것으로도 시작된다. 즉, 사회복지조사는 현실 생활 중에 생기는 의문이나 질문을 전개할 때 또는 만족스럽게 해결되지 못한 문제에 관해 관심을 가질 때 바로 그 시점에서 조사가 시작된다고 할 수 있다. 따라서 일상생활이나 실천 현장 속에서 관심을 가지고 질문을 전개할 때 조사는 쉽게 접근된다.

4. 사회복지조사 학습의 당위성

학생이든 사회복지사든 조사연구의 결과를 발표한 학술논문이나 연구보고서를 접하고 읽게 되는 것은 흔히 있는 일이며, 이때 우리는 조사연구의 결과를 평가하고 판단하며 조사 결과를 활용하게 된다. 즉, 우리는 조사연구 결과를 잘 이해하고 활용할 수 있는 유식한 소비자(informed consumer)가 되어야 한다.

사회복지사는 자신의 개입과 치료에 대한 책임(accountable)이 있다. 즉, 자신의 개입과 치료에 대한 효과를 객관적으로 인정받을 필요가 있다. 이때 우리는 조사 기법을 활용해 자신의 서비스에 대한 효과를 입증할 수 있게 된다.

사회복지조사론은 「사회복지사업법」에 의해 규정된 필수 10개 교과목 중 하나인 동시에 1급 사회복지사 시험과목 중 하나다. 또한 미국사회복지교육협의회(CSWE)에서는 조사론을 다섯 가지 전문기초교과 영역(정책 및 서비스, 실천, 조사연구, 현장실습, 인간행동과 사회환경) 중 하나로 규정하고 있다. 따라서 사회복지조사론에 대한 학습은 피할 수 없는 과제라고 할 수 있다.

사회복지사 윤리강령에서는, "사회복지사는 클라이언트에게 최상의 서비스를 제공하기 위해 지식과 기술을 개발하는 데 최선을 다하며, 이를 활용하고 전파할 책임이 있다. …… 그리고 사회복지사는 전문성을 개발하기 위해 노력하되…….."라고 규정하면서 전문지식과 기술의 개발을 요구하고 있다.

제3장

사회복지조사의 과정

1. 사회복지조사의 과정
   1) 문제의 제기
   2) 조사의 설계
   3) 자료 수집
   4) 자료 분석
   5) 조사보고서 작성
2. 사회복지조사와 사회복지실천
3. 근거기반실천

⊙ 요약

탐구하고자 하는 주요 질문

1. 사회복지조사는 어떻게 진행되는가?
2. 조사 질문, 가설, 변수, 조작적 정의는 무엇인가?
3. 조사설계의 유형에는 어떤 것이 있는가?
4. 자료 수집, 분석, 조사보고서는 어떻게 이루어지는가?
5. 사회복지조사와 사회복지실천의 관계는? 그리고 근거기반실천이란 무엇인가?

1. 사회복지조사의 과정

사회복지조사의 과정은 모든 사람이 동의하는 어떤 확정된 과정이 있다기보다는 〈표 3-1〉에서 보는 바와 같이 학자 또는 연구자에 따라 다양하게 구분할 수 있다. 그러나 여기에서는 대체로 5단계, 즉 '문제의 제기 → 조사의 설계 → 자료 수집 → 자료 분석 → 조사보고서 작성'의 순서로 구분하여 설명하고자 한다.

표 3-1 조사 과정의 유형

<table>
<tr><th>7단계</th><th>5단계</th><th>4단계</th></tr>
<tr><td>문제의 제기</td><td>문제의 제기</td><td>문제의 제기</td></tr>
<tr><td>문헌 고찰</td><td rowspan="3">조사의 설계</td><td rowspan="3">조사의 설계</td></tr>
<tr><td>조사의 설계</td></tr>
<tr><td>조작화</td></tr>
<tr><td>자료 수집</td><td>자료 수집</td><td rowspan="2">자료 수집 및 분석</td></tr>
<tr><td>자료 분석 및 해석</td><td>자료 분석</td></tr>
<tr><td>조사보고서 작성</td><td>조사보고서 작성</td><td>조사보고서 작성</td></tr>
</table>

사회복지에서 조사는 실제 클라이언트의 문제나 가상적 문제 상황에서 시작된다. 조사란 문제에 대한 해결책, 즉 문제 해결을 위한 새로운 지식과 실천 기법을 발견하고자 하는 과학적 절차 또는 과정(scientific process)을 의미한다고 할 수 있다. 여기에는 다양한 가설이 검증되고, 조사를 통해 얻은 지식과 실천 기법은 새로운 질문이나 가설로 연결되어 또 다른 조사연구로 이어진다. 따라서 조사연구 과정은 문제에 대한 질문이나 가설의 제기로 시작하는 것이 일반적이다.

1) 문제의 제기(연구 주제의 설정)

조사연구 질문(research question) 조사연구를 시작할 때는 어느 한 가지 질문이나 해결해야 할 문제에 연구자의 생각을 집중시켜야 한다. 보통 아이디어는 클라이언트에 대한 관찰, 개인적 경험, 사회적 요청, 동료와의 토론 또는 문제에 관련된 문헌을 읽다가 생기며, 연구 질문은 주로 연역적 또는 귀납적 방법을 통해서 제시된다. 다른 분야의 조사 질문과 달리 사회복지의 조사 질문은 실제 해결해야 할 클라이언트나 사회문제에서 유래한다. 그리고 일단 질문이 대략적으로 정해지면 다음 단계는 이 질문을 연구조사할 수 있는 구체적인 질문으로 다시 진술한다.

- 일반적 질문: 아동학대를 일으키는 요인은 무엇인가?
- 조사연구 질문: 아동학대를 경험한 사람은 성인이 되었을 때 아동학대자가 될 가능성이 더 많은가? 또는 아동학대자는 알코올중독자일 경향이 있는가?

한편, 조사 과정은 조사 질문 외에 조사가설로 시작하는 경우도 많다. 다음을 통해 일반적 질문과 조사연구 질문 그리고 조사가설을 구별해 보자.

Point 일반적 질문과 조사연구 질문 그리고 조사가설의 구분

- **일반적 질문**: 부부관계 불화의 원인 중 경제적 원인 외에 심리적 원인으로는 어떤 것들이 있는가?
- **조사연구 질문**: 남편과 관계가 좋지 못한 아내의 경우 자신의 아버지에 대한 태도는 어떠한가?
- **조사가설**: 남편과 관계가 좋지 못한 아내는 대체로 자신의 아버지에 대한 태도가 부정적일 것이다.

가설(hypotheses) 가설은 둘 이상의 변수 간의 관계에 대한 일종의 추측으로, 어떤 가정(assumptions)을 서술화(statement)한 것을 말한다. 즉, 가설은 변수 간에 있을 법한 관계를 표현한 것으로 어떤 방향을 예측할 수 있는, 검증되지 않은 이론적 진술이라고 할 수 있다. 조사자들은 조사연구를 진행하면서 조사 과정 초기에 세운 가설을 검증하게 된다.

가설 사례

- 남자 청소년은 여자 청소년보다도 더 충동적(impulsive)이다.
- 기초생활보장 복지급여 수준이 높을수록 수급자의 근로 동기는 저하될 것이다.
- 학교 급식제도의 도입은 학교생활만족도, 학업성적, 학생들의 신체 발달에 기여할 것이다.

종종 방향을 표현하지 않는 중립적인 가설이 있는데, 이를 '영가설(null hypothesis)'이라 부르기도 한다. 그리고 통계학적인 분석에서는 (연구) 가설을 직접적으로 증명하기보다는 영가설을 기각함으로써 가설이 성립함을 증명하는 방식을 취한다(이에 대해서는 제12장 계량적 자료 분석에서 구체적으로 다룰 것이다).

중립가설 사례

- 고등학교 성적과 대학 성적은 무관하다.
- 기초생활보장 급여 수준과 수급자의 근로 동기는 상관관계가 없다.
- 남편과 관계가 좋지 못한 아내와 남편과 관계가 좋은 아내 간에는 자신들의 아버지에 대한 태도 면에서 차이가 없다.

일반적으로 가설은 기술적 연구나 탐색적 연구에서 꼭 필요하지는 않지만 어떤 관계나 현상에 대한 설명을 요하는 설명적 연구에서는 반드시 필요하다. 이것은 가설 검증을 통해 현상에 대한 설명과 예측이 가능하기 때문이다. 가설은 조사 질문과 마찬가지로 이론, 문헌 고찰, 동료나 클라이언트와의 상호작용으로 도출할 수 있다. 모든 연구에서 가설이 항상 제기될 필요는 없으나, 탐색적 · 기술적 연구를 진행하는 원동력이 될 수 있다. 과학적 조사연구에서 가설이 갖는 중요성은 다음과 같다(Kerlinger, 1986; 김영종, 2007: 89-90 재인용).

- 가설을 위해 이론을 활용한다. 즉, 가설은 이론에서 도출되며, 가설에 대한 검증들이 이론을 변화 · 발전시켜 나간다. 예를 들면, 아동의 공격적인 행동에 대한 원인과 결과를 설명하기 위해서 공격성 이론을 활용할 수 있다. 그리고 Piaget의 아동인지발달이론이 동양 사회에서도 그대로 적용될 수 있는지에 대한 검증을 위해 조사연구를 수행하고, 이를 토대로 아동의 인지발달이론을 보편적인 이론으로 발전시켜 나아갈 수 있다.

Jean Piaget

- 가설은 검증될 수 있으며 통계학적으로 유의한지를 증명할 수 있다. 즉, 가설에 대한 검증을 위해 통계학적 기법을 활용할 수 있다(이 부분은 제12장에서 구체적으

로 다루었다).

- 가설은 연구 주제의 객관적인 검증을 위한 수단이 되며, 따라서 가설검증은 과학적 조사연구에서 핵심적인 요소가 된다. 이를 통해 과학적 지식의 산출이 이루어진다.

한편, 가설을 서술하는 경우에는 '~해야 한다.' 또는 '~은 좋다, 나쁘다.' 등과 같은 가치판단이 개입되지 않아야 한다. 이러한 도덕적 · 윤리적 문제는 경험적으로 검증할 수 없기 때문이다.

표 3-2 **연구 주제, 연구 질문, 연구 가설의 비교**

연구 주제	소득 수준(상 · 중 · 하)과 소비 형태(계획적/비계획적 소비)의 관계
연구 질문	소득 수준의 차이가 소비 형태의 차이를 설명할 수 있는가?
연구 가설	비계획적 소비 형태를 보이는 사람들은 그렇지 않은 사람들보다 저소득 계층에 속할 가능성이 높을 것이다.

문헌 고찰(literature review)[1] 일단 조사 질문이 제기되고 나면 질문이나 가설을 기존의 이론과 연결하기 위해 그리고 지금까지 수행된 선행 연구 결과를 이해하기 위해 관련 문헌을 검토해야 한다. 문헌 고찰의 주요 방법으로는 다음과 같은 것이 있다.

- 도서관에 있는 단행본이나 보고서 등을 이용
- 조사 주제에 관한 전문적이고 구체적인 저널을 이용
- 데이터베이스를 통해서 논문 요약 및 원문 서비스 이용(〈표 3-3〉 참조)
- 웹상의 학술검색엔진(예: Google Scholar) 활용

문헌 고찰을 하는 주된 이유로는, 우선 기존의 문헌 고찰을 통해서 조사 질문을 보다 정교하게 만들 수 있고, 기존 문헌에서 누락되어 있는, 즉 아직 연구가 되어 있지 않은 분야를 발견하게 된다. 따라서 철저하게 문헌 고찰을 하면 불필요한 일을 덜게 되고,

1 문헌 고찰은 조사 질문을 이론과 연결하는 목적 이외에도 기존의 연구 결과를 발견하고 나아가 연구 진행에 대한 방향을 제시할 수 있다.

다른 사람이 이미 연구해 놓은 연구를 하지 않아도 되는 예방적인 측면이 있다. 더 중요한 것은 조사 질문을 이론적인 구조 속에서 정립할 수 있게 된다는 점이다. 실제로, 많은 경우 자신의 조사연구는 다른 사람의 노력, 즉 기존의 조사연구 위에 세워진다.

TIP 문헌 고찰을 할 때 유의 사항

- 연구자가 조사하고자 하는 주제와 구체적으로 밀접한 관련이 있는 문헌만 찾아보고 선택한다. 다시 말하면, 관련이 없거나 관련이 적은 문헌은 과감하게 무시한다.
- 자신의 연구 주제와 연관된 문헌만 논의하고 평가한다.
- 기존 문헌과 자신의 연구 사이의 논리적 연계성을 제시한다.
- 기존 문헌과 자신의 연구 사이의 차이점이나 논란이 되는 점을 찾아본다.
- 가능하면 가장 최근의 문헌을 활용하고 인용하며, 문헌 고찰 부분은 과거형으로 서술한다.

자료: Marlow (2011), p. 58.

표 3-3 사회복지 관련 분야 주요 국내 및 국외 데이터베이스 목록(경북대학교 도서관 제공)

구분	DB 이름	비고
국내	Dbpia	국내 학술지, 학회지, 연구기관지 등 저널, 학술 콘텐츠 제공
국내	KISS	국내 학회 및 연구소에서 발행하는 학회지, 연구간행물 원문 제공
국내	스콜라	국내 900여 개 학회 및 연구소에서 발행하는 연구간행물 원문 제공
국외	EBSCOhost Complete Package	주요 매거진 포함 인문, 사회과학, 응용과학 저널 원문 제공
국외	SAGE	SAGE 출판사 발행하는 전 주제 분야의 저널 원문 제공
국외	ScienceDirect	세계 최대 출판사 Elsevier에서 발행하는 전 주제 분야 학술저널 원문 제공
국외	Scopus	Elsevier에서 발행하는 세계 최대 인용, 초록 데이터베이스
국외	Web of Science	Clarivate에서 제공하는 SCIE, SSCI, A&HCI에 수록된 논문의 개별 인용 정보 제공
국외	Web of Science CPCI	과학, 인문 및 사회과학 분야의 Conference Proceedings를 선별 수록
국외	Wiley Online Library	Wiley 출판사에서 발행하는 전 주제 분야 학술저널 원문 제공

사례

Google Scholar를 이용한 검색

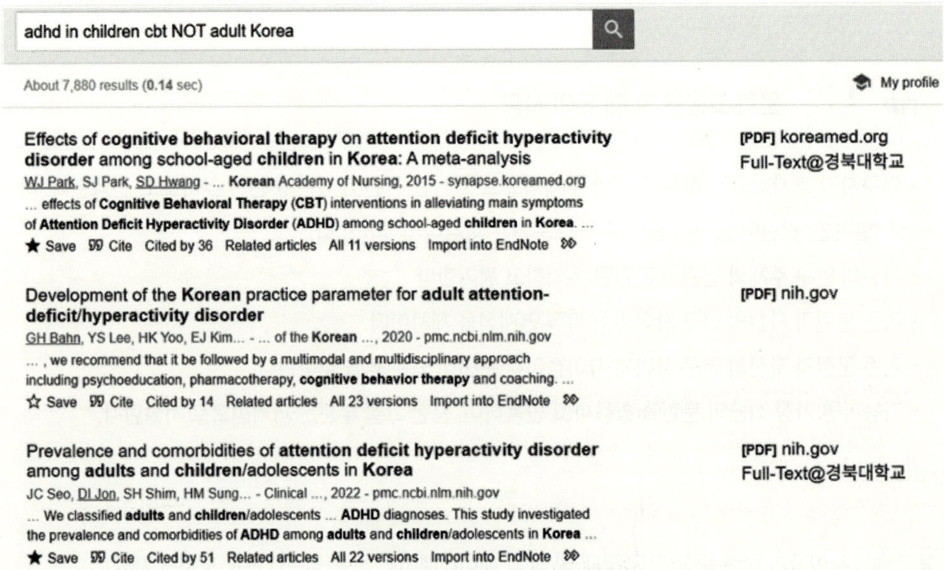
adhd in children cbt NOT adult Korea

About 7,880 results (**0.14** sec)　　My profile

Effects of **cognitive behavioral therapy** on **attention deficit hyperactivity disorder** among school-aged **children** in **Korea**: A meta-analysis
WJ Park, SJ Park, SD Hwang - ... **Korean** Academy of Nursing, 2015 - synapse.koreamed.org
... effects of **Cognitive Behavioral Therapy** (**CBT**) interventions in alleviating main symptoms of **Attention Deficit Hyperactivity Disorder** (**ADHD**) among school-aged **children** in **Korea**. ...
Save　Cite　Cited by 36　Related articles　All 11 versions　Import into EndNote
[PDF] koreamed.org
Full-Text@경북대학교

Development of the **Korean** practice parameter for **adult attention-deficit/hyperactivity disorder**
GH Bahn, YS Lee, HK Yoo, EJ Kim... - ... of the **Korean** ..., 2020 - pmc.ncbi.nlm.nih.gov
... , we recommend that it be followed by a multimodal and multidisciplinary approach including psychoeducation, pharmacotherapy, **cognitive behavior therapy** and coaching. ...
Save　Cite　Cited by 14　Related articles　All 23 versions　Import into EndNote
[PDF] nih.gov

Prevalence and comorbidities of **attention deficit hyperactivity disorder** among **adults** and **children**/adolescents in **Korea**
JC Seo, DI Jon, SH Shim, HM Sung... - Clinical ..., 2022 - pmc.ncbi.nlm.nih.gov
... We classified **adults** and **children**/adolescents ... **ADHD** diagnoses. This study investigated the prevalence and comorbidities of **ADHD** among **adults** and **children**/adolescents in **Korea** ...
Save　Cite　Cited by 51　Related articles　All 22 versions　Import into EndNote
[PDF] nih.gov
Full-Text@경북대학교

2) 조사의 설계

조사를 설계하는 것(developing a research design)은 마치 건축에서 설계도, 즉 청사진(blueprint)을 만드는 것과 같다. 조사설계의 구체적 내용은 연구 디자인의 선택, 변수에 대한 조작적 정의, 자료 수집의 방법, 조사 대상자의 선정, 측정도구의 선정 등의 내용을 담는 것이다. 즉, 조사를 설계할 때 '무엇에 대해 조사하기를 원하는가?'와 '그것을 어떻게 조사할 것인가?'라는 두 질문에 대한 해답이 조사설계의 과정을 이끌게 된다. 이 단계에서 우선 해야 할 일은 변수를 결정하고 구체화하는 일이다.

변수(variables)　변수란 개념[2]의 경험적(구체적)인 것, 즉 측정할 수 있는 개념을 말한다(예: 나이, 몸무게, 결혼 유무, 아동학대, 자아존중감, 직무만족도, 교육 수준 등). 또한

2 개념(concepts)이란 경험적으로 인지할 수 있는 어떤 대상이나 현상을 대변하는 것을 말한다. 즉, 사건이나 사물에 대한 정신적(지적) 아이디어(mental idea)를 의미한다. 특히 조사에서는 constructs라는 용어도 개념이라고 규정한다(예, '좋은' 학생, 자아존중감, 사회적 지위, 파워, 노사분규, 삶의 만족 등).

사람이나 그들의 태도, 행동을 여러 분류로 나누는 규칙(규정)으로 생각할 수 있다.

우선 변수는 범주적(categorical)이거나 수량적/연속적(numerical/continuous)인 것으로 나눌 수도 있다.

범주적(categorical)	수량적/연속적(numerical/continuous)
성별(남성, 여성), 합격 여부(합격, 불합격) 등	나이, 시험 점수, 직무 경력 등

그리고 변수는 조사연구에서 다음의 세 가지 형태로 분류하는 것이 일반적이다.

- 독립변수(independent variables): 조사하고자 하는 사건이나 상황을 일으키거나 영향을 미친다고 생각되는 변수를 말한다. 보통 종속변수에 선행되며, 비교적 구체화하기가 용이하다. 그리고 실험적 세팅에서는 조사자가 조정하거나 통제할 수 있는 변수를 말한다.
- 종속변수(dependent variables): 일반적으로 조사의 주제(topic)를 말하며, 독립변수에 의해 영향을 받으며, 주로 설명되거나 결과로 나타나는 변수를 의미한다. 그리고 아주 구체적으로 정의되어야 한다.

  예 1) 정신질환으로 입원한 경험 또는 알코올중독과 노숙(homelessness) 간의 관계를 규명하고자 하는 연구에서는 입원한 경험 또는 알코올중독이 독립변수가 되고 노숙은 종속변수가 된다.

  예 2) 학습에 있어서 아동에 대한 긍정적 재강화(positive reinforcement)를 연구하기 위하여 긍정적 재강화의 수단으로 칭찬을 활용하거나 학용품과 교환할 수 있는 쿠폰을 줄 수 있다. 이때 칭찬이나 쿠폰의 양, 횟수, 시기 등은 독립변수가 될 수 있다.
- 제3의 변수: 제3의 변수는 독립변수와 종속변수 사이 및 관계에 개입하는 변수로 크게 매개변수와 조절변수로 구분할 수 있다.
  - 매개변수(mediating variable): 매개변수는 종속변수에 직접적인 영향을 주는 변수로 그 영향력이 일정한 독립변수와는 달리 종속변수에 보충적 영향을 주는 역할을 한다. 그리고 순서적으로 독립변수 다음에 위치하면서 종속변수를 좀 더 설명해 주는 매개효과(mediating effect) 기능을 한다. 예를 들어, [그림 3-1]에서 보는 것처럼 노인 삶의 만족도에 영향을 주는 독립변수로 노인들의 인터넷 활용 능력이 직접적인 영향을 준다고 할 수 있다. 그런데 이 과정에서 인터넷 활용 능력

이 노인의 사회활동 참여도에 간접적으로 영향을 주어 노인의 사회활동 참여도가 삶의 만족도로 연결된다고 할 수 있다. 즉, 노인들의 사회활동 참여도가 매개변수 역할을 한다고 하겠다.

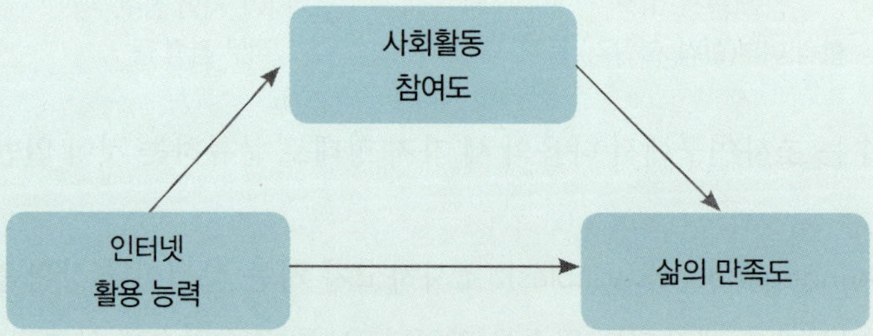

그림 3-1 매개변수의 의미

- 조절변수(moderating variable): 매개변수가 독립변수와 종속변수의 관계를 부가적으로 설명해 주는, 즉 매개 역할을 하는 변수라고 한다면 조절변수는 독립변수와 종속변수와의 관계에 영향을 주는 변수라고 할 수 있다. 예를 들어, [그림 3-2]에서 보는 바와 같이 지역사회복지관에서 사회복지사의 직무만족도는 조직헌신도에 영향을 받는다고 할 수 있다. 이때 사회복지사의 조직헌신도와 직무만족도와의 관계는 사회복지사의 임파워먼트의 정도에 따라 그 관계 강도가 달라질 수 있다. 예를 들어, 사회복지사의 임파워먼트 수준이 높을수록 조직헌신도와 직무만족도의 관계는 더 강화된다고 할 수 있다. 이때 임파워먼트는 두 변수의 관계에 조절효과(moderating effect) 역할을 한다고 볼 수 있다.

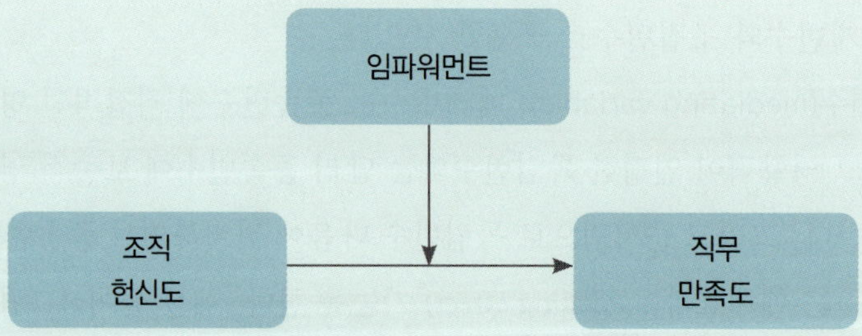

그림 3-2 조절변수의 의미

조작적 정의 또는 조작화(operational definition or operationalization) 조사연구에서 인식되고 측정되어야 할 변수를 결정하고 나면 이제 이것을 구체적으로 정의하는 일이 필요하다. 즉, 연구자는 변수에 대해 정확하게 조작적으로 규정하여 어떤 사람도 변수가 측정되고 관찰된 것을 정확히 이해하는 데 문제가 없도록 해야 한다.

다시 말하면, 변수에 대한 주관적인 해석을 줄이기 위해서는 변수에 대한 조작적 정의가 필요하다. 용어나 변수에 대한 조작적 정의가 잘 되어 있다면 다른 사람이 조사연구를 이해하거나 연구를 반복(replicate)하는 데 문제가 없을 것이다.

사례

대학생의 자아존중감과 학업성취도(GPA) 및 취업 간의 상관관계에 관한 연구를 하고자 할 때 우선 자아존중감과 학업성취도 및 취업에 대한 구체적인 정의, 즉 조작적 정의가 필요하다. 어떤 연구든 변수는 필요하므로 그에 대한 구체적이고 명확한 정의가 요구된다.

조작적 정의가 필요한 변수의 예로는 아동학대, 가정폭력, 보수성, 배타적 자긍심, 만족도, 우울증, 사회성 등이 있다.

측정 및 측정도구(measurement) 연구자가 스스로 조작적 정의를 내리기 어려울 때는 기존의 문헌을 활용할 수 있다. 예를 들면, 자아존중감(self-esteem)에 대한 조작적 정의를 내리려 할 때 기존 문헌을 살펴보면 잘 정의되어 있고, 때로는 표준화된 측정도구가 있을 수 있다(Rosenberg, 1989). 그렇게 되면 새로운 척도를 만들기 위해 고심하는 대신에 기존의 척도를 활용하여 자아존중감을 측정할 수 있게 된다. 연구자는 연구에서 측정하고자 하는 것을 정확하게 정의해야 하고, 누구를 대상자로 할 것인가에 대해서도 정확하게 규정해야 한다. 이에 관한 것이 측정과 측정도구다(여기에 대해서는 제4장에서 구체적으로 다루었다).

조사 유형의 선택(types of research designs) 변수에 대한 구체화가 이루어지고 나면, 이제는 어떤 조사 유형을 활용할 것인지를 결정해야 한다. 조사의 유형에 대해서는 다양한 분류가 가능하지만, 우선적으로 조사연구의 목적상 다음 세 가지 연구 형태로 분류할 수 있다.

- 탐색적 조사연구(exploratory design): 문제 형성이나 가설 설정을 위한 경우
- 기술적 조사연구(descriptive design): 현상이나 주제에 대한 정확한 정보의 제공
- 설명적 조사연구(explanatory design): 연구 가설 검증 및 인과관계 검증

- 탐색적 조사: 기존 정보가 별로 없는 주제에 관해 조사할 때 사용된다. 예를 들면, 동성애자의 생활에서 AIDS의 심리사회적 영향에 대한 조사가 있다. 이러한 탐색적 조사는 새로운 관심사나 여태껏 조사되지 않은 분야에 대한 연구이기 때문에 잠정적이고 소규모인 성격을 띤다. 이 연구 형태의 가치는 연구가 제공하는 새로운 시각이나 정보에 있으며, 장차 연구의 필요성을 제기하는 데에 있다. 이 연구에서는 수집된 자료로 확정된 결론을 내리지 못할 수 있으며, 일반적으로 명확한 가설이 제기되기 어렵다(예: 동성애자의 심리사회 적응력 조사, 사관학교에 입학한 여자 생도들의 적응 능력에 대한 조사, 탈북이주민의 적응에 대한 조사 등).
- 기술적 조사: 탐색적 연구를 토대로 이루어지는 경향이 있으나, 보통은 연구 대상 집단을 적절하게 대표하는 규모가 큰 서베이일 경우가 많다. 또 기술적 연구는 연구 대상자 집단의 특성에 대해 정확한 정보를 제공하며 표본의 크기, 대표성, 일반화에 관심을 갖는다(예: 복지정책에 대한 평가, 기숙사 학생들의 만족도, 지역주민들의 복지서비스 욕구 조사, 공직자에 대한 신임도 조사 등).
- 설명적 조사: 가설을 검증하고 어떤 현상에 관해 설명하고자 한다. 이 연구는 비교집단을 설정하거나 사회적 실험(social experiments)을 할 때가 많다. 설명적 연구는 보다 구체적이고 정교하며 한 변수가 다른 변수에 영향을 주는가에 초점을 둔다. 예를 들면, 어떤 연구가 가정폭력의 주요 원인 중 하나가 가해자의 낮은 자아존중감에 기인한다는 연구를 발표하였다면 가해자의 자아존중감을 향상시키는 치료 방법을 개발할 수 있을 것이다(예: 학교급식과 학교생활만족도의 관계, 권위적 기업문화와 노사분규의 상관관계, 복지개혁과 빈곤층의 감소 간의 관계, 청소년의 자원봉사활동과 사회적 책임감의 관계 등).

이외에도 조사의 유형은 그 기준에 따라 다양하게 분류할 수 있는데, 연구자가 일반적으로 자주 활용하는 유형들을 간단하게 정리하면 〈표 3-4〉와 같다.

표 3-4 조사의 유형

기준	분류	의미
자료 수집 및 처리	계량적 조사	수집된 자료에 수치(number)를 부여해서 이를 통계학적으로 분석·제시한다. 통상적으로 질적 조사연구에 해당하지 않는 것은 모두 계량적 형태의 조사로 볼 수 있다.
	질적 조사	자료를 계량적으로 분석하지 않고, 수집된 자료의 어휘(word)나 의미(meaning)에 초점을 두고 어떤 일정한 패턴이나 주제를 발견하고자 하는 연구를 말한다.
독립변수의 조작	실험조사연구	연구에서 독립변수를 조작하여 종속변수에 미치는 영향을 파악하고자 하는 조사설계를 말한다. 실험적 단일사례조사(ABAB)나 실험조사의 유형은 모두 실험조사연구에 해당된다.
	비실험조사연구	실험조사연구와 달리 독립변수의 조작이 불가능한 경우다. 비실험조사연구의 대표적인 것으로 설문조사가 있다.
조사 시점 및 기간	횡단적 조사	한 시점에 일회적으로 실시하는 조사로 여론조사나 욕구조사를 위한 설문조사가 가장 대표적이다.
	종단적 조사	변화의 추이를 파악하기 위해 조사 대상자를 각각 다르게 하거나 동일하게 하면서 시간적 간격을 두고 반복적으로 이루어지는 조사다. 추이조사, 코호트조사, 패널조사가 있다.
조사의 목적	탐색적 조사	잘 알려지지 않은 주제에 대한 탐색이나 다음 단계의 조사를 위한 목적으로 수행한다.
	기술적 조사	조사 주제, 즉 어떤 현상이나 조사 대상자에 대해 구체적이고 정확한 정보를 파악하고 기술할 목적으로 수행한다.
	설명적 조사	어떤 현상이나 관계를 설명할 목적으로 수행하며, 인과관계를 밝힐 수 있는 조사연구다.

자료 수집 방법(data collection) 조사연구 유형을 선택하고 나면 다음 과정은 자료 수집 방법을 결정하는 것이다. 즉, 어떤 조사설계를 활용할 것인가에 따라 자료 수집 방법(예, 실험, 관찰, 서베이, 면접 등)이 결정된다. 예를 들어, 계량적 조사를 위한 설문조사를 실시한다고 할 때도 조사의 목적(예: 여론 파악)에 따라 횡단적으로 전화조사를 실시할 수 있다.

조사 대상(subjects) 이 단계에서는 연구 대상, 즉 조사 대상자를 결정해야 한다.

조사 대상자는 주로 연구에 참여하는 개인이나 집단을 말한다. 이들은 보통 설문지를 작성하거나 직접 또는 전화로 면접에 응할 수도 있으며, 관찰할 수도 있다. 일반적으로 조사 대상에 대한 용어로 조사 대상자(subject), 응답자(respondent), 표본(sample) 등이 사용된다. 특히 조사 대상자의 규모가 큰 경우에는 대상자 전부를 조사하기가 현실적으로 어렵기 때문에 조사 대상자 집단을 잘 대표할 수 있는 표본을 추출하여 활용하는 경우가 일반적이다(표본 및 표본을 추출하는 것에 대해서는 제7장에서 구체적으로 다루었다).

3) 자료 수집

자료(data)란 조사의 진행 과정에서 수집되어 아직 분석되지 않은 정보를 말한다. 자료 수집(collecting data)은 크게 1차적 자료 수집과 2차적 자료 수집으로 구분할 수 있다. 1차적 자료 수집은 조사자가 직접 자료를 수집하는 것으로, 주로 실험, 개입, 관찰, 면접, 설문지 등을 통해 수집한다. 이에 비해 2차적 자료 수집은 연구자가 직접 자료를 수집하는 것이 아니라 다른 연구자가 이미 수집한 자료나 다른 연구에서 수집한 기존의 자료를 활용하는 것을 의미한다(자세한 내용은 제11장에서 다루었다).

조사에 대한 설계를 마치면 곧바로 자료 수집에 들어가게 되는데, 선행된 두 단계를 준비단계라고 하면 이 단계부터는 실행단계라고 말할 수 있다. 자료 수집에서 주의해야 할 점은 조사자가 조사 대상자에게서 자료를 수집할 때 의도하지 않은 영향, 즉 오류(bias)가 있어서는 안 된다는 점이다. 왜냐하면 자료를 수집하는 방법, 시간, 장소 등은 자료 수집에 중요한 영향을 줄 수 있기 때문이다. 예를 들어, 기본소득제도 도입에 대한 시민들의 태도 조사(survey)를 위해 인근 대형 할인점으로 가서 그곳 사람들을 대상으로 자료를 수집한다고 할 때 다음과 같은 시간적 선택을 할 수 있다.

- 월 · 수 · 금 8 : 00 a.m. ~ 12 : 00 p.m.
- 월 · 수 · 금 1 : 00 p.m. ~ 5 : 00 p.m.
- 월 · 수 · 금 7 : 00 p.m. ~ 12 : 00 p.m.
- 일요일 9 : 00 a.m. ~ 1 : 00 p.m.

만약, 월 · 수 · 금(8 : 00~12 : 00)에 자료를 수집한다면 이 시간대에 만날 수 있는 사람은 주로 노인일 가능성이 많으며 직장인은 아닐 경우가 많다. 그러나 월 · 수 · 금(1 : 00~5 : 00)에 자료를 수집한다면 이 시간대에는 주로 주부를 대상으로 조사할 가능성이 많다. 세 번째 경우에는 대부분 직장인을 대상으로 자료를 수집할 가능성이 높다. 그리고 마지막으로 일요일을 선택한다면 이 경우에는 종교인이 제외될 가능성이 높다. 따라서 앞의 각 자료 수집 시간은 자료 수집에서 그 대상자에 대한 과다대표성(overrepresentation)과 과소대표성(under-representation)의 가능성이 높을 수 있음을 쉽게 짐작할 수 있다. 즉, 연구 수행에 필요한 시간, 예산, 조사 대상자의 유무, 대상자 파악의 용이성 등의 실용적인 문제가 자료 수집에 직접적인 영향을 줄 수 있다는 점을 염두에 두어야 한다.

또한 어떤 도시의 시민을 대상으로 욕구조사를 하는 경우에는 도시의 일부 지역, 도심 지역, 전 지역을 대상으로 실시할 수 있다. 그리고 시기적으로는 비교적 시간적 여유가 있는 여름휴가 시기인 8월에 집중해서 실시할 수 있는데, 이 경우에는 휴가를 떠난 시민을 제외할 가능성이 있다. 따라서 연구자는 자료를 수집할 때 가능한 한 오류가 발생하지 않도록 유의해야 한다.

4) 자료 분석

자료가 수집된 이후에는 조사설계 과정에 따라 수집된 자료를 요약, 분류 또는 조직화하게 된다. 자료 분석(analyzing the data)이란 수집된 자료를 관찰하는 것으로 시작하는 논리적인 과정이다. 이때 통계학은 자료를 분석하고 해석하는 데 도움을 준다. 요즘에는 통계분석 소프트웨어의 개발로 통계적인 분석이 비교적 쉽게 이루어진다(예: SPSS, SAS, R, jamovi 등). 그리고 자료에 대한 해석은 조사 결과를 선행연구 결과와 비교함으로써 쉽게 이루어질 수 있다(자료 분석에 대한 보다 구체적인 내용은 제12장, 제13장에서 다루었다).

한편, 자료를 분석하고 해석하는 단계에서 분석 단위의 적용(해석)상 오류가 발생할 수 있는데, 이를 정리하면 〈표 3-5〉와 같다.

표 3-5 **연구의 분석 단위와 적용상의 오류**

연구의 분석 단위		
개인, 집단(가족, 소그룹)	기관, 조직체, 지역사회 등	사회적 생성물(socialartifacts): 주택, 결혼, 이혼, 소송사건, 신문 사설 등
연구의 분석 단위와 해석상의 오류		
오류의 종류	의미	사례
생태학적 오류 (ecological fallacy)	집단 또는 집합체에서 발견된 내용을 개인에게 적용하는 경우	대구와 경북지역의 노령인구 비율을 보면 경북지역의 노령화가 높다. 이때 두 지역의 투표 성향을 보고, 즉 경북지역의 특정 정당 지지율이 더 높다고 해서 노인이 그 정당을 더 지지한다고 결론을 내리는 경우
개별주의적 오류 (individualistic fallacy)	개인에게서 밝혀진 내용을 집단이나 사회에 적용하는 경우	특정 지역에서 지방분권에 대한 개별적인 주장이나 의견이 많다고 해서 그 지역이 보다 더 분권적인 지역사회라고 결론을 내리는 경우
축소주의적 오류 (reductionism)	어떤 현상의 원인이나 설명을 한 가지 개념이나 변수로 지나치게 제한하는 경우, 즉 지나치게 축소, 단순화하는 경우	최근 증가하는 자살현상을 두고 임상심리학자나 정신건강의학과 의사는 자살자의 심리나 정신역동에만 초점을 두는 반면, 사회복지사는 사회체계에만 관심을 둔다면, 이는 축소주의적 오류를 범하기 쉽다고 말할 수 있다.

5) 조사보고서 작성

조사 과정의 마지막 단계는 조사보고서를 작성하는 것이다. 이 조사 결과 보고서는 조사의 시작부터 경험적 결론의 제시까지 조사연구의 전 과정을 일목요연하게 정리하는 것이다. 그리고 조사보고서는 연구의 결과뿐만 아니라 그 과정을 제시하여, 연구 주제에 관심이 있거나 조사 결과가 필요한 사람들을 위해 연구 결과의 공유와 의사소통을 목적으로 한다. 일반적으로 조사보고서에 담겨야 할 내용으로는 다음 네 가지 사항이 있다(자세한 내용은 제14장에서 다루었다).

- 문제의 제기 및 연구의 필요성(연구 질문과 가설)

- 조사 방법에 대한 설명(조사설계, 변수, 측정도구, 자료 수집 방법 등)
- 연구 결과 또는 연구로 밝혀진 사실(표, 그림으로 제시)
- 결과에 대한 논의, 연구의 제한점 및 후속 연구의 제안 등

2. 사회복지조사와 사회복지실천

사회복지조사와 사회복지실천은 별개로 구분해서 생각되었지만, 조사와 실천은 논리적 문제 해결 과정을 공유하고 있다. 즉, 이 두 가지는 모두 문제에 초점을 맞추는 것에서 시작하여, 문제의 범위와 문헌 고찰 및 자원에 대한 고찰을 거쳐, 문제 해결을 위한 계획을 수립하고 실행하며, 이어서 그 과정을 평가한다. 〈표 3-6〉에 제시된 바와 같이 사회복지사가 활용하고 있는 조사 과정과 실천 과정은 유사하다고 할 수 있다 (Marlow, 2011: 24-28; Royse, 2011: 42-43).

표 3-6 사회복지조사 과정과 실천 과정의 비교

조사 과정(research process)	실천 과정(practice process)
문제, 질문, 가설에서 출발	클라이언트의 문제에서 출발
문헌 고찰 및 변수 조작화	개인력 조사와 자원, 강점 및 네트워크 발견
조사의 설계	서비스 계획
자료 수집	개입의 시작
자료 분석	개입의 평가
조사 결과 보고서	종결/요약 보고서

모든 사회복지실천은 인간체계에 변화를 가져오게 하는 것과 관련되어 있다. 즉, 사회체계가 어떻게 기능하고 변화하며, 당면한 문제는 무엇이며, 사회체계가 보다 잘 작동하도록 하기 위해서는 사회복지실천이 어떻게 개입할 수 있느냐 하는 실천의 문제는 과학적 지식을 축적하고 효과적인 실천 기법을 개발하여 클라이언트의 문제 해결에 도움을 주려는 조사연구와도 밀접하게 관련된 문제라고 할 수 있다. 또한 사회복지사들은 실천 현장에서 알게 모르게 조사와 관련된 활동을 하고 있다. 예를 들면, 클라이언트의 문제에 대한 연구 보고서나 관련된 정보를 찾아보고, 문제 해결을 위한 자료를 여

러 출처에서 수집하며, 클라이언트의 변화에 대한 기록을 정리하여 때때로 보고서를 작성하기도 한다.

일반적으로 사회복지실천 과정과 조사 과정은 매우 유사하며, 사회복지의 과학화에는 조사연구와 실천이 모두 요구되고, 조사연구는 실천의 통합적 부분으로 활용된다. 즉, 조사연구를 통해 문제 해결에 대한 과학적 지식과 실천 기술을 산출하고, 이어서 효과적인 실천 방법을 개발하여 개입 방법의 검증, 수정 및 재검증에 이를 수 있다. 다시 말하면, 조사는 클라이언트의 문제 해결이라는 목적하는 바가 분명하며, 클라이언트에게 적용할 수 있는 유용한 지식과 실천 기법을 개발하는 것이다. 따라서 조사에 대한 지식과 기술을 습득하면 더 유능한 사회복지실천가가 될 수 있다.

이러한 조사연구와 실천의 관계에 대한 내용을 요약하면, 사회복지조사는 사회복지사로 하여금 유능한 사회복지실천가가 되도록 하는 데 도구의 역할을 할 수 있다. 왜냐하면 사회복지조사와 사회복지실천은 둘 다 논리적인 문제 해결 과정을 공유하고 있으며, 조사를 통해 실천에 대한 지식과 기술을 개발하게 되어 클라이언트의 문제에 보다 과학적이고 효과적으로 접근할 수 있기 때문이다. 따라서 사회복지사는 조사연구를 실천 현장에서 전문성을 높일 수 있는 도구로 인식하는 것이 필요하다.

TIP Research-Based Practice vs. Practice-Based Research

사회복지조사와 사회복지실천의 연계성과 관련하여 사회복지 분야에서는 research-based practice(RBP)와 practice-base research(PBR) 개념을 이해할 필요가 있다. 먼저, 연구에 기반한 실천(RBP)은 기존의 (체계적 리뷰와 메타분석의 결과를 포함한) 과학적 연구 결과를 현장의 실천에 활용하는 접근법이다. 이는 다음 절에서 나오는 근거기반실천과 같은 의미로 사용되며 연구를 통해 검증된 효과적인 (치료) 방법을 현장에 적용하는 것에 중점을 둔다. 예를 들어, 외상후 스트레스 장애가 있는 클라이언트에게 효과가 입증된 인지행동치료(CBT)를 상담 현장에 적용하는 것이다. 반면, 실천에 기반한 연구(PBR)는 현장의 실천과 경험에서 출발하는 것으로 실천 현장에서 제기되는 문제나 질문을 연구로 발전시키는 접근 방법이다. 이는 현장 실무자가 연구자와 함께 상호 협력을 통해 새로운 지식을 창출하거나 더 효과적인 실천 기법을 개발하는 것이다. 예를 들어, 다문화가정의 아동에게는 기존의 집단상담기법이 효과적이지 않은 것으로 나타났다면 이를 연구자와 함께 공동 연구를 통해 새로운 조정된 상담 기법을 개발해 내는 것이다. 이를 통해 지역사회 특성이나 클라이언트의 특성을 반영한 치료 기법이 만들어지게 된다.

향후 사회복지 전문직의 미래는 사회복지사가 실천 현장에서 얼마나 조사연구를 잘 활용하여 과학적인 지식과 실천 기법을 개발하고 사회복지 전문성을 발전시켜 나아가느냐에 달려 있다. 그러므로 사회복지사는 조사 과정을 이해하고 그 결과를 활용하는 데 만족하지 않고, 스스로 조사연구를 수행함으로써 산출된 조사 결과를 다시 실천 현장에 적용할 수 있어야 한다. 즉, 사회복지사는 조사 결과에 대한 비판적 시각을 갖고 이를 실천에 적용하는 소비자 역할과 함께 스스로 조사를 수행하여 과학적 지식을 개발하는 생산자 역할도 수행해야 한다. 특히 새로운 서비스나 프로그램에 대한 욕구를 합리적으로 제시하거나 기존 서비스를 개선하기 위해서는 직접 조사연구를 수행하고자 하는 적극적인 자세를 견지해야 한다.

3. 근거기반실천

근거기반실천의 등장 1990년대 초 의학 분야에서 먼저 도입된 근거기반의학(Evidence-Based Medicine)[3)]은 간호, 보건 및 대인 서비스 분야로 점차 확대되어 근거기반실천(Evidence-Based Practice: EBP)이란 이름으로 포괄적으로 적용되어 왔으며, 최근 사회복지실천 현장에서도 근거기반실천에 대한 요구가 점점 증가하고 있다(Gambrill, 2006; Gibbs, 2003, Rosenthal, 2006; Rubin, 2008).

이 근거기반실천의 골자는 클라이언트에 대한 서비스를 제공함에 있어 과학적인 조사연구 결과를 활용할 것을 요구함에 있다. 이는 클라이언트의 문제 해결을 위해서는 실천가의 경험과 전문성, 즉 실천의 지혜(practice wisdom)만으로는 효과적인 실천에 충분치 못하다는 의구심이 오랫동안 존재해 왔기 때문이다. 그러나 이러한 의구심이 의미하는 것은 사회복지사들의 현장 실천 경험과 전문성이 부적절하다거나 불필요하다는 의미가 아니라 단지 이것만으로는 효과적인 실천과 문제 해결에 충분하지 않다는 것이다. 즉, 실천가의 전문성이나 실천 경험은 효과적인 문제 해결을 위한 필요조건이지 충분조건이 되지는 못한다는 점이다.

3 근거기반의학(evidence-based medicine)은 캐나다 온타리오주 해밀톤에 있는 McMaster University의 의학자 David Sackett과 그의 동료들에 의해 처음으로 주창되었다. 최근에는 근거에 기반한 의사결정(evidence-informed decision-making)이란 용어가 포괄적으로 사용되고 있다.

근거기반실천(EBP)의 등장은 클라이언트의 문제 해결을 위해 존재하는 여러 개입 방법 중에서 어떤 개입 방법은 다른 개입 방법보다 더 효과적이라는 과학적인 연구가 축적되면서 그 싹이 트게 되었다고 말할 수 있다. 그리고 이것은 실천가로 하여금 이용 가능한 가장 과학적인 근거에 기초하여 문제 해결을 위한 합리적인 결정을 내리도록 권유하는 실천 기법이라고 할 수 있다. 즉, 실천가들은 조사연구에 의해 그 효과성이 가장 과학적으로 입증된 개입 방법을 선택함과 동시에 효과적이지 않은 개입 방법은 더 이상 사용하지 않도록 해야 한다는 것이다. 결국, 사회복지사들이 그들의 직무에서 어떻게 하면 최선의 실천(best practice)을 제공할 수 있을 것인가에 대한 최소한 부분적인 답변이 바로 근거기반실천이 등장하게 된 배경이며, 사회복지사들이 실천 현장에서 과학적인 접근 방법(scientific approach to practice)을 활용하도록 이끌어 주는 실천모델이라고 할 수 있다(Rubin, 2008).

근거기반실천(EBP)의 정의 의학 영역에서 먼저 도입된 근거기반실천에 대한 최초의 정의는 다음과 같다.

> 클라이언트의 치료를 위한 의사결정에 최신의 가장 유용한 과학적 근거(current best evidence)를 의식적이고도 분명히 그리고 분별력 있게 활용하는 것이다……(Sackett, Rosenberg, Gray, Haynes, & Richardson, 1996: 71).

그러나 그 후 의학 분야뿐만 아니라 대인 서비스 분야에서 보다 정교한 근거기반실천에 대한 적용과 그 정의가 도입되었으며, 여기에는 [그림 3-3]에서 보는 것처럼 과학적 근거뿐만 아니라 실천가의 판단과 클라이언트의 가치 및 선호도가 포함되었다(Rubin & Babbie, 2007; Sackett, Strauss, Richardson, Rosenberg, & Haynes, 2000). 즉, 가장 과학적인 근거에 기초하면서 실천가의 전문성과 클라이언트의 가치나 선호도를 고려하여 이를 분별력 있게 적용한다는 의미다.

그 후 근거기반실천에 대한 정의는 조금씩 변화해 왔지만(Strauss, Richardson, Glasziou, & Haynes, 2005), 현재 이에 대한 정의는 다음과 같은 두 가지 개념—즉, 실천 과정으로서 근거기반실천 그리고 특정한 상황에서 그 효과가 검증된 구체적인 실천 기법—을 모두 포괄하고 있다고 보는 것이 적절하다.

실제로 근거기반실천을 정의하는 데에는 이 두 가지 개념에 대한 나름의 선호도가

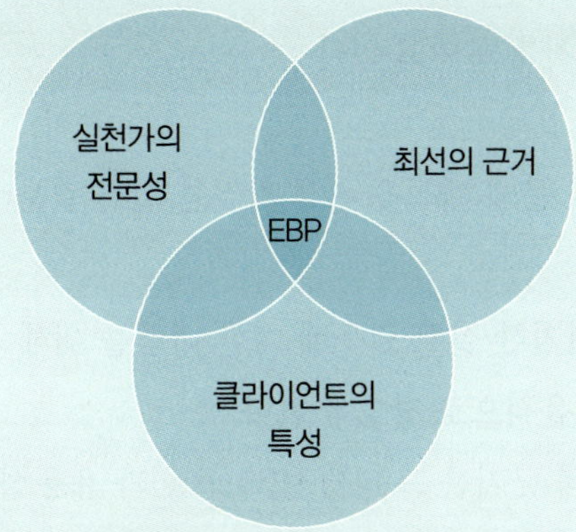

그림 3-3 근거기반실천의 모형

자료: Sackett et al. (2000), p. 1.

있고 논란이 많긴 하지만, 결국 이 두 개념을 모두 포괄하는 것이 바른 정의라고 말할 수 있다. 즉, 근거기반실천은 단순히 기계적으로 효과가 검증된 개입 방법의 리스트에서 어떤 특정한 개입 방법을 선택하는 것이 아니라 실천가의 전문성과 클라이언트의 가치를 포용해서 실천 과정에 과학적인 근거와 함께 반영하는 것이라고 주장하는 정의가 보다 설득력이 있다. 따라서 근거기반실천에 대한 보다 포괄적인 정의를 내리면 다음과 같다.

> ……이용 가능한 최선의 연구 결과를 근거로 하여 실천가의 전문성과 클라이언트의 가치, 특성 및 상황을 종합적으로 고려하여 클라이언트의 문제 해결을 위한 의사결정을 내리는 과정이다……(Rubin, 2008: 7).

즉, 사회복지실천에 있어서 근거기반실천이란 사회복지사가 클라이언트의 문제를 해결하는 과정에서 그 문제에 관한 과학적인 연구 결과를 충분히 검토한 후, 최선의 근거를 바탕으로 클라이언트의 특성과 사회복지사의 전문성을 고려하여 클라이언트의 문제 해결을 위한 개입 과정을 의미한다고 할 수 있다.

근거기반실천의 과정 근거기반실천의 적용, 즉 실천 모형에 대해서는 여러 학자가 다양한 모형을 제시하고 있지만(Gibbs, 2003; McCraken & Marsh, 2008; Rubin, 2008;

Straus et al., 2005; Thyer, 2004), 대체적으로 다음과 같은 5가지 단계로 이루어진 실천 과정에 대해서는 의견의 일치를 보이고 있다.

- 1단계: 클라이언트의 문제 해결을 위해 적절한 실천 질문(practice question)을 제기한다.
- 2단계: 1단계에서 제기한 실천 질문에 대한 대답을 위해 최선의 과학적 근거(best evidence)를 가장 효율적으로 찾도록 한다.
- 3단계: 발견한 과학적 근거를 그 타당성(validity)과 유용성(usefulness)에 비추어 엄격하게 검토한다.
- 4단계: 근거에 대해 엄격하게 검토한 결과를 기초로 실천가의 전문성과 클라이언트의 특성 및 실천 환경을 고려하여 클라이언트에게 적용한다.
- 5단계: 클라이언트에게 적용한 후 그 결과, 즉 나타난 변화를 모니터링 및 평가한다.

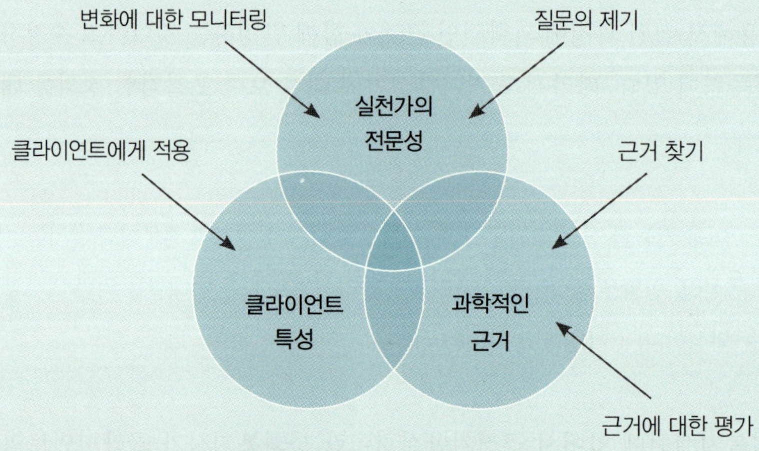

그림 3-4 근거기반실천의 과정

TIP 개입의 효과성에 대한 근거의 위계 구조

최근 개입의 효과성에 대한 과학적인 근거에 있어서 가장 상위에 차지하고 있는 것은 체계적 리뷰(systematic reviews: SR)와 메타분석(meta-analysis: MA)이라고 알려져 있다. 이 두 가지 연구방법 및 결과는 기존의 선행연구 결과를 체계적으로 분석한 통합적 연구라는 점에서 연구자들 사이에 가장 과학적인 근거로 받아들이고 있다(Harbour & Miller, 2001; Higgins & Green, 2011; Sackett et al., 1997).

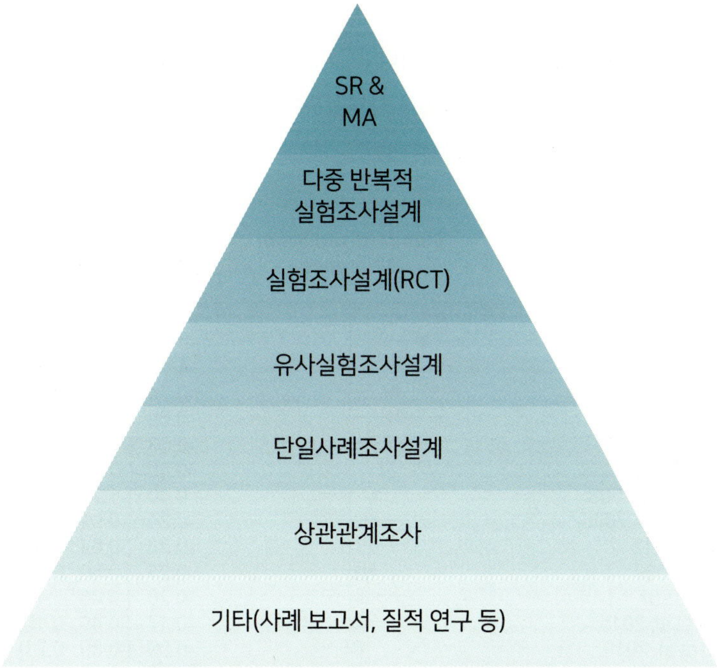

그림 3-5 개입의 효과성에 대한 근거의 위계 구조

자료: Rubin (2008), p. 52 〈표 3-1〉 재구성.

연구 사례

메타분석 연구

Recchia와 그의 동료들은(Recchia et al., 2023)은 아동 및 청소년의 우울에 대한 심각성을 이해하고 아동 및 청소년의 우울을 완화하기 위한 신체활동 개입(physical activity interventions)의 효과에 대해 체계적 리뷰와 메타분석 연구를 수행하였다. 그들은 2022년까지 발표된 관련 실험연구를 검색하여 최종적으로 21개의 연구(2,441명의 대상자)를 선정하여 메타분석을 수행한 결과 신체활동 개입으로 아동 및 청소년의 우울이 통계적으로 유의하게 감소한 것으로 나타났다(g = −0.29; 95% CI, −0.47 to −0.11; p = 0.004). 그리고 이 효과는 13세 이상의 아동 및 청소년에게 효과가 더 크게 나타났으며, 정신질환이 있는 대상자에게도 효과가 더 큰 것으로 나타났다. 이 메타분석의 결과로 신체활동이 아동 및 청소년의 우울을 감소하는 데 기여하는 대안적 접근 방법임을 확인할 수 있었다.

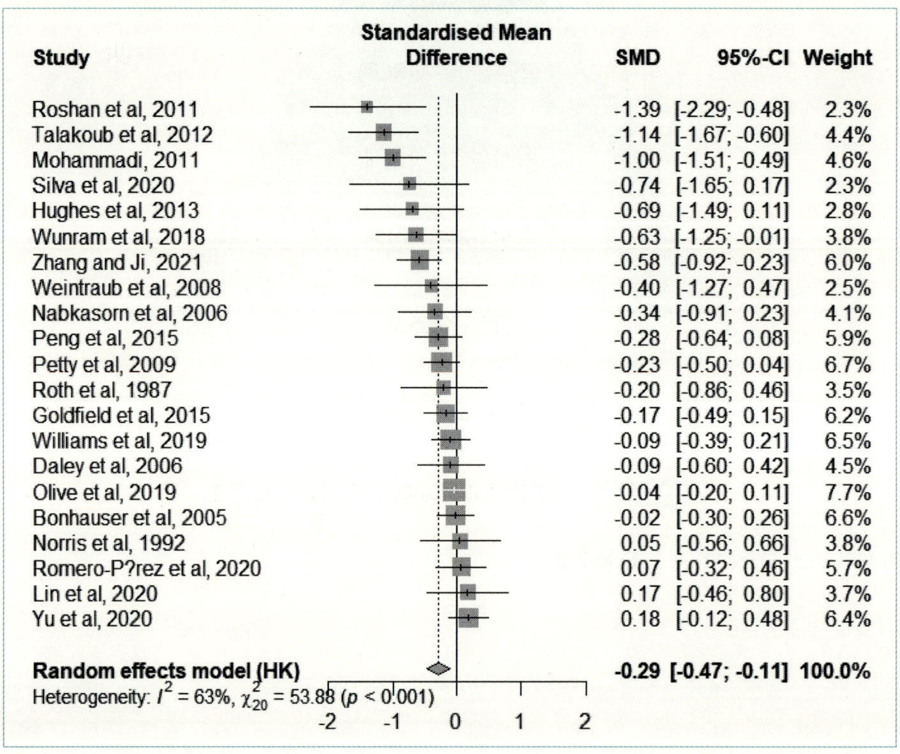

출처: 황성동(2025), p. 547.

요약

사회복지조사의 과정

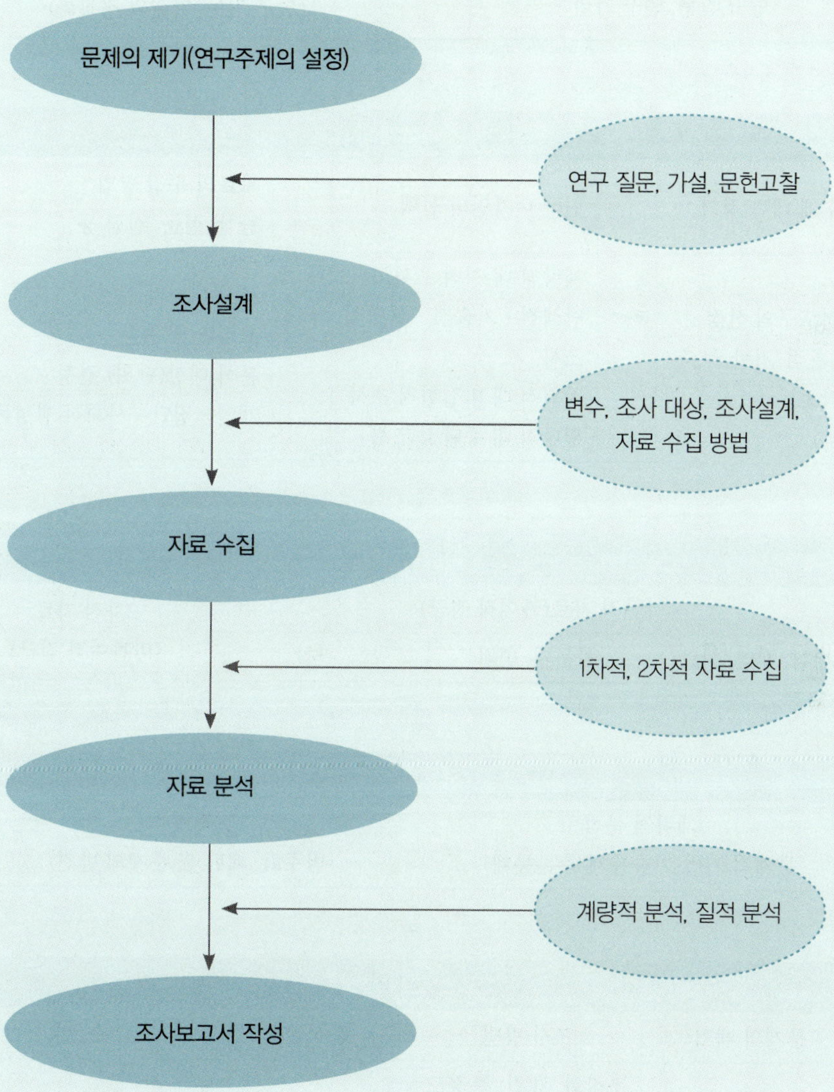

문제의 제기(연구 주제 설정)		
생각, 의문, 질문 문제의 제기 및 가설의 설정 연구 질문, 연구 가설	⟷	이론적 배경과 사회문화적 가치
		문헌 고찰 (연구 질문, 가설의 정교화)

↓

조사설계				
변수에 대한 정의	⟷	연구 디자인의 선택	⟷	자료의 수집 방법: 관찰, 설문, 실험 등
측정도구의 선정 (이론적 기반 구축/ 조작화)		계량적 대 질적 조사 탐색적 · 기술적 · 설명적 조사 실험적 대 비실험적 조사 횡단적 대 종단적 조사		조사 대상자 선정: 모집단 및 표본 분석 대상(단위) 결정: 개인 · 집단 · 사회적 생성물

↓

자료 수집			
1차적 자료(관여적 접근)			2차적 자료 (비관여적 접근)
실험, 개입, 치료	설문지, 면접	관찰	

↓

자료 분석	
계량적 분석 통계적 기법(기술통계/추론통계)	질적 분석 범주화, 패턴 및 주제의 발견

↓

조사보고서 작성			
문제의 제기	조사 방법	분석 결과	논 의
문제의 중요성, 연구 배경, 문헌 고찰	조작화, 표집, 측정도구, 자료 수집 방법, 조사 대상자	분석 결과 (표, 그래프)	결과의 시사점 및 논의, 연구의 제한점

제4장

측정과 척도

1. 측정과 측정도구

1) 측정이란
2) 측정의 등급
3) 측정도구
4) 척도의 구성

2. 신뢰도와 타당도

1) 측정의 오류
2) 신뢰도: 측정의 일관성
3) 타당도: 측정의 타당성
4) 신뢰도와 타당도의 관계
5) 표준화된 측정도구

3. 척도의 활용 사례

1) 직무만족도
2) 우울증척도
3) 한국인 우울증척도
4) 자아존중감척도
5) 다문화태도척도
6) 근거기반실천태도척도

◉ 요약

탐구하고자 하는 주요 질문

1. 측정이란 무엇인가?
2. 측정의 등급은 어떻게 구분하는가?
3. 신뢰도와 타당도는 무엇이며, 왜 필요한가?
4. 실제 척도의 사례를 들어 보자.

1. 측정과 측정도구

1) 측정이란

측정(measurement)이란 어떤 상태, 특성, 태도, 행동 등의 이론적 개념을 계량화(quantifying)하는 과정을 말한다. 즉, 조사 대상자의 속성 또는 변수에 대하여 일정한 규칙에 따라 숫자나 기호를 부여하는 체계적이고 과학적인 관찰 과정이라고 할 수 있다. 예를 들면, 우울증 및 불안감의 정도, 자아존중감, 일반적인 삶의 만족도, 소속감, 사회적 기능 수준 등을 측정할 수 있다.

Point

일찍이 사회복지학자 Walter Hudson은 사회복지실천과 조사에서 측정의 중요성에 대해 다음과 같은 공리(axiom)로 언급했다.

"If you cannot measure the client' s problem, it does not exist. …… If you cannot measure the client's problem, you cannot treat it."(Hudson, 1978: 65)

2) 측정의 등급

측정은 측정하고자 하는 개념, 즉 변수에 따라 그 등급을 네 가지로 나눌 수 있는데, 이는 명목측정, 서열측정, 등간측정, 비율측정이다.

명목측정(nominal level) 일반적으로 변수의 속성에서 그 차이점과 유사점에 따라 범주화하는 것으로 어떤 일정한 순서 없이 포괄적이고 상호 배타적으로 범주화한다. 예를 들면, 성별, 계절, 결혼 유무, 종교 등이 명목변수에 해당된다.

서열측정(ordinal level) 측정하고자 하는 변수의 속성 간에 서열을 매길 수 있지만 그 서열 간의 간격은 동일하지 않다. 예를 들면, 어떤 대상에 대한 선호도, 학력(초등학교 · 중학교 · 고등학교 · 대학교), 장애 정도, 정치 성향(보수 · 중도 · 진보), 생활 수준(상 · 중 · 하) 등이 서열변수에 해당된다.

등간측정(interval level) 서열뿐만 아니라 속성 사이의 거리에 대해서 측정이 가능하며 속성 간의 간격이 동일하다. 예를 들면, 온도, 지능지수(IQ), 인성검사(MMPI) 점수 등이 등간변수에 해당된다.

비율측정(ratio level) 측정 중 가장 높은 수준의 등급으로 등간측정의 모든 특성에 절대 영(zero)값이 추가된다. 예를 들면, 무게, 소득, 자녀 수, 자동차 보유 대수, 통근 거리, 거주 기간, 근무 경력, 특정 행동의 발생 빈도 등이 비율변수에 해당된다.

이상의 측정 등급을 정리하면 〈표 4-1〉과 같다.

표 4-1 측정의 등급

측정의 등급	의미	예	범주	서열	등간	비율
			=	＞ ＜	+, −	×, ÷
명목측정	변수의 속성에 있어 그 차이점과 유사점에 따라 순서 없이 범주화(포괄적이고 상호 배타적)	성별, 종교, 결혼 유무, 예/아니요 반응 등	○			
서열측정	변수 속성 간에 순서를 매기지만 그 순서 간의 간격은 동일하지 않다.	태도(선호도, 만족도), 장애 등급, 정치 성향 등	○	○		
등간측정	변수 속성 간에 동일한 간격으로 순서화한다.	지능지수(IQ), 온도, 인성검사(MMPI) 결과 등	○	○	○	
비율측정	등간측정의 모든 특성에 절대 영 값(0)이 존재한다.	자녀 수, 근무 경력, 소득, 교육 기간	○	○	○	○

일반적으로 측정의 수준은 명목측정 → 서열측정 → 등간측정 → 비율측정의 순서로 이해할 수 있다. 그러나 데이터에 대한 분석 시 측정의 전환(recoding)은 이와는 반대로 비율측정 → 등간측정 → 서열측정 → 명목측정의 순서로 가능하다. 따라서 데이터를 분석할 때는 측정의 등급에 따라 분석기법과 분석 정도가 달라지므로 이를 고려하여 측정의 수준을 정하는 것이 바람직하다(자세한 것은 제12장 '계량적 자료 분석'에서 다루었다).

3) 측정도구

일반적으로 사회과학적 개념들은 단일한 지표[1] 또는 항목으로 측정되기가 어렵다. 예를 들면, 복지의식, 공공복지의 수준, 사회적 지지망 정도 등은 단일 항목이나 자료로 나타내기가 어렵다. 따라서 이런 경우에는 복합적인 항목이나 지표의 결합으로 만든 합성 측정도구(composite measurement)가 필요하다. 이 합성 측정도구의 대표적인 것으로 지수와 척도가 있는데, 이 둘은 보통 구분 없이 사용된다. 그리고 이 지수나 척도를 통해 측정의 정확성을 높이고, 측정의 계량화를 통해 통계적 조작이 가능하게 된다.

지수(index) 척도에 비해 비교적 객관적인 지표로서 경험적으로 쉽게 인식할 수 있는 지표로 구성된다. 예를 들면, 사회경제적 지위(socioeconomic status: SES), 부패지수(corruption perception index: CPI) 등이 지수에 해당하며, 주로 서열, 등간, 비율 측정으로 이루어진다. 하지만 사회복지학에서는 연구자에 따라 별다른 구분 없이 때로는 지수(index)로, 때로는 척도(scale)로 이름 지어 사용한다.

척도(scale) 어떤 개념(예: 자아존중감)을 측정하기 위해 고안된 일단의 진술 또는 질문 사항을 말하며, 특히 사람들의 태도와 관련된 변수들을 측정할 때 주로 사용한다. 이때 사람들의 태도나 의식 및 행동을 측정하는 도구는 반드시 정확하고 신뢰할 만해야 한다. 따라서 척도의 과학성(psychometric data)을 나타내는 신뢰도와 타당도는 매우 중요한 개념이라 하겠다(신뢰도와 타당도는 이 장의 뒷부분에서 다루게 될 것이다).

Point 척도의 주요 내용

- 사회적 행위 측정(예: 우울증, 사회적 지지 체계)
- 성품 측정(예: 자아존중감, 자기효능감)
- 문화적 · 사회적 상황(예: 생활만족도, 서비스만족도, 가족환경척도)

---

1 지표(indicators)란 개념에 내재된 속성들이 표출되어 나타난 결과를 말한다. 예) 사회지표(인구, 문맹률, 이혼율, 빈곤율……), 노동경제지표(경제성장률, 임금, 고용, 노동생산성……)

사례

2024년 국제부패지수

순위	국가 및 지역	점수	순위	국가 및 지역	점수
1	Denmark	90	17	Hong Kong	74
2	Finland	88	18	Bhutan	72
3	Singapore	84	18	Seychelles	72
4	New Zealand	83	20	Japan	71
5	Luxembourg	81	20	United Kingdom	71
5	Norway	81	22	Belgium	69
5	Switzerland	81	23	Barbados	68
8	Sweden	80	23	United Arab Emirates	68
9	Netherlands	78	25	Austria	67
10	Australia	77	25	France	67
10	Iceland	77	25	Taiwan	67
10	Ireland	77	28	Bahamas	65
13	Estonia	76	28	United States	65
13	Uruguay	76	30	Israel	64
15	Canada	75	30	Korea, South	64
15	Germany	75	32	Chile	63

자료: 국제투명성기구(Transparency International) http://www.transparency.org

4) 척도의 구성

척도의 구성은 척도를 만드는 방법에 관한 것으로, 인간의 행위나 내면적 태도를 측정하는 일종의 잣대를 만드는 것으로 측정 등급에 따라 그 척도 구성이 달라진다.

명목척도 구성 명목척도를 구성하는 것은 가장 기본적인 구성으로 개별 값은 포괄적이고 상호 배타적이어야 한다. 예를 들어, 주거 형태를 묻는 경우 '자가( ), 전세( ), 월세( ), 자취 및 하숙( ), 기타 ( )'로 구성하여 그 값들이 상호 배타적이고 포괄적이 되도록 한다.

서열척도 구성 서열척도 구성의 대표적인 것으로는 리커트척도 구성과 거트만척도 구성이 있다.

- 리커트척도 구성(Likert Scaling): 각 항목의 단순 합산을 통해 서열성을 산출하는 것으로 보통 3~7등급으로 나눈다. 〈표 4-2〉는 우울증을 측정하기 위해 리커트척도 구성을 활용한 대표적인 사례로 각 항목의 내용을 단순 합산함으로써 우울증의 정도를 나타낸다.

표 4-2 리커트척도 구성의 예

다음 문항을 잘 읽은 후에 오늘을 포함하여 지난 2주일 동안 당신이 느끼고 생각한 것을 가장 잘 나타내는 곳에 ○표 하십시오. 한 문항도 빠뜨리지 말고 답해 주기 바랍니다.

문항	전혀 아니다	아니다	그저 그렇다	그렇다	매우 그렇다
1. 나에게는 희망이 없다고 생각한다.	0	1	2	3	4
2. 내 인생은 실패작이라고 생각한다.	0	1	2	3	4
3. 나의 삶이 후회스러워 괴롭다.	0	1	2	3	4
⋮					
29. 입 안이 쓰고 마르다.	0	1	2	3	4
30. 나는 많은 시간 무력감을 느낀다.	0	1	2	3	4

자료: 이민수, 이민규(2005).

- 거트만척도 구성(Guttman Scaling): 단순히 합산하는 리커트척도 구성과 달리 척도를 구성하는 항목 자체가 일정한 기준에 의해 미리 서열성을 부과하여(예를 들면, '쉬운' 항목에서 시작하여 점차 '어려운' 항목으로) 구성하는 것으로 누적척도(cumulative scale)에 해당한다. 대표적인 것으로 보거더스(Borgadus)의 사회거리척도(social distance scale)가 있다(김영종, 2007: 164-165 재인용). 이 척도는 친밀도나 사회적 거리 등을 측정하는 데 유용하지만, 서열을 가진 항목을 만들기 어려운 경우가 많고 응답의 서열이 일정치 않을 경우 처리 방법이 곤란하기 때문에 자주 사용하지는 않는다. 〈표 4-3〉은 외국인 근로자에 대한 친밀감, 즉 사회적 거리를 측정하기 위한 사례로서 각 항목은 일정한 서열을 가지고 있다. 즉, 다음 항목으로 내려갈수록 보다 높은 친밀감을 나타낸다. 따라서 첫 번째 또는 두 번째에서

'아니요'라고 응답한 사람은 세 번째 이상에서 '아니요'라고 응답할 것이 거의 확실하다. 여기서 응답자의 점수는 '아니요'라고 응답하기 시작한 직전 항목이 된다.

표 4-3 거트만척도 구성의 예

다음 사항에 대하여 괜찮다고 생각하면 '예', 그렇지 않으면 '아니요'란에 체크하십시오.

문항	예	아니요
1. 외국인 근로자가 우리나라에 있는 것은?		
2. 외국인 근로자가 우리 지역에 있는 것은?		
3. 외국인 근로자가 우리 옆집에 사는 것은?		
4. 외국인 근로자와 같은 집에 사는 것은?		
5. 외국인 근로자와 결혼을 전제로 사귀는 것은?		

등간 및 비율척도 구성 이 척도 구성은 척도의 개별 값 간에 일정한 거리와 절대 영값이 존재해야 하는 속성을 갖추어야 하는데, 일반적으로 사회과학에서는 쉽지 않은 측정이다. 이 측정의 사례로는 서스톤척도 구성과 의미분화척도 구성이 있는데, 여기서는 〈표 4-4〉에 의미분화척도 구성의 사례만을 제시한다.

- 서스톤척도 구성(Thurstone Scaling): 리커트척도 구성이 간격이 동일하지 않다는 단점을 보완하기 위한 것으로, 어떤 주제에 대한 응답자의 태도 및 선호도를 측정할 수 있으며, 보통 두 단계로 구성된다. 먼저, 척도에 대한 여러 항목을 개발한 후 척도의 각 항목에 대해 평가단의 평가점수(예, 1~11)의 평균 또는 중간값을 계산한 후 이를 바탕으로 최종 항목을 선정한다. 이어서 각 항목에 대해 응답자에게 동의/동의하지 않음으로써 측정한 후 동의한 각 항목의 평균점수의 합계를 동의한 항목 수로 나누어 최종 점수를 산출한다.
- 의미분화척도 구성(Semantic Differential Scaling): 어떤 개념에 함축되어 있는 의미를 평가하기 위해 구성하는 척도로, 쉽게 만들 수 있고, 비교적 적은 수의 문항으로 신뢰도를 확보할 수 있다. 그리고 응답자가 간단하게 응답할 수 있는 장점이 있다. 즉, 어떤 개념에 대한 생각이나 느낌을 다양한 차원에서 평가하기 위해 그에 대한 형용사를 정하고 양극단에 서로 상반되는 형용사를 배치하여 그 속성에 대한 평가를 내리도록 하는 척도다(최일섭, 김성한, 정순둘, 2001: 88-89).

사례

서스톤척도 구성

다음은 강의평가척도를 서스톤척도 구성으로 만든 사례다. 먼저, 척도의 평가단을 구성하여 강의평가척도의 각 항목(1~11점)에 대한 평균 또는 중간값을 구한 다음 최종 항목을 선정하였다. 그리고 응답자에게 최종 항목에 대한 동의 여부를 확인하여 동의한 항목에 대한 평균(중간값)을 모두 합한 값(56.5)을 동의 항목 수(7)로 나눈 값이 바로 강의평가척도(서스톤척도) 결과값(8.07)이다.

문항	평균/중간값	동의 여부
강의를 시작 때 항상 수업 목표를 통지하였다.	3	
이 강의는 [핵심역량]을 키우는 데 도움이 되었다.	4	
학습내용의 특성에 맞는 다양한 수업 방법을 사용하였다.	5	
강의계획서에 따라 강의를 진행하였다.	6	○
강의계획서는 강의 운영에 대한 상세한 정보를 담고 있었다.	6.5	
강의 내용에 대한 전문성을 갖고 있었다.	7	○
강의 내용의 심화 및 확대를 위한 과제를 제시하였다.	7	
학생의 수준을 고려하여 강의 내용을 전달하였다.	7.5	○
첫 시간에 강의 계획을 명확하게 전달하였다.	8	○
학생이 강의 내용에 흥미를 갖도록 지도하였다.	8.5	○
학생의 과제 및 평가에 대해 피드백을 제공하였다.	9	
학생의 질문을 유도하고 적절하게 답변하였다.	9.5	○
강의는 전반적으로 만족스러워 다른 학생에게 추천하고 싶다.	10	○
	56.5	56.5/7=8.07

표 4-4 **의미분화척도 구성의 예**

당신은 '사회복지사'에 대해 어떤 느낌을 갖고 있습니까?

	7	6	5	4	3	2	1	
이타적이다.								이기적이다.
친절하다.								불친절하다.
다정다감하다.								냉정하다.
헌신적이다.								헌신적이지 않다.
우리 사회에 필요하다.								우리 사회에 필요치 않다.

자가척도 구성(self-anchored scaling) 조사도구를 개발할 때 비교적 쉽게 활용할 수 있는 것으로, 클라이언트의 문제에 관해 비교적 쉽게 측정하기 위해 자가척도로 단일 척도를 만들 수 있다. 이 자가척도는 문제의 중요성이나 심각성을 신속하게 추정할 때 매우 유익하다. 장점으로는 조사 대상자의 생각과 느낌(예를 들면, 관계의 안전성, 다른 사람에 대한 어리석음이나 매력의 지각)을 측정하는 데 쉽게 사용할 수 있으며, 특히 표준화된 측정도구가 존재하지 않는 상황에서 유익한 측정도구가 될 수 있다(Royse, 2011: 183-184).

많은 자가척도의 경우 동등한 10점 간격으로 구성하는 것이 보편적이지만, 때로는 5, 7, 9, 심지어 100점에 기초를 둔 척도를 구성할 수도 있다. 그러나 이런 척도를 구성할 때는 개념의 한 가지 차원의 표현에 국한해야 한다. 이를테면, '화가 남'과 '화가 나지 않음'은 단지 한 차원으로 표현되어 연속선상의 양극단에 수용할 수 있다. 그러나 한쪽에 '화가 남'을, 또 다른 한쪽에 '행복함'을 두는 것은 한 가지 개념이 아닌 두 가지 개념을 포함하고, 분노와 행복이 연관된 다른 느낌 때문에 척도를 부정확하게 만들 수 있다.

또한 자가척도 구성은 개입의 결과를 추적하기 위한 측정을 반복하는 경우 단일사례조사설계에서 사용할 수 있으며, 특정한 클라이언트 집단을 위해 설계되었을 때 그들의 행동과 느낌(즉, 그들 자신의 언어로 묘사된)을 연속선상에 표현하도록 할 수 있다. 〈표 4-5〉는 자가척도 구성의 몇 가지 사례를 보여 주고 있다.

표 4-5 자가척도 구성의 사례

	0	1	2	3	4	5	6	7	8	9	10
오늘 하루 느낀 소외감의 정도	0 전혀 없음	1	2	3	4	5 보통	6	7	8	9	10 매우 많음
나는 내 인생에 얼마나 만족하는가?	0 전혀 만족 못함	1	2	3	4	5 보통 만족	6	7	8	9	10 매우 많음
공동체 소속감의 정도	0 전혀 못 느낌	1	2	3	4	5 보통 정도	6	7	8	9	10 매우 많이 느낌
배우자에 대한 친밀한 느낌	0 전혀 친밀 하지 않음	1	2	3	4	5 보통 정도	6	7	8	9	10 매우 친밀 하게 느낌

자료: Royse (2011), p. 184 재구성.

개별화된 척도 구성 자가척도와 유사한 것으로서 연구자가 클라이언트나 문제의 특성에 맞추어 개별적으로 구성하는 척도가 있는데 이를 개별화된 척도(Individualized Rating Scale: IRS)라고 부른다(Rubin, 2008). 이 척도는 기존 척도가 존재하지 않거나 존재하더라도 실용적으로 사용하기 불편한 경우에 클라이언트의 속성이나 문제에 맞추어 연구자(실천가)가 구성하는 경우를 말한다. 이는 비교적 사용하기가 용이하고 별다른 비용 등이 발생하지 않는다는 장점이 있지만 학술적으로 검증되지 않았다는 점에서 비판받기가 쉽다(〈표 4-6〉 참조).

표 4-6 삶의 만족도에 대한 개별화된 척도

오늘 하루 동안 생활하면서 전반적으로 느낀 삶의 만족 정도를 체크해 주세요.

요일(날짜)	오늘 하루 삶에 대한 만족 정도								소계
	전혀/거의 만족하지 못함			어느 정도 만족함			매우 만족함		
월	0	1	2	3	4	5	6	7	
화	0	1	2	3	4	5	6	7	
수	0	1	2	3	4	5	6	7	
목	0	1	2	3	4	5	6	7	
금	0	1	2	3	4	5	6	7	
토	0	1	2	3	4	5	6	7	
일	0	1	2	3	4	5	6	7	
합계									

자료: Rubin (2008), p. 259 〈표 12-1〉 재구성.

2. 신뢰도와 타당도

측정은 일정한 규칙에 따라 변수 및 조사 대상자의 속성에 대하여 숫자나 기호를 부여하는 체계적인 관찰 과정이다. 과학적 조사연구에서 측정이 중요한 것은 추상적인 개념을 측정 과정을 통해 구체적으로 설명할 수 있기 때문이다. 이러한 측정의 과정에서 중요한 것은 측정도구의 신뢰도와 타당도를 확보하는 것인데, 이는 측정도구를 통해 얻게 된 측정 결과의 과학성과 관련되어 있기 때문이다.

조사자가 척도의 가치를 표현할 때, 즉 척도의 과학성을 표현할 때 사용하는 것이 바로 신뢰도와 타당도인데, 측정도구가 그 자체로서 의미 있기 위해서는 반드시 확인해야 할 중요한 사항이다. 왜냐하면 많은 노력을 기울여 만든 측정도구라 할지라도 그 도구의 신뢰성과 타당성이 확보되지 않는다면 그 측정 결과는 의미가 없기 때문이다. 일반적으로 사회과학에서 활용하는 추상적인 개념을 경험화하는 과정인 측정 과정에서 오류가 발생하는 것은 쉽게 있을 수 있는 일이므로 이를 통제하는, 즉 측정의 오류를 줄이는 것은 매우 중요한 과제라고 하겠다. 이러한 맥락에서 신뢰도와 타당도는 측정의 오류에 대한 해결책이자 과학적 측정을 위한 필수 요건이라고 말할 수 있다.

1) 측정의 오류

사회과학에서 측정하려는 것은 주로 조사 대상자의 태도, 행동, 특성 등에 관한 추상적인 개념이 많은데, 이러한 추상적인 개념을 경험화하는 측정 과정에서는 많은 오류가 발생할 수 있다. 이러한 오류는 크게 체계적 오류와 무작위적 오류(또는 비체계적 오류)로 구분할 수 있다(김영종, 2007: 179-183).

체계적 오류(systematic error) 측정하려는 내용을 정확하고 바르게 측정하지 못하는 경우, 즉 자료의 수집 방법이나 수집 과정을 통해서 개입되는 어떤 유형화된 오류를 말한다. 측정 결과로 얻은 자료가 한쪽으로 치우치거나 변수 간의 관계가 지나치게 높거나 낮으면 체계적 오류가 존재함을 의심해야 한다.

체계적 오류의 유형으로는 다음과 같은 것을 들 수 있다.

- 고정반응(response set): 예를 들어, 우울증을 측정하는 척도에서 일정한 유형의 설문 항목이 계속될 때, 응답자는 극단적인 값을 피하고 중도 값(예: 한국인 우울증 척도에서 '그저 그렇다')을 택하려는 경향이 있다. 또는 앞의 설문 항목에서 응답한 값(예: '그렇다' 또는 '동의함')을 후속 항목들에도 계속 동일한 응답을 하는 경우를 말한다.
- 사회적 적절성(social desirability bias): 조사자의 의도에 맞추거나 그 사회의 가치 기준에 부합하는 것을 택하려는 경향을 말한다. 예를 들어, 청소년의 흡연 실태나 일반 시민의 마약에 대한 태도를 조사한다고 할 때, 응답자는 비록 자신이 그러한 흡연이나 마약에 관한 경험이 있더라도 그에 대해 솔직히 응답하기보다는 그 사

회가 원하는 가치에 준하는 대로 응답할 가능성이 있다.

- 문화적 차이(cultural gap bias): 측정 과정에서 문화적 차이나 인구사회학적 차이가 개입하여 발생하는 오류를 말한다. 예를 들면, 성인에 대한 우울증 검사도구를 청소년에게 그대로 적용한다면 분명 명백한 오류가 발생할 것이다. 특히 다민족 국가인 미국 같은 국가에서는 주류 백인들을 위해 개발한 측정도구를 소수민족(예: 아시아계 또는 남미계 민족)에게 적용할 때 매우 신중해야 한다.

이러한 체계적 오류에 대한 좋은 해결책으로 무엇보다 타당도가 검증된 도구를 사용한다면 그 오류를 의미 있게 줄일 수 있을 것이다.

비체계적 오류 또는 무작위적 오류(random error) 오류가 발생하는 과정에서 일정한 유형이 존재하지 않는 경우, 즉 체계적 오류와 같이 일정한 패턴이 없이 일관적이지 않은 무작위적 오류가 존재하는 경우를 말하며, 이 경우에는 오류를 통제하기가 더 어렵다. 예를 들어, 측정 시 날씨(너무 덥든가 춥든가 하여) 등의 자연환경으로 말미암아 응답이 제대로 이루어지지 못할 수 있다. 그리고 측정 당시 사용하였던 용어나 뉘앙스가 성 차별적이라거나 지역 차별적이라고 하여 응답자가 거부하거나 신중하게 응답하지 않을 수도 있다. 또 응답자의 개인적 기분 상태 등과 같은 도저히 통제하기 어려운 요인에 의해 무작위적 오류가 발생하기도 한다.

무작위적 오류에 대한 해결책으로 신뢰도가 있는 도구를 사용하면 그 오류를 상당 부분 줄일 수 있다. 그리고 이러한 측정의 오류를 확인하거나 오류를 해결하려면 타당도와 신뢰도에 관한 고려가 반드시 필요하다.

TIP ! 일반적으로 측정에서 오류를 피하는 방법으로 고려할 사항

- 측정도구 작성 시 편견 없는 용어를 사용한다(예: 양성 평등적인 용어 사용).
- 조사자가 질문 내용을 충분히 이해하고 전달하여 응답에 정확성이 있도록 한다.
- 조사 대상자가 조사에 참여하고 있다는 사실을 의식하지 않고 최대한 자연스러운 상태에서 측정하도록 한다(대상자의 반응효과에 유의).
- 응답자가 응답하는 물리적 환경도 세심하게 고려하여 무작위적 오류를 방지한다.
- 무엇보다 신뢰도와 타당도가 검증된 측정도구를 사용하는 것이 중요하다.

자료: 최일섭, 김성한, 정순둘(2001), pp. 92-93.

2) 신뢰도: 측정의 일관성

신뢰도(reliability)는 우리가 일상생활에서 사용하는 시계나 저울의 경우와 유사하다. 예를 들어, 내가 찬 시계가 어제는 3분 빨리 가고 오늘은 5분 느리게 간다면 그 시계를 신뢰할 수 없을 것이다. 마찬가지로 어떤 측정도구를 사용하려면 그 측정도구는 측정의 장소와 시간에 구애받지 않고 일관성(consistency) 있게 측정할 수 있어야 한다. 즉, 신뢰도는 어떤 현상을 얼마나 정확하고 일관성 있게 값을 산출해 내느냐와 관련된다. 만일, 일관되게 측정하는 척도나 조사도구가 있다면 그것은 신뢰할 만하다고 할 수 있을 것이다. 그리고 측정과 관련하여 그 조사도구는 믿을 만하고, 그와 연관해서 어느 정도 예측 가능성(predictability)을 갖게 되는 것이다.

어떤 조사도구가 신뢰할 만하다고 한다면 비슷한 환경에서 비슷한 집단에게 행하였을 때는 비슷한 결과를 산출할 수 있을 것이다. 이것이 바로 표준화된 검사(예: 지능지수 검사)가 개발된 원리 중 하나다. 대부분의 표준화된 조사도구는 각기 의미 있는 신뢰도를 나타낸다. 신뢰도(r)의 범위는 0~1로, r=.70은 기본적인 신뢰도 수준을, r=.80은 기본적인 연구 수준의 신뢰도 수준을, r=.90은 임상적 결정 수준의 신뢰도를 나타낸다고 할 수 있다.

일반적으로 신뢰도를 확인하기 위해서는 주로 다음의 방법을 사용한다.

- 재검사법(test-retest reliability): 조사자는 그 결과가 얼마나 근접하게 나타나는지, 또는 상관관계가 있는지를 살펴보기 위해서 똑같은 집단에게 시간 간격을 두고 2번 이상 측정을 반복 시행하여 그 결과를 비교한다. 예를 들어, 자아존중감 향상 프로그램에 참여할 청소년을 대상으로 프로그램 시행 이전에 일정한 간격(예: 2주)을 두고 2번 측정하여 그 결과가 비슷하게 나온다면 이는 신뢰도가 있는 측정이라고 볼 수 있다.
- 대안법(alternate form reliability): 원 조사도구와 유사한 대안적 조사도구를 개발해서 두 가지를 모두 시행하는 것이다. 그래서 그 결과의 상관관계를 비교한다. 예를 들어, 자아존중감을 측정하고자 하는 경우 이것을 측정하는 척도는 다양한데, 그중 25문항 척도와 10문항 척도를 동일한 집단에게 각각 실시한 후 그 결과가 비슷하거나 상관관계가 높게 나올 때 이 척도는 신뢰도가 있다고 본다.
- 반분법(split-half reliability): 척도의 항목을 홀수, 짝수로 나누어 두 가지 척도가

얼마나 상관관계가 있는지를 알아보는 방법으로, 이분법이라고도 한다. 예를 들어, 이 장의 뒷부분에 나오는 직무만족도 척도는 14항목으로 구성되어 있는데, 이를 짝수, 홀수로 나누어 각기 7개 항목으로 구성된 두 개의 직무만족도 척도를 별도로 시행하였을 때 동일한 결과가 나오거나 상관관계가 높다면 신뢰도는 확보되었다고 볼 수 있다.

- 조사자 간 신뢰도(inter-rater reliability): 둘 이상의 조사자가 동일한 내용을 측정할 경우 그 결과가 동일하거나 유사하게 나왔거나 각 결과의 상관관계가 매우 높을 때 신뢰도가 확보된다. 예를 들어, 사회복지시설에 대한 평가에서 평가팀이 교수, 공무원, 실무자 각 1인으로 구성되었다면 이들이 동일한 시설에 대한 평가에서 비슷한 평가 점수가 나와야만 조사자 간 신뢰도가 있다고 할 수 있다.
- 내적 일관성(internal consistency) 분석: 척도의 각 개별 항목이 전체 척도와 얼마나 상호 연관되어 있느냐를 나타내는 것이다. 이 경우 모든 문항이 가질 수 있는 모든 반분신뢰도를 구한 후 그 평균값을 산출하는 방법으로 주로 SPSS, R, jamovi 등의 통계 패키지에 의해 분석된다. 특히 이 방법은 연구자가 자신이 사용하는 척도의 신뢰도를 측정하거나 나타내기 위해 사용하는 유용한 기법으로, 보통 크론바흐 알파계수로 나타낸다.

이상의 신뢰도 측정 방법을 요약하면 〈표 4-7〉과 같다. 척도는 일반적으로 그 항목을 더하거나 항목의 선택 범위(값의 범위)를 높일 때(예: 두 가지에서 다섯 가지로) 신뢰도가 높아진다.[2] 신뢰도를 높이는 방법을 정리하면 다음 페이지의 Point와 같다.

2 척도 항목을 가감할 때 신뢰도가 어떻게 변화하느냐 하는 것은 the Spearman-Brown Prophesy Formula를 활용해서 알 수 있다(Royse, 2004: 331).

표 4-7 신뢰도

측정 결과의 정확성을 동반한 일관성(consistency with accuracy)을 의미하는 것으로 같은 대상에 반복적으로 적용된 측정 방법이 매번 동일한 결과를 가져오는가와 관련된다(몸무게를 측정하는 저울, 시간을 재는 시계).		
측정 방법	재검사법 (test–retest reliability)	척도를 2번 이상(기간: 2시간~6개월) 사용하여 두 결과의 상관관계를 확인하는 것으로 신뢰도를 측정하는 방법 • 장점: 다른 도구의 개발 없이 한 측정도구만으로 신뢰도를 측정할 수 있다. • 단점: 같은 도구를 반복하여 사용하기 때문에 기억력 통제의 어려움이 있다.
	대안법 (parallel or alternative reliability)	원 척도와 유사한 척도를 개발하여 두 척도의 측정 결과를 비교하고 상관관계를 확인하여 신뢰도를 측정하는 방법 • 장점: 서로 다른 도구로 사전 · 사후 측정하여 기억력 통제가 쉽다. • 단점: 비슷한 측정도구를 찾기가 어렵다.
	이분법/반분법 (split–half reliability)	척도의 항목을 둘로 나누어서 두 척도 측정 결과의 상관관계를 확인하여 신뢰도를 측정하는 방법 • 장점: 또 다른 도구의 개발 없이도 신뢰도를 측정할 수 있다. • 단점: 반분된 두 개의 측정 문항을 동등한 척도로 만들기 어렵다.
	조사자 간 신뢰도 (inter–rater reliability)	조사자가 둘 이상인 경우 각각의 결과를 비교(또는 상관관계) 확인하여 신뢰도를 측정하는 방법으로 측정 결과의 일치 백분율 또는 상관관계를 확인한다.
	내적 일관성 분석 (internal consistency)	척도의 각 항목이 전체 척도와 갖는 연관성을 파악하는 방법으로, 각 항목이 가질 수 있는 모든 가능한 반분신뢰도 계수를 구하고 그 평균값을 산출해 신뢰도를 측정한다. R, jamovi, SPSS 등을 활용하여 알파계수를 구하며, 주로 크론바흐 알파계수를 사용한다. 알파계수가 .70 이상이면 비교적 신뢰할 만하다.
신뢰도는 일반적으로 척도의 항목을 더하거나 선택의 폭을 넓힐 경우 향상된다. 이러한 신뢰도의 변화를 확인하는 방법으로 Spearman–Brown Prophesy Formula를 이용한다.		

TIP 크론바흐 알파계수(Cronbach's Alpha)

내적 일관성 방법에 기준하여 신뢰도를 측정하는 기법 중 가장 널리 쓰이는 기법이다. 일반적으로 α=.70은 보통이며, α=.90은 신뢰도가 매우 높음을 보여 준다(보다 자세한 것은 '제12장 계량적 자료 분석'에서 다루기로 한다).

Point **신뢰도를 높이는 방법**

- 측정 항목의 모호성을 줄이고 되도록 구체화해야 한다. 이는 응답자가 측정도구의 의도를 정확하게 이해해야만 일관된 측정이 가능하기 때문이다. 일관된 측정이 가능하면 신뢰도는 자연히 높아진다.
- 측정 항목(하위변수)을 늘리고 항목의 선택 범위(값)를 넓혀야 한다. 측정 항목이 많거나 선택 범위가 넓을수록 신뢰도는 증가하고, 반대로 항목 수가 적거나 선택 범위가 좁을수록 신뢰도가 낮아지는 경향이 있다.
- 기존에 신뢰도가 있다고 인정된 측정도구를 활용하는 것이 유리하다. 그러나 기존의 측정도구를 무조건 신뢰해서는 안 되며, 그 신뢰도에 대해 충분한 검토가 선행되어야 한다.

3) 타당도: 측정의 타당성

일반적으로 조사도구가 측정하고자 의도하였던 것을 측정할 때 그 조사도구는 타당성이 있다고 말하며, 타당도(validity)는 측정의 체계적 오류를 해소하는 것과 관련이 있다. 일반적으로 조사도구의 타당성을 확립하는 방법에는 여러 가지가 있지만, 크게 내용타당도(content validity)와 경험적 타당도(empirical validity)로 구분한다. 내용타당도에는 표면타당도(face validity)와 내용타당도(content validity)가 있으며, 경험적 타당도에는 기준타당도(criterion validity)와 개념타당도(construct validity)가 있다.

표면타당도(face validity) 어떤 전문가가 주어진 척도를 살펴보고 그 척도가 측정하고자 하는 개념을 포함하고 있는 것으로 판단할 때 표면타당도가 있다고 한다. 이는 가장 낮은 수준의 타당도를 확보하는 방법으로 보통 타당도를 확보하는 적절한 방법이라고 보기는 어렵다. 하지만 다른 모든 방법이 가능하지 않을 때 최소한 이 방법을 활용할 수 있다.

내용타당도(content validity) 일련의 전문가가 주어진 척도가 측정하고자 하는 내용을 담고 있다고 동의할 때 내용타당도가 있다고 한다. 내용타당도를 갖기 위해서는 측정도구가 측정하고자 하였던 개념의 포괄적인 내용을 포함하고 있어야 한다. 예를 들면, 지능을 측정하는 척도는 대상자의 인지력, 지각력, 추리력, 수리력, 기억력 등을 포괄하는 전 영역에 걸친 문항을 포함하여야 한다.

기준타당도(criterion validity) 내용타당도보다 높은 수준의 검증 방법으로 경험적인 근거를 통해 타당도를 확인하는 방법이다. 즉, 기존의 척도를 기준으로 하여 새로운 척도를 사용하여 측정한 결과가 기존의 척도를 사용한 측정 결과와 상관관계가 높을 때 새 척도가 기준타당도를 갖는다고 말한다. 여기에는 세부적으로 동시타당도, 집단구분타당도 및 예측타당도가 있다.

- 동시타당도(concurrent validity): 어떤 척도의 측정 결과가 또 다른 척도의 측정 결과와 상관관계가 높을 때 이 척도는 동시타당도가 있다고 본다. 예를 들어, 약물에 대한 태도를 측정하기 위해 개발한 A척도(14개 항목)의 측정 결과와 기존의 약물태도척도인 B척도(23개 항목)의 측정 결과가 서로 상관관계가 높을 때 A척도는 동시타당도를 갖추었다고 말한다.
- 집단구분타당도(known-groups validity): 연구자의 척도가 그 측정 집단의 구성원들을 그 특성에 따라 기대되는 방향으로 구분할 수 있을 때 그 척도는 집단구분타당도가 있는 것으로 볼 수 있다. 예를 들어, PTSD에 대한 어떤 척도가 그 측정의 결과로 클라이언트의 증상에 따라 중증, 중간, 경증 클라이언트들을 구분해 낼 수 있다면 이 척도는 집단구분타당도가 있다고 할 수 있다.
- 예측타당도(predictive validity): 척도의 측정 결과로 나타난 점수가 조사 대상자들의 차후 태도나 행위를 예견할 수 있을 때 예측타당도가 있는 것으로 본다. 예를 들어, 온라인게임 중독에 대한 척도가 있는데, 이 척도로 중학생을 대상으로 온라인게임 중독 여부를 측정하였다. 이 측정의 결과로 게임중독이 심각한 중학생은 나중에 대학생이 되었을 때에도 계속 게임중독 증상이 심각한 것으로 나타났으며, 심각하지 않은 중학생은 심각하지 않은 대학생으로 성장한 것으로 나타났다면 이 척도는 예측타당도가 있다고 본다.

개념타당도(construct validity) 가장 높은 수준의 타당도 검증 방법으로써 측정하고자 하는 개념(consruct)이 여타 관련을 맺고 있는 개념들(constructs)이나 가정들을 토대로 해서 그 개념의 전반적인 이론적 틀 속에서 측정도구의 타당성을 경험적으로 검증하는 방법이다. 즉, 척도가 기대되는 방향 또는 노선에 따라 얼마나 잘 수렴되고 구별되느냐에 따라 개념타당도가 있느냐가 결정된다. 특히 수렴타당도와 판별타당도가 동시에 검증될 때 이 척도는 개념타당도가 있다고 하며(Rubin, 2008), 여기에는 수렴타당도, 판별타당도, 요인타당도가 있다.

- 수렴타당도(convergent validity): 척도가 이론적으로 관련 있는 척도와 상관관계가 높은 것으로 보일 때 수렴타당도가 있다고 한다. 예를 들어, PTSD 척도는 일반적인 우울증 척도와 그 결과에 있어 비교적 높은 상관관계를 보이는 경우가 일반적인데 이 경우 수렴타당도가 있다고 하며, 이를 확증타당도(confirmatory validity)라고도 부른다.
- 판별타당도(discriminant validity): 척도가 이론(개념)적으로 상관없는 척도와 서로 연관되지 않는 것으로 나타날 때 판별타당도가 있다고 한다. 앞서 예를 든 PTSD 척도의 측정 결과는 일반적인 일상생활만족도 척도의 결과와는 별다른 상관관계를 보이지 않는 경우가 많은데 이 경우 판별타당도가 있다고 할 수 있다.
- 요인타당도(factorial validity): 개념타당도를 실증적으로 검증하는 가장 잘 알려진 방법으로 요인분석(factor analysis)이 있는데, 이 방법을 이용하면 척도의 개별 항목들이 통계적으로 서로 연관된 그룹(즉, 하위요인)을 만들어 주는 것을 알 수 있다(다음 사례 참조). 이때 한 그룹의 항목들은 다른 그룹의 항목들보다 어떤 한 요인에 더 긴밀한 상관관계를 보이지만 다른 요인과는 약한 상관관계를 나타낼 때 요인타당도가 있다고 말한다(Rubin, 2008: 241). 즉, 척도의 각 항목 간에 상관관계가 높은 것끼리 요인(factor)으로 묶어 냄을 알 수 있다. 예를 들면, 85개 항목으로 구성된 자아존중감척도(self-esteem scale)의 측정 결과를 요인분석을 시도하면 네 가지 하위요인, 즉 학습자존감(academic self-esteem), 사회적 자신감(social competence), 자신의 외모에 대한 만족(satisfaction with personal appearance), 적극성(assertiveness)으로 구분할 수 있음을 알 수 있다(Royse, 2011: 144).

TIP 타당도 검토가 필요한 경우

타당도는 한 번에 확보할 수 있는 작업이 아니기 때문에 기존에 검증된 측정도구라 할지라도 충분한 검토가 필요하다. 또한 측정도구를 다음과 같은 상황에 활용하고자 할 때는 반드시 타당도를 검증하여야 한다.

- 측정도구를 새롭게 만들어 그에 대한 과학적 검증이 필요할 때
- 어떤 한 집단을 위해 만든 측정도구를 다른 집단에 적용하고자 할 때
- 조사연구자가 기존의 측정도구를 더 나은 도구로 개선하고자 할 때

사례

정신장애 증상(Problem Severity Summary: PSS)에 대한 요인분석 결과

변수	증상(PSS)에 대한 요인과 각 항목의 요인 계수 (N=1,023)			
	지역사회 기능	부정적 사회행동	정서적 위험	정신병적 문제
고유값	5.11	2.01	1.54	1.00
분산(%)	39.3	15.5	11.8	7.7
크론바흐 알파	.84	.80	.80	.73
항목의 요인 계수				
지역사회 생활	.64			
자기관리	.73			
신체적 장애	.89			
건강상태	.85			
위험성		.80		
부정적 사회행동		.71		
사회법적 행동		.89		
불안증상			.83	
우울증상			.89	
스트레스에 대한 반응			.59	
정신병적 증상				.73
사회적 위축				.67
주의력 유지				.63

자료: Srebnik et al. (2002), p. 1013 〈표 1〉 재구성.

이상의 타당도를 요약하면 〈표 4-8〉과 같다.

표 4-8 타당도

타당도는 척도가 원래 측정하고자 하는 내용을 측정하는가에 관한 것이다. 즉, 측정하고자 하는 개념을 실제로 측정하였는가와 그 측정이 얼마나 정확하게 이루어졌는가의 문제다. 예를 들면, 일반적인 '자아존중감'은 학교에서 사용할 목적으로 만든 '학습에 대한 자아존중감'과 상당히 다를 수 있다. 타당도는 절대적인 측정(absolute validity)이 가능하지 않으므로 상대적인 타당도(relative validity)를 측정하며, 보통 다음의 네 가지 타당도로 구분할 수 있다.

<table>
<tr><td rowspan="5">타당도 측정 방법</td><td>표면타당도
(face validity)</td><td colspan="2">측정도구가 측정하고자 하는 개념을 측정하는 항목을 포함하는 것으로, 한 전문가가 인식할 때 확보되는 가장 낮은 수준의 타당도다. 따라서 표면타당도는 타당도를 나타내는 적절한 방법이 될 수 없다.</td><td>일반적으로 표면타당도는 내용타당도에 포함되며 때로는 혼용되어 사용된다.</td></tr>
<tr><td>내용타당도
(content validity)</td><td colspan="2">측정도구가 측정하고자 하는 개념의 전 영역에 걸쳐 골고루 항목을 포함하고 있다고 전문가 그룹이 동의할 때 확보되는 타당도다. 측정도구가 측정하고자 하는 개념과 관련 있다고 믿는 행동, 태도, 특성의 영역에서 포괄적인 항목들을 포함할 때 내용타당도가 확보된다.</td><td>지능검사의 경우 그 내용으로 문제 해결능력, 창의력, 판단력, 추리력, 기억력 등을 포괄해야 한다.</td></tr>
<tr><td rowspan="3">기준타당도
(criterion validity)</td><td colspan="3">이미 타당도가 있다고 인정되어 온 기존 측정도구의 측정 결과와 새로 개발된 측정도구의 결과 간에 상관관계를 비교하여 타당도를 판단하는 방법이다. 예를 들면, Rosenberg의 자아존중감 척도와 새로 개발한 자아존중감 척도의 상관관계가 높으면 기준타당도가 있다. 또 다른 사례로 직무만족도(JSS)와 단축형 직무만족도(short-JSS)를 들 수 있다.</td></tr>
<tr><td>동시타당도
(concurrent validity)</td><td>어떤 측정도구의 측정 결과가 또 다른 측정도구의 측정 결과와 상관관계가 높을 때</td><td>약물에 대한 척도 A(14항목)가 척도 B(23항목)의 결과와 상관관계가 높을 때</td></tr>
<tr><td>집단구분타당도
(known-groups validity)</td><td>측정도구로 대상자들의 현재 특정 현상 및 상태를 집단으로 구분해 보일 때</td><td>정신장애인의 일상생활 수행에 관한 척도인 DLA로 현재 클라이언트들을 진단별(중증 vs. 경증) 또는 치료프로그램별(ACT, 외래, 약물 관리)로 구분할 수 있는 경우</td></tr>
</table>

〈계속〉

타당도 측정 방법				
		예측타당도 (predictive validity)	측정의 결과로 미래의 상태나 행위를 예측할 수 있을 때. 측정도구가 현재의 상태로부터 미래의 차이를 얼마나 정확하게 예측하는지에 대한 능력 정도를 말한다.	고등학생에 대한 약물 태도에 대한 측정 후 몇 년 뒤 약물 태도에 긍정적인 학생이 약물 소지로 문제를 일으키거나, 반대로 약물 태도에 부정적인 학생은 약물로 문제를 일으키지 않는다면 이 측정도구는 예측 타당도를 가진다.
		기준타당도의 핵심은 측정도구가 현재 또는 미래의 현상을 측정하거나 예측하는 데 타당하느냐 하는 것보다는 기존의 측정도구를 기준으로 삼아서 새 측정도구의 결과가 얼마나 타당하느냐 하는 데 있다. 기존 도구를 두고서 새 도구를 찾는 이유는, ① 기존 척도가 항목이 너무 많거나 오래되어서 실용적이지 못하거나 ② 기존 도구가 어떤 집단에는 유용하지만 다른 집단에는 잘 적용되지 않는 외적타당도에 문제가 있을 수 있기 때문이다.		
	개념타당도 (construct validity)	측정하고자 하는 개념이 전반적인 이론적 틀 속에서 논리적으로나 실제적으로 적절한 관련성이 있는 정도를 경험적으로 검증하는 것. 즉, 측정도구가 다른 도구의 결과와 수렴되고 있거나 구분(판별)되고 있음을 보여 주게 될 때 그 측정도구는 개념타당도가 있다고 볼 수 있다. 즉, 수렴타당도와 판별타당도가 동시에 확보될 때 이 척도는 개념타당도가 확보되었다고 할 수 있다.		
		수렴타당도 (convergent validity)	이론적으로 관련 있거나 비슷한 개념을 측정하려는 서로 다른 측정도구가 측정 결과 높은 상관관계를 보일 때	PTSD 척도의 측정 결과가 일반적인 우울증을 측정하는 척도의 측정 결과와 대체로 높은 상관관계를 보인다.
		판별타당도 (discriminant validity)	측정하고자 하는 개념과 이론상 별 관계가 없는 개념을 측정하는 측정도구의 측정 결과와 상관관계가 약하거나 없을 때	PTSD 척도의 측정 결과가 일상적인 삶의 만족도 척도의 측정 결과와 상관관계가 낮게 나타나야 판별타당도가 있는 것이다.
		요인타당도 (factorial validity)	요인분석을 실시하면 척도를 구성하는 항목들을 통계적으로 서로 연관된, 즉 상관관계가 높은 그룹(요인)으로 묶이는데, 이때 각 요인 내 항목들은 그 요인과 상관관계가 높으므로 수렴타당도가 있고, 다른 요인과는 상관관계가 낮거나 없으므로 판별타당도가 있다고 한다.	앞서 살펴본 정신장애 증상(PSS)에 대한 요인분석 결과 '지역사회 기능' '부정적 사회행동' '정서적 위험' '정신병적 문제' 네 가지 하위 요인으로 나타났다. 또 다른 사례로 85개의 항목의 자아존중감 척도 항목을 '학습자존감' '사회적 자신감' '외모 만족도' '적극성'의 네 가지 하위 요인으로 나눌 수 있다.
타당도를 확보하는 것은 한 번에 할 수 있는 작업이라기보다는 지속적인 과정(ongoing process)이며, 측정도구를 다양하게 (그 대상, 환경, 상황 등에) 활용하는 것은 척도의 타당도를 확보하는 데 매우 중요하다.				

4) 신뢰도와 타당도의 관계

신뢰도가 측정도구의 일관성에 관한 것이라면, 타당도는 측정도구가 측정하고자 하는 개념을 제대로 측정하고 있는지 그 타당성에 관련된 것이다([그림 4-1] 참조). 일반적으로 신뢰도는 척도의 항목을 더하거나 선택의 폭을 넓힐 경우에 향상된다. 그리고 타당도를 확보하는 것은 한 번에 할 수 있는 작업이라기보다는 대체로 지속적인 과정(ongoing process)을 통해 높여 가는 것이다. 측정도구를 다양하게 (그 대상, 환경, 상황 등에) 활용하는 것은 척도의 타당도를 확보하는 데 매우 중요하다.

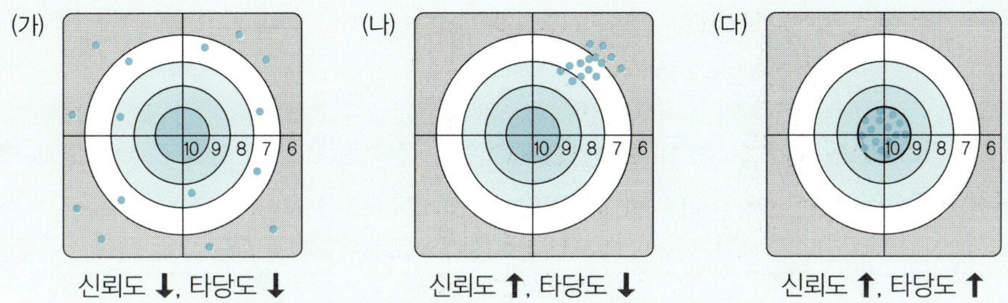

그림 4-1 신뢰도와 타당도의 의미(↓: 낮음, ↑: 높음)

자료: Rubin & Babbie (2008), p. 194 [그림 8-3] 재구성.

종합적으로 볼 때 신뢰도와 타당도의 두 개념은 서로 분리된 것이라기보다는 다소 복합적으로 상호 연계되어 있다. 즉, 측정도구가 타당도가 있는 경우라면 어느 정도 신뢰도는 확보된 것이라고 볼 수 있다. 하지만 신뢰도가 확보된 측정도구라 할지라도 타당도가 확보되지 않는 경우가 있다. 만약, 조사자로서 측정도구의 신뢰도나 타당도에 대해 알 수 없다면 그 측정 결과는 별 의미가 없는 경우가 많다. 따라서 측정도구의 타당도와 신뢰도는 그 중요성이 매우 크다고 할 수 있다. 일반적으로 신뢰도와 타당도의 관계는 다음과 같이 정리할 수 있다.

- 신뢰도와 타당도는 항상 정의 관계(positive relationship)를 갖는 것은 아니다.
- 신뢰도가 있다 하더라도 타당도는 결여될 수 있다. 즉, 타당도 없이 신뢰도를 확보할 수 있다.
- 타당도가 있다면 일반적으로 (어느 정도) 신뢰도가 있다고 볼 수 있다.

척도의 실용성 신뢰도와 타당도는 측정도구가 과학적으로 강력하다는 것을 보여주는 증거가 된다. 즉, 척도의 신뢰도와 타당도는 척도의 과학적 적절성(psychometric adequacy)에 관한 것이다. 하지만 척도 사용에서 또 한 가지 중요한 고려 사항이 있는데, 이것은 바로 척도의 실용성(practicality)에 관한 것이다. 즉, 척도를 얼마나 손쉽게 구할 수 있으며 사회복지실천 현장에서 얼마나 실용적으로 활용할 수 있느냐 하는 점이다. 예를 들어, 척도를 사용하는 데 라이센스 비용이 과다하다거나 척도의 항목이 지나치게 많아서 시간이 오래 걸린다면 실용적이라고 할 수 없을 것이다. 일반적으로 척도의 과학적 적절성과 아울러 척도의 실용성 또한 간과할 수 없는 사항이다.

연구 사례

척도의 신뢰도 및 타당도 검정

장은영(2021)은 Nash 등(2013)이 개발한 도덕손상사건척도(Moral Injury Events Scale)를 한국어로 타당화하였으며, 도덕손상사건 경험에 대한 주관적 반응을 측정하는 도덕손상 경험척도(Moral Injury Experience Scale)를 개발하였다. 이 연구에서 저자는 요인분석을 통해 도덕손상사건척도의 9개 문항 2개 하위요인—'자신 혹은 타인의 위반 지각' '타인 배신 지각'—을 검증하였으며, 도덕손상경험척도는 15개 문항 3개 하위요인—'자신에 의한 손상' '타인에 의한 손상' '타인의 배신에 의한 손상'—으로 검증하였다. 연구 결과로 도덕손상사건척도 및 도덕손상경험척도의 전체 5가지 하위요인에 대한 내적일관성 신뢰도(Cronbach's Alpha) 검정 결과를 제시하였다(α=.86, .89, .93, .85, .94). 그리고 두 척도의 5가지 하위요인과 수치심, 죄책감 및 분노 척도와 상관관계분석을 통해 모두 유의한 상관관계를 제시하면서(Ps $<$ .01) 수렴타당도가 검정되었음을 주장하였다.

5) 표준화된 측정도구

일반적으로 측정도구는 타당도와 신뢰도의 검증을 통해, 그리고 다른 연구자에 의해 사용되는 과정을 통해 공인받게 되고, 널리 사용하게 된다. 이렇게 보편적인 측정도구로 인정된 측정도구를 표준화된 측정도구라고 부른다. 예를 들면, 지능검사(IQ), 성격유형검사(MBTI) 등은 표준화된 도구라고 할 수 있다. 한편 사회복지학 분야에서 표준화된 측정도구의 예를 들면, 정신보건 영역에서 널리 사용하는 인성의 다양한 측면, 특히 인성의 비정상적인 측면을 측정하는 다면적 인성검사 도구인 MMPI(Minnesota

Multiphasic Personality Inventory), 그리고 가족의 환경을 측정하는 도구인 FES(Family Environment Scale)를 사례로 들 수 있다(김영종, 2007: 168-169).

그러나 한 사회에서 표준화된 척도로 인정된다고 해서 다른 사회에서도 그대로 적용된다고 보기는 어렵기 때문에 그 사회의 문화와 환경에 적합하도록 조정되어야 한다. 따라서 표준화된 척도를 수입해서 활용할 때는 엄격한 타당도와 신뢰도의 검증을 거쳐야 한다. 예를 들면, 지능검사의 경우 K-IQ가 개발되어 있고, 우울증의 경우 KDS-30, 그리고 정신질환역학조사에 사용되는 K-CIDI(Korea-Composite International Diagnostic Interview)는 우리나라 환경에 맞도록 개발되어 있다.

사회복지실천 현장에서 많은 클라이언트와 그들의 다양한 문제를 직면하다 보면 이들의 문제를 측정할 수 있는 과학적인 척도가 필요한데, 미국에서는 Corcoran and Fischer(2007)가 *Measures for Clinical Practice*라는 저서에서 일선 사회복지사들이 쉽게 활용할 수 있는 비교적 단순한 척도 320여 개를 소개하고 있다. 그리고 우리나라에서도 반포종합사회복지관 연구지원팀 및 서울대학교 실천사회복지연구회(2007)에서 사회복지사들을 위한 다양한 척도를 소개하고 있다.

이제 우리가 실천 현장에 필요한, 그리고 사례를 통해 조사연구에 쉽게 활용할 수 있는 척도들을 살펴보자.

3. 척도의 활용 사례[3)]

1) 직무만족도(Job Satisfaction Scale: JSS)

다음에 제시하는 당신의 직무 관련 항목들에 대하여 만족의 정도를 1(매우 불만)과 11(매우 만족) 사이의 숫자에 ○표 해 주세요.

문항	매우 불만										매우 만족
1. 클라이언트와 함께 일하는 것	1	2	3	4	5	6	7	8	9	10	11
2. 업무를 수행하는 데 위임받은 권한의 정도	1	2	3	4	5	6	7	8	9	10	11
3. 당신이 받는 급여와 각종 혜택	1	2	3	4	5	6	7	8	9	10	11
4. 승진의 기회	1	2	3	4	5	6	7	8	9	10	11
5. 직무가 주는 도전감	1	2	3	4	5	6	7	8	9	10	11
6. 당신이 받는 슈퍼비전의 질	1	2	3	4	5	6	7	8	9	10	11
7. 새로운 실천기술을 습득할 기회	1	2	3	4	5	6	7	8	9	10	11
8. 클라이언트와 접촉의 정도	1	2	3	4	5	6	7	8	9	10	11
9. 당신의 업무가 사람들을 진정으로 돕는 기회라는 의미	1	2	3	4	5	6	7	8	9	10	11
10. 업무를 수행하는 데 업무 지침의 명확성	1	2	3	4	5	6	7	8	9	10	11
11. 의사결정에 참여할 기회	1	2	3	4	5	6	7	8	9	10	11
12. 당신의 슈퍼바이저가 주는 업무에 대한 인정도	1	2	3	4	5	6	7	8	9	10	11
13. 사회복지사로서 성공에 대한 느낌	1	2	3	4	5	6	7	8	9	10	11
14. 당신이 수행하는 업무에 대한 전문성	1	2	3	4	5	6	7	8	9	10	11

자료: Koeske et al. (1994), pp. 27-35.

점수: 점수 계산은 단순누적합계로 하며, 결측값(missing)이나 해당하지 않은 항목은 제외한다. 점수가 높을수록 직무만족도도 높다.

과학성: 내적 일관성=.83 ~ .91
요인분석 결과 세 요인으로 구성: 직무고유만족도, 기관운영만족도, 승진 및 급여만족도
수렴타당도: Moos Work Environment Scale과 상관관계=.61,
일반 만족도 항목(모든 것을 고려할 때 당신의 직무에 대해 얼마나 만족하십니까?)과 상관관계=.76

3 여기에 소개되는 척도들은 주로 Royse(2011: 153-159)에 제시된 척도들을 요약하고 재구성하였다.

2) 우울증척도(CES-D Scale)

당신은 지난 1주일 동안 얼마나 자주 다음의 사항들을 느끼거나 행동했는지 해당 칸에 ✓표 하세요.

문항	거의 또는 전혀 그렇지 않다 (1일 미만)	가끔 그렇다 (1~2일)	종종 그렇다 (3~4일)	대부분 또는 전부 그렇다 (5~7일)
지난 1주일 동안	0	1	2	3
1. 일반적으로 나에게 귀찮지 않았던 일들이 귀찮아졌다.				
2. 먹고 싶지 않았다. 식욕이 없었다.				
3. 나의 가족과 친구의 도움을 받더라도 우울한 것을 없앨 수 없다고 느꼈다.				
*4. 나는 다른 사람들만큼 좋은 사람이라고 느꼈다.				
5. 내가 하고 있는 일에 집중하는 데 어려움을 겪었다.				
6. 나는 울적하다고 느꼈다.				
7. 나는 내가 해 왔던 모든 것이 단지 노력에 불과하다고 느꼈다.				
*8. 나는 미래에 대해 희망적이라고 느꼈다.				
9. 나는 나의 인생이 실패해 왔다고 느꼈다.				
10. 나는 두려움을 느꼈다.				
11. 나의 수면은 휴식이 되지 않았다.				
*12. 나는 행복했다.				
13. 나는 보통 때보다 말을 적게 했다.				
14. 나는 외롭다고 느꼈다.				
15. 사람들은 친절하지 않았다.				
*16. 나는 내 삶을 즐겁게 영위해 왔다.				
17. 나는 한동안 울었던 적이 있다.				
18. 나는 슬프다고 느꼈다.				
19. 나는 사람들이 나를 싫어한다고 느꼈다.				
20. 내가 '하고 있는 일'이 제대로 진행되지 않았다.				

자료: Radloff (1977), pp. 385-401.

점수: 4, 8, 12, 16번은 역점문항이다(거의 그렇지 않다: 3점, 대부분 그렇다: 0점). 그리고 가능한 점수의 범위는 0~60이며, 높은 점수는 우울증상의 높은 수준을 나타낸다. 17점 이상은 '위기상황(at-risk)'을, 23점 또는 그 이상은 우울증상이 '있을 법한(probable)' 상태를 나타낸다.

과학성: 이 척도는 NIMH의 Center for Epidemiological Studies에서 개발한 것으로 일반인을 대상으로 우울증세를 측정하기 위한 간단한 자기보고식 척도다. 내적 일관성은 .85로 상당히 높은 편이며, 뛰어난 수렴타당도를 보이고 있다(Radloff, 1977).

3) 한국인 우울증척도(Korea Depression Scale: KDS-30)*

다음의 문항을 잘 읽은 후에 오늘을 포함하여 지난 2주일 동안 당신이 느끼고 생각한 것을 가장 잘 나타내는 곳에 ○표 하십시오. 한 문항도 빠뜨리지 말고 답해 주시기 바랍니다.

문항	전혀 아니다	아니다	그저 그렇다	그렇다	매우 그렇다
1. 나에게는 희망이 없다고 생각한다.	0	1	2	3	4
2. 내 인생은 실패작이라고 생각한다.	0	1	2	3	4
3. 나의 삶이 후회스러워 괴롭다.	0	1	2	3	4
4. 가족이나 친구가 도와주더라도 울적한 기분을 떨칠 수 없다.	0	1	2	3	4
5. 머리가 아프고 무겁다.	0	1	2	3	4
6. 하고 있는 일에 마음을 집중하기가 어렵다.	0	1	2	3	4
7. 나의 미래는 어둡다.	0	1	2	3	4
8. 나 자신에 대해 무가치하고 창피스럽게 느낀다.	0	1	2	3	4
9. 나는 불안정하고 안절부절못한다.	0	1	2	3	4
10. 슬픔을 느낀다.	0	1	2	3	4
11. 가슴이 답답하다.	0	1	2	3	4
12. 하는 일마다 힘들게 느껴진다.	0	1	2	3	4
13. 나의 앞길은 기쁨보다는 불쾌감이 가득할 것이다.	0	1	2	3	4
14. 아직까지 인생이란 살 만한 가치가 있다고 느낀다.	0	1	2	3	4
15. 나는 과민하고 초조감을 느낀다.	0	1	2	3	4
⋮					
21. 이유 없이 오랜 시간 동안 걱정을 한다.	0	1	2	3	4
22. 대부분의 시간을 울적하게 보낸다.	0	1	2	3	4
23. 온몸에 열이 치민다.	0	1	2	3	4
24. 최근에 내 문제를 해결하고자 하는 의욕을 상실했다.	0	1	2	3	4
25. 나의 미래는 현재보다 더 행복할 것이다.	0	1	2	3	4
26. 나는 되는 일이 없다.	0	1	2	3	4
27. 나는 무섭고 거의 공포 상태다.	0	1	2	3	4
28. 괜히 울적해서 운 적이 있고 지금도 그런 기분이다.	0	1	2	3	4
29. 입 안이 마르고 쓰다.	0	1	2	3	4
30. 나는 많은 시간 무력감을 느낀다.	0	1	2	3	4

* 이민수, 이민규(2005)에 의해 개발된 한국인에 적합한 우울증척도로 30문항 5점 척도로 구성되어 있다. T점수=65가 구분점으로 이 점수 이상이면 우울증이 있는 것으로 진단한다(학지사의 허락으로 부분적으로 게재함을 밝힌다).

4) 자아존중감척도(Rosenberg Self-Esteem Scale)

다음은 자기 자신에 대한 일반적인 감정을 서술한 항목입니다. 당신이 각각의 항목에 대해 느끼고 동의하는 바대로 해당 칸에 ○표 해 주세요.

문항	매우 그렇다 (1)	그렇다 (2)	그렇지 않다 (3)	전혀 그렇지 않다 (4)
*1. 대체적으로 나는 내 자신에 만족하고 있다.				
2. 때때로 나는 내가 무능하다는 생각이 든다.				
*3. 나에게 몇 가지 좋은 장점이 있다고 믿는다.				
*4. 나는 다른 사람들만큼 일을 잘할 수 있다.				
5. 나에게는 자랑할 만한 점이 별로 없다.				
6. 나는 때때로 전혀 쓸모없는 사람이라는 생각이 든다.				
*7. 나는 최소한 다른 사람만큼 가치 있는 사람이라고 생각한다.				
8. 나는 스스로 내 자신을 좀 더 존중하기를 바란다.				
9. 나는 실패한 사람이라고 생각하고 싶다.				
*10. 나는 내 자신에 대해 긍정적인 태도를 가지고 있다.				

자료: Rosenberg (1989).

점수: 1, 3, 4, 7, 10번의 문항은 역점문항이다. 예를 들어, 항목 1 '대체적으로 나는 내 자신에 만족하고 있다.'에서 '강하게 동의'하는 것은 4점이 되고 '강하게 부정'하는 것은 1점이 된다. 이 척도는 총점이 10~40점으로 분포된 점수로 나타나며, 점수가 높을수록 자아존중감이 높다.

과학성: 알파계수=.88, 재검사법에 의한 상관관계=.82(Fleming & Courtney, 1984) 개념타당도: Coopersmith SEI와의 상관관계=.55(Demo, 1985)

5) 다문화태도척도(Multicultural Attitude Scale)

아래의 문항에서 귀하가 생각하는 내용과 가장 가까운 항목에 ✓해 주세요.

	전혀 그렇지 않다	그렇지 않다	약간 그렇지 않다	약간 그렇다	그렇다	매우 그렇다
	1	2	3	4	5	6
1. 다른 나라에서 온 사람들과 친구로 사귀고 싶다.						
2. 문화가 다른 집단의 사람들과 함께 자리를 하는 것은 아무래도 어색하다.						
3. 우리나라에 거주하는 외국인의 수가 점점 늘어나는 것에 두려움을 느낀다.						
4. 외국 사람들보다는 우리나라 사람들을 더 믿고 신뢰하는 편이다.						
5. 다른 나라 사람들의 문화나 생활방식에 대해 배우고 싶다.						
6. 다른 나라 사람들이 우리 이웃에 사는 것은 괜찮다.						
7. 우리와 문화가 다른 사람들과는 서로 접촉을 피하는 것이 좋다고 생각한다.						
8. 다른 나라에서 온 친구들이 살아가는 데 필요한 일을 돕고 싶다.						
9. 문화나 가치관이 다른 사람들과 함께 생활하는 것은 아무래도 불편하다.						
10. 다른 나라 사람들이 한국에 오는 것은 우리나라의 발전에 도움이 된다.						
11. 요즘 우리 사회에서 다문화에 대한 관심이 지나치다고 생각한다.						
12. 우리나라에 점차 외국인 인구가 늘어남에 따라 초등학생들부터 다문화에 대한 이해와 소양을 쌓은 것이 필요하다.						
13. 다문화 아동이 증가하고 있으므로 교사들에 대한 다문화 교육이 필수적이다.						

14. 다문화사회는 우리나라가 선진국가로 발전하는 데 기여할 것이다.						
15. 다른 나라에서 온 사람들이 늘어나는 것은 한국 사회의 고유한 전통을 유지하는 데 도움이 되지 않는다.						
16. 다른 나라의 문화를 이해하는 것은 국제화 시대에 꼭 필요한 일이다.						
17. 대중매체에서 다문화가족을 다루는 것은 우리의 의식을 개방화하는 데 도움이 된다.						
18. 초 · 중등 교과과정에 다문화 관련 내용을 포함하는 것은 우리 사회의 가치관 혼란을 야기할 수 있다.						
19. 다른 나라에서 온 사람들과 같은 직장에서 근무하는 것은 좋은 일이다.						
20. 외국인과의 결혼은 한국의 고유한 문화와 전통을 유지하는 데 도움이 되지 않는다.						

자료: 황성동, 임혁, 윤성호(2012), p. 150.

과학성: 알파계수=.88, 확인적 요인분석 결과 4개 요인(거부감, 적극성, 보수성, 개방성)이 검증되어 요인타당도(factorial validity)가 확보되었음.

6) 근거기반실천태도척도(Evidence-Based Practice Attitude Scale)

	전혀 동의 하지 않음	동의하지 않음	그저 그렇다	동의함	매우 동의함
	1	2	3	4	5
근거기반실천은 클라이언트의 문제 해결에 도움이 된다.					
근거기반실천을 실행하는 것은 실천가의 판단을 활용하는 데 방해가 된다.					
근거기반실천 과정을 적용하는 실천가는 그렇지 않은 실천가보다 클라이언트의 문제 해결에 더 많은 관심을 갖고 있다.					
근거기반실천 과정을 적용하는 것은 실천 과정을 너무 기계적으로 만든다.					
근거기반실천 과정은 클라이언트의 고유한 특성을 충분히 고려하도록 만든다.					
근거기반실천 과정은 실천가와 클라이언트의 관계에 장애가 된다.					
나는 과학적 근거를 충분히 검토하지 않고서도 클라이언트에게 무엇이 최선인지를 알고 있다.					
경험 많은 실천가는 과학적 근거가 그들의 영감과 상충될 때는 과학적 근거를 무시해야 한다.					
근거기반실천 과정을 수행하는 것은 자신의 실천 역량을 개선하는 데 도움이 된다.					

자료: 황성동(2011), p. 97.

과학성: 알파계수=.79, 요인분석 결과 3개 요인(실천 과정에 대한 이해도, 유용성에 대한 인식도, 과학적 근거에 대한 거부감)이 검증되어 요인타당도(factorial validity)가 확보되었으며, 기준타당도 또한 확인되었음.

요약

1. 측정과 측정도구

측정이란 어떤 상태, 특성, 태도, 행동 등의 이론적 개념을 계량화(quantifying)하는 과정을 말한다. 즉, 조사 대상자의 속성 또는 변수에 대하여 일정한 규칙에 따라 숫자나 기호를 부여하는 체계적이고 과학적인 관찰 과정이라고 할 수 있다. 측정은 측정하고자 하는 개념, 즉 변수에 따라 명목측정, 서열측정, 등간측정, 비율측정으로 나뉜다.

한편, 사회과학적 개념은 단일한 지표나 항목으로 측정되기 어렵다. 따라서 이런 경우 복합적인 항목이나 지표의 결합을 통해 만든 합성 측정도구가 필요하다. 이 합성 측정도구의 대표적인 것으로 지수와 척도가 있는데, 이 둘은 보통 구분 없이 사용된다. 이 지수나 척도를 통해 측정의 정확성을 높이고, 측정의 계량화를 통해 통계적 조작이 가능하게 된다.

척도를 구성하는 것은 척도(scales)를 만드는 방법에 관한 것으로, 인간의 행위나 내면적 태도를 측정하는 일종의 잣대를 만드는 것인데, 측정 등급에 따라 그 척도 구성이 달라진다. 보통 많이 활용되는 서열척도 구성의 대표적인 것으로는 리커트척도 구성과 거트만척도 구성이 있다.

2. 신뢰도와 타당도

일반적으로 사회과학에서 활용하는 추상적인 개념들을 경험화 하는 과정, 즉 측정 과정에서 오류가 발생하는 것은 쉽게 있을 수 있는 일이다. 그러므로 이를 통제하는, 즉 측정의 오류를 줄이는 것은 매우 중요한 과제라 하겠다. 이런 맥락에서 신뢰도와 타당도는 측정의 오류에 대한 해결책이자 과학적 측정을 위한 필수 요건이라고 할 수 있다.

- 측정의 오류: 측정의 오류는 측정하려는 개념이 아닌 다른 내용이 측정되는 경우 유형화된 오류가 발생하는데, 이를 체계적 오류라 한다. 그리고 오류가 발생하는 과정에서 일정한 유형 없이 발생하는 무작위적 오류가 있다.
- 신뢰도: 신뢰도는 우리가 일상생활에서 사용하는 시계나 저울의 경우와 유사하다. 예를 들어, 내가 찬 시계가 어제는 3분 빨리 가고, 오늘은 5분 느리게 간다면 이 시계는 신뢰할 수 없을 것이다. 마찬가지로 어떤 측정도구를 사용하려면 그 측정도구는 측정의 장소와 시간에 구애받지 않고 일관성 있게 측정할 수 있어야 한다. 신뢰도를 측정하는 방법으로는 이분법, 대안법, 재검사법, 조사자 간 신뢰도 그리고 내적 일관성 분석법이 있다.

- 타당도: 일반적으로 조사도구가 측정하고자 의도하였던 것을 측정할 때 그 조사도구는 타당성이 있다고 말한다. 타당도는 측정의 체계적 오류를 해결하는 것과 관련이 있다. 일반적으로 조사도구의 타당성을 확립하는 방법에는 여러 가지가 있지만 크게 내용타당도와 경험적 타당도로 구분한다. 내용타당도에는 표면타당도와 내용타당도가 있고, 경험적 타당도에는 기준타당도와 개념타당도가 있다.
- 신뢰도와 타당도의 관계: 신뢰도와 타당도의 개념은 서로 분리된 것이라기보다는 다소 복합적으로 상호 연계되어 있다. 즉, 측정도구가 타당도가 있는 경우라면 어느 정도 신뢰도는 확보된 것이라고 볼 수 있다. 하지만 신뢰도가 확보된 측정도구라 할지라도 타당도는 확보되지 않은 경우가 있다. 만약, 조사자로서 측정도구의 신뢰도나 타당도에 대해 알 수 없다면 그 측정의 결과는 별 의미가 없는 경우가 많다. 따라서 측정도구의 타당도와 신뢰도는 매우 중요하다.

제2부

자주 활용되는 조사 방법

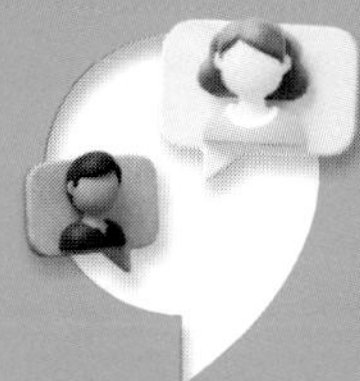

제 5장

단일사례조사설계

1. 단일사례조사의 역사와 특성
   1) 단일사례조사의 역사
   2) 단일사례조사의 특성
2. 단일사례조사의 과정
   1) 표적행동의 선정
   2) 기초선 관찰
   3) 개입단계 관찰
   4) 적합한 연구 유형의 선정
3. 단일사례조사의 유형
   1) B 조사 또는 사례조사
   2) AB 조사
   3) ABA 및 ABAB 조사
   4) ABC 및 ABCD 조사
   5) 복수기초선 조사
4. 단일사례조사의 결과 분석
   1) 시각적 분석
   2) 임상적 분석
   3) 통계적 분석
5. 단일사례조사의 장단점

⊙ 요약

탐구하고자 하는 주요 질문

1. 단일사례조사설계란 무엇인가?
2. 단일사례조사는 어떤 진행 과정을 거치는가?
3. 단일사례조사의 유형에는 어떤 것이 있는가?
4. 단일사례조사의 장단점은 무엇인가?

단일사례조사설계(Single System Designs)는 비교적 이해하고 활용하기 쉬운 조사설계로서 사회복지사가 클라이언트의 문제에 개입한 이후에 클라이언트가 변화하고 있다는 것을 즉각적이고 실용적으로 보여 주기 때문에 사회복지실천, 특히 임상적 실천에서 많이 활용하는 조사설계방법이다. 단일사례조사는 Single System Design(s), Single Subject Design(s), Single Case Evaluation, N=1 Research(Design) 등으로 표현되며 SSD라는 약어로도 사용한다. 특히 이 조사설계는 사회복지에서 조사연구와 실천 사이의 가교(bridge)와 같은 역할을 하며, 다음과 같은 질문에 해답을 줄 수 있다.

- 강박증이 있는 클라이언트에게 제공한 상담치료가 성공적이라는 것을 어떻게 측정할 수 있는가?
- 우울증이 있는 노인에 대한 치료가 성공적인 개입이었음을 복지기관 관리자에게 어떻게 경험적으로 증명할 수 있는가?

1. 단일사례조사의 역사와 특성

1) 단일사례조사의 역사

집단 간 비교를 위한 통계학적 분석기법이 발달하기 전에 사회과학의 조사연구는 거의 전적으로 기술적인 사례연구(descriptive case studies)에 의존해 왔다. 특히 사례연구는 클라이언트의 문제에 대해 특정한 이론이나 개입의 효과를 설명할 수 있는 유용한 연구였다. 즉, 사례연구는 종속변수에 대한 계량화를 이루어 낼 수는 없었지만, 많은 중요한 발견이 개인에 대한 관찰에서 유래될 수 있음을 보여 주었다. 예를 들면, Pavlov의 기본적인 이론은 특정 동물에 대한 연구에서 얻은 것으로 이후 다른 동물에게도 반복적으로 적용되었다. 그리고 Piaget의 이론은 자신의 자녀에 대한 관찰에서 비롯된 결과다. 이처럼 사례연구의 일반화는 인간의 행동을 이해하는 데 중요한 역할을 해 왔다.

그러나 객관적이고 계량적인 측정 방법이 광범위하게 발달하면서 사회과학의 사례연구에도 변화가 일어났는데, 특히 집단 간의 비교를 위한 통계적 분석기법이 발달하면서 전통적인 사례연구에 대한 열정은 식어 갔다. 즉, 실험집단과 비교집단에 대한 비교연구가 체계적으로 정립되면서 객관적이고 계량적인 측정 방법은 사례연구자들에게도 많은 변화와 영향을 주었다.

B. F. Skinner

한편, 1960년대와 1970년대 단일사례조사연구가 재출현한 것은 Skinner를 비롯한 행동수정주의자들에 의해서인데, 이들이 특정한 표적행동에 관심을 두고 개입의 효과를 나타내는 잘 조직된 연구설계를 활용함으로써 다시 주목받게 되었다. 즉, 변화의 주관적 사정(assessment)에 크게 의존하던 이전 시대의 기술적인 사례연구와 달리, 개입의 변화에 대해 시각적으로 보여 줄 수 있는 객관적이고 계량적인 방법을 사용하게 된 것이다. 이런 측면에서 보면 오늘날의 단일사례조사는 한 개인에게 초점을 맞춘다는 것 외에는 과거의 전통적인 기술적인 사례연구와 전혀 다르다고 할 수 있다(Royse, 2011: 78).

2) 단일사례조사의 특성

단일사례조사는 그 대상, 즉 N=1 조사를 말하는데, 여기서 N은 개인, 가족, 집단, 조직체 등이 될 수 있다. 특히 단일사례조사는 조사와 실천의 가교로서 사회복지사의 개입을 과학적으로 조사연구하는 기능을 한다. 즉, 사회복지사의 개입 전(baseline phase)과 개입 후(intervention phase)의 클라이언트의 상태를 비교함으로써 개입의 효과를 과학적으로 증명할 수 있다.

또한 단일사례조사의 특성은 무엇보다 그 단순함에 있어 별다른 이론적 · 통계적 지식 없이도 이해하고 실행에 옮길 수 있는 장점이 있다. 또 중요한 것은 시각화(visualization)에 있는데([그림 5-1] 참조), 클라이언트의 변화를 그래프를 통해 잘 표현함으로써 클라이언트의 치료 동기를 높일 수 있다. 특히 개입으로 인한 변화가 일어나지 않았더라도 사회복지사와 클라이언트가 문제를 점검하여 즉각적이고 실제적인 피드백을 주고받을 수 있으며, 개입 도중에 언제든지 자료를 검토할 수 있어 개입 방법을 수정하거나 개입을 보완하는 것도 가능하다.

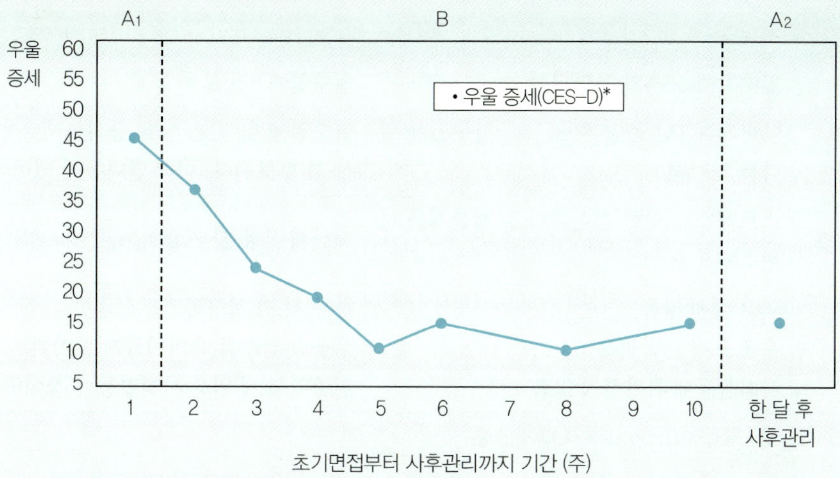

그림 5-1 단일사례조사 그래프: 우울증세가 있는 클라이언트에 대한 상담 효과

자료: Berlin (1983), p. 9 재구성.

* CES-D: 미국 국립정신보건연구원(NIMH)에서 일반인을 위해 개발한 20항목으로 구성된 우울증척도(제4장 참조).

2. 단일사례조사의 과정

1) 표적행동의 선정

단일사례조사에서는 우선 개입 대상이 되는 클라이언트의 문제행동을 표적행동(target behavior)으로 선정해야 하는데, 이는 단일사례조사의 종속변수가 된다. 그리고 이 표적행동은 클라이언트에게서 도출되어야 하며, 구체적이고 측정 가능한 것이어야 한다. 예를 들면, 클라이언트의 막연한 신경쇠약이 아니라 신경쇠약으로 나타나는 증상인 '손톱 물어뜯기' '과식' '말더듬' '제산제의 과도한 사용' 등을 표적행동으로 삼아야 한다. 그리고 이 표적행동은 무엇보다 시간 간격을 두고 반복 관찰하며, 이 표적행동을 기초로 사회복지사의 개입에서 명확한 목표를 설정해야 한다. 〈표 5-1〉은 클라이언트의 문제와 표적행동, 목표 설정에 대한 예시다.

표 5-1 단일사례조사에서 구체적인 표적행동과 명확한 개입 목표의 설정 사례

문제	구체적인 표적행동	명확한 개입 목표
학교 결석	일주일에 2~3일 무단결석	일주일에 5일 모두 등교
아버지와의 나쁜 관계	아버지와 1년 동안 외출 1회, 일주일에 말다툼 2~3회	일주일에 한 번은 상호 동의하에 2시간 이상 함께 보낸다. 이때 말다툼이 없어야 함
직장 스트레스	스트레스로 인한 위산과다로 제산제를 하루 2회 복용	제산제 복용 횟수 줄이기(주 1~2회)
우울증	먹고 싶지 않음. 우울증 점수가 높음. 사회활동에 참가하지 않음	하루 세 끼 식사하기 우울증 점수를 유의미하게 줄이기 일주일에 세 번은 사회활동에 참여하기

자료: 최일섭, 김성한, 정순둘(2001), pp. 128-130 재구성.

2) 기초선 관찰

기초선(baseline)은 개입 후의 변화와 비교할 수 있는 개입 전의 상황을 말하며, 보통 'A'로 표시한다. 기초선의 종류로는 회고적 기초선(retrospective baseline), 즉 과거의 기억에 기초하거나 기존의 자료에 의해 설정된 기초선과 동시적 기초선(concurrent baseline), 즉 개입 전에 인테이크(intake) 사정 후 곧바로 클라이언트의 문제를 측정하여 설정된 기초선이 있다.

일반적으로 기초선의 기간(baseline period)은 얼마나 자주 표적행동이 발생하고 그 패턴이 얼마나 안정적인지에 따라 결정된다. 안정적인 패턴이 나타나면 적절한 기초선이 된다. 왜냐하면 안정적인 패턴(stable pattern)일 경우 효과적인 개입에 대한 클라이언트의 변화를 쉽게 관찰할 수 있기 때문이다. (불안정한) 산만한 패턴(erratic pattern)일 경우에는 조금 더 긴 기간의 기초선이 필요하지만, 기초선의 기간이 과도하여 개입을 지연하지 않도록 조절하여야 한다. 일반적으로 기초선의 관찰 횟수는 최소한 3회로 본다([그림 5-2] 참조).

기초선의 자료에 대한 출처는 사회복지사의 업무일지, 클라이언트에 대한 (비)공식적인 기록, 클라이언트의 주변 사람에게서 수집한 정보, 클라이언트의 기억, 클라이언트의 자기보고나 일지 등이 된다. 기존의 유용한 기록이 없을 경우에는 누군가가 클라이언트의 행동을 모니터할 필요가 있다. 기초선의 자료로 기존의 자료를 선호하는 이유는 기초선단계에서 클라이언트의 문제행동을 기록 또는 측정하게 되면 그 자체가 클라이언트의 행동에 영향을 줄 수 있기 때문이다.

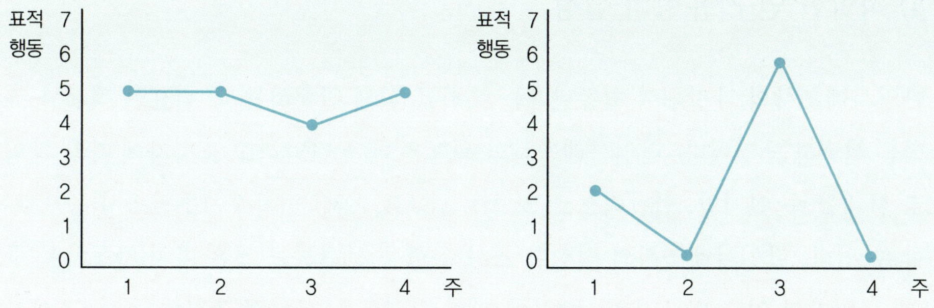

그림 5-2 기초선의 패턴: 안정적 패턴(좌) 대 산만한 패턴(우)

3) 개입단계 관찰

사회복지사의 개입은 하나의 실천 기술 또는 여러 가지 실천 기술이 하나의 패키지로 묶인 것이나 프로그램 등이 될 수 있다. 즉, 클라이언트의 변화를 위해 사회복지사가 활용하는 행위는 모두 개입에 해당한다고 볼 수 있다. 일반적으로 개입단계의 관찰은 'B'로 표시하며, 기초선단계의 관찰 기간(횟수)과 개입단계(intervention phase)의 관찰 기간(횟수)을 동일하게 하는 것이 좋다고 주장하기도 하지만 개입단계의 관찰 기간이 기초선단계보다 더 긴 것이 일반적이다([그림 5-3] 참조).

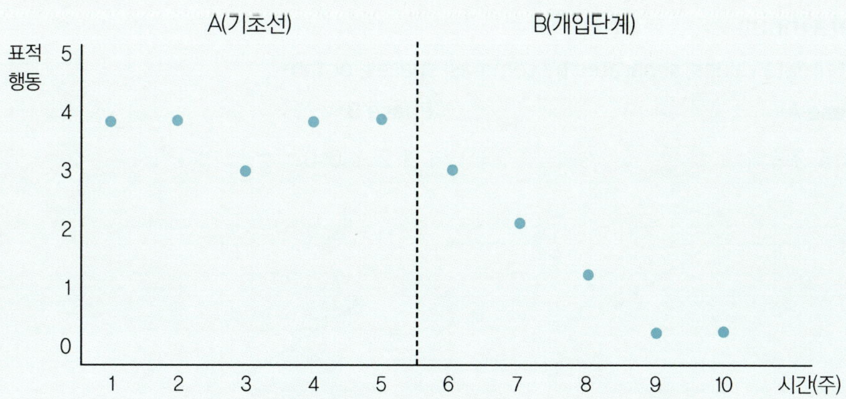

그림 5-3 기초선(A)과 개입단계(B)

※ 기초선단계의 관찰은 5주에 걸쳐 이루어졌으며, 개입단계의 관찰 역시 기초선과 마찬가지로 5주에 걸쳐 실시되었다.

4) 적합한 연구 유형의 선정

단일사례조사의 과정에서 최종단계는 조사를 실제 진행하는 데 필요한 적절한 조사 유형을 선택하는 것이다. 단일사례조사의 유형은 매우 다양하고 조사자에 따라 창의적으로 설계할 수 있지만, 일반적으로 B, AB, ABAB, ABCD, 복수기초선조사 등으로 분류할 수 있다. 단일사례조사의 적절한 조사 유형을 선택하는 것은 마치 자동차를 구입할 때 구입자의 의도 및 선호도, 예산에 의해 결정되는 것처럼 조사의 목적, 조사자의 선호도, 주어진 시간과 예산 등에 따라 결정된다.

TIP ! **단일사례조사(AB) 그래프**

단일사례조사연구에 대한 효과크기 계산(Single-case effect size calculator) 웹사이트(https://jepusto.shinyapps.io/SCD-effect-sizes/)를 이용하면 웹기반 앱(shinyapp)을 통해 단일사례조사의 그래프를 쉽게 만들 수 있다. 이 사이트에서 Single-Series Calculator 매뉴에 들어가 데이터를 입력하면 그래프가 즉시 만들어져 단일사례조사설계에서 시각적 분석을 바로 시행할 수 있다. 다음과 같이 [그림 5-3]의 데이터를 입력하면 곧바로 단일사례연구의 그래프가 제시됨을 확인할 수 있다.

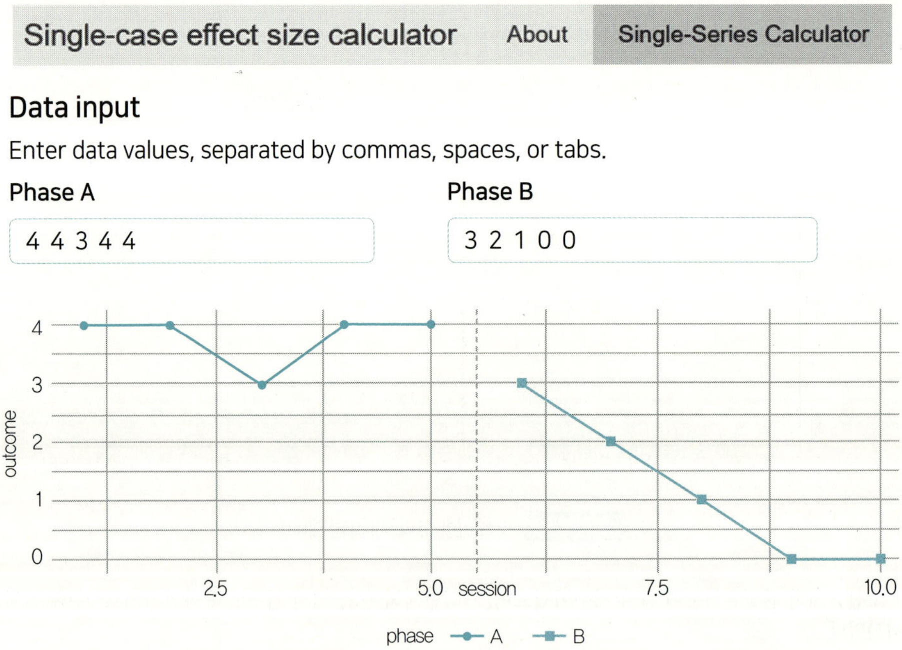

3. 단일사례조사의 유형

1) B 조사 또는 사례조사

B 조사(B design)는 기초선이 없는 조사로서 일반적으로 사례조사(the case study)와 동의어로 사용하기도 한다. 이는 무엇보다 쉽게 개념화할 수 있고, 조사에 대한 별다른 사전 계획이 요구되지 않으며 개입과 동시에 시작할 수 있다. 또 B 조사의 유용한 점은 [그림 5-4]에서 보는 바와 같이 클라이언트에게 일어나는 변화의 진전 상황을 쉽게 측정할 수 있다는 점이다. 즉, 상세한 변화 지점들을 보여 줌으로써 클라이언트에게 개입에 대해 설득할 수 있으며, 피드백을 제공할 수 있다. 하지만 이 유형으로는 체계적인 관찰과 사정의 표준화가 부족하고, 기초선이 없기 때문에 개입 후에 비교의 근거가 없어 과학적으로는 가장 취약한 형태다. 그리고 제3의 변수를 통제할 수도 없어 변화의 근거가 개입에 의한 것인지 다른 요인에 의한 것인지를 정확히 알 수 없다.

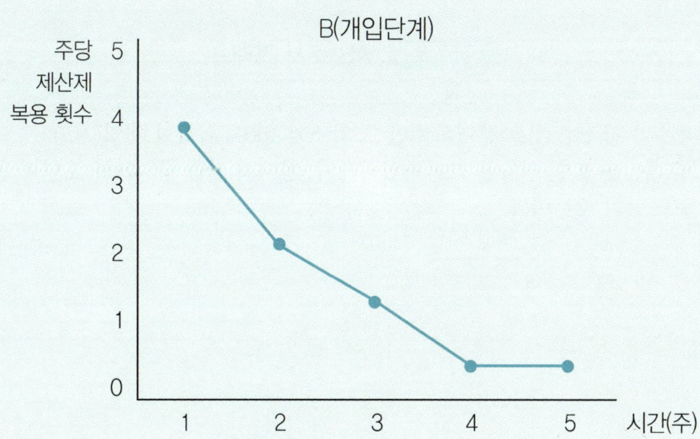

그림 5-4 B조사 그래프

※ 직장에서의 스트레스로 말미암아 제산제를 과도하게 복용하는 클라이언트에 대해 워커가 상담을 시작한 이후 제산제를 복용하는 횟수가 감소하고 있는 경향을 시각적으로 쉽게 알 수 있지만 기초선이 없어 정확한 비교를 할 수 없다.

2) AB 조사

AB 조사(AB design)는 단일사례조사의 가장 기본적인 유형으로 사회복지실천가들에게 가장 많이 사용되는 유형이다. 사회복지실천에서 여러 유형의 문제와 상황에 적용 가능하며, 개입으로 인한 클라이언트의 행동 변화를 기초선과 비교하여 제시한다([그림 5-5] 참조). 하지만 이 유형에서는 워커의 개입 이외에 제3의 요인에 대한 통제는 불가능하다. 즉, 클라이언트의 변화가 개입에 의한 것인지 제3의 요인에 의한 것인지를 확증할 수 없다는 제한점이 있다.

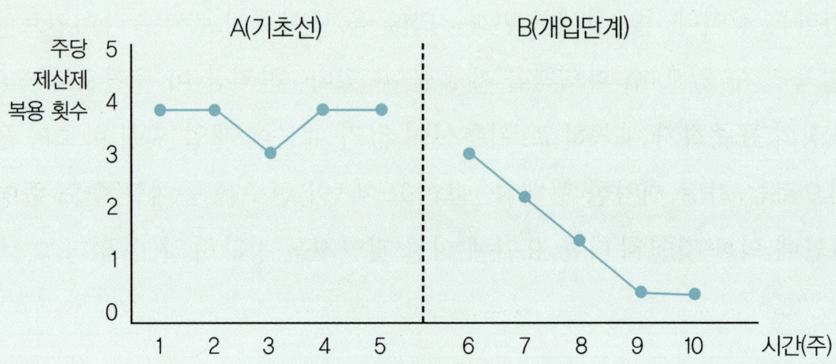

그림 5-5 AB 조사 그래프

※ 제산제를 복용한 횟수가 감소한 것은 분명하지만 그 감소가 100% 워커의 개입(상담)에 의한 것이라고 할 수 없다. 왜냐하면 스트레스를 받던 직장을 그만두었다든가, 상사의 전출 등 제3의 요인에 의해 제산제 복용 횟수가 경감하였을 수도 있기 때문이다.

연구 사례

AB 조사

Callender와 동료들은(2021) 55세 백인 여성인, 물질남용 카운셀러 한 사람을 대상으로 마음챙김 기반 모바일 개입 치료(mindfulness-based mobile intervention)의 효과를 알아보기 위해 A-B 단일사례조사설계를 활용하였다. 목표행동은 연구 대상자의 소진(burnout)과 마음챙김(mindfulness)이었으며, 전체 3주간의 개입 전(baseline) 데이터를 수집하였으며, 이어서 12주간의 치료 기간을 설정하여 결과를 분석하였다. 데이터 분석 방법은 중간값을 초월하는 퍼센트(Percentage of Data Exceeding the Median: PEM) 기법을 활용하였으며, 분석 결과 소진은 감소되었고 마음챙김은 증가한 것으로 나타났다.

3) ABA 및 ABAB 조사

이 조사는 두 번째 기초선단계(두 번째 A) 및 두 번째 개입단계가 존재하여 실험적(experimental) 단일사례조사라고도 부른다. 즉, 개입(첫 번째 B)이 끝난 후에 워커의 치료는 철회 · 중단되고, 두 번째 기초선단계(두 번째 A)에서 표적행동이 어떤 방향으로 진행되는가가 모니터된다. 두 번째 기초선단계에서 변화된 표적행동이 개입의 결과로 지속된다면 ABA 조사가 되고, 표적행동이 개입 이전 상태로 되돌아간다면 두 번째 개입을 하게 되므로 ABAB 조사가 된다.

[그림 5-6]에서 보는 바와 같이, 만약 AB 이후의 기초선단계(두 번째 A)에서 첫 번째 B의 마지막과 비슷한 수준이 유지된다면(①과 같이) 치료를 종결한다(ABA 조사). 그러나 ②와 같은 결과가 나타난다면 다시 개입하며(두 번째 B), 그 결과 ③과 같은 결과가 나온다면 개입을 종결하게 된다(ABAB 조사). 즉, ③과 같은 결과는 사회복지사의 개입(상담)이 클라이언트의 문제(제산제 복용)를 해결하였다는 것을 명확하게 증명해 준다.

특히 ABAB 조사는 두 번째 기초선과 개입의 패턴이 첫 번째 기초선과 개입의 패턴과 일치하므로 클라이언트의 표적행동의 변화가 개입에 의한 것임을 확실히 증명할 수 있다. 즉, 제3의 요인에 의한 것이 아님을 설명할 수 있다. 이 유형은 특정한 개입이 특정한 문제를 가진 클라이언트에게 효과적이라는 것을 과학적으로 증명함으로써 이에 대한 지식적 근거, 즉 이론을 축적해 나가는 데 유리하다.

그러나 이 조사 유형에는 몇 기지 제한점이 있다. 우선, 윤리적 문제로서 초기 개입

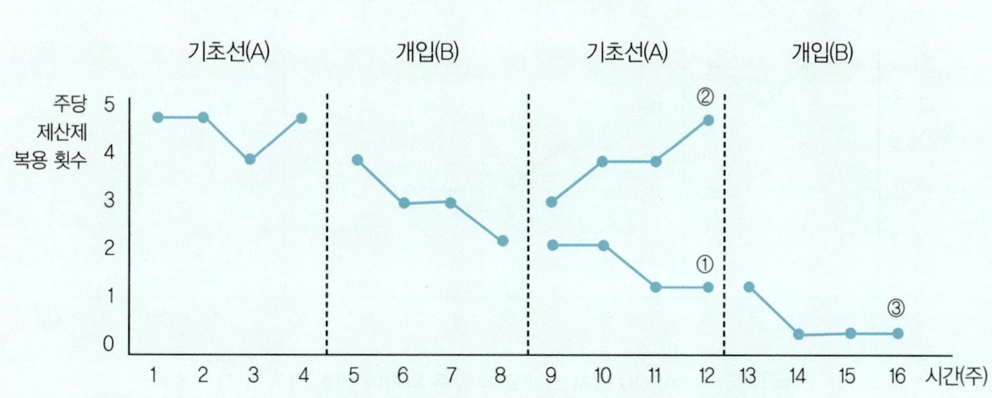

그림 5-6 ABA 및 ABAB 조사 그래프

후 두 번째 기초선단계에서 클라이언트에게 어떤 변화가 일어나는가를 알기 위해 치료를 철회 또는 중단하는 것은 비윤리적이다. 두 번째는 비현실성으로서 이 유형을 활용하는 데 많은 시간과 노력이 필요하므로 비현실적이라는 점이다. 즉, 클라이언트에 대한 치료 효과가 나타나고 성공적이라고 판단되면 다른 클라이언트에게 도움을 제공하는 것이 일반적이며, 개입이 성공적이었다면 개입이 끝난 후 다시 문제가 발생할 가능성은 매우 낮기 때문이다.

4) ABC 및 ABCD 조사

이 조사 유형은 연속적인 개입, 즉 첫 개입에 대한 효과가 나타나지 않는 경우 다른 형태의 개입을 시작하거나, 애초에 다중 개입 방법을 계획하는 경우다. 즉, C, D는 B의 연장이며 또 다른 형태의 개입이지만, C, D의 개입 시 ABA(ABAB) 조사처럼 기초선단계로 다시 돌아가지는 않는다. 이 유형은 클라이언트에게 적합한 새로운 개입 방법을 적용해 볼 수 있다는 장점이 있다. 즉, 각각의 개입 효과에 대해 개별적으로 증명하기보다는 클라이언트의 행동이 원하는 방향으로 변화되고 있고, 개입이 성공적으로 되고 있음을 보여 주는 데 목적이 있다. 하지만 이 유형의 단점으로는 상호작용 효과, 즉 클라이언트가 두 가지 혹은 세 가지 개입을 함께 경험함으로써 개입의 효과가 누적되는 경향이 있어 특정한 개입에 대한 개별적 효과를 파악할 수 없다([그림 5-7], [그림 5-8] 참조).

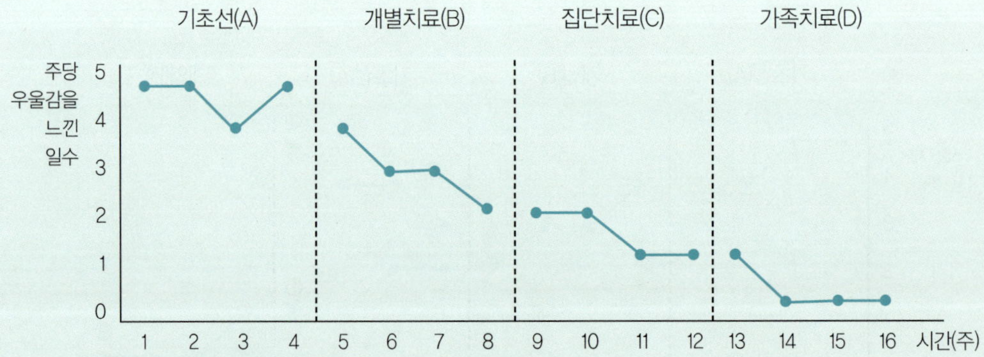

그림 5-7 ABCD 조사 그래프(우울증 환자에 대한 다중치료)

※ 집단치료와 가족치료는 개별치료의 연장이며, 또 다른 형태의 개입이다. 다양한 형태의 개입이 적용된 후 우울증은 지속적으로 완화되고 있음을 보여 준다.

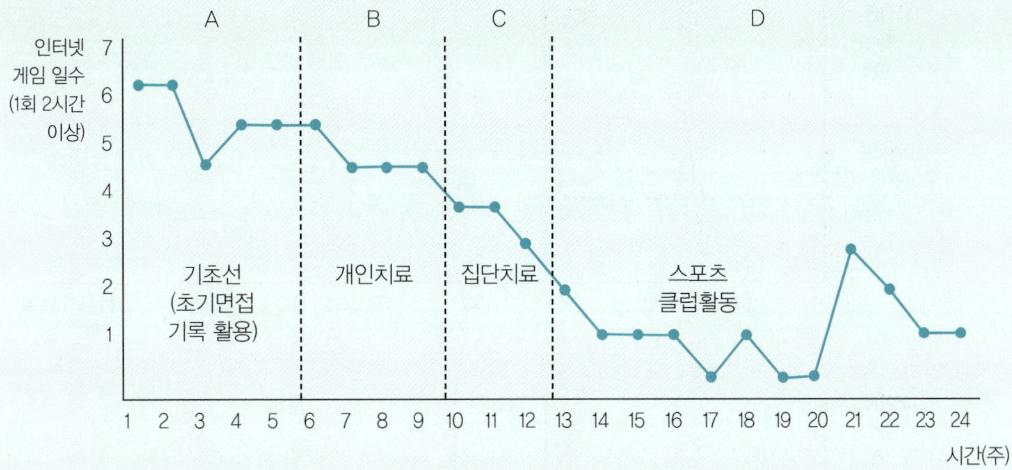

그림 5-8 ABCD 조사(온라인 게임 중독 청소년 치료 프로그램)

자료: Nuehring & Pascone (1986), p. 361 재구성.

※ [그림 5-7]과 마찬가지로 여러 형태의 치료를 제공하고 있으며, 다양한 치료 방법이 적용됨에 따라 클라이언트의 온라인 게임 일수가 지속적으로 감소되고 있음을 알 수 있다.

5) 복수기초선 조사

이 유형(A1 A2 A3 B)은 기초선이 복수로 설정되어 대상자 간 또는 문제 간에 기초선이 각각 다르게 설정되는 것이 특징이다. 이는 주로 대상자 간 복수기초선 조사와 문제 간 복수기초선 조사의 두 유형으로 나눌 수 있다.

대상자 간 복수기초선 조사(multiple baseline across subjects design) 특정한 개입 방법이 같은 상황(세팅)에서 동일한 문제를 가진 여러 대상자에게 효과가 있는지를 평가하는 것이다. 예를 들면, 노인요양시설에 거주하는 세 명의 클라이언트가 동일한 요실금 문제를 겪을 경우 (노인용) 기저귀를 착용한 후 요실금 문제가 어떻게 해결되는지를 알고자 할 때 활용할 수 있다. 이때 대상자 간의 상호작용을 해소하기 위해 각각 기초선을 달리한다. 즉, 첫 번째 클라이언트에게 먼저 개입한 후 그 효과가 나타나면, 두 번째 클라이언트에게 개입하고, 두 번째 클라이언트에게 효과가 나타나면 세 번째 클라이언트에게 개입하는 방식으로 진행한다([그림 5-9] 참조). 이 디자인을 'A1 A2 A3 B 디자인'으로 부르기도 한다(Royse, 2011: 91).

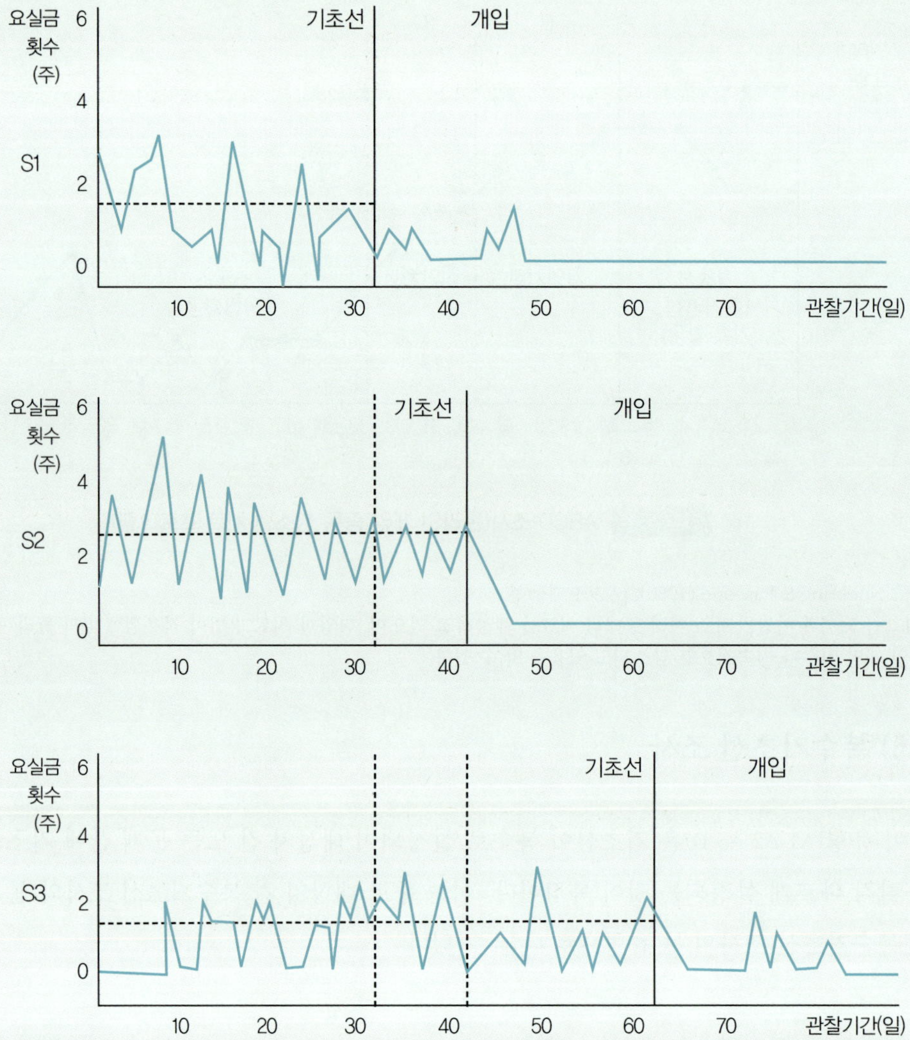

그림 5-9 대상자 간 복수기초선 조사의 예(노인요양시설 노인의 기저귀를 착용한 이후 요실금 문제)

자료: Pinkston et al. (1987), p. 188 재구성.

문제 간 복수기초선 조사(multiple baseline across behaviors design) 이 경우는 특정한 개입 방법이 대상자의 다중문제 해결에 효과가 있는지를 평가하는 것이다. 예를 들면, 청소년 보호시설에 있는 철수(15세)는 다른 사람들과 쉽게 싸움을 하고 보호시설의 권위에 잘 도전하며, 학습활동이 원만하지 못한 문제를 가지고 있다. 따라서 사회복지사는 우선 싸움을 적게 하기 위한 개입을 한 다음 효과가 있다면 권위에 덜 도전하도록 개입하고, 그것이 효과가 있다면 그때 원만한 학습활동을 위한 개입을 순차적으로 하게 된다.

이러한 복수기초선 조사의 장점은 사회복지사의 개입이 문제 해결의 원인이라는 증거를 보다 명확히 제공한다는 것이며, 특히 대상자 간 복수기초선 조사에서 그렇다. 하지만 이 조사는 비실용적이며, 다소 복잡하다는 제한점이 있다. 경우에 따라 클라이언트의 문제는 개입의 효과를 파악하기 위해 시간적 간격을 두는 것보다는 한꺼번에 해결해야 할 경우가 더 많다.

4. 단일사례조사의 결과 분석

클라이언트의 문제에 대한 사회복지사의 개입효과를 과학적으로 검증하고자 하는 단일사례조사는 그 결과를 분석하는 방법이 다양하지만 대체로 다음의 세 가지로 분석할 수 있다(김영종, 2007; 조성우, 2005).

1) 시각적 분석

기초선단계와 개입단계에 그려진 그래프를 보면서, 개입 이전보다 개입 이후에 표적행동에서 눈에 띌 만한 변화가 있었는지를 시각적(visual)으로 확인하는 것을 말한다. 이는 단일사례조사의 가장 큰 장점으로 가장 보편적인 분석 방법으로 활용된다.

2) 임상적 분석

개입 이후에 변화가 발생하였다면, 그 변화가 과연 사회복지실천의 실질적인 면에서 얼마만큼 의미를 갖는 변화인지를 사회복지사가 임상적(clinical)으로 판단하는 것을 말한다. 하지만 이 경우에는 다소 객관성에 문제가 있을 수 있다.

3) 통계적 분석

시각적 분석으로는 명확한 해석을 하기 곤란할 경우 좀 더 객관적인 방법으로 활용되는 것으로, 평균 비교와 경향선 접근 그리고 중간값을 초월하는 퍼센트 산출 기법인 PEM 방법이 주로 사용된다.

평균 비교 기초선이 비교적 안정적일 경우 기초선과 개입단계의 자료를 평균하여 비교한다. 즉, 개입단계의 평균이 기초선의 평균에서 기초선 표준편차의 두 배(±2s) 이상 차이가 나면 의미 있는 변화로 인정하는 분석 방법이다. 예를 들어, 기초선의 평균이 5, 표준편차가 1이고, 개입선의 평균이 3~7의 범위를 벗어날 경우 그 개입은 효과가 있는 것으로 해석된다.

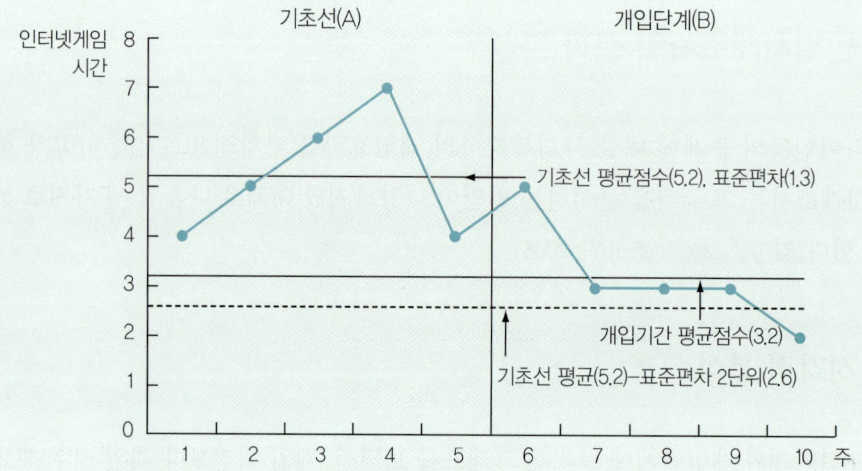

그림 5-10 게임 중독 청소년에 대한 개입 효과에 대한 평균 비교 분석

[그림 5-10]에서 보는 것처럼 어떤 청소년의 일주일 온라인 게임 평균 시간이 기초선단계에서 5.2시간이고 표준편차가 1.3이 되었다면 개입 후 평균 시간은 기초선 평균 ±표준편차 2단위(=5.2±2×1.3)로 2.6~7.8시간의 범위를 벗어난 경우, 즉 2.6시간보다 낮아야 개입의 효과가 있다고 할 수 있다. 하지만 여기서는 개입 기간의 평균 게임 시간이 3.2시간으로 나타났기 때문에 '개입 전 평균-표준편차 2단위', 즉 2.6시간 보다 높게 나타났으므로 개입의 효과가 있다고 할 수 없다.

경향선 접근(celeration line approach) 기초선이 불안정한 경우에 사용하는 접근 방법으로 기초선의 관찰을 우선 두 영역으로 나누고 각 영역의 평균을 구한 후 이 두 평균을 연결하게 되면 경향선이 만들어진다. 이때 개입단계에서의 관찰점이 모두 경향선 아래 또는 위에 있다면 그 개입은 효과적이라고 말할 수 있다([그림 5-11] 참조).

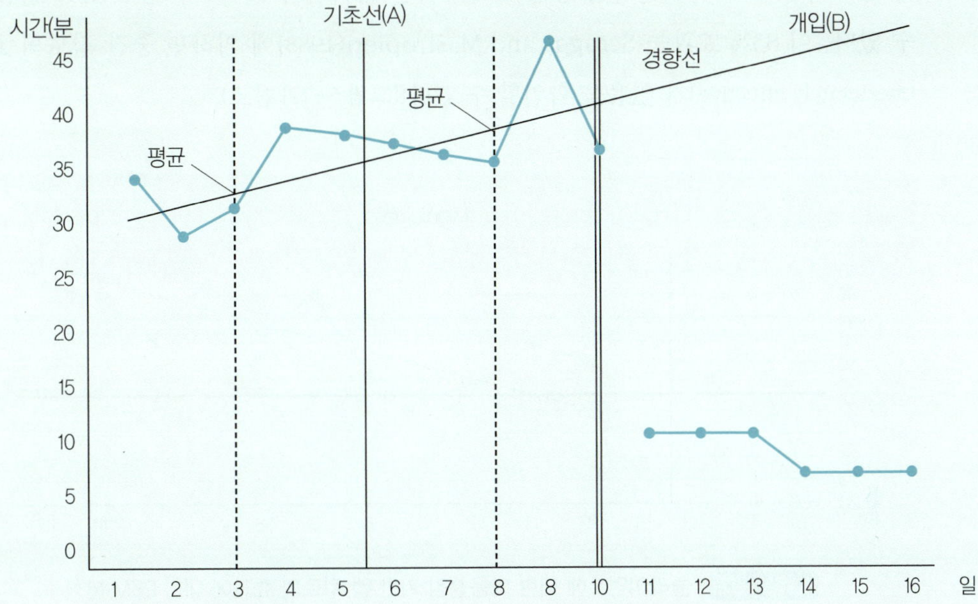

그림 5-11 강박증 주부에 대한 인지치료효과의 경향선 분석

자료: Cooper (1990), p. 29 재구성.

[그림 5-11]에서 보는 바와 같이 강박증 주부의 경우 기초선단계에서는 매일 저녁 식탁을 청소하는 데 평균 30분 이상을 소비하였지만, 워커가 인지행동치료를 시작한 이후로는 평균 10분 정도로 청소 시간이 줄었다. 이 경우 기초선 자료를 이용하여 경향선을 만든 뒤 개입단계의 관찰점을 살펴본 결과, 개입 과정의 관찰점 모두가 경향선 아래에 있는 것으로 나타났다. 따라서 이 개입은 효과가 있는 것으로 판단된다. 여기서 경향선을 만드는 과정은 우선 기초선을 두 단계로 나눈 후 각 단계의 값들의 평균을 구한 뒤 이 두 평균값을 연결하면 이것이 경향선(celeration line)이 된다.

PEM(Percentage of Data Exceeding the Median) PEM 분석 방법은 개입단계 데이터가 개입전 (기초선)단계의 중간값(median)과 겹치지 않은 데이터의 비율(percentage)을 가지고 개입의 효과를 검정하는 통계적 분석기법이다(Ma, 2006). 다음 그림은 Callender와 동료들(2021)의 연구에서 마음챙김 모바일 앱을 사용하여 클라이언트의 변화를 평가한 연구로서 개입전 마음챙김 데이터(3회)의 중간값은 굵은 수평선으로 표시된 34이며, 개입단계의 데이터(12회)가 기초선 중간값인 34와 겹치지 않으면서 개입의 효과가 원하는 방향으로 나타난 데이터가 10회, 즉 83%(10/12)임을 알 수 있다. 이 83% 효과는 Scruggs and Mastropieri(1988)에 의하면 중간 정도의 효과(moderately effective)가 있음을 확인할 수 있다([그림 5-12] 참조).

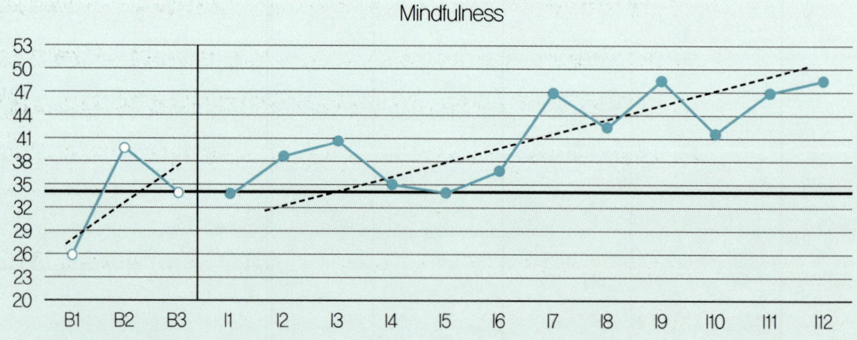

그림 5-12 클라이언트에 대한 마음챙김 기반 앱 치료의 효과에 대한 PEM 분석

출처: Callender et al. (2021), p. 22.

5. 단일사례조사의 장단점

이상에서 살펴본 단일사례조사의 장점과 단점은 〈표 5-2〉와 같이 정리할 수 있다.

표 5-2 단일사례조사의 장단점

장점	단점
실천 현장 및 임상적 환경에 쉽게 적용되며, 치료 과정에 전혀 방해가 되지 않는다. 그리고 통제집단이나 개입을 위해 많은 수의 클라이언트가 필요하지 않으며, 어떤 통계적 지식이나 이론적 배경 없이도 시작할 수 있다.	일반화하기가 어렵다. 즉, 한 사람의 클라이언트에게는 효과가 있지만 다른 클라이언트들에게도 동일한 효과가 있을지는 확신할 수 없다.
시각화에 유리하다. 즉, 개입의 결과를 기초선과 비교하고 검토하기가 용이하다.	개입의 각 단계마다 그 기간이 동일하지 않을 수 있어 적용상에 문제가 있을 수 있다. 즉, 원칙적으로 기초선단계와 개입단계 또는 B단계와 C단계의 기간은 같아야 하지만, 실제 현장에서 모든 단계가 정확하게 동일한 기간을 갖는 것은 쉽지 않다.

〈계속〉

치료 과정에서 워커와 클라이언트 간의 지속적인 피드백을 주고받을 수 있다. 그리고 특별한 치료의 목적 또는 문제에 초점을 맞추고 있기 때문에 워커의 개입을 지지하거나 보완한다.	사회복지사의 개입에서 어떤 단계에서는 고의로 그 개입이 철회되는 상황이 발생할 수 있어 때로 윤리적 도전을 받을 수 있다.

단일사례조사는 사회복지실천 현장에서 사회복지사의 개입 과정과 방법에 창의적으로 적용하는 것이 가능하며, 이는 클라이언트가 변화하고 있는지 아닌지를 파악할 목적으로 기획된 최선의 조사 유형이라고 할 수 있다. 단일사례조사의 원래 목적은 왜 개입이 제대로 되지 않았는지를 설명하는 데 있는 것이 아니라 개입이 제대로 잘 되고 있는지에 대한 정보를 제공하는 데 있음을 명심해야 한다.

사회복지사는 단일사례조사를 제대로 활용하기 위해 실천 현장에서 클라이언트의 행동 변화에 대한 기록을 유지하는 것과 모니터하는 것에 항상 세심한 주의를 기울여야 한다. 결국 단일사례조사를 활용하여 실증적 연구의 가치를 깨닫게 된다면 이러한 형태의 조사연구를 더 적극적으로 활용하게 될 것이다.

요약

단일사례조사설계는 비교적 이해하고 활용하기 쉬운 조사설계로서 사회복지사가 클라이언트의 문제에 개입한 이후 클라이언트가 변화하고 있다는 것을 즉각적이고 실용적으로 보여 주기 때문에 사회복지실천, 특히 임상적 실천에서 많이 활용되는 조사설계 방법이다.

1. 단일사례조사의 특성

단일사례조사는 그 대상, 즉 N=1 조사를 말하는데, 여기서 N은 개인, 가족, 집단, 조직체 등이 될 수 있다. 특히 단일사례조사는 조사와 실천의 가교로서 사회복지사의 개입을 과학적으로 조사연구하는 기능을 한다. 즉, 사회복지사의 개입 전과 개입 후 클라이언트의 상태를 비교함으로써 개입의 효과를 과학적으로 증명할 수 있다. 또한 별다른 이론적·통계적 지식이 없어도 이해하고 실행에 옮길 수 있는 장점이 있다. 중요한 것은 시각화(visualization)에 있는데, 클라이언트의 변화를 그래프를 통해 잘 표현함으로써 클라이언트의 치료 동기를 높일 수 있다.

2. 단일사례조사의 과정

단일사례조사에서는 우선 개입 대상이 되는 클라이언트의 문제행동을 표적행동으로 선정해야 하는데, 이는 단일사례조사의 종속변수가 된다. 그리고 개입이 이루어진 후 변화를 비교하기 위해서는 개입 전의 상황을 관찰해야 하는데, 이를 기초선(baseline)이라고 한다. 기초선(A)은 충분한 시간을 두고 관찰하여야 하며, 개입이 이루어진 후(B) 관찰 또한 기초선과 유사한 기간과 횟수의 관찰이 필요하다. 단일사례조사를 진행하는 마지막 단계는 적절한 유형을 선정하는 것이다.

단일사례조사의 유형으로는 B 조사(사례조사), AB 조사, ABA 및 ABAB 조사, ABC 및 ABCD 조사 그리고 복수기초선 조사 등이 있다.

3. 단일사례조사의 결과 분석

단일사례조사의 분석 방법으로 우선 시각적 분석 방법이 가장 흔히 활용된다. 이 시각적 분석으로 명확한 해석을 내리기 곤란한 경우 좀 더 객관적인 방법으로서 통계적 분석 방법을 활용한다. 이 외에도 클라이언트의 변화가 어떤 실질적인 의미를 주는지 확인하는 임상적 분석 방법이 있다.

4. 단일사례조사의 장단점

장점	단점
• 실천 현장 및 임상적 환경에 쉽게 적용되며, 치료 과정에 전혀 방해가 되지 않는다. 그리고 통제집단이나 개입을 위해 많은 클라이언트가 필요하지 않으며, 어떤 통계적 지식이나 이론적 배경 없이도 시작할 수 있다. • 시각화에 유리하다. 즉, 개입의 결과를 기초선과 비교하고 검토하기가 용이하다. • 치료 과정에서 워커와 클라이언트 간의 지속적인 피드백을 주고받을 수 있다.	• 일반화하기가 어렵다. 즉, 한 사람의 클라이언트에게는 효과가 있지만 다른 클라이언트들에게도 동일한 효과가 있을지는 확신할 수 없다. • 개입의 각 단계마다 그 기간이 동일하지 않을 수 있어 적용상에 문제가 있을 수 있다. • 사회복지사의 개입에서 어떤 단계에서는 고의로 그 개입이 철회되는 상황이 발생할 수 있으므로 때로 윤리적 도전을 받을 수 있다.

제6장

실험조사설계

1. 실험조사설계의 기본 요소
   1) 인과관계 추론의 기준
   2) 실험조사설계의 요건
2. 실험조사설계의 타당도
   1) 내적 타당도
   2) 외적 타당도
3. 실험조사설계의 유형
   1) 순수실험조사설계
   2) 유사실험조사설계
   3) 전실험조사설계

⊙ 요약

탐구하고자 하는 주요 질문

1. 실험조사설계란 무엇인가?
2. 실험조사설계에서 타당도란 무엇인가?
3. 실험조사설계의 유형에는 어떤 것이 있는가?
4. 실험조사설계의 타당도를 높이기 위한 방법은 무엇인가?

제5장에서 살펴보았듯이 단일사례조사설계는 사회복지실천 현장에서 특별한 통계적 기술이나 자료 수집의 어려움 없이 클라이언트의 변화를 시각적으로 잘 나타낼 수 있는 장점을 가지지만, 다수의 사례에서는 적용하기 곤란한 조사설계다(〈표 6-1〉 참조). 예를 들어, 지역사회복지관에서 저소득층 청소년 750명을 대상으로 문화 체험을 통한 사회성 향상 프로그램으로 여름방학 동안 2주간의 문화유적답사 프로그램을 기획하였다면, 이 프로그램의 효과 측정을 위해서는 700개 이상의 단일사례조사를 실시해야 하는데, 이는 현실적으로 어려운 일이다.

표 6-1 **단일사례조사설계와 실험조사설계의 비교**

구분	단일사례조사설계	실험조사설계
분석 단위	개인(N=1)	집단(N=다수)
목적	개입 효과 · 성공 여부 확인	인과관계 규명
적용	워커의 개입에 대한 평가 (practice evaluation)	기관의 프로그램에 대한 평가 (program evaluation)

그러므로 이 장에서 논하고자 하는 조사설계는 사회과학에서 프로그램의 평가를 위해 일반적으로 널리 사용하는 접근 방법이다. 실험조사설계는 개입을 제공하는 한 집단(실험집단)과 어떠한 개입도 제공하지 않는 또 다른 집단(통제집단)의 결과들이 비교되기 때문에 집단 간 비교조사설계라고도 부른다. 즉, 조사 대상에 대한 변수 간의 인과관계를 인위적으로 규정하여 적용(실행)된 변수의 효과를 파악하는 방법으로 외부변수를 통제하고 독립변수를 적용하여 나타난 종속변수를 관찰함으로써 그 결과로 인과관계를 파악한다. 실험조사설계에서 나타나는 결과는 클라이언트 개개인의 성공이 아닌 집단 평균과 연관되며, 대부분의 집단조사설계는 변화를 이해하는 기준으로 비교개념에 기초한다.

실험조사설계는 집단이나 프로그램, 지역사회에서 사회복지서비스의 효과를 측정하기 위한 목적으로 조사를 구성할 때 활용한다. 특히 사회복지기관에서 실시하는 프로그램의 실행평가, 복지정책의 평가분석 그리고 지역사회개발(community development) 평가 등에 유용하게 적용할 수 있다([사례] 참조).

사례

사회복지관에서의 프로그램 평가

사회복지관에서 어머니를 대상으로 부모교육 프로그램을 실시하여 어머니의 부모-자녀관계 만족도 및 가족관계가 강화되었는지를 검증하고자 할 때 참가자를 두 집단으로 나누어 실험조사를 실시할 수 있다.

사회복지정책의 평가

기초연금제도의 도입 이후 노인 빈곤층이 도입 이전보다 감소하였는지, 빈곤층의 실질소득이 얼마나 증가하였는지를 실험조사를 활용하여 평가할 수 있다. 그리고 이를 통해 기초연금정책의 성과에 대해 과학적으로 평가할 수 있다.

지역사회개발에 대한 평가

마을가꾸기공동체 구성 이후 지역주민의 지역복지에 대한 관심도와 참여도가 어떻게 개선되었는지를 실험조사를 활용하여 평가할 수 있으며, 이를 통해 마을가꾸기공동체 구성의 효과를 검증할 수 있다.

실험조사설계는 계량적 연구방법의 하나로, 독립변수와 실험 조건의 통제 정도에 따라 순수실험조사설계(experimental designs), 유사실험조사설계(quasi-experimental designs), 전실험조사설계(pre-experimental designs)의 세 가지로 구분한다. 이러한 조사설계는 조사하고자 하는 문제 및 클라이언트에 대한 데이터의 유용성, 재정과 인적 자원, 프로젝트를 완료할 수 있는 시간, 조사 목적에 따라 적절하게 선택한다.

실험조사설계를 할 때는 어떤 조사 방법을 선택할 것인가도 중요하지만 세심하게 계획하는 것(good planning)이 보다 중요하다. 또한 어떤 조사 방법을 선택하더라도 인과관계에 위협을 주는 요소를 최소화하여야 한다. 그럼 지금부터 실험조사설계의 기본 요소와 조사설계의 유형 그리고 조사설계와 관련된 내적·외적 타당도에 대해 살펴보자.

1. 실험조사설계의 기본 요소

1) 인과관계 추론의 기준

집단 간 조사설계, 즉 실험조사설계는 독립변수와 종속변수에 인과관계가 있음을 증명하고자 하는 조사설계다. 실제 사회복지실천 현장 속에서 이 인과성을 경험적으로 증명한다는 것은 결코 쉬운 일이 아니며, 명백하게 인과관계가 존재하는 것처럼 보이는 수많은 현상도 실제로 그것들을 경험적으로 증명해 보이는 데는 많은 어려움이 따른다. 인과관계를 추론하기 위해서는 먼저 공변성, 시간적 우선성, 외부 설명의 통제라는 기본적인 요건을 충족하여야 한다(김영종, 2007: 94-98).

공변성(covariation) 두 변수가 함께 변화함을 보여 주는 것으로 인과관계의 검증에 필요한 일차적인 요건이다. 즉, 한 변수가 변화할 때 다른 변수도 같이 변화하는 것을 보여 주는 것이다. 그러므로 두 변수 사이에 공변성이 있음을 보여 주기 위해서는 한 변수가 변화할 때 다른 변수에서도 어떤 식으로든 변화가 관찰되어야 한다.

사례

일반적으로 사회복지기관에서 직원의 자기효능감 정도와 직무만족도 수준에는 어떤 관련성이 있다고 알려져 있다. 즉, 자기효능감이 높은 직원은 대체로 직무만족도가 높고, 반대로 자기효능감이 낮은 직원은 직무만족도가 대체로 낮은 것으로 나타났다. 이때 자기효능감과 직무만족도 간에는 공변성이 있음을 알 수 있다.

시간적 우선성 인과관계 추론을 위한 두 번째 요건은 시간적 우선성이다. 한 변수에 변화가 발생할 때 다른 변수에서도 변화가 관찰되더라도(공변성) 이것만으로는 두 변수 사이에 인과관계가 있음을 입증하지 못한다. 그러므로 한 변수가 원인이고 다른 변수가 결과임을 증명하기 위해서는 두 변수 간에 시간적으로 어떤 변수가 앞서고 어떤 변수가 뒤따른다는 것을 보여 줄 수 있어야 한다.

사례

앞의 사례와 연결되는 것으로서 사회복지사의 자기효능감을 향상시키기 위해 자기효능감향상 프로그램을 지역사회복지관에서 실시하였다고 하자. 그 결과 프로그램에 참여한 사회복지사들의 참여 이전보다 자기효능감이 향상된 것으로 나타났다. 이 경우 사회복지사의 자기효능감이 향상되기 위해서 자기효능감 프로그램에 참여하는 사건(변수)이 먼저 발생해야 하는 것이다.

외부 설명의 통제 공변성과 시간적 우선성이 확인되었다 하더라도 이것만으로는 두 변수 간에 인과관계가 있음을 아직 입증하기 어렵다. 인과관계의 확인을 위해서는 두 변수 간의 인과성에 영향을 주는 제3의 변수를 '통제'할 필요가 있다. 여기서 통제란 두 변수 간에 나타나는 공변성의 관계가 제3의 변수에 의해 유발되는지 여부를 확인하고 이를 통제하는 것이다.

사례

사회복지관에서 직원의 직무만족도는 자기효능감과 공변성이 있고, 자기효능감 수준은 직무만족도보다 먼저 발생하는 시간적 우선성이 있지만, 직원의 직무만족도에 영향을 준 것은 사실 직원의 급여 수준과 직접 관련이 있는 것으로 나타났다. 따라서 이 경우 급여 수준이라는 제3의 요인을 통제하지 않는 이상(즉, 급여 수준이 직무만족도에 영향을 주지 않는다는 것을 증명하지 않는 이상), 자기효능감과 직무만족도 간에 인과관계가 있다는 것을 주장할 수 없게 된다.

이상에서 인과관계의 요건이 되는 공변성, 시간적 우선성, 외부 설명의 통제에 대해 살펴보았다. 이 모든 기준을 만족시킬 때 비로소 인과관계는 성립된다고 말할 수 있다.

2) 실험조사설계의 요건

집단 간 비교를 위한 실험조사설계는 사회복지실천 현장에서 제공하는 프로그램의 효과성을 평가하기 위해 가장 보편적으로 사용된다. 이러한 실험조사설계의 형태를 갖추기 위해서는 통제집단(control group), 무작위 배정(random assignments), 독립변수 조작이라는 세 가지 요건을 갖추어야 한다.

통제집단(control group) 실험조사설계에서 한 집단에 대해 개입한 다음, 전후 결과를 비교하여 조작된 변수의 효과를 파악하는 방법도 있지만, 종속변수가 독립변수에 의해 변화되었는지, 그 대안적 원인이 있었는지를 명확히 구분하기 위해서는 비교를 목적으로 하는 통제집단이 확보되어야 한다. 즉, 동일한 상황에서 실험집단은 개입하고 통제집단은 아무런 변화를 주지 않는 상태를 유지하여 종속변수의 결과를 비교하였을 때에만 개입의 효과를 정확히 측정할 수 있기 때문에 통제집단을 갖추는 것은 실험조사설계의 가장 기본 요소가 된다.

무작위 배정(random assignments) 실험조사설계에서 집단 간 비교를 하기 위해서는 두 집단이 처음부터 동일해야 한다. 즉, 실험집단과 통제집단이 동일해야 하는데, 이렇게 하기 위해서는 무작위로 각 집단에 대한 연구 대상자의 배정이 이루어져야 한다. 예를 들면, '취업모의 양육 스트레스 완화를 위한 프로그램'을 위해 취업 모들을 각각 실험집단과 통제집단에 배치할 때, 어떤 조건도 고려하지 않고 무작위로 두 집단에 배치해야 한다는 것이다. 이렇게 두 집단에 대한 배정이 무작위로 이루어져야 두 집단이 동일하게 되며, 결국 순수한 개입효과에 방해가 되는 많은 불필요하고 혼란스러운 외생변수와 예기치 않은 영향을 배제할 수 있다.

독립변수의 조작/실행 실험조사설계에서 실험집단은 개입을 하고 통제집단은 개입을 하지 않았을 때, 실험집단에 가하는 개입을 다른 말로 '독립변수의 조작/실행'이라고 말한다. 예를 들면, '취업모의 양육 스트레스 완화를 위한 프로그램'을 실시하여 그 프로그램의 효과를 알아보고자 할 때, 실험집단에는 독립변수의 조작, 즉 스트레스 완화를 위한 '집단상담 또는 대화기술 향상 프로그램'이 제공되고, 통제집단에는 어떤 프로그램도 제공되지 않아야 한다.

2. 실험조사설계의 타당도

실험조사연구에서 변수의 인과적 관계를 설명하는 과정에는 타당도라는 것이 요구된다. 이는 제4장에서 설명한 측정에서의 타당도와는 분명 다른 것으로, 실험조사설계에서 인과관계를 추론하는 과정에 필요한 타당도는 크게 내적 타당도(internal validity)

와 외적 타당도(external validity)로 구분할 수 있다.

1) 내적 타당도

내적 타당도(internal validity)란 인과성의 확인, 즉 '종속변수의 변화가 독립변수에 의해 일어난 것인가?'를 확신하는 정도를 의미한다. 인과관계를 추론하기 위해 앞에서 논의한 실험연구설계의 세 가지 요건을 만족하는 정도에 따라 조사연구는 내적 타당도를 갖는다([그림 6-1] 참조). 반대로 그 기준을 만족시키지 못하는 정도에 따라 독립변수가 종속변수를 설명하는 데 인과적 역할을 수행한다는 결론을 내릴 수 있는 근거가 제한된다.

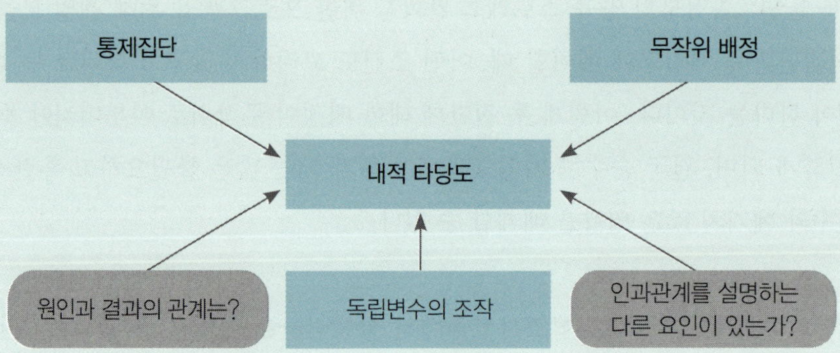

그림 6-1 실험조사설계에서 내적 타당도

자료: Marlow (2011), p. 91 [그림 6-1] 재구성.

Campbell과 Stanley(1963)의 고전적 실험연구설계 저서

Campbell과 Stanley(1963) 그리고 Cook과 Campbell(1979)은 내적 타당도에 영향을 주는 주요 위협 요인에 대해 다음과 같이 구체적으로 설명하고 있다. 이 요인은 외생변수 또는 대안적 설명이라고도 한다.

성숙(maturation) 효과 사람은 조사연구의 대상이든 아니든 간에 계속 성장하고 변화하며, 그 변화는 조사 결과에 영향을 미친다. 성숙 효과는 조사 기간 중에 조사 집단의 특성이 변화함으로써 종속변수에 영향을 미치는 경우를 말한다. 특성의 변화란 조사 집단에 속해 있던 조사 대상자의 심리적 · 생리적 · 인구통계적 · 경제적 특성 등의 변화를 모두 포함한다.

사례

지역사회복지관의 노인대학에서 참가 노인 100명에게 건강 증진을 위한 '건강체조 프로그램'을 실시하였다. 일상생활 수행능력을 측정하는 ADL 도구로 신체기능을 사전조사하고 1년 후 다시 사후검사를 실시하였으나 별달리 신체기능이 개선된 것으로 나타나지 않았다. 그렇지만 이 결과로 지역사회복지관에서 제공하는 노인 건강체조 프로그램의 효과가 미미하다고 결론 내리기는 어렵다. 왜냐하면 노인의 신체기능 약화가 고령으로 말미암은 자연적인 신체기능 약화일 수도 있기 때문이다.

역사적(history 외부) 사건 조사자의 의도와 관계없이 일어난 사건으로 종속변수에 영향을 미칠 수 있는 사건을 말한다. 조사 기간 중에 조사에 영향을 미치는 사건이 발생할 경우, 그 영향 때문에 실험 대상 집단의 특성이 변할 수 있다. 조사 기간이 길수록 외부 사건의 영향을 받을 가능성은 커진다.

사례

시니어클럽에서 노인의 사회참여 활성화 프로그램의 일환으로 은퇴 노인을 중심으로 '숲 생태 해설단'을 구성하여 노인의 사회참여 의지를 향상시키고자 프로그램을 진행하였다. 그러나 이 프로그램의 진행 과정 중에 정치적으로 영향력이 있는 사람이 노인의 사회참여에 대한 부정적으로 발언하였고, 이후 프로그램에 참여하고자 하는 의지와 효과가 감소하였다. 이 경우 독립변수(노인의 사회참여 프로그램) 자체보다는 내적 타당도에 대한 위협, 즉 역사적 외부 사건(노인 비하 발언)이 종속변수(사회참여 의지)에 영향을 주었을 가능성이 크다.

측정(testing 검사) 효과 개입 전후에 측정을 반복할 때 사전검사가 사후검사에 영향을 미칠 수 있다. 즉, 반복되는 측정은 검사에 대한 연습이 될 수 있으므로 측정 검사 결과를 왜곡시킬 가능성이 있다.

사례

고등학교에서 학교사회복지사가 진로상담교사와 함께 학생의 진로적성 파악을 위해 동일한 진로적성검사를 1개월 간격으로 2회 실시하였을 때, 두 번째 검사에서는 첫 번째 검사보다 각 영역에서 고르게 더 나은 점수를 보일 수 있다.

측정도구(instrumentation) 효과 측정도구 효과는 측정도구의 사용, 도구의 점수 산정 방법 등의 측정 절차와 관련하여 의도하지 않은 영향을 주는 것을 말한다. 그리고 사전조사와 사후조사 실시 요원이 다른 경우, 측정 방법의 변화 등의 측정도구 문제가 측정 결과에 영향을 미칠 수 있다.

사례

학생들의 사회성 향상을 위한 또래관계 증진 집단 프로그램을 실시하면서 사회성 측정을 위한 사전검사에서는 10분의 시간을 주고, 사후검사에서는 20분의 시간을 주었다면 측정의 결과가 개입의 효과라고 단정하는 것은 어려울 것이다. 또 이 경우 사후검사 시 측정도구가 바뀌거나 변경된 경우, 또는 측정도구 자체가 신뢰도가 낮아서 같은 도구라도 사후조사에서 학생들이 다르게 이해하여 응답하게 되는 경우, 프로그램의 효과를 정확하게 측정하기가 어렵다.

대상자 선정(selection bias) 오류 실험집단과 통제집단이 상이한 경우나 모집단을 정확히 대표하지 못하는 경우에는 내적 타당도를 위협하게 된다. 이런 경우 내적 타당도를 저해하는 것을 방지하기 위해서는 무엇보다 무작위표본추출과 집단 배정이 이루어져야 한다.

사례

청소년 자녀와의 갈등으로 문제를 안고 있는 부모를 대상으로 의사소통 훈련 프로그램을 실시하고자 신문광고를 낸 경우, 심각한 자녀문제를 안고 있음에도 신문을 구독하지 않거나 신문광고를 유심히 보지 않는다면 이 프로그램에 대한 정보를 얻지 못해 참여하지 못할 것이다. 또한 자녀의 문제를 토로하고 싶지 않은 부모도 이 프로그램에 참여하지 않을 것이다. 따라서 이 프로그램에 참가한 집단은 자녀와의 관계 개선에 강한 의욕이 있으며 신문광고를 확인한 자가선정(self-selection) 집단으로서 자녀와의 문제를 안고 있는 모든 부모를 대표하지 못하게 된다.

통계적 회귀(statistical regression) 극단적인 사례를 집단에 포함할 때 발생하는 오류로 극단적인 측정값은 사후검사 때 중간값(집단 평균) 쪽으로 이동하는 경향이 있다. 즉, 사전검사 때 낮은(높은) 점수를 기록한 사람들은 통계학적 회귀의 영향으로 사후검사 때 더 높은(낮은) 점수를 기록할 가능성이 많다. 이러한 문제는 무작위 배정이나 통제집단을 활용하여 통제가 가능하다.

사례

치매전문 요양시설에서 생활하는 클라이언트를 대상으로 불안지수를 측정하여 그 지수가 가장 높은 노인만을 대상으로 불안감 해소를 위한 '명상 프로그램'을 3개월 동안 실시하고, 다시 불안지수를 측정하였을 때 불안지수가 현저히 감소한 것으로 나타났다. 그런데 첫 번째 측정 시기에 치매 증상이 급격히 나타났다든가, 옆의 동료가 사망하였다든가, 동료는 가족이 찾아왔으나 자신은 아무도 찾아올 사람이 없어서 불안지수가 보통 이상 높게 나타난 클라이언트들이 포함되었을 경우, 두 번째 불안지수 감소가 과연 '명상 프로그램'의 효과 때문인지는 정확히 판단하기 어렵다.

실험 도중 탈락(mortality) 실험 도중에 여러 가지 이유로 조사 대상자가 상실되고 감소될 때, 전체적인 집단의 분위기에 변화를 줄 수 있고, 사후검사 시 측정값을 왜곡시킬 수 있다. 즉, 사전측정을 한 실험 대상자가 사후측정을 하기 전에 실험 대상에서 탈락된 경우를 말한다.

사례

학교사회복지 프로그램의 일환으로 복학생을 위한 학교적응 프로그램을 실시하면서 학생의 비행충동성에 대해 측정을 하였다. 사전검사에서는 총 15명의 학생을 대상으로 비행충동성검사를 실시하였으나 실험 도중 5명이 탈락하여, 최종 10명의 학생을 대상으로 사후검사를 실시하였을 때 단순히 사전검사와 사후검사의 측정만으로 프로그램의 효과성을 판단하는 것은 내적 타당도에 대한 위협을 간과한 것이 된다. 왜냐하면 비행충동성이 높은 학생은 이미 실험 도중에 탈락하였기 때문에 사후검사에서는 이들에 대해 측정이 되지 않아 프로그램의 효과를 왜곡시킬 수 있다.

상호작용의 영향(interaction effects) 이것은 내적 타당도의 위협 요소 간에 상호작용이 일어날 때 발생한다. 대상자 선정 오류와 성숙의 상호작용(a selection & maturation interaction)에서는 실험집단 및 통제집단의 선정에 있어서 동질적이 아닌데다 성장 속도도 다르게 되는 경우가 있다. 대상자 선정 오류와 탈락의 상호작용(a selection & mortality interaction)은 특정 집단에서 탈락하는 비율이 두드러지게 나타날 때 내적 타당도를 위협하게 된다.

사례

- 초등학교 5~6학년을 대상으로 남녀를 구분하여 통제집단과 실험집단으로 나누고 인지발달 프로그램을 실시하여 그 효과를 측정하고자 할 때, 여학생이 남학생보다 인지발달이 빠르므로 여학생 집단의 높은 점수는 프로그램의 효과일 수도 있고, 인지발달이 더 빠른 여학생 집단의 자연적인 특성 때문일 수도 있다(선정과 성숙의 상호작용).
- 실업계 고등학교와 인문계 고등학교 학생을 대상으로 실험집단과 통제집단으로 구분하고 학습흥미 강화를 위한 집단 프로그램을 실시하였을 때, 프로그램이 진행되는 동안 실업계 고등학교 학생의 탈락률은 인문계 고등학교 학생의 탈락률보다 월등하게 높게 나타났고, 사후검사에서 실업계 학생의 학습흥미도가 향상된 것으로 나타났다. 이 경우 실험집단에 속해 있는 실업계 학생의 학습흥미도 상승이 프로그램의 효과로 말미암은 것인지 아니면 학습흥미를 잃은 학생의 탈락으로 말미암아 남은 학생의 학습흥미도가 높아진 것인지 명확하게 구분할 수 없다(대상자 선정과 탈락의 상호작용).

이상의 내적 타당도를 저해하는 다양한 요소를 통제하기 위한 최선의 방법은 무엇보다 무작위 배정과 통제집단의 활용이다. Mitchell과 Jolley(1988)는 이러한 여덟 가지 내적 타당도를 위협하는 요인을 제거하거나 감소시키기 위하여 다음과 같이 제안하고 있다.

TIP 내적 타당도에 대한 대책

- 조사연구 기간을 가능한 짧게 유지한다. 이것은 역사적 사건의 위협 요인을 줄이는 데 도움을 주며, 어린이나 유년기에 대해 연구할 때 성숙 효과, 선정과 성숙의 상호작용의 위협 요인을 줄일 수 있다. 하지만 시계열 연구에서는 이것이 적용되지 않는다.
- 측정도구를 한 번만 사용하거나 사후측정에서는 조금 다른 측정도구를 사용한다. 그렇게 한다면 측정의 영향을 줄일 수 있다.
- 연구 요원에게 훈련을 통해 측정 시 동일한 방법(절차)을 시행하도록 한다. 이는 측정도구와 관

련된 영향을 줄일 수 있다.

- 연구 대상자, 특히 통제집단 참여자와 접촉을 계속 유지한다. 실험 대상자의 자연 감소 및 소멸을 방지할 수 있다.
- 극단적인 측정값을 보이는 대상자를 피한다. 즉, 한 번의 극단적인 측정값으로 대상자를 선정하지 않도록 한다. 그러면 통계적 회귀를 통제할 수 있다.
- 가능하면 무작위 배정을 활용하고, 아니면 실행 가능한 많은 변수에 배합(matching)하도록 한다. 이는 참여자 선정 문제를 해결할 수 있다.

자료: Mitchell & Jolley (1988).

2) 외적 타당도

외적 타당도는 '실험조사 결과를 어느 정도 일반화할 수 있는가?'의 문제, '다른 대상자 및 다른 상황에서도 동일한 결과가 가능한가?'에 관한 것이다. 즉, 한 지역사회복지관에서 실시한 '부모교육 프로그램'이 효과가 있는 것으로 나타났을 경우, 다른 복지관에서 동일한 프로그램을 실시하여 동일한 효과가 나타나게 되면 이 조사연구의 외적 타당도가 확보되었다고 할 수 있다.

일반적으로 실험조사설계에서 외적 타당도에 영향을 주는 위협 요인은 다음과 같다(Campbell & Stanley, 1963; Royse, 2011).

측정의 반응 효과(reactive or interactive effect of testing) 실험조사를 수행하면서 사전측정을 함으로써 응답자의 민감성과 인식에 영향을 주어 조사 대상자를 모집단을 대표할 수 없는 대상자로 만드는 것이다. 즉, 사전측정으로 응답자에게 조사를 의식하게 하거나 자신이 조사연구와 관련되어 있다는 것을 깨닫게 함으로써 스스로 조사에 대한 반응 및 민감성(placebo effects)을 보이게 만든다. 이러한 위협 요인은 내적 타당도를 위협하는 측정 효과와 유사하다.

참여자 선정과 연구 속성의 상호작용(interaction effects of selection biases and research stimulus) 이것은 조사 대상자를 무작위로 구하기 어려울 때 생기는 문제다. 지금 수행하고자 하는 조사연구가 2~3시간 동안 심도 있는 인터뷰를 요구하는 연구라면 사람들 대부분은 접촉하는 것을 거절하거나 참여하지 않을 것이다. 또한 참여하게 되는 사람도 시간이 많거나 외로운 사람이 대부분이므로 모집단을 정확히 대표할 수 없어 연구 결과의 일반화에 영향을 줄 것이다.

실험 세팅의 영향(reactive effects of arrangements) 연구 대상자가 일상적으로 느끼는 상황과 다른 환경에서 실험조사연구가 진행될 때, 연구 대상자의 반응은 색다른 환경 때문에 변화하게 될지도 모른다. 예를 들면, 자신의 모습이 녹화된다거나 이중 거울로 관찰될 때, 연구 대상자는 좀 더 잘하려고 노력하거나 근심스러워하거나 당황하면서 그들의 행동을 자연스럽게 표현하지 못할 수도 있다.

다중치료의 효과(multiple-treatment interaction) 이것은 실험조사에서 개입이 여러 차례 있을 경우 생기는 문제로, 실제 실험집단의 각 대상자에게 개입의 시간이나 순서가 동일하게 적용하기는 어렵다. 그리고 다중 개입은 누적효과가 있어 구체적인 개입의 효과를 정확하게 측정하기가 어렵다.

일반적으로 실험조사설계에는 항상 내적, 외적 타당도에 대한 위협 요소가 도사리고 있다. 이 경우 무작위 배정과 통제집단을 사용하여 내적 타당도의 저해 요인을 상당 부분 대처할 수 있다. 보통 실험이나 환경에 대한 통제가 많을수록 내적 타당도는 높아지지만 그에 상응하는 외적 타당도에 희생이 따르게 마련이다. 그리고 사회복지학에서 조사연구는 실험실이 아니라 현장에서 이루어지므로 실제 사회복지기관에서 수행되는 실험조사설계는 그 원칙과 이상에서 타협이 있을 수밖에 없다. 그러므로 모든 조사연구는 이런저런 제한점이나 약점을 갖게 마련이라는 점을 인식해야 한다.

TIP 외적 타당도에 대한 대책

실험조사가 어떤 특정 프로그램이나 특정 지역에 국한하는 프로그램을 평가하는 경우에는 외적 타당도가 그다지 중요하지 않다. 하지만 조사연구가 실시된 환경과 세팅을 넘어서 조사 결과를 일반화하고자 한다면 다음 사항에 유의해야 한다.

- 조사 대상자가 그 적용될 집단의 대표성을 갖도록 한다.
- 개입/프로그램 자체가 분명하고 구조화되어야 한다.
- 조사 진행 요원은 훈련되고 자질을 갖춘 사람으로 하며, 개입이 동일하게 진행되도록 한다.

3. 실험조사설계의 유형

실험조사설계(experimental design)란 실험적 개입, 즉 독립변수의 조작으로 인해 발생할 수 있는 변수 간의 인과관계를 규명하기 위한 조사설계로서 실험조사의 요건을 제대로 구비하고 있는지에 따라 순수실험조사설계(experimental design), 유사실험조사설계(quasi-experimental design), 전실험조사설계(pre-experimental design)로 구분할 수 있다(Royse, 2020: 113-127, 〈표 6-2〉 참조).

표 6-2 실험조사설계의 유형

	순수실험조사설계: A (experimental designs)	유사실험조사설계: B (quasi-experimental designs)	전실험조사설계: C (pre-experimental designs)
유형 1	통제집단 전후 비교조사	비동일 통제집단 전후 비교조사	단일집단 전후 비교조사
	$R \quad O_1 \times O_2$ $R \quad O_3 \quad O_4$	$O_1 \times O_2$ $O_3 \quad O_4$	$O_1 \times O_2$
유형 2	통제집단 후 비교조사	시계열(시간연속)조사	단일집단 후 비교조사
	$R \times O_1$ $R \quad O_2$	$O_1\ O_2\ O_3 \times O_4\ O_5\ O_6$	$\times\ O_1$
유형 3	솔로몬 4집단 비교조사	복수시계열조사	비동일집단 후 비교조사
	$R \quad O_1 \times O_2$ $R \quad O_3 \quad O_4$ $R \quad \times O_5$ $R \quad O_6$	$O_1\ O_2\ O_3 \times O_4\ O_5\ O_6$ $O_1\ O_2\ O_3 \quad O_4\ O_5\ O_6$	$\times\ O_1$ O_2

1) 순수실험조사설계

순수실험조사설계는 실험조사설계 중 인과적 관계를 확인할 수 있는 가장 이상적인 설계 방법으로 통제집단과 무작위 배정이 이루어지는 조사설계다. 즉, 통제집단을 통해 내적 타당도를 위협하는 측정, 역사적 사건, 성숙, 측정도구, 통계적 회귀의 통제가 가능하고, 무작위 배정으로 대상자 선정 문제의 통제가 가능하다. 또한 대상자의 규모가 작을 때는 무작위 배정을 배합(matching)과 통합하여 사용할 수 있다.

순수실험조사설계는 내적 타당도를 위협하는 요소에 대한 통제가 가능하여 내적 타당도를 높일 수 있는 장점이 있으나 실제 사회복지실천 현장에서는 윤리적인 측면을 비롯한 제반 여건상 무작위 배정과 독립변수의 조작에 의한 실험설계 적용이 현실적으로 불가능한 측면이 있다.

순수실험조사설계의 유형에는 통제집단 전후 비교조사, 통제집단 후 비교조사, 솔로몬 4집단 비교조사가 있다.

TIP 실험조사설계에서 사용되는 기호

- X: 실험집단에 대한 실험적 처리(프로그램 개입)를 의미한다.
- R: 대상자를 실험 및 통제집단에 배치할 때 무작위 배정을 실시하였음을 의미한다.

통제집단 전후 비교조사(pretest-posttest control group design) 인과관계 추정을 위한 전형적인 실험설계로 실험에 참여하는 클라이언트는 무작위로 배정되며, 개입이 주어지는 실험집단과 개입이 주어지지 않는 통제집단으로 구분한다. 무작위 배정을 하는 이유는 두 집단을 동질적으로 만들 가능성을 극대화하기 위한 것으로 두 집단은 엄격한 통제하에 분리된다. 개입에 들어가기 전에 사전검사(pretest)를 실시하고, 그 후에 실험집단은 개입이 실시되고 통제집단은 개입 없이 그대로 둔다.

실험집단에 주어지는 개입(X)을 제외한 나머지 모든 것이 두 집단에 똑같은 상태로 주어지며, 개입이 종료되면 다시 두 집단에 대해 사후검사(posttest)를 실시한다. 그리고 두 집단 간의 사전검사와 사후검사의 차이를 비교하여 개입의 효과성에 대한 경험적 준거로 삼는다. 고전적 순수실험설계로서 통제집단 전후 비교조사의 표기는 다음과 같다.

$$\begin{array}{llll} R & O_1 & \times & O_2 \\ R & O_3 & & O_4 \end{array}$$

사례

만성 신부전증 환자를 위한 신장투석 클리닉에서 환자의 불안감 완화를 위한 정서지지 프로그램을 실시하기로 할 경우, 투석 클리닉을 이용하는 신장투석 환자를 대상으로 실험집단에 25명, 통제집단에 25명을 무작위 배정한다. 개입을 시작하기 전에 두 집단의 불안감 정도를 측정하기 위하여 불안감척도(Clinical Anxiety Scale)와 같은 표준화된 측정도구로 사전검사를 실시한다. 그리고 실험집단에는 6~8주 정도의 개입이 전개되고, 개입 종료 후에 다시 표준화된 측정도구로 사후검사를 실시하여 두 집단의 전후 차이를 비교한다. 이때 실험집단의 불안감 평균이 현저히 감소한 반면 통제집단의 불안감 평균은 거의 변화가 없다면, 정서지지 프로그램의 개입이 효과적이었다는 결론을 내릴 수 있다.

자료: Royse (2020), p. 114.

통제집단 전후비교조사는 통제집단과 무작위 배정을 통하여 대부분의 내적 타당도의 위협 요소에 대한 통제가 가능하지만, 측정 효과나 측정의 반응효과를 완전히 배제하기는 어렵다. 예를 들면, 청소년을 대상으로 자아존중감 향상 프로그램을 실시하였을 경우, 프로그램 참가 학생이 사전검사를 통해 이 프로그램이 자아존중감을 향상시키고자 하는 목적을 가지고 있다는 것을 알게 되었다면, 프로그램 실시 후 실제보다 자아존중감 정도가 더 높은 방향으로 형성될 가능성이 많다는 것이다. 그리고 사전검사 시의 경험이 사후검사에 영향을 주어 사후검사의 점수가 자연스럽게 높아질 수 있다. 이런 경우 사전검사를 생략한 통제집단 후 비교조사가 유용한 조사설계가 될 수 있다.

통제집단 후 비교조사(posttest-only control group design) 앞의 통제집단 전후비교조사에서 생길 수 있는 사전검사의 영향을 배제하고자 할 경우, 그리고 사전검사가 용이하지 않은 경우에 사용하기 편리한 조사설계로서 통제집단 전후 비교조사에서 사전측정을 하지 않은 형태다. 이 조사는 다음과 같이 표기할 수 있다.

R	×	O_1
R		O_2

사례

지역사회복지관의 무료법률상담을 신청한 클라이언트가 상담 예약을 하고도 상담시간이 임박해서 취소하거나 법률상담에 참가하지 않는 경우로 말미암아 다른 많은 클라이언트가 법률상담 프로그램을 이용할 수 없다고 불평하고 있다. 따라서 법률상담 담당 사회복지사가 원활한 프로그램 운영을 위해 법률상담일 바로 전날에 예약자에게 확인 전화를 하면 예약 취소율을 줄일 수 있다는 가설을 세웠다. 이때 예약 확인 전화를 한 집단은 실험집단으로 구성하고, 예약 확인 전화를 하지 않은 집단은 통제집단으로 구성하며, 무작위로 실험집단과 통제집단의 구성원을 배정하였다. 이렇게 하여 예약 확인 전화를 받은 집단과 받지 않은 집단 간의 예약 취소율을 비교하면, 예약 확인 전화(독립변수)가 예약 취소율(종속변수)에 미친 효과를 검증할 수 있다.

한편, Campbell과 Stanley(1963)는 실험설계에서 사전검사가 반드시 필요하지는 않다고 설명한다. 왜냐하면 앞의 도식에서 보는 바와 같이 통제집단의 사후검사(O_2)는 실험집단의 사후검사(O_1)와의 비교를 위한 사전검사의 역할이 가능하기 때문이다. 그러나 이 설계에서는 무작위 배정으로 집단이 구성됨으로써 두 집단 간의 최초 상태는 동일하다고 가정할 수 있으나, 사전측정이 이루어지지 않음으로써 각 집단의 최초 상태를 정확히 알지 못하는 단점이 있다.

솔로몬 4집단 비교조사(Solomon four-group design) 고전적 실험조사인 통제집단 전후 비교조사와 통제집단 후 비교조사를 조합한 형태로 두 실험조사가 지닌 약점을 보완하기 위해 고안된 설계다. 여기서는 개입의 효과를 설명하기 위해 앞의 두 조사설계를 동시에 병행함으로써 다른 조사설계에서는 불가능한 각종 외생변수의 영향을 충분히 분리할 수 있는 장점이 있다. 즉, 사전검사와 사후검사를 하면서도 사전검사의 영향을 통제하고자 할 때 사용하는 조사로써 다른 설계방법에서는 불가능한 각종 외생변수의 영향을 완벽히 분리할 수 있다. 그러나 다음 도식에서 나타나듯이 실제 사회복지사가 네 개의 다른 집단을 구성하고 유지하는 것이 현실적으로는 어려움이 많아 실용적으로 자주 사용할 수 없는 정교하고 복잡한 설계라고 할 수 있다.

R	O_1	×	O_2
R	O_3		O_4
R		×	O_5
R			O_6

연구 사례

Reid와 Finchilescu(1995)는 영화 속에 투영된 여성에 대한 폭력이 여대생의 무력감에 미치는 영향을 측정하기 위하여, [집단 1]의 여대생에게는 무력감척도로 사전검사를 마친 후에, 〈The Burning Bed〉란 영화에서 남편에 의해 여성이 폭행당하는 장면을 보여 주었다. 그리고 사후검사를 실시하였다. [집단 2]의 여대생에게는 〈Point Break〉와 같은 영화에서 남성에 대한 폭력 장면을 보여 주는 것을 제외하고는 [집단 1]과 같은 과정을 마쳤다. [집단 3]은 사전검사 없이 여성에 대한 폭력 장면을 골라서 보여 주고 사후검사를 실시하였고, [집단 4]는 남성에 대한 폭력 장면을 골라 보여 주고 사후검사를 실시하였다.

여기서 연구자는 사전검사가 무력감 측정에 별다른 영향을 주지 않았음을 발견하였고, 실험집단에서는 남성에 대한 폭력 장면을 보여 준 통제집단보다 여성에 대한 폭력 장면을 보여 준 집단에서 무력감이 현저히 높게 나타났다는 점도 알 수 있었다. 다시 말하면, 여대생은 사전검사의 영향 없이 폭력의 희생자로서 여성을 묘사한 영화를 보고 난 이후에 무력감이 높아진다는 것을 알 수 있었다.

2) 유사실험조사설계

유사실험조사설계는 비록 순수실험조사설계와 같이 무작위 배정을 통해 엄격한 통제집단을 갖지는 못하지만 대안적인 방법을 통해 통제집단을 갖는 조사설계다. 사회복지 현장에서는 여러 가지 현실적인 제약으로 실제로 무작위 배정이 가능하지 않은 경우가 많기 때문에 이 조사설계가 순수실험조사설계의 대안으로 많이 활용된다(Campbell & Stanley, 1963).

일반적으로 무작위 배정이 가능하지 않을 때는 두 집단이 유사하도록 하기 위해 배합(matching)을 활용하는데, 이때 참여자 선정과 성숙, 측정효과 및 역사적 사건이 내적 타당도의 주요 위협 요소가 된다. 이 조사설계는 실험집단과 통제집단에 대한 무작위 배정이 없으므로 엄격한 통제집단의 활용이 용이하지 않다. 그러므로 내적 타당도는 낮지만, 실험에 대한 통제가 비교적 적어 외적 타당도는 어느 정도 확보할 수 있다.

유사실험조사설계의 유형에는 비동일 통제집단 전후 비교조사, 시계열조사, 복수 시계열조사가 있다.

비동일 통제집단 전후 비교조사(non-equivalent control group design) 전형적인 유

사실험조사설계로 실험에 참여하는 클라이언트가 무작위 배정이 되지 않고, 배합이나 기존 집단을 선정하는 방식 등으로 실험집단과 통제집단을 구성한다는 점에서 통제집단 전후 비교조사와 차이가 있다. 다음에 나오는 도식에서 보듯이 개입이 이루어지는 실험집단과 개입이 이루어지지 않는 통제집단으로 구분하여, 두 집단에게 개입 전 사전검사와 함께 개입 후 사후검사를 실시하여 두 집단 간의 개입 전후 차이를 비교하는 조사 형태다.

$$O_1 \quad \times \quad O_2$$
$$O_3 \quad \quad \quad O_4$$

사례

노인복지관에서 재가노인의 우울증 예방 프로그램의 효과성을 검토하고자 노인을 대상으로 우울증검사를 실시하였다. 검사 후 우울증 경계선에 있는 노인을 선정하여 프로그램에 우선 참여하고자 하는 노인은 실험집단에 배정하고, 우울증 점수는 비슷하면서 프로그램 대기자 명단에 있는 비슷한 수의 노인은 통제집단으로 선정하였다. 3개월 동안 실험집단에 우울증 예방 프로그램을 실시한 후 우울증 점수를 비교해 본 결과 실험집단 노인의 우울증 점수는 상당 수준 낮아진 것으로 나타나 프로그램이 효과적이었음을 알 수 있었다.

비동일 통제집단 전후 비교조사는 사회복지 현장에서 가장 많이 활용하는 실험조사설계로서 무작위 배정이 이루어지지 않음으로 하여 두 집단 간의 동일성에 대한 통제가 명확히 이루어지지 않는다. 따라서 내적 타당도를 저해할 수 있다. 하지만 실험집단과 통제집단을 유사하게 만든다면 조사 결과에 더 많은 확신을 줄 수 있으므로 조사자는 가능한 두 집단의 중요한 변수에 배합을 시도하여 두 집단을 비슷하게 하도록 해야 한다.

연구 사례

비동일 통제집단 전후 비교조사연구

Mogro-Wilson과 Tredinnick(2020)은 미국 북동부의 한 고등학교 학생들을 대상으로 시각예술과 음악 프로그램을 통해 사회정서적 학습(social and emotional learning)의 효과를 실험조사하였다. 연구설계는 유사실험조사설계인 비동일 통제집단 전후 비교연구를 활용하여 학생들을 두 집단으로 나누어 실험집단에는 사회정서적 학습 훈련(Connect with Kids program)을 포함한 시각예술 및 음악 프로그램을 실행하였으며, 통제집단의 경우 사회정서적 학습 요소가 없는 일상적인(normal) 시각예술 및 음악 프로그램을 실행하였다. 실험결과 실험집단에 속한 학생들은 통제집단 학생들에 비해 긍정적인 사회정서적 행동이 증가한 것으로 나타났다.

이현주와 엄명용(2014)은 저소득 우울 독거노인을 대상으로 긍정심리 및 해결중심통합집단 프로그램을 실시하여 그 효과를 검증하였다. 프로그램은 주 1회(90분) 10주 동안 진행하였으며, 효과 검증을 위하여 유사실험설계의 비동일 통제집단 비교조사를 활용하였다. 실험집단에는 긍정심리 및 해결중심통합집단 프로그램을 실시하였고, 비교집단 1은 집단회상 프로그램을 실시하였으며, 비교집단 2는 기존의 재가 서비스만 받도록 하였다. 연구 결과 실험집단인 해결중심통합집단 프로그램 참여자들의 삶의 만족도와 긍정 정서는 높아졌으며, 부정 정서는 낮아져 주관적 안녕감이 향상되었고, 우울은 감소한 것으로 나타났다.

TIP 성향점수매칭(Propensity Score Matching)

유사실험조사설계에서 실험집단과 통제집단의 구성을 무작위 배정을 통해 할 수 없어 발생할 수 있는 두 집단의 이질성 문제를 해결하고자 사용하는 방법이 성향점수매칭(Propensity Score Matching: PSM)이다. 이는 Rosenbaum과 Rubin(1983)에 의해 소개된 방법으로, 두 집단, 즉 실험집단과 통제집단이 갖추고 있는 속성(covariates)을 이용하여 두 집단의 구성원들이 실험에 참여할 성향점수(Propensity Score)를 계산하여 성향점수가 가장 유사하도록 두 집단을 구성하여 실험집단과 통제집단의 차이를 극복하고자 하는 방법이다.

이숙정 외(2007)는 낭뇨환사들을 대상으로 생활습관개선 프로그램의 효과를 검증하기 위해 PSM 방법을 통해 실험집단과 통제집단을 재구성한 후 개선 프로그램의 효과를 검증하였다.

시계열조사(time-series design) 실험조사설계에서 통제집단을 설정하기 곤란한 경우에 임의로 한 집단을 선택해서 개입 전과 개입 후에 정기적으로 관찰하여 개입 전후의 점수 또는 경향을 비교하는 조사 형태로 시간연속조사라고도 한다. 이 조사에서는 동일 간격과 동일 횟수의 측정이 필요하며, 안정된 기초선 확보를 위해서는 최소한 3회 이상의 충분한 관찰을 통하여 개입 이전에 종속변수의 일상적인 상태를 알 수 있어야 한다. 시계열조사는 내적 타당도를 저해하는 일부 요인을 통제할 수 있지만, 오랜 조사 기간으로 말미암아 역사적 사건과 반복되는 검사나 관찰로 인한 측정 효과가 내적 타당도의 위협 요인으로 작용할 수 있다. 시계열조사의 부호적 표기는 다음과 같다.

$$O_1 \quad O_2 \quad O_3 \quad O_4 \quad \times \quad O_5 \quad O_6 \quad O_7 \quad O_8$$

사례

최근 운전 중 휴대전화 문자 사용으로 말미암아 교통사고의 발생 건수가 증가함에 따라 T시에서는 2020년부터 운전 중 휴대전화 문자 사용을 엄격하게 단속하기 시작하였다.

[그림 6-2]를 보면 단속 후 1년간 교통사고 건수는 월평균 320건에서 280건으로 감소되었다. 집중단속을 시작한 2020년에는 전년도에 비해 월평균 40건의 사고가 줄어들고 사고 건수는 12.5%가 감소하였음을 알 수 있다. 따라서 이 프로그램은 효과적인 것이라고 말할 수 있다.

출처: 헤럴드경제생생뉴스(충북인뉴스 http://www.cbinews.co.kr/news 재인용)

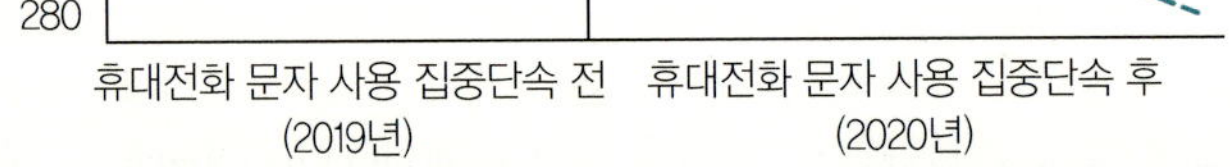

그림 6-2 운전 중 휴대전화 문자 사용 집중단속 후 월 평균 교통사고 발생 건수의 변화

복수시계열조사(multiple time-series design) 수시계열조사는 비동일 통제집단 전후 비교조사의 확대형이다. 역사적 사건을 통제할 수 없는 시계열조사의 단점을 보완하기 위해 비슷한 특성을 지닌 두 집단, 즉 실험집단과 통제집단을 구성하고, 실험집단에 대해서는 시계열조사와 같이 개입 전후에 세 번 이상씩 관찰하고, 통제집단에 대해서는 개입 없이 계속 관찰하여 종속변수의 변화 상태를 비교하는 조사설계다. 이 조

사는 내적 타당도 문제를 어느 정도 해결할 수 있다. 특히 통제집단으로 말미암아 역사적 사건, 성숙, 측정 효과 등을 해결할 수 있는 강력한 유사실험조사의 유형이다.

$$O_1 \quad O_2 \quad O_3 \quad O_4 \quad \times \quad O_5 \quad O_6 \quad O_7 \quad O_8$$
$$O_1 \quad O_2 \quad O_3 \quad O_4 \qquad\quad O_5 \quad O_6 \quad O_7 \quad O_8$$

사례

T시에 대한 [그림 6-2]의 시계열 자료는 인근에 있는 P시에서 나온 유사한 자료와 비교 가능하다. 만약, P시에서도 T시와 비슷한 교통사고 발생 건수가 나타났는데, T시에서는 경찰의 집중단속이 있은 후 집중단속을 실시하지 않은 P시와는 대조적으로 교통사고가 감소하는 추세로 나타났다면, 교통사고 발생 건수의 감소는 경찰의 집중단속에 의한 것이라는 결론이 확고해질 수 있다.

3) 전실험조사설계

전실험조사설계(pre-experimental design)는 실험조사의 속성인 무작위 배정 없이 조사 대상자가 선정되고, 통제집단을 갖추지 못할 때 활용하는 가장 낮은 수준의 실험조사 형태로서 내적 타당도와 외적 타당도의 저해 요인이 거의 통제되지 못한 조사설계다. 즉, 전실험조사는 인과관계 추정을 위한 구조를 갖추고 있지 못하므로 실험조사 결과의 신빙성이 대단히 낮다. 따라서 유사실험조사 등 다른 대안이 있다면 피해야 할 조사설계다. 하지만 현실적으로 순수실험조사설계나 유사실험조사설계를 활용할 수 없을 때 그 대안으로 사용할 수 있다.

전실험조사설계의 유형에는 단일집단 전후 비교조사, 단일집단 후 비교조사, 비동일집단 후 비교조사가 있다.

단일집단 전후 비교조사(one-group pretest-posttest design) 단일집단에 대해 개입 전에 사전검사를 실시하고 개입 후에 사후검사를 실시하여, 그 전후를 비교함으로써 개입의 효과를 측정하는 조사로, 시간적인 우선성과 비교의 기준이 존재한다는 점에서 개입에 의한 효과를 추정하는 데 필요한 최소한의 조건을 갖추고 있다.

단일집단 전후 비교조사는 단일사례조사의 AB 조사와 유사하며, 무작위 배정이나 배합 및 통제집단이 없는 경우에 종종 서비스 프로그램의 효과를 평가하는 데 활용한다.

$$O_1 \qquad \times \qquad O_2$$

사례

「국민기초생활보장법」상 자활지원 프로그램의 일환으로 제공되고 있는, 조건부 수급권자를 대상으로 실시하는 근로의욕고취 프로그램이 자기효능감 향상에 얼마나 효과적인지에 대한 프로그램 평가를 실시하고자 한다. 이 경우 우선 구청에서 의뢰한 대상자를 초기면접할 때 자기효능감척도로 사전검사를 실시한다. 그리고 프로그램 제공 후 6개월 뒤 다시 자기효능감 조사를 실시하여 조건부 수급자를 대상으로 제공하고 있는 근로의욕고취 프로그램이 얼마나 효과적이었는지를 평가해 볼 수 있다.

연구 사례

단일집단 전후 비교조사연구

김수영 등(2015)은 고령자 사회참여 프로그램의 효과성을 검정하고자 단일집단 전후 비교조사를 실시하였다. 한국노인인력개발원에서 주관한 시니어사회참여지원사업에 참여한 50세 이상의 노인들을 대상으로 프로그램 시작과 종료 시점에 설문조사를 통해 참여자들의 심리사회적 건강, 사회적 지지의 변화를 측정하여 동일집단 내 사전-사후 분석을 실시하였다. 프로그램 시행 결과 참여자들의 생활만족도($t=-4.45$, $p=.000$)와 우울($t=-3.80$, $p=.000$)은 유의미한 변화(감소)가 있었지만 사회적 지지에서는 유의미한 차이가 나타나지 않았다.

단일집단 후 비교조사(one-group posttest-only design) 단일집단에 대해 개입 후 관찰 조사하는 형태로서, 단 한 번의 검사로 개입의 효과를 측정하기 때문에 사후검사의 결과를 비교해 볼 만한 다른 경험적 자료가 없다. 따라서 개입이 효과적이었는지에 대한 판단은 연구자의 주관적 판단에 의존하게 된다. 외생변수의 통제도 불가능하여 내적 타당도와 외적 타당도가 모두 결여되어 있다.

$$\times \qquad O_1$$

사례

사회복지조사론 과목을 수강한 후 수강생을 대상으로 사회복지조사방법론에 대한 인식과 태도를 측정하였을 때, 단일집단 후 비교조사가 된다. 그런데 여기서 사회복지조사방법론의 중요성에 대한 인식 태도가 10점 척도에서 8점이 나왔다 하더라도 그 수치가 높거나 낮다고 주장할 수 있는 준거는 없다. 따라서 사회복지조사론 과목을 수강한 것이 사회복지조사방법론에 대한 인식과 태도를 변화시켰다고 말할 수는 없다.

비동일집단 후 비교조사(posttest only design with nonequivalent groups) 정태적 비교조사(static group designs)라고도 하는 비동일집단 후 비교조사는 단일집단 전후 비교조사나 단일집단 후 비교조사보다 발전된 형태다. 무작위 배정되지 않은 두 집단 중 한 집단에는 개입하고 다른 한 집단에는 개입하지 않고, 두 집단에 사후검사를 하여 집단을 비교하는 방법이다. 이 조사는 통제집단에 해당하는 비교집단을 두고 있으나 무작위 배정이나 배합이 이루어지지 않아 내적 타당도가 약하고, 실험집단과 통제집단 본래의 차이를 확인할 수 없으므로 두 집단의 차이가 실험집단의 개입으로 말미암은 효과라고 설명하기는 어렵다.

×	O_1
	O_2

사례

노인의 여가활동 프로그램이 전반적인 생활만족도 향상에 도움을 준다는 가정하에 노인대학에서 6개월 동안 건강강좌, 차밍댄스, 가요교실 등 여가 활용을 위한 프로그램을 제공한 후 참가자 집단에 대해 생활만족도를 측정하였다. 그리고 동일한 노인대학 내에는 비교집단이 없으므로 이 프로그램에 참여하지 않은 인근 경로당 노인집단을 대상으로 생활만족도를 조사하여 그 차이가 있는지를 비교하였다. 그 결과 노인대학 학생이 생활만족도가 높게 나타났다면 과연 이것으로 프로그램의 효과성을 말할 수 있겠는가?

실험조사설계에서 가장 기본적인 것은 내적 타당도와 외적 타당도를 높이는 일이다. 실험조사설계는 내적 타당도를 저해하는 요인을 통제하고, 개입(독립변수의 조작)을 통하여 인과관계를 확실하게 추정할 수 있다. 하지만 사회복지학에서 조사연구는 실험실이 아닌 현장에서 이루어지고 있어, 현실적으로 무작위 배정을 통한 표본의 동질성을 확보하기 힘든 문제점이 있다. 따라서 실제 사회복지기관에서 이루어지는 실험조사설계에서는 그 원칙에 타협이 있을 수밖에 없다.

전실험조사설계는 내적 타당도나 외적 타당도가 모두 낮은 편이라고 할 수 있으며, 현실적 대안으로서 유사실험설계가 사회복지기관에서 사용할 수 있는 일반적인 조사설계라고 할 수 있다. 조사설계에서 일반적으로 실험 및 환경에 대한 통제가 많을수록 내적 타당도는 높아지지만 그에 상응하는 외적 타당도의 희생이 따르게 마련이다.

일반적으로 내적 타당도와 외적 타당도를 동시에 높일 수 없는 경우 내적 타당도를 우선적으로 고려해야 한다. 〈표 6-3〉은 실험조사설계의 유형별로 내적 타당도와 외적 타당도의 주요 위협 요소를 정리한 것이다.

표 6-3 실험조사설계에서 내적 · 외적 타당도의 주요 위협 요소

	조사설계 유형	내적 타당도 위협 요소	외적 타당도 위협 요소
순수실험조사	통제집단 전후 비교조사	측정 효과	측정의 반응 효과
	통제집단 후 비교조사	없음	측정의 반응 효과
	솔로몬 4집단 비교조사	없음	없음
유사실험조사	비동일 통제집단 전후 비교조사	대상자 선정, 측정 효과	대상자 선정-연구 속성의 상호작용 측정의 반응 효과
	시계열조사	역사적 사건, 성숙, 측정 효과	측정의 반응 효과
	복수시계열조사	대상자 선정	측정의 반응 효과
전실험조사	단일집단 전후 비교조사	역사적 사건, 성숙, 측정도구, 통계적 회귀, 성숙과 다른 위협 요인의 상호작용	대상자 선정-연구 속성의 상호작용 측정의 반응 효과
	단일집단 후 비교조사	대상자 선정, 역사적 사건, 탈락, 성숙 등	대상자 선정-연구 속성의 상호작용 측정의 반응 효과
	비동일집단 후 비교조사	대상자 선정, 탈락 등	대상자 선정-연구 속성의 상호작용 측정의 반응 효과

자료: Marlow (2011), p. 93 〈표 6-1〉 재구성.

요약

- 목적: 인과관계의 규명(인과관계의 요건: 공변성, 시간적 우선성, 외부 설명의 통제)
- 용도: 프로그램 실행 평가, 복지정책의 평가 분석, 지역개발에 대한 평가
- 요건: 무작위 배정, 통제집단, 독립변수의 조작

	순수실험조사설계: A (experimental designs)		유사실험조사설계: B (quasi-experimental designs)		전실험조사설계: C (pre-experimental designs)	
유형 1	통제집단 전후 비교조사 R O_1 × O_2 R O_3 O_4 • 비행청소년의 분노 대처 프로그램의 효과 연구(분노 표현 및 공격성 측정) • 신장투석 환자들의 불안감 완화를 위한 지지집단 사용 효과 연구	• 고전적인 실험조사설계	비동일 통제집단 전후 비교조사 O_1 × O_2 O_3 × O_4 • 방과후 프로그램 효과 연구 • 주립병원과 기타 병원 퇴원 환자 간의 지역사회 거주 기간 비교 • 노인 우울증 치료 프로그램 효과 연구(노인복지관 이용자, 대기자=통제집단)	• 실천현장에서 가장 많이 활용되는 조사연구 형태 • 실제 현장에서 무작위 배정이 가능하지 않은 경우가 많음	단일집단 전후 비교조사 O_1 × O_2 • 수줍음 집단의 치료 효과 연구 • 사회복지조사 과목 수강 후 사회복지조사론에 대한 태도 연구	• AB 조사와 유사함 • 종종 서비스 프로그램 효과의 평가에 활용(무작위 배정과 통제집단이 없는 경우)
유형 2	통제집단 후 비교조사 R × O_1 R O_2 • 상담기관 확인 전화의 예약취소율에 대한 효과 • 복지재단 직원 재교육 프로그램의 직무만족도에 대한 효과 연구(신청 선착순으로 두 집단 배정)	• 사전검사의 영향을 배제하고자 할 때나 사전검사가 용이하지 않을 때 • 실험조사연구에서 사전 검사가 반드시 필요하지는 않음	시계열(시간연속)조사 $O_1O_2O_3$×$O_4O_5O_6$ • 휴대전화 사용 집중 단속 후 교통사고 발생 건수 변화 조사 • 5일제 근무제도 실시 후 근로생산성 변화 연구 • 복지시설 2교대 근무제의 직무만족도 효과 연구 • one-stop 행정서비스제도 효과	• 통제집단을 구하기가 어려울 때 • 역사적 사건, 측정효과의 우려 • 동일 간격, 동일 횟수의 측정 필요 • 안정된 기초선을 위해서 최소 3회 이상의 충분한 관찰 필요	단일집단 후 비교조사 × O_1 • 반상회 실시 후 주민들의 소속감 비교 연구 • 사회복지조사론 과목 수강 후 사회복지조사론에 대한 태도 연구	• 유형 C1에서 사전검사가 없는 경우 • 비교의 근거가 없어 개입의 효과를 단정하는 데 문제가 있음

	순수실험조사설계: A (experimental designs)		유사실험조사설계: B (quasi-experimental designs)		전실험조사설계: C (pre-experimental designs)	
유형 3	솔로몬 4집단 비교조사	• 사전, 사후 검사를 하면서도 사전검사의 영향을 통제하고자 할 때, 그러나 이를 실행하기가 쉽지않음	복수시계열조사	• 비동일통제집단 전후 비교조사의 확대형 • 내적 타당도 문제를 어느 정도 해결. 특히, 통제집단으로 역사, 측정, 성숙 등을 해결 • 강력한 유사실험 연구 형태	비동일집단 후 비교조사	• 유형 C1, C2보다 발전된 형태 • 통제집단이 사전검사의 역할을 하지만 애초에 두 집단이 동일하지 않은 것이 문제
	R O_1 × O_2 R O_3 O_4 R × O_5 R O_6		$O_1 O_2 O_3 \times O_4 O_5 O_6$ $O_1 O_2 O_3$ $O_4 O_5 O_6$		× O_1 O_2	
	영화 속에 투영된 여성에 대한 폭력의 영향으로 인한 여성들의 무력감 비교 연구		• 5일제 근무제 이후 두 지역 간의 생산성 비교 연구 • 휴대전화 사용 집중단속 후 두 지역의 교통사고 발생 건수 비교 • 그린벨트 해제 후 주택 가격 변화		• 가정폭력보호센터 이용자 대비 이용자의 가정복귀율 비교 연구 • 사회복지조사론 과목 수강 후 사회복지조사론에 대한 태도 연구(선택과목으로 가정)	
특성	• 통제집단으로 측정, 역사적 사건, 성숙 효과, 측정도구, 통계적 회귀 통제 가능 • 무작위 배정으로 대상자 선정 문제 통제 가능 • 대상자의 규모가 작을 때 무작위 배정을 배합과 통합해서 사용 가능 • 내적 타당도 위협 요소에 대한 통제가 가능하여 내적 타당도를 높일 수 있음		• 순수실험조사설계의 대안으로 활용되며, 실제 현장에서 무작위 배정이 가능하지 않을 때 활용 • 무작위 배정과 엄격한 통제집단 활용이 용이하지 않아 내적 타당도가 낮지만, 실험에 대한 통제가 비교적 적어 외적 타당도는 어느 정도 확보될 수 있음 • 무작위 배정이 가능하지 않을 때 두 집단이 유사하도록 하기 위해 배합(matching)을 활용하는데, 이때 참여자 선정과 성숙, 측정 및 역사적 사건 간의 상호작용이 주된 위협 요소가 됨		• 실험조사의 속성(통제집단, 무작위 배정)을 갖추지 못할 때 활용 • 가장 낮은 수준의 실험조사 형태로서 내적 타당도, 외적 타당도 모두 문제가 있음 • 다른 대안(예: 유사실험)이 있다면 지양해야 할 조사설계	
어떤 조사설계 유형을 선택할 것인가도 중요하지만 조사설계에 대한 세심한 계획(good planning)이 더 중요하며, 어떤 조사 유형을 선택하더라도 타당도에 위협을 주는 요소를 최소화하도록 해야 한다.						

실험조사설계의 타당도

<table>
<tr><th>구분</th><th>내적 타당도(internal validity)</th><th>외적 타당도(external validity)</th></tr>
<tr><td>의미</td><td>인과성의 확인, 즉 종속변수의 변화가 독립변수에 의해 일어난 것인가에 대한 것이다. 특히 인과관계에 대한 제3의 요인, 즉 외생변수(대안적 설명 또는 경쟁가설)를 배제하는 것이 필요하다.</td><td>일반화가 가능한가, 즉 다른 대상자 및 다른 상황에서도 동일한 결과를 얻을 수 있는가(generalizability or representativeness of the study)에 관한 이슈를 말한다.</td></tr>
<tr><td>위협 요소</td><td>1. 성숙 효과
시간의 흐름에 따른 자연스러운 성숙의 영향(the simple passage of time, 성숙함을 보이거나 자연스러운 노화현상으로 인해)
예) 노인들을 위한 건강체조 프로그램의 효과(ADL 수준)

2. 역사적(외부) 사건
어떤 외부 사건의 발생(the specific events that occur between the pretest and posttest)
예) 노인 사회참여 활성화 프로그램 중 '노인비하' 발언 사건

3. 측정(검사) 효과
한 번 이상의 측정은 (사후)측정 결과에 영향을 줄 수 있다. 또한 반복되는 측정은 연습이 될 수 있으므로 측정검사 결과를 상향시킬 수 있다. 이 경우 솔로몬 4집단 설계를 이용하거나 사전검사를 제외한다.
예) 청소년들의 자아존중감 향상 프로그램

4. 측정도구 효과
측정도구의 사용 시 오류(절차, 측정, 점수계산 방식 등)
예) 사후검사 시 시간을 더(덜) 준 경우
- 결과를 측정할 때 발생하는 오류(data collection error)
- 사후검사 시 측정도구를 바꾸거나 변경시킨 경우</td><td>1. 측정의 반응 효과
사전검사의 영향 → 응답자의 의식 및 민감성에 영향, 조사 목적에 대한 이해 등으로 응답자 스스로 조사에 대한 반응 및 민감성(placebo effects)을 보인다. 내적 타당도 저해요소인 측정 효과와 유사하다.
예) 실험집단의 참가자의 경우 무의식적으로 실험 결과가 좋아야 한다는 부담감 또는 민감한 반응을 보일 수 있다.

2. 참여자 선정과 연구 속성의 상호작용
이는 무작위 배정을 하기 어려울 때 생긴다.
예) 2~3시간의 심도 있는 인터뷰를 요하는 조사인 경우 대부분이 참여를 거부할 것이다. 또한 시간이 많거나 외로운 사람들이 주로 참여하게 되어 모집단의 일반화(대표성)에 문제가 될 수도 있다.

3. 실험 세팅의 영향
조사 대상자들이 일상적으로 느끼는 상황과 다른 환경(상황)에서 실험조사가 진행될 때
예) 자신의 모습이 녹화된다거나 이중거울로 관찰될 때</td></tr>
</table>

<table>
<tr>
<td>위협 요소</td>
<td>5. 대상자 선정 오류
실험집단과 통제집단이 서로 상이한 경우 또는 모집단을 정확히 대표하지 못할 경우에 해당
예) 부모-자녀 대화 프로그램(신문광고)의 참여자

6. 통계적 회귀
극단적인 측정값은 사후검사 시 중간값(평균)으로 이동하는 경향이 있다. 즉, 사전검사 때 낮은(높은) 점수를 기록한 사람들은 통계적 회귀의 영향으로 사후검사 시 더 높은(낮은) 점수를 기록할 가능성이 많다. 통제집단을 활용하여 통제가 가능하다.
예) 노인요양시설 거주자의 우울증 완화 프로그램

7. 실험 도중 탈락(자연 소멸 및 감소)
대상자의 중도 탈락은 전체적인 집단의 위상(분위기)에 변화를 줄 수 있고, 사후검사 시 측정값을 왜곡시킬 수 있다.

8. 상호작용의 영향
성숙과 대상자 선정의 상호작용(성숙 속도가 다르다), 탈락과 대상자 선정의 상호작용(탈락률의 차이)</td>
<td>4. 다중치료의 효과
한 번 이상의 개입이 있을 경우 생기는 문제로 실험집단의 각 대상자에게 개입(치료)의 시간, 순서가 동일하게 적용되기 어렵다. 그리고 다중치료(개입)는 누적효과가 있어 개별 개입의 효과를 측정하기가 어렵다.
예) 노인 우울증 치료 프로그램의 경우 집단상담을 실시할 경우 매번 같은 시간, 순서, 절차를 따르기가 쉽지 않다.</td>
</tr>
<tr>
<td colspan="3">조사연구에는 항상 내적 타당도와 외적 타당도에 대한 위협 요소가 도사리고 있으며, 실험조사에서는 무작위 선정과 통제집단의 사용을 통해 내적 타당도 저해 요인을 대처(모니터링)할 수 있다. 일반적으로 실험 환경에 대한 통제가 많을수록 내적 타당도는 높아지지만 그에 상응하는 외적 타당도의 희생이 따르게 마련이다. 사회복지학에서 조사연구는 실험실이 아닌 현장에서 이루어진다. 따라서 실제 사회복지기관에서 이루어지는 실험조사설계에서는 그 원칙이나 이상에 타협이 있을 수밖에 없다. 그러므로 모든 조사연구는 이런 저런 제한점이나 약점을 갖게 마련이라는 점을 인식해야 한다.</td>
</tr>
</table>

실험조사설계의 내적 타당도

위협 요소	의미	사례
성숙 효과 (maturation)	단순한 시간의 흐름과 경과(simple passage of time)로 생기는 변화, 개입 기간이 길어질수록 성숙 효과에 유의(조사 대상자는 시간이 흐름에 따라 성숙해지고 더 현명한 결정을 할 수 있다.)	• 초등학교 고학년의 신체 성숙 또는 자아존중감 향상 • 노인들의 자연스러운 ADL 기능 약화
역사적(외부) 사건(history)	사전조사와 사후조사 기간 동안에 일어나는 어떤 사건(현상)을 말한다.	• AIDS 예방 프로그램 도중 농구 선수 Magic Johnson의 발표 • 노인을 위한 사회참여 활성화 프로그램 진행 도중 '노인 비하' 발언 발생
측정(검사) 효과(testing)	반복되는 측정은 연습이 될 수 있으므로 측정검사 결과를 상향시킬 수 있다. 즉, 한 번 이상의 측정은 (사후)측정 결과(검사)에 영향을 줄 수 있다. 이것이 문제가 될 경우 솔로몬 4집단 설계를 선택하거나 사전검사를 하지 않는 통제집단 후 비교 조사를 활용한다.	청소년의 자아존중감 향상 프로그램의 효과를 측정할 때 자아존중감에 대한 사전검사 및 사후검사의 실시는 연습 효과를 초래할 수 있다.
측정도구 효과 (instrumentation)	사후검사 시 시간을 더(덜) 준 경우, 결과 측정 시 발생하는 기록(측정) 오류 또는 사후검사 시 측정도구를 바꾸거나 변경한 경우를 말한다.	다양한 우울증검사, 불안감검사, 자아존중감검사를 사용하는 경우
대상자 선정 오류 (selection bias)	실험집단과 통제집단이 서로 상이한 경우나 모집단을 정확히 대표하지 못할 경우에 해당된다. 이는 관련 모집단에서 무작위 배정으로 해결할 수 있지만 현실적으로 항상 가능하지는 않다.	십대 자녀와 관계에 있어 어려움을 해소하기 위한 부모교육 프로그램에 대한 신문광고의 경우 동기 부여가 강한 부모들만 지원(self selection의 문제)
통계적 회귀 (statistical regression)	극단적인 측정값은 사후검사 시 중간값(평균)으로 이동하는 경향이 있다. 즉, 사전검사 때 낮은 점수를 기록한 사람들은 통계적 회귀의 영향으로 사후검사 시 더 높은 점수를 기록할 가능성이 많다. 조사자는 무작위 배정과 통제집단을 통해 대처할 수 있다.	사회복지조사론 과목의 그룹스터디 효과: 중간시험을 토대로 두 집단으로 나눌 때 극단적인 값을 보인 학생들을 제외하고 두 집단을 선정하면 통계적 회귀 문제에 어느 정도 대처할 수 있다.

실험 도중 탈락 (mortality)	대상자의 중도 탈락은 전체적인 집단의 위상(분위기)에 변화를 줄 수 있고, 사후 검사 시 측정값을 왜곡시킬 수 있다. 사회복지조사자들은 특히 통제집단 참여자들이 쉽게 집단에서 탈락할 수 있고, 사후검사 시 누락될 수 있음을 인식해야 한다. 따라서 쿠폰, 작은 선물, 생일 및 명절 카드가 인센티브가 될 수 있다.	• 조사자는 특히 통제집단의 참여자들과 계속 접촉할 필요가 있다(less involved, less moti-vated). 또한 사전검사의 요구가 부담스러운 경우 쉽게 탈락할 수 있다. • 고교 복교생의 학교적응 프로그램
상호작용의 영향 (interaction effects)	성숙과 대상자의 선정 오류가 상호작용적으로 나타나는 경우나 대상자의 탈락과 선정 오류가 상호작용적으로 나타날 수 있다.	• 초등학교 고학년 여학생의 경우 남학생보다 성숙의 정도가 빠르다. • 노인 우울증 치료 프로그램의 경우 통제집단의 참가자들은 중도 탈락하기가 쉽다.
해결 방안	• 조사(실험) 기간을 가능한 짧게 하라(성숙, 역사적 사건 통제 가능). 하지만 이것은 시계열조사에는 해당되지 않는다. • 측정도구를 한 번만 사용하거나 사후검사 시 조금 다른 측정도구를 사용하면 측정의 영향을 줄일 수 있다. • 진행 요원에게 훈련을 통해 측정 시 동일한 방법 및 절차를 시행하도록 하여 측정도구에 관련된 영향을 제거한다. • 조사 대상자, 특히 통제집단 참여자들과 계속 접촉을 유지한다면 자연 감소나 중도 탈락을 예방할 수 있다. • 극단적인 측정값을 보이는 대상자를 피한다. 즉, 한 번의 측정으로 극단적인 대상자를 선정하지 않도록 한다. 이를 통해 통계적 회귀 문제를 통제할 수 있다. • 가능하면 무작위 배정을 활용하고, 아니면 실행 가능한 많은 변수에 배합하도록 한다. 이는 참여자 선정문제를 어느 정도 해결할 수 있다.	

실험조사설계의 외적 타당도

위협 요소	의미	사례
측정의 반응 효과 (reactive or interactive effect of testing)	내적 타당도의 저해 요소인 측정과 유사한 내용이다. 사전검사가 조사 대상자의 의식과 민감성, 즉 실험의 주요 변수에 대한 참여자의 의식 및 민감성에 영향을 준다. 그리고 대상자가 조사 목적에 대한 이해 및 조사에 대한 참여로 스스로 조사(측정)에 대한 반응 및 민감성을 보일 수 있다(placebo effects).	실험집단의 참가자의 경우 무의식적으로 실험 결과가 좋아야 한다는 부담감 또는 민감한 반응으로 측정에 예기치 않은 현상이 일어날 수 있다.
참여자 선정과 연구 속성의 상호작용 (interaction effects of selection biases and research stimulus)	연구를 진행하는 데 참여자들을 무작위로 선정, 배정하기 어려울 때 생긴다.	• 2~3시간의 심도 있는 인터뷰를 요하는 조사인 경우 대부분이 참여를 거부할 것이다. 또는 시간이 많거나 외로운 사람들이 주로 참여하게 되어 대상자들이 대표성을 띠지 못하며 조사 결과를 일반화하는 데 문제가 있다. • '대학생 음주 프로그램'의 경우 축제에서 주점에 모인 대학생들만을 대상으로 할 경우 일반화하기 어렵다.
실험 세팅의 영향 (reactive effects of rrangements)	조사 대상자들이 일상적인 환경과 다른 환경(상황)에서 실험조사가 진행될 때 생긴다.	자신의 행동이 녹화된다거나 이중거울을 통해 관찰될 때 일상적인 모습이나 반응과는 사뭇 다르게 반응할 수 있다.
다중치료의 효과 (multiple– treatment interaction)	한 번 이상의 개입이 있을 경우 생기는 문제로, 실험집단의 각 대상자에게 개입(치료) 시 동일한 시간, 순시가 적용되기 어렵다. 특히 다중치료(개입)는 누적 효과가 있어 특정한 개별 개입의 효과에 대한 결론을 내리기 어렵다.	노인 우울증 치료 프로그램의 경우 집단상담을 실시할 때 매번 같은 시간, 순서, 절차를 따르기가 쉽지 않으며 누적 효과를 고려하지 않을 수 없다.
해결 방안	어떤 특정한 프로그램이나 특정 지역에 국한하는 프로그램을 평가하는 경우에는 외적 타당도가 그다지 중요하지 않다. 하지만 조사 결과가 다른 상황이나 집단에도 적용되는 일반화를 위해서는 다음 사항에 유의해야 한다. • 조사 대상자가 대표성을 갖도록 한다. • 개입 자체가 분명하고 구조화되어야 한다. • 조사 진행 요원은 훈련되고 자질을 갖춘 자로 선정하며 개입이 동일하게 진행되도록 한다. 조사연구에 관심 있는 사람들에게 구체적인 정보, 즉 조사 대상자, 진행 요원, 개입에 대한 충분한 정보가 제공되어야 조사가 반복될(replicable) 수 있다. 그리고 동일한 조사 결과를 산출해야만 그 조사연구는 가치 있는 과학적인 조사연구로 인정받을 수 있다.	

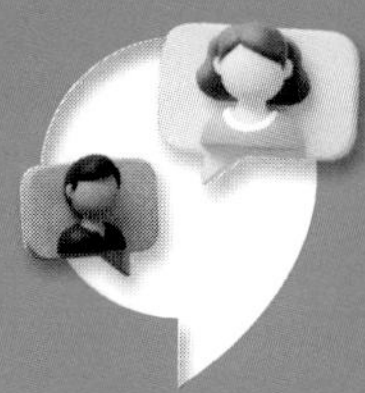

제7장

설문조사

탐구하고자 하는 주요 질문

1. 사회복지에서 설문조사는 어떻게 활용되는가?
2. 설문조사를 수행하는 방법에는 어떤 것이 있는가?
3. 표본추출의 의미와 그 유형에는 어떤 것이 있는가?
4. 설문을 작성할 때 유의 사항은 무엇인가?
5. 더 좋은 설문조사를 실시하기 위해 고려해야 할 사항은 무엇인가?

1. 설문조사와 사회복지

표본설문조사는 "사회과학이 개발한 가장 중요한 단일 정보 수집의 도구다."(Adams et al., 1985; Royse, 2011: 214 재인용)라는 말이 있듯이 매우 광범위하게 사용되고 있고, 잘 알려진 조사 방법이다. 실제 학술지 『한국사회복지학』과 *Social Work*의 매호에 최소한 1개 이상의 논문이 설문조사를 이용한 것으로 나타나고 있다.

설문조사가 포괄하는 영역을 살펴보면 다음과 같이 매우 다양하다.

- 사회복지서비스 바우처제도에 대한 사회복지 실무자들의 평가는?
- 북한이탈주민의 주요 생활 스트레스는 무엇인가?
- 자활사업 참여자들에 대한 사례관리서비스의 효과성은?
- 저소득 계층에 대한 사회적 지지망의 내용과 수준은?
- 사회복지시설의 평가기준에 대해 시설종사자들의 태도는?

설문조사는 또한 사회복지사들이 가장 보편적으로 사용하는 조사 방법 중 하나이며, 사회복지기관에서 프로그램을 기획할 때나 수행된 프로그램에 대한 평가 등에 다양하게 활용된다.

사회과학에서도 설문조사는 보편적으로 활용하는데, 그 예는 다음과 같다.

- 시장에서 소비자의 구매에 관한 설문(시장 개척, 신상품에 대한 고객만족도)
- 선거 결과의 예측(자치단체장 또는 국회의원 선거)
- 선출된 공직자의 인기 또는 신임도(대통령에 대한 신임도)
- 어떤 이슈에 대한 공공의 견해를 물을 때(행정도시 건설)
- 인구, 소득, 주택 등에 대한 조사를 실시할 때(인구센서스)

사회복지에서 설문조사는 다양하게 활용되는데, 특히 욕구조사나 프로그램 평가에 빈번하게 활용된다. 여기에서 간략하게 그 의미를 설명하면 다음과 같다(이에 대해서는 제8장, 제9장에서 구체적으로 다루었다).

- 욕구조사(needs assessment): 지역사회의 복지 니드나 특정 클라이언트 집단의 서비스에 대한 니드(예: 결혼이주여성가구의 욕구)를 파악하고자 할 때 사용한다. 사회복지사는 또한 다른 기관(예: 통계청)에서 행한 설문조사를 이용할 수 있다. 예를 들면, 도시의 어느 지역에 노인들이나 저소득층이 집중되어 있는지를 알기 위해서, 또 인구가 어떻게 구성되어 있는지를 알기 위해서 인구조사(센서스)를 이용할 수 있다.
- 프로그램 평가(program evaluation): 사회복지 프로그램에 대한 평가에 활용되는 설문조사는 매우 다양하다. 우선, 클라이언트가 특정 기관의 서비스를 얼마나 자주, 어떻게 이용하며, 그에 대해 어느 정도 만족하는지를 평가할 수 있다. 그리고 어떤 프로그램에 대한 결과 평가, 즉 프로그램의 성공 여부를 설문조사로 평가할 수 있다.

이 외에도 기존에 별다른 정보가 없거나 잘 알려지지 않은 주제나 문제에 대해 자료를 수집하고자 할 때도 사용한다.

한편, 자료 수집 방법으로써 설문조사는 우편, 면접, 전화 등을 통하여 응답자로 하여금 조사 주제와 관련된 질문에 답하게 함으로써 체계적이고 계획적으로 실증적 자료를 수집하고 분석하는 조사 방법이다. 설문조사는 궁극적으로 모집단 전체를 조사 대상으로 하고 있지만, 시간과 비용의 제약으로 말미암아 일반적으로 모집단에서 추출된 표본을 대상으로 분석한 후 그것을 기초로 전체 모집단에 대하여 추론한다.

조사의 방법에 따라 설문조사를 분류하면 우편설문조사, 전화설문조사, 대면설 문조사, 전자설문조사로 나눌 수 있다(Royse, 2020: 224-236).

2. 설문조사의 수행 방법

1) 우편설문법

우편설문조사(the mail questionnaire)는 우편을 통해 설문지를 전달하여 대상자가 응답하도록 하는 방법이다. 응답자 본인이 직접 응답을 기입하는 자기응답식(자기 기입식) 설문조사의 대표적인 형태로, 조사자와 응답자가 비대면적 관계를 통해 자료를 수집하게 된다. 우편설문조사는 설문지 외에 조사의 목적, 중요성 등을 설명하고 협조를 당부하는 안내문(cover letter)을 동봉해야 하며, 회신용 봉투와 우표를 함께 보내는 것이 일반적이다. 이 방법은 회수율 또는 응답률이 비교적 낮기 때문에 응답률을 높이기 위해서는 후속 조치가 필요하다.

우편설문법의 장점 우편설문법은 실시하기가 쉽고 효율적 실행이 가능하다. 그리고 상대적으로 비용이 적게 들며(우표, 인쇄비 등), 응답자의 익명성, 즉 프라이버시가 보호된다다.

우편설문법의 단점 우편설문법은 일단 설문이 발송되고 나면 통제가 안 되므로 설문조사가 최적이 아닌 상태에서 행할 수 있다. 예를 들면, 응답자가 밥을 먹으면서, TV를 보면서, 가족과 대화하면서 응답할 수 있다. 그리고 모든 응답자가 설문의 내용을 정확하게 이해하고 답했다고 기대하기 어렵다. 특히 응답자의 주소가 변경되거나 불필요한 우편물로 간주되어 그 응답률이 비교적 낮을 수 있다(25~30%가 보통).

더 효과적인 우편설문조사를 위해 우편설문법의 단점을 극복하기 위해서는 우선(모든 사람에게 보내는 설문이라기보다는) 개인적인 편지 형식을 이용하며, 가장 관심 있는 질문으로 시작하여 진행하기 쉽도록 화살표 등의 그래픽을 이용한다('사례' 참조). 그리고 응답률을 높이기 위해서는 설문시 발송 1주일 후 확인 엽서를 발송하고, 3주 뒤에는 미응답자에게 안내문과 함께 두 번째 설문지를 발송한다. 그리고 7주 뒤에는 안내문과 더불어 세 번째 설문지를 등기로 발송하는 인내심을 발휘해야 한다. 또한 설문지와 함께 복권이나 문화상품권 등을 감사의 표시로 동봉하면 응답률을 향상시킬 수 있다.

사례

노인학대에 관한 설문조사

1. 우리 사회에서 노인학대가 얼마나 심각하다고 생각하십니까?

   __________ 매우 심각하다.

   __________ 조금 심각하다.

   __________ 별로 심각하지 않다.

   __________ 전혀 심각하지 않다.

2. 당신은 이웃에 사는 노인이 신체적으로 학대받고 있다고 생각해 본 적이 있습니까?

_________ 아니요

_________ 예 →

2-1. 당신은 신체적 학대라고 생각하는 사례를 고발한 적이 있습니까?

_________ 예

_________ 아니요

3. 5년 전과 비교해 볼 때 노인학대 발생 건수가 어떻게 변화되었다고 생각하십니까?

_________ 더 많아졌다.

_________ 더 줄었다.

_________ 거의 동일하다.

자료: Royse (2011), p. 219 [그림 9-1] 재구성.

2) 전화설문법

전화설문조사(the telephone survey)는 자료 수집에서 준대면적(semi-personal) 방법을 사용하는 것을 특징으로 하며, 사회복지뿐만 아니라 여러 분야에서 널리 이용되고 있다. 전화설문은 대면설문법에 비해 인건비와 교통비 등의 비용을 크게 줄일 수 있으며, 우편설문보다 높은 응답률을 보장할 수 있다. 특히 최근에는 컴퓨터를 활용한 전화설문(computer-assisted telephone interview)이 폭넓게 사용되고 있다.

전화설문법의 장점 전화설문조사는 우편설문이나 전자(e-mail)설문보다는 비용이 많이 들지만 대면설문법보다 저렴하다. 그리고 우편설문에 비해 대상자를 선정하기가 편리하고 설문에 대한 내용을 응답자에게 설명해 줄 수 있다. 아울러 상대적인 익명성 보장(예: ARS 이용)이 가능하고, 어떤 이슈에 대해 신속하게 이루어질 수 있다.

전화설문법의 단점 전화설문조사는 응답 상황에 대한 통제가 어렵고, 시간적으로 제약을 받으며(주로 15~20분 이내), 대면설문법에 비해 부가적인 정보 습득이 어려워 조사 내용 분량에 한계가 있다. 그리고 전화설문자에 대한 훈련이 필요하며(목소리가 명료하고 친근감을 주어야 한다), 전화가 없거나 전화번호부 미기재자는 누락될 가능성이 있다. 또한 응답자의 방어나 무응답(자동응답기, 발신자표시 서비스 이용)에도 대비해야 한다.

더 좋은 전화설문조사를 위해 전화면접자는 우선 질문에 대해 충분히 이해하고 숙지해야 하며, 전화설문을 하는 데 간결한 입문서를 활용하거나 사전에 역할 연습을 한 후 자연스럽게 전화설문이 이루어지도록 해야 한다.

3) 대면설문법

우편설문과 전화설문 외에 조사 대상자와 직접 마주 보며 설문조사를 시행하는 대면설문법(face-to-face interviews)이 있는데, 이를 직접면접법이라고도 한다.

대면설문법의 장점 대면설문조사는 면접 환경에 대한 통제(응답자 특성에 따라 면접 시간 조정, 면접 장소 이동)가 가능하며, 설문 이외의 부가적인 정보 수집이 가능하고, 복잡한 질문도 가능하다. 그리고 무엇보다 큰 장점은 다른 설문조사 방법에 비해 응답률이 높다.

대면설문법의 단점 대면설문조사는 면접자의 훈련 등에 많은 비용과 시간이 소요되며, 응답자의 주거지 또는 면접 장소를 찾기 어렵거나 교통수단의 문제를 고려해야 한다. 또한 면접자의 안전(2명 1팀)에 유의해야 하며, 익명성이 결여된다.

효과적인 대면설문조사를 위해 면접자는 질문에 대한 정확한 이해와 필요 시 질문의 재구성 등의 요령이 필요하다. 그리고 복장과 태도에도 신경을 써야 하며, 조사 대상자가 아동이나 노인 등 취약계층인 경우 먼저 라포(rapport)를 형성하는 것이 중요하다.

4) 전자설문법

이상의 세 가지 전통적인 설문조사 방법 외에 최근 자주 활용되는 전자설문법(electronic or e-mail surveys)이 있다. 전자설문은 크게 이메일을 이용한 설문과 웹사이트에 게시하는 e-survey로 나눌 수 있다.

전자설문법의 장점 전자설문조사는 우선 신속하고 저렴한 비용으로 실시할 수 있다는 점이 가장 큰 장점이다. 그리고 설문에 대한 응답이 편리하며 후속 추적과 독촉이 가능하다는 점도 장점으로 부각된다.

전자설문법의 단점 전자설문조사는 대상자가 이메일 사용자나 인터넷 사용자로 한정되어 무엇보다 일반화에 한계가 있다. 따라서 전자설문의 표본은 대표성에 제한적일 수밖에 없다. 그리고 이메일을 활용한 전자설문이 종종 스팸메일로 처리될 수 있다는 점도 단점으로 지적된다.

더 좋은 전자설문조사를 위해 응답자에게 사전에 설문에 대한 정보(제목, 문항 수, 설문 완성 시간, 조사의 중요성 등)를 제공하고 양해를 구한 다음 실시한다면 높은 응답률을 확보할 수 있다. 그리고 특정 집단에 대해 특별히 고안된 설문을 활용(예: 고객의 피드백, 제품 구입에 대한 만족도, 공직자의 청렴도 조사)한다면 조사의 가치를 높일 수 있다.

사례

온라인설문조사

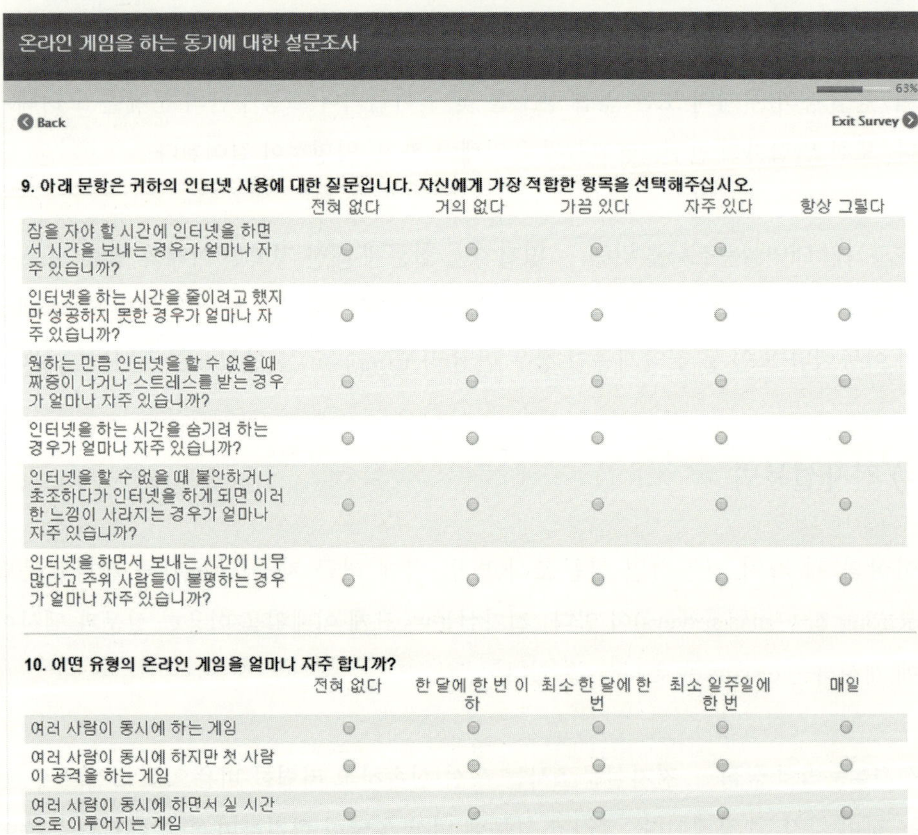

온라인 게임을 하는 동기에 대한 설문조사

63%

Back Exit Survey

9. 아래 문항은 귀하의 인터넷 사용에 대한 질문입니다. 자신에게 가장 적합한 항목을 선택해주십시오.

	전혀 없다	거의 없다	가끔 있다	자주 있다	항상 그렇다
잠을 자야 할 시간에 인터넷을 하면서 시간을 보내는 경우가 얼마나 자주 있습니까?	○	○	○	○	○
인터넷을 하는 시간을 줄이려고 했지만 성공하지 못한 경우가 얼마나 자주 있습니까?	○	○	○	○	○
원하는 만큼 인터넷을 할 수 없을 때 짜증이 나거나 스트레스를 받는 경우가 얼마나 자주 있습니까?	○	○	○	○	○
인터넷을 하는 시간을 숨기려 하는 경우가 얼마나 자주 있습니까?	○	○	○	○	○
인터넷을 할 수 없을 때 불안하거나 초조하다가 인터넷을 하게 되면 이러한 느낌이 사라지는 경우가 얼마나 자주 있습니까?	○	○	○	○	○
인터넷을 하면서 보내는 시간이 너무 많다고 주위 사람들이 불평하는 경우가 얼마나 자주 있습니까?	○	○	○	○	○

10. 어떤 유형의 온라인 게임을 얼마나 자주 합니까?

	전혀 없다	한 달에 한 번 이하	최소 한 달에 한 번	최소 일주일에 한 번	매일
여러 사람이 동시에 하는 게임	○	○	○	○	○
여러 사람이 동시에 하지만 첫 사람이 공격을 하는 게임	○	○	○	○	○
여러 사람이 동시에 하면서 실 시간으로 이루어지는 게임	○	○	○	○	○

이상의 설문조사 방법을 정리하면 〈표 7-1〉과 같다.

표 7-1 설문조사 방법

유형	장점	단점	개선책
우편 설문법	• 쉽고 효율적으로 실행 가능하다. • 비용이 적게 든다(우표, 인쇄비 등의 비용만으로 포괄적으로 할 수 있다). • 응답자의 익명성, 프라이버시가 보호된다. • 면접 과정에서 생길 수 있는 오차를 줄일 수 있다(여러 면접자의 기록 차이, 면접자의 태도나 말씨가 응답자의 기분에 미치는 영향 등을 배제한다).	• 일단 설문이 발송되면 통제가 불가능하다. • 설문조사가 최적이 아닌 상태에서 행할 수 있다(응답자가 밥을 먹으면서, TV를 보면서, 가족과 대화하면서 응답할 수 있다). • 모든 응답자가 설문의 내용을 정확하게 이해하고 답했다고 기대하기가 곤란하다(응답자의 교육 정도에 따른 차이). • 매우 구조적이고 비교적 간단하기 때문에 응답의 융통성의 소지가 적을 수 있다(예, 아니요 또는 동의함, 동의하지 않음 등). • 주소가 변경되거나 불필요한 우편물로 간주되어 응답률이 낮다(25~30%가 보통).	• 모든 사람에게 보내는 설문조사라는 인상보다는 개인적인 편지 형식을 이용한다. • 가장 흥미 있는 질문부터 시작해서 진행해 가기 쉽도록 화살표, 그래픽을 이용한다. • 설문지 발송 1주일 후 확인 엽서를 보낸다. 3주 뒤에는 미응답자에게 안내문과 함께 두 번째 설문지를 발송하고, 7주 뒤에는 다시 안내문과 함께 세 번째 설문지를 등기로 발송한다. • 설문지와 함께 복권이나 문화상품권 등을 감사의 표시로 동봉한다.
전화 설문법	• 대면설문법에 비해 비용 면에서 효과적이다. • 응답자 선정에 유리하고 응답자에게 문항에 대한 충분한 설명이 가능하다. • 즉각성(timeliness)에 민감하게 대처할 수 있다. 즉, 어떤 이슈에 대한 즉각적인 반응을 조사할 필요가 있을 때 적합하다(예: 국회의 대통령 탄핵 의결 후 국민여론조사).	• 응답자를 대면할 수 없기 때문에 응답자의 개인적 상황, 주변 상황 및 표정 등을 이해할 수 없다. • 전화면접자는 특별한 자질, 즉 말이 정교해야 하고 친화적이어야 하며 좋은 대화 자질이 필요하다. 면접자의 목소리도 중요하다. • 전화설문은 가능한 한 짧아야 한다(20분 이내로 짧을수록 좋다).	• 면접자가 훈련되어 있어야 한다. • 역할 훈련이나 다른 면접자를 대상으로 전화면접을 실제 연습해 보는 것이 좋다. • 어떤 예기치 않은 문제에 대비해서 몇몇 사람에게 질문과 설문 과정을 사전에 테스트(실험)해 보는 것이 좋다. • 간결한 전화설문 입문서를 활용한다.

〈계속〉

	• 전화면접자에 대한 모니터링이 가능하다(정확한 질문법과 자료 기록 및 분류).	• 전화가 없는 가구는 제외되기 때문에 표본의 대표성에 문제가 있을 수 있다. • 전화번호부 이용 시 등록되어 있지 않은 사람은 제외될 우려가 있다[실제, 고위 공직자나 전문직업인은 등록되지 않은 경우가 많다. 이럴 때는 무작위 번호 발신(random-digit dialing)을 활용할 수 있다]. • 전화설문 시 기본적으로 20~30%가 거부하며, 50% 이상 거부하는 경우도 있다.	
대면 설문법	• 우편설문법이나 전화설문법보다 조사자에게 통제권이 더 많다(응답자의 표정, 기분, 환경적 요소 등을 쉽게 이해). • 복잡한 대답을 요구하는 질문도 가능하다. • 높은 응답률을 확보할 수 있다.	• 비용이 가장 많이 든다(여비 등). • 응답자의 기록 및 메모가 급히 작성되어 나중에 알아보기 힘들 때가 있다. • 면접자의 안전문제도 고려해야 한다. • 면접 과정에 대한 지도감독이 곤란하다.	• 미시간 주립대학의 Survey Research Center(1976)에 의하면 면접자는"나를 어떻게 조사 대상자로 선정했습니까?" "이 설문조사를 하면 어떤 효과가 있습니까?"라는 질문에 대해 대답할 준비가 필요하다. • 설문지에 있는 그대로 질문을 하고, 설문지에 있는 순서대로 질문한다. • 면접자에 대한 훈련과 실제 면접 과정을 연습하는 것이 중요하다.
전자 설문법	• 설문 전달 속도가 빠르다. • 비용이 거의 들지 않는다. • 이메일을 활용하는 경우 통제하기가 유리하다. • 응답을 주고받을 때 편리하다.	• 완전한 익명성(프라이버시)이 결여된다. • 대상자가 제한적이다(이메일 또는 인터넷 사용자에 국한).	• 설문조사에 대해 미리 공지함으로써(설문 내용에 대한 정보를 제공함으로써) 응답률을 높일 수 있다. • 특정 대상(대학생, 공무원 등)에 더 적합할 수 있다.

이상의 방법 중 어느 방법이 최선이냐를 결정하는 것은 극히 주관적이다. 조사자가 각 방법의 장단점을 검토한 뒤에 조사 목적에 가장 적합하고 제한점은 가장 적으며, 경제적으로 실행 가능한 방법을 택하는 것이 최선이다.

사례

미국 대학 부설 서베이연구소

미국 미시간주립대학교 서베이연구소

출처: http://src.isr.umich.edu

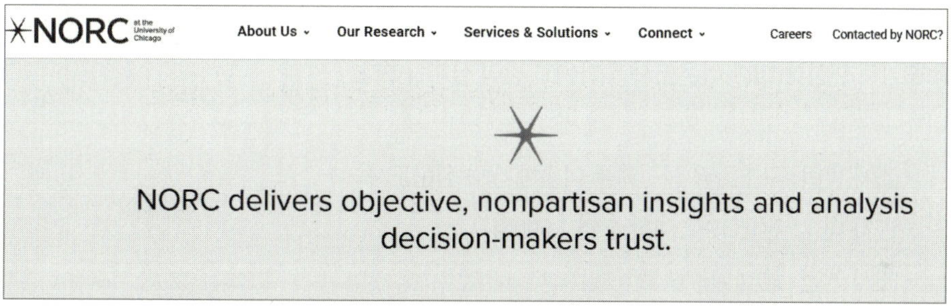

미국 시카고대학 여론조사연구소

출처: http://norc.org

3. 설문조사의 유형

설문조사를 시간적 차원에서 분류하면 횡단적 설문조사와 종단적 설문조사로 유형화할 수 있다.

1) 횡단적 설문조사

횡단적 설문조사(cross-sectional surveys)는 조사가 어떤 한 시점에서 이루어지는 것을 말한다. 대부분의 설문조사는 이 횡단적 조사 방법을 사용하고 있다고 할 수 있다.

예를 들면, 특정 연도 대학생들의 취업에 대한 태도를 조사하는 것은 횡단적 조사다. 이 조사는 주로 표본조사로 이루어지며, 단 한 번만 실시되므로 반복해서 이루어지지 않는다. 따라서 조사의 목적은 일정 시점에서 특정 표본이 가지고 있는 특성을 파악하거나 그 특성에 따라 집단을 분류하려는 것이다.

이 조사는 종단적 조사에 비하여 상대적으로 비용과 시간이 적게 든다는 장점이 있으나, 어떤 현상의 진행 과정이나 변화를 측정하지 못한다는 단점이 있다.

횡단적 설문조사는 탐색적 조사, 기술적 조사, 설명적 조사에 모두 사용될 수 있지만, 일반적으로 기술적 조사에 많이 사용된다.

사례

횡단적 설문조사의 사례: 담배 가격 인상에 대한 여론조사

정부는 2014년 9월 2일 담배 가격 인상 추진 계획을 발표하였고, 다음 날 전국민을 대상으로 담배 가격 인상에 대한 여론조사를 다음과 같이 실시하였다.

- 조사 방법: 구조화된 설문지를 이용한 전화 설문조사
- 조사 대상: 전국 19세 이상 성인 1,000명
- 조사 기간: 2014년 9월 3일(1일)
- 표본오차: ± 3.1% 포인트(95% 신뢰수준)
- 표본추출: 전국 성별, 연령별, 지역별 인구 구성비에 따라 비례 할당 후(RDD 프레임에서) 무작위표본추출
- 응답률: 25.8%(3,881명 통화자 중 1,000명 응답 완료)

조사 결과 담배 가격 인상에 대해 64.5%가 찬성하였으며, 반대는 35.5%로 나타났다. 응답자 중에서 흡연자의 70.7%는 담배 가격 인상에 반대하였으며, 흡연자 중에서 32.3%가 담배 가격을 인상하면 금연하겠다고 응답하였다.

자료: 보건복지부 보도자료(2014. 9. 15.)

2) 종단적 설문조사

종단적 설문조사(longitudinal surveys)는 여러 시점에 걸쳐 조사를 반복하는 것을 말한다. 즉, 일정한 시간 간격을 두고 적어도 두 번 이상 반복적으로 어떤 사회 현상이나 이슈에 대해 자료를 수집하는 방법이다. 이 조사는 횡단적 조사에 비해 복잡하고 상대적으로 시간과 비용이 많이 든다는 단점이 있으나 장기간에 걸쳐 조사 대상자와 상황의 변화 또는 특정한 경향을 조사할 수 있다는 장점이 있다. 이 조사는 탐색적 조사나 설명적 조사의 목적으로 많이 사용되며 대상자의 특성에 따라 추이 설문조사, 코호트 집단 설문조사, 패널 설문조사로 구분한다.

2025 인구주택총조사

출처: 대구광역시 뉴스룸 https://info.daegu.go.kr/newshome/; 인구주택총조사 http://census.go.kr

추이 설문조사(trend surveys) 시계열조사라고도 한다. 장기간에 걸쳐 동일한 주제에 대하여 반복해서 조사가 이루어지지만 조사할 때마다 응답자가 동일하지 않다. 인구주택총조사(표본조사)나 지역사회 욕구조사 등과 같은 조사가 있다.

코호트 설문조사(cohort surveys) 동류집단 또는 동시경험집단조사라고도 한다. 이는 보다 좁고 구체적인 범위에 속한 인구집단의 변화를 측정하기 위한 조사다. 예를 들면, MZ세대(1981~2012년 출생자)의 결혼관을 조사한다거나 586세대를 대상으로 그들의 정치 성향을 조사하는 경우를 말한다.

패널 설문조사(panel surveys) 장기간에 걸쳐 동일한 주제에 대해 동일한 응답자에게 반복해서 행하는 조사로, 특정 조사 대상자를 선정해 놓고 이들에 대해 일정 기간 반복적으로 실시하는 설문조사를 말한다. 예를 들면, 히로시마 원폭 생존자를 대상으로 매년 반복적으로 조사를 한다든가, 이혼가정의 자녀를 대상으로 지속적으로 그들의 성장 과정을 조사하는 경우다. 최근에는 일정한 근로자 세대, 복지수급자 세대 등을 대상으로 매년 또는 일정 기간 반복해서 조사가 이루어지고 있다(예: 노동패널조사, 복지패널조사, 의료비지출 패널조사, 국민연금 패널조사 등).

표 7-2 추이, 코호트, 패널 설문조사 간의 비교(2010년 15세 청소년을 대상으로 시작)

유형	대상자 연령(2010)	대상자 연령(2015)	대상자 연령(2020)	동일 대상자 여부
추이조사	15세	15세	15세	×
코호트 조사	15세	20세	25세	×
패널조사	15세	20세	25세	○

자료: Royse (2011), p. 206 〈표 8-2〉 재구성.

4. 표본추출/표집

사회과학에서 어떤 현상을 조사할 때 조사 내용을 완벽하게 대표해 주는 대상을 찾아 필요한 정보를 얻기란 쉬운 일이 아니다. 또한 그러한 대상을 찾았다 해도 현실적으로 조사자들이 조사 대상 전체를 조사하고 분석하기에는 시간과 비용 등의 문제가 따르게 된다. 그러므로 조사자는 전체 모집단(population)에서 모집단을 가장 잘 대표할 수 있는 사람이나 집단을 선택하여 그들을 조사 대상으로 삼으려 하는데, 이들이 바로 표본(sample)이다.

1) 표본추출의 특징

표본은 어떤 대상의 전체를 대표하기 위해 그 전체에서 선택된 일부다. 이렇게 표본을 선택하는 과정을 표본추출 또는 표집(sampling)이라 하고, 전체 조사 대상에서 표본을 추출하여 이들을 대상으로 조사를 하는 경우를 표본조사라고 한다. 이에 비해 전수조사는 조사 대상의 모집단 전체를 조사하는 방법이다. 전수조사와 표본조사는 각기 장단점이 있는데, 일반적으로 전수조사보다는 표본조사를 실시하는 경우가 더 많다. 표본추출의 장점과 한계는 〈표 7-3〉과 같다.

표 7-3 표본추출의 장점과 한계

표본추출의 장점	• 신속성 • 경제성 • 표본오차의 확인을 통한 신뢰성 확보
표본추출의 한계	• 모집단 전체를 조사하는 것이 아니므로 표본추출 방법, 표본 수에 의해 표본의 적합성이 결정된다. • 모집단에 대한 대표성을 띠기 위해서는 반드시 확률표본추출이 이루어져야 한다.

2) 표본의 크기

그렇다면 좋은 설문조사를 위해 필요한 표본은 얼마나 커야 하는가? 이것은 많은 조사자에게 중요한 질문이다. 그러나 유감스럽게도 이러한 질문에 대한 단순명료한 답변은 없다. 표본의 크기는 조사의 목적, 예산 및 인적 자원 그리고 조사를 수행할 수 있는 시간적 여유와 관련되어 있다. 즉, 표본의 크기를 결정하는 데 단순한 공식이 있는 것이 아니며 조사의 목적, 예산, 인적 자원, 조사 시간 등을 고려해서 결정해야 한다. 표본의 크기를 결정하기 전에 우선 몇 가지 통계적 용어를 이해할 필요가 있다.

- 표본오차/오차의 폭(margin of error): 조사 결과의 정확도를 의미한다. 5%포인트의 오차란 실제 결과치가 ±5%포인트만큼 변경될 수 있다는 의미다. 예를 들면, 65%가 '매우 만족한다'고 응답하면 이것은 실제 모집단에서는 60~70%가 '매우 만족한다'고 볼 수 있다.
- 신뢰수준(confidence level): 설문조사가 반복되었을 때 얼마나 자주 똑같거나 비슷한 결과를 얻을 수 있는가를 나타낸다. 예를 들면, 신뢰수준 95%에 오차 ±5%포인트라고 한다면, 조사 결과가 모집단 실제값의 5% 이상을 벗어나는 경우가 100번 조사하였을 때 5번 정도 나오는 것을 의미한다.

보통 사회과학에서 신뢰수준 95%에 오차 ±5%포인트는 표준이라 할 수 있다. 오차율(표본오차)에 따른 표본의 크기는 〈표 7-4〉를 참조하라. 일반적으로 오차가 작기 위해서는 표본의 크기가 커야 한다. 다음 공식에서 보듯이 오차율과 표본 크기는 반비례한다고 할 수 있다(이에 대한 보다 자세한 내용은 '제12장 계량적 자료 분석'에서 다루었다).

Point

표본오차(오차율) $= Z \cdot \frac{s}{\sqrt{n}}$ (Z: 신뢰수준 값, s: 표본의 표준편차, n: 표본 수)

또는 표본오차(오차율) $= Z \cdot \sqrt{\frac{\pi(1-\pi)}{n}}$ (N: 모집단 수, n: 표본 수, 표본비율$(\pi) = \frac{n}{N}$)

- 일반적으로 표본비율이 0.1 이하일 경우 표본오차가 최대값이 되는 0.5를 사용. 예를 들어, 표본수 1,000명이고 표본비율이 0.5라고 할 때 표본오차(오차율)는 다음과 같다.

  표본오차(오차율) $= Z \cdot \sqrt{\frac{\pi(1-\pi)}{n}} = 1.96 * \sqrt{\frac{0.5(1-0.5)}{1{,}000}} = 0.031(\pm 3.1\%\, point)$

표 7-4 각 모집단에서 허용오차(표본오차)를 반영한 표본의 크기(신뢰수준 95%)

모집단의 크기 \ 오차율	0.05	0.04	0.03	0.02	0.01
100	79	86	91	96	99
500	217	273	340	414	475
1,000	278	375	516	706	906
5,000	357	536	879	1,622	3,288
10,000	370	566	964	1,936	4,899
50,000	381	593	1,045	2,291	8,056
100,000	383	597	1,056	2,345	8,762
500,000	384	600	1,065	2,390	9,423
1,000,000	384	600	1,066	2,395	9,513
2,000,000	384	600	1,067	2,398	9,558

자료: Royse (2011), p. 199 〈표 8-1〉 재구성.

3) 표본추출의 유형

표본추출의 유형은 여러 가지가 있지만 크게 확률표집(probability sampling)과 비확률표집(nonprobability sampling)으로 나눌 수 있다. 확률표집과 비확률표집의 유형은 [그림 7-1]과 같다.

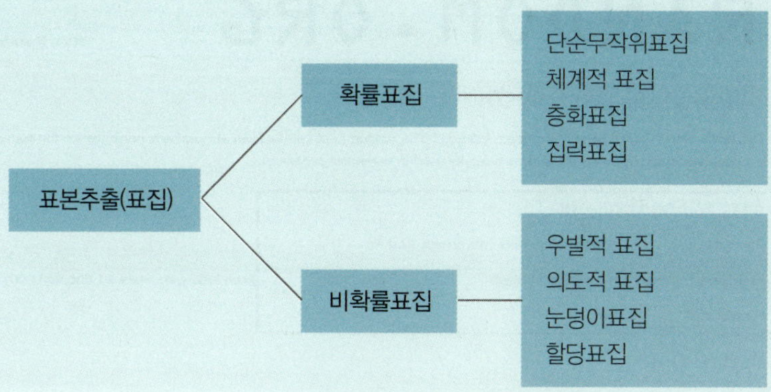

그림 7-1 표본추출의 유형

확률표집(probability sampling) 확률표집에서는 조사자가 대체로 모집단의 규모와 구성원의 특성에 대해 알고 있으며, 모집단의 각 요소가 표본으로 선정될 확률이 동일하다. 이러한 기준으로 조사자는 자신이 선정한 표본이 대표성을 띠는지를 확인할 수 있다. 확률표집의 유형에는 단순무작위표집, 체계적 표집, 층화표집, 집락표집이 있다(Royse, 2011: 194-206).

- 단순무작위표집(simple random sampling): 확률표집 가운데 가장 기본적인 유형으로 모집단의 각 요소가 표본으로 뽑힐 확률이 동일하다는 원칙이 적용되고, 이론적으로 모집단의 특성을 가장 잘 반영해 주는 표집 방법이다. 그러므로 다른 확률표집을 활용한다고 하더라도 기본적 혹은 최종적 단계에서 이 원리가 적용된다. 대표적인 예로는 조사 대상자 모두에게 번호표를 부여한 후 바구니에 번호표를 모두 집어넣고 하나씩 번호표를 뽑는 것을 들 수 있다. 이 경우 각 번호표는 표본으로 뽑힐 확률이 항상 일정하다. 또는 난수표를 활용하여 원하는 표본의 수만큼 난수표에 해당되는 번호를 추출할 수 있다. 이렇게 단순무작위표집은 손쉽게 표집

사례

단순무작위표본추출

random.org 사이트에서 무작위 추출이 가능한데 다음과 같이 1~1000의 숫자에서 100개의 번호를 무작위로 추출해 달라고 하면 100개의 숫자를 무작위로 받을 수 있다.

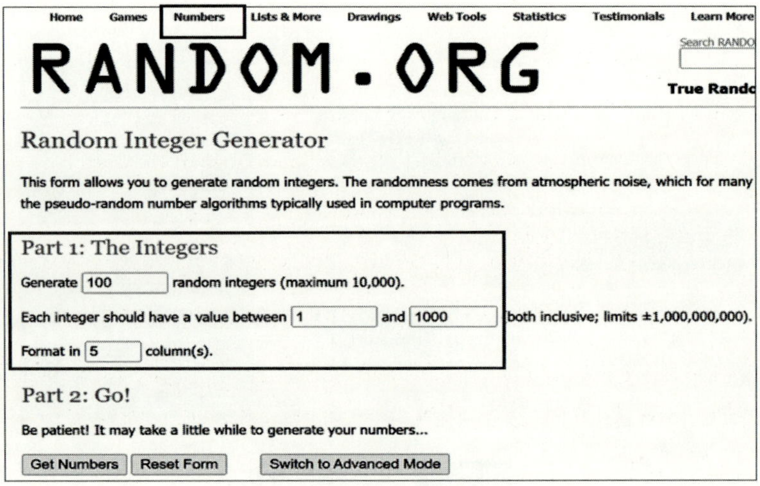

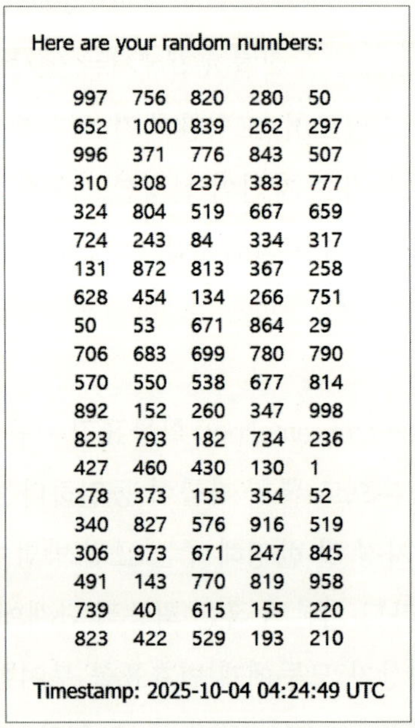

Here are your random numbers:

997	756	820	280	50
652	1000	839	262	297
996	371	776	843	507
310	308	237	383	777
324	804	519	667	659
724	243	84	334	317
131	872	813	367	258
628	454	134	266	751
50	53	671	864	29
706	683	699	780	790
570	550	538	677	814
892	152	260	347	998
823	793	182	734	236
427	460	430	130	1
278	373	153	354	52
340	827	576	916	519
306	973	671	247	845
491	143	770	819	958
739	40	615	155	220
823	422	529	193	210

Timestamp: 2025-10-04 04:24:49 UTC

출처: https://www.random.org/integers/

할 수 있는 장점이 있지만, 현실적으로 모집단의 규모가 큰 경우에는 적용하기 힘들다는 단점도 있다. 즉, 단순무작위표집을 시행하기 위한 가장 기본적인 조건이 모집단의 각 요소에 일련번호를 부여할 수 있어야 하는데, 실제로 모집단의 규모가 클 경우 일련번호를 모두 부여하는 것이 불가능하게 되어 단순무작위 방법을 사용하기 어렵다.

- 체계적 표집(systematic random sampling): 무작위표집의 장점을 살리면서 모집단에서 일정한 순서에 따라 표본을 추출하는 방법이다. 우선, 전체 모집단에서 무작위표집의 표집 틀(sampling frame)—모집단의 구성원 리스트—에 일련번호를 부여하고, 전체 모집단을 원하는 표본 수로 나누어 표집비율을 정한다. 이렇게 결정된 표집비율에 따라 모집단에서 일정 비율로 표본을 반복적으로 뽑는다. 예를 들면, 모집단이 1만 명인 경우 표본을 100명으로 결정하면 표집비율은 1/100(.01)이 된다. 이때 최초의 시작점은 난수표 등을 이용하여 무작위로 결정하며, 여기서 시작하여 매 100번째 숫자를 표본으로 결정한다. 만약, 시작점의 숫자가 7로 결정되었다면 7, 107, 207……의 순으로 100명이 될 때까지 계속 뽑게 된다.
- 층화표집(stratified random sampling): 모집단을 우선 층화(소집단)로 나누고, 각 층화에서 무작위표집을 하는 방법이다. 층화표집은 모집단의 속성에 대한 이해를 바탕으로 한다. 즉, 모집단에 대해 알고 있는 속성을 기초로 모집단을 층화로 나눈 후, 각 층화별로 무작위표집을 하는 것이다. 일반적으로 층화를 구분하는 기준은 성별, 지역 등 모집단의 특성에 따라 나누는 것으로 조사하고자 하는 목적에 따라 다르게 적용할 수 있다. 예를 들면, 학생 수 3만 명의 대학에서 300명의 학생을 대상으로 총장 선출 방식에 대한 의견을 묻고자 한다. 이때 모든 학년을 대상으로 하지는 않고, 2학년과 3학년만을 대상으로 하며, 2학년의 수가 3학년의 두 배라고 한다면, 2학년에 200명 3학년에 100명을 각각 배정한다. 그리고 각 학년에서 무작위로 200명 및 100명을 추출한 경우다.
- 집락표집(cluster sampling): 표집 단위를 개인이 아닌 집락, 즉 자연집단을 단위로 하는 표본추출 방법이다. 집락표집은 모집단을 기존의 지리적 구획 또는 행정적 구분 단위로 나뉜 집락을 기초로 해서 몇 개의 부분 단위로 나누고, 이러한 부분 단위에서 무작위로 표본을 추출하는 방법이다. 집락표집 중 단순집락표집(또는 1단계 집락표집)보다는 다단계집락표집을 더 자주 사용한다. 단순집락표집은 한 번 추출된 집락을 근거로 그 집락에서 무작위표집으로 표본을 선정하는 반면, 다

단계집락표집은 몇 단계로 집락을 무작위표집한 다음 최종 표집 단위에서 개별 요소를 무작위로 추출한다. 예를 들면, 지역 단위 또는 지리적 단위를 집락으로 할 경우 행정구역(예: 광역자치단체, 기초자치단체 등)을 주로 활용한다. 이렇게 표본 지역이 집락으로 선정되고 나면, 선정된 표본 지역의 가구 명부를 기초로 표본 가구를 선정한다. 그런 다음 이들 선정된 가구의 가구원을 모두 조사하거나 가구원 중에서 다시 표본을 선정하여 조사할 수 있다.

비확률표집(Nonprobability Sampling) 비확률표집은 모집단에 대해 잘 모르고 있어 확률표집이 불가능하거나 현실적으로 활용하기 어려운 경우에 사용한다. 하지만 이 표집 방법은 확률표집이 가지고 있는 대표성이나 오차 추정 가능성 등이 빠져 있다. 즉, 비확률표집은 저렴하고 신속하여 쉽게 수행할 수 있다는 장점이 있으나, 모집단에 대한 대표성을 갖지 못한다는 점에서 표본의 과학성을 보장할 수 없다는 한계가 있다(Royse, 2011: 202-206). 비확률표집의 유형에는 우발적 표집, 의도적 표집, 눈덩이표집, 할당표집이 있다.

- 우발적 표집(accidental sampling): 시간과 공간을 정해 두고 표본을 우발적으로 또는 편의적으로 선택하는 방법이다. 예를 들면, 조사자가 어떤 이슈에 대한 조사를 위해 특정 시간과 장소를 정해서 그곳을 지나가는 사람이나 그곳에 모인 사람을 대상으로 우발적으로 표본을 선정하여 조사하는 것이다. 하지만 이 방법은 표본의 임의성 때문에 모집단을 대표할 수 없다.
- 의도적 표집(purposive sampling): 조사자가 조사 의도에 맞는 대상을 표본추출하는 것으로서 그 대상은 조사 목적을 가장 잘 반영하는 사람들이 된다. 그러나 이렇게 선정된 표본은 모집단의 전형적인 사례가 될 수 있지만, 확률적 표집 절차를 따른 것이 아니므로 모집단을 대표할 수는 없다. 예를 들면, 어떤 대학에서 외국인 학생들의 욕구를 파악하기 위해 외국인 학생들을 대상으로 조사할 경우 학교에서 쉽게 접촉할 수 있는 기숙사에 거주하는 외국인 학생들을 일정 규모에 이르기까지 표본으로 선정할 수 있다. 하지만 이들이 전체 외국인 학생들을 대표한다고 보기는 어렵다.
- 눈덩이표집(snowball sampling): 눈덩이표집은 최초의 표본에서 시작하여 조사 대상자를 점진적으로 확대해 나가는 방법이다. 조사자는 우선 최초의 표본에서 얻

은 정보를 바탕으로 다음 표본으로 연결 범위를 확대해 나간다. 이 표집은 모집단에 대한 사전 정보가 거의 없어 탐색적으로 조사할 때 주로 사용되는 방법이다. 예를 들면, 자폐아동에 대한 부모의 양육 부담을 조사한다면, 한 자폐아동 부모에게서 다른 부모에 대한 정보를 얻고, 여기서 다른 부모에 대한 정보를 통해 점차 표본을 확대해 나가는 것이다.

- 할당표집(quota sampling): 조사자가 임의로 만든 할당표본 틀을 이용하여 표본을 선정하는 방법이다. 즉, 모집단의 여러 속성을 참고로 하여 표본 수를 할당하고 각 할당된 범위 내에서 표본을 선정하는 것이다. 예를 들면, 복지관 이용자 100명의 표본을 할당표집으로 할 경우, 이용자 남녀의 비율을 고려하여(예: 6:4) 비례적으로 표본 수를 할당하면(60명 : 40명) 할당표집이 된다. 이것은 층화표집과 유사해 보이지만 실제 표본을 선정하는 데 무작위추출 방법을 사용하지 않는다는 점에서 다르다.

이러한 각 표집 방법의 요약과 구체적인 사례를 제시하면 〈표 7-5〉와 같다.

표 7-5 표집(표본추출) 방법

유형		방법	사례
확률표집 (probability sampling)	확률표집에서는 조사자가 모집단의 규모 와 구성원의 특성에 대해 대체로 알고 있다. 따라서 이러한 기준으로 조사자는 자신이 선정한 표본이 대표성을 갖는지를 확인할 수 있다. scientific sample(추출될 확률이 동일하고 표본은 대표성을 갖는다.)	단순무작위 표집 (simple random sampling)	새로운 총장 선임에 대해 학생들의 의견을 묻고자 할 때 학교에 등록된 학생 수가 약 2만 명이며, 이 리스트에서 난수표를 이용해 100명의 학생을 선정한다고 할 때 이 100명이 표본이 된다. 이 100명은 전체 학생을 축소시킨 것이며(축소판), 남녀 비율 및 1, 2, 3, 4 학년의 비율이 전체 학생의 비율과 비슷해야 한다. • 표집 틀(sampling frame): 2만 명 학생 리스트(sampling list라고도 한다) • 표집 단위(sampling unit): 리스트의 학생
		체계적 표집 (systematic random sampling)	2만 명의 학생 중 10%를 표본추출하기 위해 2,000명을 설문조사하려 하나 현실적으로 어려워 200명만 선정하여 전화설문조사를 실시한다고 할 때 표집비율(sampling ratio)은 0.01이다. 즉, 100명에 1명꼴로 추출한다. 그다음 모든 학생에게 일련번호를 붙여 난수표에서 출발점을 찾아 시작한다(첫 번째 학생이 6이라고 하면 6, 106, 206, 306, 406 …… 1106, 1206 ……순으로 200명을 선정).

〈계속〉

		층화표집 (stratified random sampling)	모집단의 어떤 중요한 특성을 알고 있을 때 모집단을 층화라고 부르는 일정한 소집단(subgroups or subsets)으로 나누어 각 소집단에서 일정 비율을 표본추출하는 것을 말한다. 예를 들면, 앞의 예시에서 전체 학생을 대상으로 하는 대신에 2학년과 3학년만 조사할 때 학생 중 2학년이 3학년의 2배로 알려져 있다. 이 경우 표본 300명을 선정한다면, 이때는 단지 2학년과 3학년의 학생 리스트만 받아서 난수표를 이용해 2학년 200명, 3학년 100명만을 표본추출한다. 한편, 할당표집과 층화표집은 서로 비슷하게 보이지만 할당표집은 무작위표집을 한 것이 아니다.
		집락표집 (cluster sampling)	모집단을 구성하는 모든 대상자 명단을 확보할 수 없는 경우(예: 전체 국민, 전체 대학생)에는 집락, 즉 자연 집단에서 무작위로 개인을 추출한다. • 일단계집락표집: 어떤 도시의 인구를 가구 수로 파악한 후 일정 가구를 무작위로 추출한 후 선정된 가구의 모든 구성원을 조사하는 경우 • 이단계집락표집: 인구를 가구 수로 파악한 후 무작위로 선정된 가구에서 가구원을 무작위로 선정 · 조사하는 경우 • 다단계집락표집: 전국적인 여론조사를 실시할 경우 우선 광역자치단체를 선정하고 이어서 선정된 광역자치단체에서 시 · 군 · 구를 선정하며 여기서 읍 · 면 · 동을 그다음 단계로 선정한다. 그리고 선정된 읍 · 면 · 동 중에서 반 · 리를 선정하고, 반 · 리에서 조사할 가구를 선정하며 각 선정된 가구에서 가구원을 선정하는 경우 * 일반적으로 전문조사기관에서는 다단계 집락표집을 주로 활용한다.
비확률표집 (nonproba-bility sampling)	비확률표집은 이용 가능성(availability), 편리성(convenience), 경제성(economy) 때문에 이루어진다.	우발적 표집 (accidental sampling)	TV, 라디오, 신문 등의 기자가 길 가는 사람들을 붙잡고, 또는 사람이 많이 모이는 곳에서 그 자리에서 선정한 사람들을 대상으로 어떤 이슈에 대해 인터뷰하는 경우다. 이 표집 방법은 과학성이 미흡하고 표본의 대표성을 확보할 수 없다. 이는 이용가능표집(availability sampling) 또는 편의표집(convenience sampling)이라고도 한다.

〈계속〉

	하지만 비확률 표집은 표본이 과연 모집단을 얼마나 잘 대표하는지를 알 수 없다는 단점이 있다. convenience sample	의도적 표집 (purposive sampling)	재활용품을 수거하는 사람의 하루 수입이 얼마나 되는지를 알고자 할 때 재활용품을 수거하는 사람 50명을 의도적으로 선정하여 설문조사 할 수 있다. 그러나 실제 재활용품을 수거하는 사람이 얼마나 되는지 알 수가 없다. 이 같은 경우 결과를 좀 더 타당하게 보완하기 위해 두 도시에서 똑같은 방식으로 조사를 진행할 수 있다. 이러한 경우를 바로 의도적 표집이라고 한다. 왜냐하면 설문조사 대상으로 선정되기 위해서는 어떤 특성을 공통적으로(모두 재활용품을 수거하는 사람) 지녀야 하기 때문이다. 여기에는 typical case, criterion, key informants, focus groups sampling의 유형이 있다.
		눈덩이표집 (snowball sampling)	한 대상자로 인해 또 다른 대상자를 파악할 수 있을 때, 즉 표본이 또 다른 잠재 대상자에 대한 정보 제공 때문에 점차 커진다. 이를 '관계망표집(network sampling)'이라고도 한다. 예를 들면, 어떤 자폐증 아이의 어머니가 다른 자폐증 아이 어머니의 이름을 알려 줄 수 있다.
		할당표집 (quota sampling)	모집단의 어떤 특성을 알고 추출된 표본에 같은 비율을 얻고자 할 때 행할 수 있다. 예를 들어, 복지기관의 클라이언트를 30세 미만, 30~65세 미만, 65세 이상으로 구분한 경우, 표본을 전체 이용자의 비율을 이에 맞도록 선정할 수 있다. 그래서 최종 표본이 대상자의 연령 면에서는 모집단과 배합이 되지만 다른 특성 때문에 대표성을 갖지 못할 때가 많다. 즉, 연령에서는 모집단과 유사하지만 확률표집이 아니기 때문에 모집단을 대표한다고 말할 수 없다. 다시 말하면, 할당표집은 응답자의 어떤 속성이나 규모(수)에서는 구체성을 가지지만 여전히 편의표집인 것이다.

5. 설문지 작성

지금까지 설문조사의 방법, 설문조사의 유형 및 표집 방법에 대해 살펴보았다. 이제 설문조사를 실제 시행할 때 없어서는 안 될 설문조사 도구, 즉 설문지를 작성(questionnaire design)하는 방법에 대해 알아보자.

설문지를 작성할 때는 여러 가지를 고려해야 하지만, 우선 그 작성 절차와 내용 및 형식, 설문 배치 등에 대해 충분한 고려가 있어야 좋은 설문지를 만들 수 있다.

1) 설문지 작성 절차

대략적인 설문지 작성 절차는 다음과 같은 순서로 이루어지는 것이 일반적이다.

- 조사 목적 및 문제와 관련된 설문 내용을 결정한다(설문의 타당성 고려).
- 설문 내용에 따라 설문의 형태 및 방법을 결정한다.
- 실제 설문 문항을 작성하고 설문의 순서를 결정한 다음 적절하게 배열한다.
- 설문 표지(커버)를 작성하고 사전검사를 거쳐 설문지를 수정한 후 최종 완성한다.

2) 설문의 내용과 형식

설문조사에서 우리가 파악하고자 하는 것은 주로 조사 대상자에 대한 어떤 사실(facts), 행동(behavior), 의견 및 태도(attitudes), 지식(knowledge) 등에 관한 것이 보통이다. 설문조사에서 이루어지는 설문의 형식은 다양하게 구성할 수 있지만 일반적으로 다음 세 가지 형식이 주로 사용된다(부록에 첨부된 설문지 참조).

- 폐쇄형 또는 선택형 질문(closed-ended questions): 가장 많이 사용하는 질문 형식으로 객관식 질문이라고도 하며, 개별 질문 내용은 상호 배타적이고 포괄적이어야 한다.
- 조건형 질문(contingency questions): 어떤 특정 내용에 대해 응답자를 걸러 내기 위한 것으로 여과형 질문(filtering questions)이라고도 한다.
- 개방형 질문(open-ended questions): 소위 말하는 주관식 질문으로 이 형식의 질문이 너무 많아서는 안 되며, 주로 설문의 뒷부분에 구성된다.

질문 유형 사례

• 선택형 질문

2. 귀하께서 사용하시는 **SNS의 종류**는 무엇입니까? (복수 응답가능)

① 카카오톡 ② 페이스북 ③ 인스타그램 ④ 트위터 ⑤ 기타( )

3. 귀하께서 **가장 자주 사용하는 SNS의 종류**는 무엇입니까?

① 카카오톡 ② 페이스북 ③ 인스타그램 ④ 트위터 ⑤ 기타( )

• 조건형 질문

7. 자신이 생각할 때, SNS가 일상생활에 **어떤 영향**을 줍니까?

① 긍정적인 영향 → **7-1 문항** ② 부정적인 영향 → **7-2 문항** ③ 잘 모르겠다

7-1. SNS 이용이 일상생활에 주는 **긍정적인 효과**는 무엇입니까? (복수 응답가능)

① 친구와 소통 ② 인맥관리 ③ 정보습득 ④ 기타( )

7-2. SNS 이용이 일상생활에 주는 **부정적인 효과**는 무엇입니까? (복수 응답가능)

① 친구와 만남 장소 ② SNS 중독

③ 타인의 모습을 보고 열등감을 느낌 ④ 기타( )

• 개방형 질문

15. **SNS 이용과 관련하여 대인관계의 만족도를 높이는 방안**에 대하여 자유롭게 말씀해 주십시오.

자료: 구혜원 외(2019), 경북대학교 학생들의 SNS 이용과 대인관계 만족도 설문조사.

3) 설문 문항 작성 시 유의 사항

실제 설문 문항을 작성할 때는 일반적으로 다음 사항을 유의해야 한다.

- 설문지의 문항들은 기본적으로 질문의 형태를 띠어야 하므로 설명의 형태를 피해야 한다.
- 개방형 질문과 폐쇄형 질문은 적절히 혼합되어야 하지만 개방형 질문이 너무 많지 않도록 유의해야 한다.
- 질문은 명확해야 하며, 두 가지 내용을 요구하는 이중 질문은 피해야 한다.
- 조사자의 의도에만 충실해서는 안 되고, 응답자의 능력과 수준에 적합하도록 질문을 만들어야 한다.
- 질문은 가능한 한 짧고 간략하게 서술되어야 하며, 그 분량이 너무 많으면 곤란하다.
- 질문이나 응답 항목들에 편견을 내포하는 용어나 서술 등은 피해야 한다.
- 유도 질문, 전문적이고 기술적인 용어, 민감한 용어, 모호한 질문, 부정형의 질문은 피해야 한다.
- 상호 배타적이지 않거나 포괄적이지 못한 질문도 피해야 하며, 응답이 불가능한 질문도 제외해야 한다.

사례

설문 문항 작성 시 피해야 할 질문

설문 문항을 작성할 때 일반적으로 피해야 할 질문은 다음과 같다.

1) 이중질문: 이번 달에 헌혈을 하였거나 치과에 간 적이 있습니까?

( ) 예 ( ) 아니요 ( ) 모르겠다

2) 유도질문: 당신은 부실기업에 공적 자금을 지원하지 말아야 한다고 하는 데 동의하십니까?

( ) 찬성 ( ) 반대 ( ) 모르겠다

3) 대답하기 어려운 질문: 지난 한 해 동안 몇 시간이나 스마트폰을 사용하였습니까?

( ) 시간

4) 전문용어 질문: 에릭슨의 사회발달이론이 프로이트의 정신분석이론의 진보라고 하는 데 동의하십니까?

( ) 예 ( ) 아니요

5) 선동적인 또는 극단적인 질문: 당신은 정치적으로 극보수/극우에 해당됩니까?

( ) 예 ( ) 아니요

6) 부정적인 질문: 마리화나는 마약류 처벌 대상에서 제외되어서는 안 된다.

( ) 예 ( ) 아니요

7) 상호 배타적이지 못한 질문: 자신은 스스로 어떤 유형의 음주가라고 생각하십니까?

ㄱ. 전혀 술을 마시지 않는다. ㄴ. 사교적으로 마신다.

ㄷ. 가끔은 많이 마신다. ㄹ. 항상 많이 마신다.

8) 포괄적이지 못한 질문: 여러분이 가장 좋아하는 애완동물은 무엇입니까?

개( ) 고양이( ) 새( ) 원숭이( )

자료: Royse (2011), pp. 174-181 재구성.

4) 설문 문항의 배치

설문 문항을 만들고 나면 이제 작성된 문항을 적절히 배치하는 것이 필요하다. 여기서는 다음과 같은 내용을 유념하여야 한다.

- 흥미로운 질문이나 가벼운 질문으로 시작하는 것이 좋다.
- 민감한 질문이나 주관식 질문은 가능하면 뒷부분에 배치한다.
- 조건형의 질문(contingency questions)은 적합한 순서로 정리한다.
- 고정적 반응(response set)을 피하기 위해 질문 항목을 적절히 배치한다.
- 설문 문항의 길이와 유형을 다양하게 만들어 배치한다.

6. 더 좋은 설문조사를 위한 요건

지금까지 준비한 내용을 바탕으로 설문조사를 실시할 때 다음의 사항을 유념한다면 보다 좋은 설문조사를 수행할 수 있다.

- 조사자의 편향(researcher bias): 조사자가 조사 대상자를 선정할 때 무의식적인 편견과 틀에 박힌 사고방식으로 누구를 포함하고 누구를 제외할 것인가에 대한 부분에서 편향이 개입되지 않도록 심사숙고해야 한다.
- 조사자의 오류(interviewer error): 조사자는 조사 내용을 기록할 때 부주의한 결과로 오류를 범하지 않도록 주의해야 한다.
- 응답자의 오류(respondent error): 설문조사를 실시할 때 응답자의 수준과 능력(시각, 청각, 정신건강 등)을 고려해야 응답자의 오류를 막을 수 있다.
- 도구적 오류(instrument error): 설문조사에 사용되는 척도나 질문이 복잡하거나 이해하기 어려운 경우에 조사 결과를 왜곡할 수 있다는 점을 유념해야 한다.
- 사전조사(pilot test): 준비된 설문조사를 비공식적으로 실시해 보는 것으로 이를 통해 질문 내용이 이해하기 쉬운지, 예상된 방식으로 응답이 나오는지를 검토한다. 이 조사는 모집단과 유사한 특성을 갖는 집단을 대상으로 실시하는 것이 효과적이다. 이로써 질문 완성 시간과 조사 비용 등을 예상할 수 있고, 보통 조사 대상은 20~30명 정도가 적절하다.

TIP 설문조사 결과 해석 시 체크리스트

우리가 설문조사의 결과를 이해하고 받아들일 때 통상적으로 유의해야 할 사항들은 다음과 같다.

- 표본추출(sampling)
  - 표본추출 방법이 확률표집인가 비확률표집인가?
  - 표본이 대표성이 있다면 오차의 폭과 신뢰수준은 적절한가?
  - 표본은 편향됨 없이 추출되었는가?
- 표본 크기(sample size)
  - 표본의 크기는 모집단을 대표하기에 적절한가?

- 응답률(response rate)
  - 조사 대상자의 응답률은 50% 이상인가?
- 설문조사 시기(recency)
  - 설문조사는 언제 이루어졌는가? 설문 결과에 영향을 줄 만한 상황은 없었는가?
- 설문 항목(item construction)
  - 설문 문항은 적절하고도 공정한가 아니면 모호하고 유도적인가?

자료: Royse (2020), p. 237.

7. 설문지 사례[1]

승인번호
제203008호

「통계법」 제33조(비밀의 보호)

① 통계작성과정에서 알려진 사항으로서 개인 또는 법인이나 단체의 비밀에 속하는 사항은 보호되어야 한다.

② 통계의 작성을 위하여 수집된 개인이나 법인 또는 단체 등의 비밀에 속하는 자료는 통계작성외의 목적으로 사용되어서는 아니 된다.

2020년 대구사회조사 가구주용

인구 · 보건 · 정보와 통신 · 복지 · 문화와 여가 · 정부와 사회참여

대구시는 시민들의 삶의 질에 관한 주관적 인식과 변화하는 사회모습을 파악하여 우리 시의 정책 수립 및 연구자료로 제공하기 위해 매년 「대구사회조사」를 실시하고 있습니다.
이 조사는 「통계법」 제18조에 따른 국가승인통계(제203008호)로서 조사표에 기재된 내용은 「통계법」 제33조(비밀의 보호)에 의하여 엄격히 보호되며, 통계 목적 외에는 절대 사용하지 않으니 안심하시고, 조사원이 귀댁을 방문할 경우 조사에 적극 협조하여 주시기 바랍니다.
시민 여러분께서 주신 소중한 의견은 우리 시정의 기초자료로 활용되오니 정확한 작성을 부탁드립니다.
감사합니다.

- 반드시 본인이 작성하여 주시기 바랍니다.
- 방문조사와 더불어 "인터넷 조사"도 실시하고 있으니 적극 활용하여 주시기 바랍니다.
(http://narastat.kr/daegu2020)

✲ 조사에 대하여 궁금한 사항이 있으시면 아래 연락처로 문의하여 주십시오.

	성명	연락처
담당 공무원		
담당 조사원		

✲ 조사원이 기입합니다.

구·군	읍·면·동	조사구 번호	거처번호	가구번호	가구원 번호
□□□□□	□□	□□□-□	□□□	□□□	□□

인터넷조사 참여번호(ID) □□□□□□ - □□
※ 참여방법은 20쪽 참조

대구광역시

1 대구시의 허락을 받고 전체 설문지의 일부만 예시로 제시한다.

삶에 대한 만족

삶에 대한 만족감

1 다음은 현재 귀하의 삶에 대한 만족 정도를 묻는 항목입니다. 각 항목에 대해 응답해 주십시오.

1-1 **전반적으로 고려하였을 때, 최근 자신의 삶에 대해서 얼마나 만족하십니까?**

보통

전혀 만족하지 않는다 ⓪—①—②—③—④—⑤—⑥—⑦—⑧—⑨—⑩ 매우 만족한다

1-2 **현재 자신이 살고 있는 지역(구·군)의 전반적인 생활에 얼마나 만족하십니까?**

보통

전혀 만족하지 않는다 ⓪—①—②—③—④—⑤—⑥—⑦—⑧—⑨—⑩ 매우 만족한다

1-3 **귀하는 어제 얼마나 행복하셨습니까?**

한 번도 행복하지 않았다 ⓪—①—②—③—④—⑤—⑥—⑦—⑧—⑨—⑩ 자주 행복했다

1-4 **귀하는 어제 얼마나 걱정을 하셨습니까?**

한 번도 걱정하지 않았다 ⓪—①—②—③—④—⑤—⑥—⑦—⑧—⑨—⑩ 자주 걱정을 했다

1-5 **귀하는 최근 며칠간(1주 이내) 우울한 감정이 생긴 적이 있습니까?**

보통

전혀 우울하지 않았다 ⓪—①—②—③—④—⑤—⑥—⑦—⑧—⑨—⑩ 자주 우울한 감정이 생겼다

인구

이민에 대한 견해

2 귀하는 해외이민에 대하여 어떻게 생각하시는지 응답하여 주십시오.

① 외국에 가서 살고 싶은 생각이 있다　② 외국에 가서 살고 싶은 생각이 없다 ⇒ (3번으로)

2-1 **이민 의사가 있다면 그 이유는 무엇입니까?**

① 돈을 잘 벌 수 있다
② 경제 또는 치안 등 국내상황이 불안해서
③ 노후생활을 보장받을 수 있다
④ 자녀 교육에 도움이 된다
⑤ 다른 사람의 시선을 의식하지 않고 살 수 있다
⑥ 다양한 문화를 만끽하고 싶어서
⑦ 삶의 여유를 느끼고 싶어서
⑧ 기타 (구체적으로 :　　　　　　　)

2-2 **어느 지역(국가)으로 이민가기를 희망하십니까?**

① 미국
② 캐나다
③ 호주/뉴질랜드
④ 서유럽
⑤ 일본
⑥ 중국, 동남아
⑦ 기타 (　　　　　　)

다문화사회에 대한 견해

3 귀하는 아래 다문화사회와 관련된 각 항목에 대하여 어느 정도 동의하십니까?

	① 매우 동의한다	② 약간 동의한다	③ 보통이다	④ 별로 동의하지 않는다	⑤ 전혀 동의하지 않는다
1) 인구감소 문제를 해결하기 위하여 외국인 이민정책이 필요하다					
2) 외국인 이민자(결혼이민자포함)에 대한 사회적 편견해소가 필요하다					
3) 이민자들이 많아지면 나의 일자리를 빼앗길 것이다					
4) 농업 또는 기피업종의 인력확보를 위해 이민자가 필요하다					
5) 국가경쟁력 확보, 세계화, 지구촌시대에 맞게 다양한 인종, 종교, 문화가 많이 들어올수록 좋다					

자원봉사활동 참여의향 · 희망분야

33 귀하는 향후 자원봉사활동에 참여할 의향이 있습니까?

① 있다 ② 없다 ⇒ (34번으로)

33-1 **참여할 의향이 있다면, 어떤 분야에 참여하길 원하십니까?** 1순위 [ ] 2순위 [ ]

① 아동, 청소년, 노인, 장애인, 재소자 등과 관련
② 환경보전, 범죄예방 등과 관련
③ 자녀교육 등과 관련
④ 국가 및 지역행사 등과 관련
⑤ 재해지역 주민돕기 및 시설복구 등과 관련
⑥ 기타 일반인을 위한 봉사 관련

후원(기부) 참여율

※ 기부란 가족이외의 사람이나 단체에게 대가없이 자발적으로 현금이나 물품을 제공하는 것을 의미함.

34 귀하는 지난 1년 동안(2019. 8. 20. ~ 2020. 8. 19.) **기부하신 경험이 있으십니까?**

① 있다 ② 없다 ⇒ (35번으로)

34-1 **기부한 경험이 있으시다면, 어떤 방법으로 기부를 하셨습니까? 기부한 방법을 모두 선택하고 방법에 따른 연간 기부 '횟수'를 기입하여 주십시오.**

후원 경로	(연간)횟수
1) 대상자에게 직접 후원(개인, 보육원, 양로원, 의료기관 등)	
2) 언론기관을 통한 후원(ARS, 신문사, 방송사 등)	
3) 모금단체(공동모금회, 대한적십자사, 유니세프 등)나 물품후원단체(푸드뱅크, 재활용가게 등)을 통한 후원	
4) 종교단체를 통한 후원	
5) 직장(기업)을 통한 후원	
6) 앱(인터넷, 모바일)을 통한 모금활동(펀딩, 빅워크 등)	
7) 기타	

주관적 사회계층의식 · 계층이동

35 [귀하의 사회경제적 지위 – 소득, 직업, 교육, 재산 등을 고려할 경우] **귀하는 어느 계층에 속한다고 생각하십니까?**

① 상의상 ② 상의하 ③ 중의상 ④ 중의하 ⑤ 하의상 ⑥ 하의하

35-1 **귀하는 우리 사회에서 개인이 노력하면 사회경제적 지위가 높아질 가능성이 어느 정도라고 생각하십니까?**

① 매우 높다 ② 다소 높은 편이다 ③ 보통이다 ④ 다소 낮은 편이다 ⑤ 매우 낮다

35-2 [만 30세 이상(1990. 8. 20. 이전 출생자)만 응답] **귀하 부모님의 경제적 수준은 어느 정도라고 생각하십니까?**

① 상의상 ② 상의하 ③ 중의상 ④ 중의하 ⑤ 하의상 ⑥ 하의하

사회적 약자에 대한 태도(차별의식)

36 아래 항목은 우리 사회의 사회적 약자에 대한 태도를 알아보고자 하는 것입니다. 귀하는 각 문항에 어느 정도 동의하는지 해당되는 곳에 V표를 하여 주십시오.

	① 매우 그렇다	② 약간 그렇다	③ 보통이다	④ 별로 그렇지 않다	⑤ 전혀 그렇지 않다
1) 성(남녀)차별이 있다					
2) 연령 차별이 있다					
3) 학력 차별이 있다					
4) 장애인 차별이 있다					
5) 가난(빈곤)차별이 있다					
6) 외국인 차별이 있다					
7) 새터민(탈북자) 차별이 있다					

요약

"표본 설문조사는 사회과학이 개발한 가장 중요한 단일 정보 수집 도구다."

1. 사회복지에서 설문조사 활용

- 욕구조사(needs assessment)
- 프로그램 평가 조사(program evaluation)

2. 설문조사의 방법

- 우편설문법(the mail questionnaire)
- 전화설문법(the telephone survey, 최근에는 CATI: Computer-Assisted Telephone Interviewing를 이용하는 추세다.)
- 대면설문법(face-to-face interviews)
- 전자설문법(electronic surveys)

3. 설문조사의 유형

- 횡단적 설문조사(cross sectional surveys)
- 종단적 설문조사(longitudinal surveys)
  - 추이 설문조사(trend surveys)
  - 코호트 설문조사(cohort surveys)
  - 패널 설문조사(panel surveys)

4. 표본추출/표집

표본추출이 편향됨 없이 이루어지면 소규모의 표본도 모집단을 그대로 대표할 수 있다. 그리고 모집단의 모든 구성원이 동일하게 추출될 확률이 있을 때(equal chance of being selected) 그 표본은 대표성(representative)을 띤다고 할 수 있다.

5. 표집의 형태

구분	확률표집(probability sampling)	비확률표집(nonprobability sampling)
정의 및 의미	과학적 표본(scientific samples) (equal chance of being selected)	편의표본(convenience samples) (not an equal chance of being selected)
유형	단순무작위표집 (simple random sampling) 체계적 무작위표집(systematic random sampling) 층화표집(stratified random sampling) 집락표집(cluster sampling)	우발적 표집(accidental sampling) 의도적 표집(purposive sampling) 눈덩이표집(snowball sampling) 할당표집(quota sampling)
적용	횡단적 설문조사 (가끔은 종단적 설문조사)	종단적 또는 횡단적 설문조사
정확성	신뢰수준과 (표본)오차	정확성에 의문

6. 표본의 크기 결정

카드놀이를 할 때 잘 섞었는데도 우연히 네 장이 전부 하트거나 네 장이 모두 에이스일 수가 있다. 그러므로 모집단에서 나온 표본은 어디까지나 전체 모집단의 대략(approximation)에 불과하다고 생각해 볼 때, 결국 표본의 크기를 크게 하는 것이 비대표성에 대한 최선의 대비책이 된다고 할 수 있다.

- 오차의 폭(margin of error): 표본오차의 정도(the amount of sampling error)
- 신뢰수준(confidence level): 보통 사회과학에서 신뢰수준 95%에 오차 ± 5%포인트는 표준이라 할 수 있다(표본의 크기와 오차율은 반비례).

$$표본오차(오차율) = Z \cdot \sqrt{\frac{\pi(1-\pi)}{n}}$$

(Z: 신뢰수준 값. 예를 들면, 95% $Z=1.96$, N: 모집단 수, 표본비율$(\pi)=\frac{n}{N}$, n: 표본 수)

7. 더 좋은 설문조사를 위한 방법

- 표본 선정 시 편향(bias)에 유의
- 조사자 및 응답자 오류에 유의
- 사전 실험조사(pilot test) 실시

- 설문도구 오류에 유의

8. 설문조사 결과에 대한 이해 시 고려사항

- 표본추출 방법(How the sample was drawn?)
- 표본 크기(sample size)
- 응답률(response rate)
- 설문조사 시기(recency)
- 설문 항목(item construction)의 구성

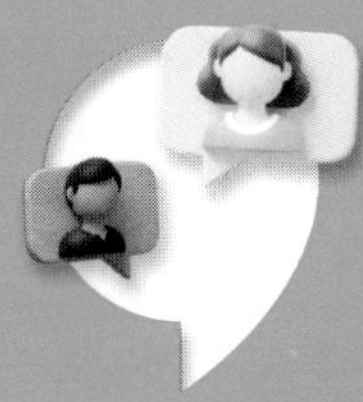

제8장

욕구조사

탐구하고자 하는 주요 질문

1. 욕구조사는 왜 필요한가?
2. 욕구의 유형에는 어떤 것이 있는가?
3. 욕구조사를 실시하는 방법에는 어떤 것이 있는가?
4. 욕구조사에서 수렴적 분석의 의미는 무엇인가?

1. 욕구조사의 필요성

욕구조사(needs assessment)는 일반적으로 단순히 어떤 정보를 파악하려는 기초적인 조사(basic research)[1]와 달리, 주로 서비스 제공자를 위한 조사 유형으로 어떤 프로그램에 대한 의사 결정을 하는 데 활용된다. 즉, 욕구조사는 프로그램 평가 조사와 같이 응용 조사의 성격을 띤다. 그리고 지역사회의 기존 서비스와 자원에 대한 확인과 이에 대한 목록 작성을 통해 의사결정자가 무엇이 더 필요하고 또 부족한 자원을 어떻게 적절하게 배정할 것인지를 결정하는 데 도움을 준다. 즉, McKillip이 언급한 것처럼 욕구조사는 '자원 배분과 프로그램의 기획[2] 및 프로그램 개발을 위한 의사결정 도구(decision-aiding tool)'로 활용된다(McKillip, 1998: 262).

이상적으로는 어떤 사회복지 프로그램이 실행되기 전에 욕구조사는 반드시 시행되어야 하며, 이를 통해 새로운 프로그램의 실행(특히 그 재정적 지원)에 대한 정당성을 확보해야 한다. 욕구조사는 일명 욕구분석(needs analysis) 또는 타당성 조사연구(feasibility studies)라고 부르기도 한다. 욕구조사는 프로그램이 실제 필요한지에 대해 정확한 정보를 제공할 뿐만 아니라 프로그램이 시행된 이후에도 그 진행 과정에 대한 적절한 지침을 제공한다. 이러한 의미를 지닌 욕구조사에 대한 필요성은 다음과 같이 구체적으로 정리할 수 있다.

Point 욕구조사의 필요성

- 지역사회 내에 현재 필요한 서비스가 존재하는지 파악하기 위해
- 새로운 서비스나 프로그램을 창출할 필요가 있을 정도로 클라이언트가 존재하는지 알기 위해
- 기존의 서비스가 잘 알려져 있는지, 또는 클라이언트가 그것을 이용하고 있는지 알기 위해

1 예를 들면, 약물중독자의 치료기록에 대한 조사 또는 노숙자들의 사회심리적 특성 조사는 기초적인 조사에 해당된다.

2 프로그램을 기획할 때는 지역사회에 충족되지 않은 욕구와 부족한 자원을 우선적으로 파악해야 하며, 또한 클라이언트 및 잠재적 클라이언트의 규모를 파악하고, 나아가 그 지리적 분포와 인구사회경제학적 특성을 파악하는 것이 필요하다.

- 기존의 서비스를 이용하는 데 장애요인은 없는지 파악하기 위해
- 지속적인 사회문제나 이를 악화시키는 요인은 없는지를 알기 위해
- 프로그램이 구체적인 표적집단에 적합하도록 만드는 데 필요한 정보를 얻기 위해

자료: Royse et al. (2006), p. 55.

우리나라에서는 「사회복지사업법」의 개정(2003. 7.)으로 인해 2005년 8월부터 각 지방자치단체에서는 지역사회복지협의체를 구성하고, 또한 지방자치단체별로 4년 주기로 지역사회복지계획을 수립해 왔다. 하지만 「사회보장급여법」의 제정으로 동 법률 제35조에 근거하여 지방자치단체는 사회보장위원회를 구성하고 매 4년마다 지역사회보장계획을 수립하도록 변경되었다. 따라서 각 지방자치단체에서는 지역사회보장계획의 수립을 위한 선행 요건으로 주민 욕구조사를 우선적으로 실시해 왔으며, 최근 제5기(2023~2026) 지역사회보장계획을 수립하여 이를 실행 중에 있다. 각 자방자치단체에서는 지역사회보장계획을 위해 지역주민을 대상으로 욕구조사 및 지역사회 자원조사를 실시하고 있으며, 사회복지계뿐만 아니라 일선 자치단체에서도 주민들의 욕구조사에 대한 관심이 어느 때보다 높다고 하겠다.

자료: 대구시(2022), 제5기 지역사회보장계획 표지

2. 욕구의 유형

우리가 욕구조사를 통해 파악하려는 것은 매우 다양하다. 이러한 다양한 욕구를 Bradshaw(1977)는 다음의 네 가지로 유형화하였다.

- 규범적 욕구(normative need): 규범적 욕구는 일반적으로 전문가에 의해 필요하다고 인정된 욕구를 말한다. 이 경우 전문가의 전문성이나 지식 및 경험에 의해 영향을 받는다.

- **인지된 욕구**(felt need): 클라이언트에게 대면 또는 전화설문조사 등을 통해 구체적으로 인지된 욕구를 말한다. 하지만 이 경우 욕구가 과소평가되거나 표본의 대표성에 대한 문제가 제기될 수 있다.
- **표출된 욕구**(expressed need): 필요한 서비스를 신청하였거나 제공받은 클라이언트 또는 대기자 명단에 있는 클라이언트들은 어떤 프로그램이 필요하다는 것을 직접적으로 표출한 것이다. 하지만 일반적으로 표출된 욕구는 항상 실제 욕구 수준보다 낮은 편이다.
- **상대적인 욕구**(comparative need): 욕구에 대한 추정치로서 실제 서비스를 받고 있는 클라이언트의 특성을 검토하고 그 특성을 모집단에서 발견함으로써 추정되는 욕구를 말한다. 이 경우 대표성이 문제가 되는데, 인구학적 특성이 유사하더라도 욕구에는 차이가 있을 수 있다.

욕구조사를 수행하는 사람은 이와 같은 다양한 유형의 욕구에 민감해야 하며, 이러한 민감성은 클라이언트 집단에 대한 욕구조사를 할 때 그 과정에 클라이언트를 포함시킴으로써 반영될 수 있다. 나아가 욕구조사를 수행하는 조사자는 프로그램에 대한 이해 당사자가 많다는 것을 항상 염두에 두어야 한다. 이 이해 당사자는 재정 지원자, 행정가, 정치가, 지역사회 주민, 직원, 클라이언트, 다른 복지기관 등을 포함한다. Mika(1996)가 지적하였듯이 각 이해 당사자는 프로그램에 대한 나름의 견해를 가지고 있으므로 자신들의 관점에서 욕구조사의 결과를 해석하려 한다. 따라서 욕구조사에는 다양한 이해 당사자가 얽혀 있어 어느 정도 정치경제학적 성향이 포함되어 있음을 인지해야 한다.

3. 욕구조사의 과정 및 내용

욕구조사는 매우 단순한 조사에서 매우 복잡한 조사까지 그 형태가 다양하다. 즉, 어떤 하나의 표준화된 접근 방법이 있는 것이 아니다. 예를 들면, 어떤 곳에서는 지역사회 내 어떤 서비스의 존재 유무를 알기 위해 공동모금회나 지역사회복지협의회의 기관 목록을 검토하는 일부터 시작할 수도 있고, 다른 곳에서는 설사 서비스 프로그램이 존재하더라도 그 접근 가능성(accessibility)과 이용 가능성(availability)을 검토하는 것이 우선적인 욕구조사의 형태가 될 수 있다.

일반적으로 욕구조사에 대한 계획과 그 과정은 어디서 필요한 자료를 수집할 것인가에 대한 생각으로 점철되어 있다고 할 수 있다. 이는 대체로 5단계로 나누어 볼 수 있다(point 참조).

욕구조사에 포함될 내용에는 크게 지역주민, 클라이언트, 지역사회 등에 관한 기초적인 정보와 아울러 기존 서비스에 대한 평가와 새로운 서비스 프로그램에 대한 욕구가 있다. 그리고 빠뜨릴 수 없는 중요한 내용으로 지역사회의 다양한 자원, 즉 인적·물적·정보자원 등의 활용 가능한 지역사회 자원에 대한 내용도 포함되어야 한다. 이를 요약 정리하면 〈표 8-1〉과 같다.

Point 욕구조사의 과정

- **1단계**: 욕구조사의 목적과 배정된 예산을 비롯해 이용 가능한 자원과 주어진 시간을 명확하게 이해하며, 누구를 위한 욕구조사인지를 분명하게 인식한다.
- **2단계**: 욕구조사를 수행하는 데 필요한 구체적인 정보를 찾아낸다. 이 과정에서 기존의 욕구조사 관련 자료가 있는지, 그리고 쉽게 그 자료를 찾을 수 있는지를 확인하면 중복되고 불필요한 과업을 줄일 수 있다.
- **3단계**: 욕구조사를 수행하는 방법과 절차, 조사도구 등 욕구조사에 대한 전반적인 실행계획을 수립한다.
- **4단계**: 욕구조사에 필요한 자료를 수집하고 분석한다(예: 기존 자료 수집, 지역사회 포럼 개최, 주민 서베이 등).
- **5단계**: 욕구조사의 결과 보고서를 작성한다. 즉, 욕구조사의 모든 과정을 상세히 기록하며, 그 결과를 널리 알려 여론을 환기시킨다.

표 8-1 **욕구조사의 내용**

구분	조사 항목	조사 내용	조사 목적
기초 자료	지역사회의 일반적 특징	• 연령 분포, 가족 수, 거주 기간, 직업 구성, 소득 수준, 빈곤 인구율, 주택 보급률, 범죄율, 공적부조 수혜자 수, 결혼 상태 분포 등	• 지역사회의 특징에 대한 대략적 정보 제공 • 자료 분석 시 통제변수로 활용 • 잠재적 클라이언트가 많은 지역의 특성에 대한 정보 제공

〈계속〉

<table>
<tr><td rowspan="3">기존 서비스 평가 및 새로운 서비스 개발에 필요한 자료</td><td>현재 생활에 관한 사항</td><td>• 경제: 소득 수준, 소비 형태, 신용 상태
• 고용: 직업 유형, 경력, 직업교육의 필요성, 실업 상태
• 가정: 부모-자녀관계, 아동의 적응성 문제, 부부문제, 이혼율
• 주거: 밀집도, 주택 상태, 인구과밀 상태
• 건강: 만성적 신체장애, 사망 원인, 질병 유병률, 의료서비스 이용 현황
• 교육: 성인의 교육 수준, 아동의 학교 적응, 학교 중퇴율
• 여가: 여가, 운동, 문화적 활동
• 생활만족도: 삶의 만족도, 지역사회 응집력
• 사법: 성인 범죄율, 청소년 비행률</td><td>• 여러 가지 생활 영역에서 현재 상태 파악
• 욕구 측정(바람직한 상태 대 현재 상태)을 위한 기준으로 사용
• 새로운 서비스 개발 및 기존 서비스 보완을 위한 기초 자료로 활용
• 사전, 사후조사를 통해 개선된 상태에 관한 정보 파악 자료로 활용</td></tr>
<tr><td>기존 서비스 평가</td><td>• 서비스 인지 정도
• 서비스 활용 정도
• 서비스 인지 및 활용에 대한 장애 요소 존재 여부(예: 교통수단 등)
• 직원에 대한 부정적 태도 여부
• 서비스 이용에 따른 비용 부담
• 까다로운 자격 조건</td><td>• 기존 서비스의 문제점 파악
• 기존 서비스의 보완에 필요한 정보 제공(예: 지원적인 서비스 개발, 서비스 제공에 대한 재훈련, 프로그램 지지교육의 필요성 제시 등)</td></tr>
<tr><td>새로운 서비스 개발 욕구</td><td>• 대상 지역의 심각한 문제
• 현재 필요한 서비스
• 인구집단, 즉 아동, 청소년, 노인, 장애자, 여성 등을 위한 서비스 욕구</td><td>• 욕구 파악 및 욕구들의 상대적 중요성 파악
• 이용자의 입장에서 새로운 서비스 개발을 위한 정보를 파악
• 하위집단을 위한 서비스 개발에 필요한 정보 파악</td></tr>
<tr><td rowspan="3">지역 사회 자원에 관한 자료</td><td>지역사회 정보</td><td>• 공식적, 비공식적 의사소통 매체
• 표적집단에 가장 잘 정보를 제공해 줄 수 있는 의사소통 매체 또는 조직
• 기존의 이용 가능한 정보 및 각종 네트워크</td><td>• 클라이언트에게 서비스의 존재 및 서비스 내용을 더 잘 파악하도록 하는 효율적인 의사소통 채널 개발에 필요한 정보 확보</td></tr>
<tr><td>서비스 자원</td><td>• 동원할 수 있는 공적 · 사적 재원
• 직원들의 전문성을 제고하는 데 필요한 인적 · 물적 자원
• 새로운 프로그램을 수행할 수 있는 인력 및 시설</td><td>• 프로그램의 실행에 필요한 가용 자원 파악</td></tr>
<tr><td>정치 · 사회적 자원</td><td>• 다양한 프로그램에 대한 주민의 견해
• 정치 및 사회지도층의 지지도
• 프로그램 도입에 대한 지역사회의 준비성</td><td>• 프로그램 개발을 성공적으로 추진하기 위한 정보와 자원 파악</td></tr>
</table>

자료: 김성이, 채구묵(1997), pp. 34-37; 최일섭, 김성한, 정순둘(2001), pp. 148-149 재구성.

4. 욕구조사의 방법

사회복지 프로그램에 대한 욕구를 추정하는 방법은 실로 다양하며, 어떤 방법을 선택할 것인가에는 여러 가지 이슈가 포함되어 있다. 즉, 예산, 시간, 자원 외에도 욕구조사가 누구를 위한 것인가, 얼마나 구체적인 정보(자료)가 필요한가 등도 중요한 고려 사항에 포함된다. 일반적으로 욕구조사를 수행하는 방법에는 기존의 자료, 즉 이차적 자료를 분석하는 방법과 지역주민을 대상으로 하는 서베이, 그리고 여론 주도층이나 서비스 제공자 집단을 대상으로 하는 개괄적인 접근 방법이 있다(Royse et al., 2006: 62-75).

1) 기존 자료의 활용(이차적 자료 분석)

이차적 자료란 인구센서스, 공공기록, 보고서 등에 포함된 기존의 정보를 의미한다. 그리고 다른 조사자나 서베이의 결과로 산출된 자료 역시 새로운 프로그램을 추진하는 데 활용될 수 있다. 특히 클라이언트의 서비스에 대한 이용 자료는 대상자들의 표출된 욕구, 즉 서비스에 대한 공식적 요구 사항을 나타내는 것이고, 어떤 서비스에 과부족은 없는지, 어떤 클라이언트들이 과다 또는 과소 이용하고 있는지를 파악할 수 있는 좋은 자료가 된다.

일반적으로 이차적 자료는 쉽게 구할 수 있고 이용하기 편리하다는 장점을 가지고 있지만 여기에는 몇 가지 제한점이 있다. 즉, 이차적 자료는 오래된 것이거나 신뢰성이 약하거나 불완전한 자료일 가능성이 있으므로 이러한 자료에만 의존하는 것은 과소 또는 과대평가(underestimating or overestimating)의 가능성이 있다. 특히 클라이언트의 서비스 이용 현황 자료에만 의존하게 되면 문제의 심각성을 과소평가할 가능성이 크다.

사례

기존 자료

- 인구센서스 데이터(인구 구성, 성비, 연령층, 주택, 가구 현황 등)
- 정부 자료, 통계, 보고서(보건, 의료, 식품, 영양, 취약계층, 빈곤층 등)
- 복지기관의 기록, 보고서, 파일(서비스 이용 현황, 클라이언트 현황, 지역사회 자원 현황 등)

그리고 어떤 특정 지역에 거주하는 사람의 의료 및 사회적 상태를 추정하기 위해 사회지표를 활용할 때는 생태학적 오류(ecological fallacy)를 범하지 않도록 유의해야 한다.

2) 개괄적인 접근 방법

욕구조사에 대한 두 번째 접근 방법은 지역사회 설문조사처럼 과학적이고 대규모의 객관적 데이터를 얻는 방법은 아니지만, 비교적 쉽게 접근하며 보다 주관적이고 대략적인 욕구를 파악할 수 있는 개괄적인 접근 방법(impressionistic approaches) 이다.

주요 정보 제공자의 자문 센서스 데이터라든지 다른 기존의 자료를 통해 문제의 범위나 심각성을 확인한 이후에는 실제 서비스를 제공하고 있는 서비스 제공자(service providers), 여론 주도층(opinion leaders), 주요 정보 제공자(key informants)를 통해 의견을 직접 청취하거나 자문을 구함으로써 보다 구체적이고 생생한 자료를 얻을 수 있다. 그러나 이러한 접근 방법은 주관적 요소가 다분하고 대규모 지역사회 서베이처럼 과학적이거나 정확하지 않다. 이는 우선 표본의 크기가 너무 작기 때문에(특히 서비스 제공자나 여론 주도층인 경우) 모집단을 대표할 수 없으며, 대상자가 지닌 가치나 신념, 선호도에 따라 그들의 의견이 실제 욕구와 매우 다를 수 있다.

공청회 및 지역사회 포럼 욕구 측정의 또 다른 방법에는 공청회(public hearings)와 지역사회 포럼(community forum)이 있다. 공청회나 지역사회 포럼을 개최하는 것은 비교적 비용이 적게 들고 많은 준비가 필요치 않으며, 조사연구에 관한 고도의 지식이나 기술이 필요하지 않다. 그리고 지역사회 구성원에게서 다양한 의견과 태도 등을 자유스럽게 청취할 수 있는 장점이 있다(김영종, 2007: 558-559). 하지만 공청회나 지역사회 포럼을 개최하는 경우, 진정한 의미의 지역사회 시민(the public)이나 클라이언트 그룹은 참여하지 않는 경우가 많다. 또 실제 시민이 참여한 경우에도 일부 소수가 그 모임을 독점하거나 목소리를 지나치게 높여 공청회나 포럼을 주도할 우려가 있다. 특히 이 소수가 지역을 대표할 수 없는 경우가 많기 때문에 이들이 말하는 내용이 주관적인 정보가 될 가능성이 커 객관적이거나 과학적인 정보가 될 수 없다.

개괄적인 접근 방법의 또 다른 방법은 소규모 집단을 활용하여 욕구조사를 수행하는 방법인데, 가장 흔히 사용하는 방법으로는 소그룹별 토의기법, 델파이기법, 포커스 그룹이 있다.

소그룹별 토의기법(the nominal group technique) 이 기법은 소수의 그룹이 공동의 문제나 질문에 대해 우선 각자 나름대로 제안이나 해결책을 제시하고 나중에 그들의 제안을 공유하는 기법을 말한다. 그 과정을 살펴보면 다음과 같다.

- 그룹 리더는 그룹 구성원에게 공동의 문제를 설명하고, 이에 대해 한 가지씩 해결책을 제시하도록 한다.
- 이 제안들은 칠판이나 대형 용지에 기록하도록 한다.
- 각 그룹 구성원이 그 제안들에 대해 서로 설명하거나 토론하여 통합하기도 하고 삭제하기도 한다.
- 남은 제안 중 각 구성원이 생각하기에 가장 중요한 몇 가지(예, 다섯 가지)를 선정하여 우선순위를 매기도록 한다.
- 각 구성원이 매긴 우선순위를 합산해서 가장 높은 점수를 받은 제안을 다시 제시한다.
- 이 제안들에 대해 그룹 구성원이 다시 토론하고 논의해서 잘못 이해한 점이나 의문점을 해결하도록 한다.
- 최종적으로 그룹 구성원 각자가 이 제안들에 대해 다시 순위를 매기도록 한다.

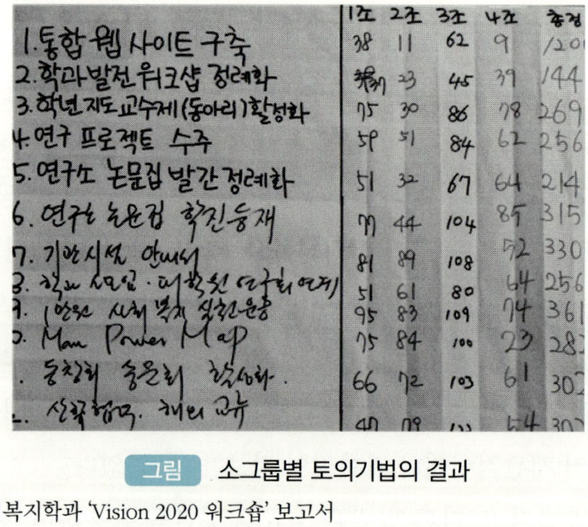

그림 소그룹별 토의기법의 결과

출처: 경북대학교 사회복지학과 'Vision 2020 워크숍' 보고서

델파이기법(the Delphi technique) 델파이기법은 지역사회의 주요 인사나 전문가로 패널을 구성하여 이들에게 지역사회 문제에 대한 설문지를 배부한다. 이때 패널은 익명으로 하므로 서로 한자리에 모일 필요가 없으며, 이들에게서 여러 가지 제안, 해결책, 아이디어 등을 수집하는데, 이때 서로 불일치하는 영역이 있다면 1차 응답을 기초로 하여 두 번째 설문지를 배부해서 다시 의견을 취합한다. 이러한 방식으로 패널의 의견이 일치될 때까지 이 과정은 계속된다.

사례

델파이조사

다음은 '제18대 대통령 선거 매니페스토 정책 어젠다 개발'을 위한 전문가 델파이조사의 내용 중 일부다.

1차 전문가 델파이조사

> 다가오는 18대 대통령 선거에서 반드시 다루어야 할 매니페스토 정책 어젠다는 무엇이라고 생각하십니까? 이에 대한 제안 이유를 간략하게 설명해 주십시오. 작성 분량 제한 없이 자유롭게 다섯 가지를 제시해 주시면 됩니다.

• 매니페스토 정책 어젠다 1
매니페스토 정책 어젠다 1: 사회통합적 복지정책
제안 이유(간략하게 설명)
보편적 · 선별적 복지 논쟁을 벗어나 사회적 통합을 이루는 균형 있는 복지정책 어젠다 개발이 필요

자료: 한국정당학회(2012).

포커스 그룹(focus groups) 포커스 그룹은 보통 6~8명의 참여자를 구조화된 토론의 장에 포함시킨다. 욕구조사를 위한 포커스 그룹은 클라이언트나 표적집단을 대표하는 사람을 포함하여 이들과 대화 및 토론을 촉진한다. 이 포커스 그룹의 목적은 어떤 의견의 일치에 이르는 것이 아니라 이들의 욕구를 발견하는 것이 목적이므로 질문을 제시하거나 명확히 함으로써 보다 심층적인 정보를 다양하게 수집하는 것이 중요하다(이에 대해서는 '제10장 질적 조사'에서 보다 구체적으로 다루었다).

이상의 접근 방법은 적은 비용으로 비교적 손쉽게 실행할 수 있고, 욕구조사에 대한 특별한 전문 지식을 요구하지 않는다는 장점이 있기는 하지만, 수집된 정보나 데이터의 정확성과 과학성을 보장할 수 없다는 단점이 있다. 왜냐하면 이러한 접근 방법은 참여한 사람이 모집단을 대표할 수 있느냐 하는 대표성에 문제가 있고, 또 이들이 제시하는 견해나 의견이 보편적이고 전형적인 의견이라든가 다수의 의견을 반영하고 있다고 말할 수 없기 때문이다. 보다 정확하고 과학적인 정보를 원한다면 지역사회 설문조사(community survey)가 적절하다. 이러한 개괄적인 접근 방법은 보다 '객관적 자료(hard data)'에 대한 보조적이고 보충적인 역할을 한다는 점에서 의미가 있다.

연구 사례

송주미(2008)는 아동복지에 대한 어머니들의 욕구를 분석하기 위해 포커스 그룹을 활용하였다. 8명의 일반 어머니를 대상으로 어머니들이 생각하고 경험한 아동복지에 대한 욕구를 조사하였으며, 스트라우스와 코빈(1990)의 개방형 코딩과 지속적 비교 방법을 통해 자료 분석을 시도하였다. 분석 결과 4개의 상위범주와 15개의 하위범주로 욕구를 분류하였으며, 4가지 상위범주는 자녀에 관한 욕구, 부모에 대한 욕구, 가족에 관한 욕구 그리고 환경에 관한 욕구로 파악하였다. 본 연구 결과 어머니들의 아동복지에 관한 욕구는 매우 광범위하게 나타났으며 아동복지 정책과 프로그램 개발에 보다 보편주의적 시각을 가질 필요가 있다고 주장하였다.

Nolin 등(2006)은 미국 플로리다 북동부지역에서 노인들을 위한 보건 및 복지서비스 전달체계에 있어 갭(gap)과 중복(duplication)을 확인하고, 또 주요 욕구를 파악하기 위해 지역사회 기반 욕구조사를 실시하였다. 이를 위해 통합적 연구방법을 활용하였으며, 구체적으로 지역사회 서베이(survey)와 개별 인터뷰 및 포커스 그룹을 활용하여 지역사회 욕구에 대한 보다 포괄적인 접근을 시도하였다. 연구 결과 노인들을 위한 기존 보건 및 복지서비스는 일관성 있게 네트워크가 이루어지지 않고 있었으며, 필요한 서비스를 어디서 찾을 수 있으며, 또 어떻게 접근할 수 있는지에 관한 욕구가 우선적인 것으로 나타났다. 그리고 연구 결과는 선정된 지역사회 복지서비스 관련 보조금 신청서(grant application)에 포함되었으며, 파악된 욕구를 해결하는 개입 과정에 지속적으로 그 방향을 제시하는 데 활용되었다.

3) 과학적인 접근 방법: 지역사회 설문조사

설문조사는 지역사회에서 프로그램의 기획이나 개발을 위해 요긴하게 사용되는 기법이다. 즉, 설문조사는 욕구조사를 위해 아주 유용한 조사도구이며, 다른 접근 방법보다 더 많은 준비와 자원이 필요하지만 훨씬 더 객관적이고 과학적인 정보를 제공한다. 따라서 설문조사를 통한 욕구조사에는 조사 방법과 표본추출에 대한 전문지식이 요구된다. 그리고 설문조사를 실시할 때는 우선적으로 표본이 대표성[3]을 갖도록 유의해야 하며, 표본의 크기와 응답률에도 신중해야 한다. 특히 역학조사—주로 질병 등의 문제 정도를 파악하려는 조사—는 모집단에서 그 비율을 추정하는 조사이기 때문에 더욱더 과학적이고 대표성을 띠는 표본을 대상으로 해야 하며, 더 많은 비용과 시간이 필요하다. 적절한 규모의 지역사회 설문조사(community household survey)는 기존 자료를 활용하는 방법이나 개괄적인 접근 방법보다 더 많은 비용과 시간이 들고, 또 조사에 대한 전문성이 요구되지만 보다 정확하고 신뢰성 있는 정보를 제공한다.

사례

○○시 ○○구 지역사회 주민욕구 설문조사

Ⅰ. 주민 거주 및 생활환경에 대한 주민 만족도

1. 귀하가 현재 ○○구에 살고 있는 가장 큰 이유는 무엇입니까?

① 교통이 편리하기 때문에 ② 생활 편의시설이 잘 갖추어져 있기 때문에
③ 직장 또는 사업 때문에 ④ 의식주를 잘 해결할 수 있어서
⑤ 자녀 교육 때문에 ⑥ 오랫동안 살던 곳이기 때문에
⑦ 자연환경이 쾌적하기 때문에 ⑧ 치안 환경이 안전하기 때문에
⑨ 기타(   )

2. 다음은 ○○구의 각 영역별 생활환경에 대한 만족도를 측정하기 위한 것입니다. 아래의 해당란에 ✓ 표를 해 주십시오.

구분	매우 불만족	불만족	보통	만족	매우 만족
1. 전반적인 생활환경에 대해 얼마나 만족하십니까?	①	②	③	④	⑤
2. 의료시설(병원, 의원, 한의원 등)	①	②	③	④	⑤

3 여기에는 주로 확률표집에 의한 무작위표본추출 방법을 활용하지만 사전실험적 조사에서는 소규모 편의 표본추출을 할 수도 있다.

3. 교통시설(이용 편리성, 주차 등)	①	②	③	④	⑤
4. 치안 환경	①	②	③	④	⑤
5. 자연환경(공원, 광장, 녹지 등)	①	②	③	④	⑤
6. 문화 · 체육시설(영화관, 공연장, 도서관, 박물관 등)	①	②	③	④	⑤
7. 편익시설(백화점, 시장 등)	①	②	③	④	⑤
8. 사회복지 관련 시설 및 기관	①	②	③	④	⑤

4) 다중접근 방법 및 수렴적 분석

욕구조사를 할 때는 지역 주요 인사나 서비스 제공자를 통해 자료를 수집할 수도 있고, 지역주민을 대상으로 설문조사를 통해 자료를 수집할 수도 있으며, 때로 지역의 문제에 대한 이차적 자료를 활용할 수도 있다. 그러나 이 어떤 방법도 욕구조사에 필요한 충분한 정보를 제공하기 어렵기 때문에 다중접근 방법(multimethod approach) 및 수렴적 분석(convergent analysis)을 활용하는 것이 바람직하다.

수렴적 분석은 다양한 정보원을 활용하여 다양한 분석 전략과 관점을 통해 프로그램에 대한 욕구를 확인하려는 방법을 말한다. 또한 각각의 욕구조사 방법은 개념적 · 경험적 · 추론적 문제를 내포하고 있기 때문에 한 가지 방법만 사용하였을 때 나타나는 문제점을 시정하기 위해 전문가들은 다양한 방법, 즉 다중접근 방법을 활용할 것을 권고한다. 이 다중접근 방법은 자료 수집에 있어 다각화(triangulation)와 같은 의미라고 할 수 있다.

예를 들면, [그림 8-1]에서 보는 것처럼 지역사회복지 계획을 수립하는 데 있어서는 무엇보다 전체 지역주민의 욕구에 대한 분석이 있어야 하고, 특히 사회복지 대상자들에 대한 구체적인 욕구의 분석이 선행되어야 한다. 그리고 지역사회 사회복지 욕구에 대응할 수 있는 각종 지역사회복지 자원에 대한 철저한 분석이 이루어져야 하며, 아울러 지방자치단체장의 의지가 매우 중요하다. 이처럼 다양한 욕구와 자원에 대한 분석이 이루어져야만 지역사회복지 계획 수립에 대한 정당성을 확보할 수 있다.

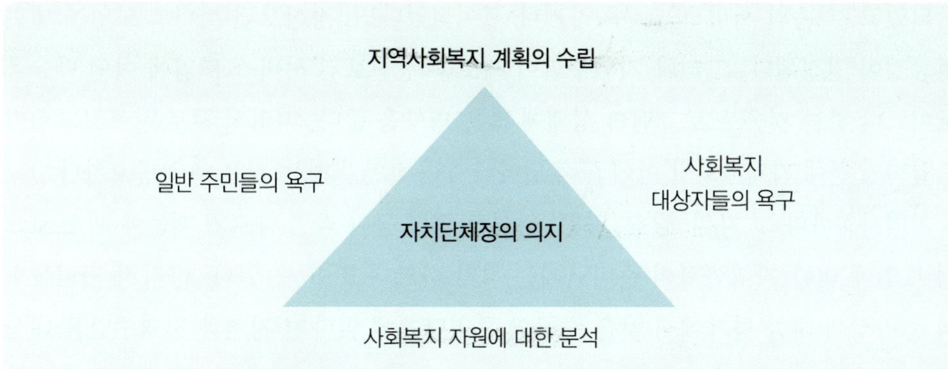

그림 8-1 다중접근 방법 및 수렴적 분석의 사례

자료: Royse et al. (2006), p. 75 [그림 3-2].

사례

다중접근 방법

부산시 사하구에서는 지역복지 계획을 수립하기 위해 주민복지에 관한 욕구 조사를 수행하였는데, 이 과정에서 우선 통계연보와 사회지표 등 이차적 자료를 활용하여 기초 분석을 하였다. 이어 주민을 대상으로 직접 서베이를 실시하였으며, 설문조사의 결과를 보완하기 위해 사회복지 영역별로 전문가로 구성된 포커스 그룹을 실행하여 보다 심층적인 자료를 수집하였다.

자료: 부산광역시 사하구, 부산대학교 사회복지연구소(2005).

5. 욕구조사를 마친 후

욕구조사가 끝나고 이를 기초로 구체적인 프로그램이 필요하다고 인정되었다면, 다음에는 지역사회가 이 새로운 프로그램을 도입하는 데 대해 어떤 반응을 보이는가, 즉 프로그램 도입에 대한 준비(community's readiness to respond)가 되어 있는가 하는 점에 연결된다.[4] 예를 들면, 어떤 지역에서 정신보건 서비스에 대한 욕구가 높은 것으로 파

4 지역사회의 준비단계 모델(the community's readiness model)로는, (1) 무인식, (2) 거부, (3) 막연한 인식, (4) 계획 전, (5) 준비, (6) 시작, (7) 안정, (8) 확인 및 확장, (9) 전문화 단계가 있다(Royse et al., 2006: 80-82)

악되었고, 기존의 서비스는 부족하거나 결여되었다면, 정신보건 서비스 도입에 대한 정당성이 인정된다. 그러나 지역주민이 새로운 정신보건 서비스 도입에 어떤 반응을 보이느냐 하는 것은 프로그램의 성패에 많은 영향을 준다. 따라서 새로운 프로그램이 도입되기 전에 지역사회가 이에 대해 얼마나 수용적인가 하는 것은 매우 중요하다.

지역사회마다 그 자원, 강점, 약점, 정치적 환경 등이 각기 다르기 때문에 새 프로그램 도입에 대한 지역사회의 준비단계는 각각 다르다고 할 수 있다. 따라서 지역사회의 준비성에 대한 평가에서 낮은 수준의 준비단계에 있다면 지역과 지역주민을 대상으로 진지한 교육 및 홍보 활동이 필요하다. 여기서는 교육, 훈련과 대중매체를 활용하는 것이 바람직하다. 그리고 지역사회에 어떤 변화를 도모하기 위해서는 욕구조사 과정에 여론 주도층이라고 할 수 있는 주요 지역 인사 및 지도자를 포함시키는 것이 필요하다. 왜냐하면 이 과정을 통해 그들이 욕구조사 결과를 자신들의 것으로 받아들이게 되고, 새로운 프로그램을 도입하는 데 옹호자 및 지지자로서 역할을 수행할 수 있기 때문이다.

요약

1. 욕구조사의 정의

욕구조사는 프로그램 평가 조사와 같이 응용조사(applied research)의 성격을 띤다. 그리고 지역사회의 기존 서비스와 자원에 대한 확인과 이에 대한 목록 작성을 통해 의사결정자가 무엇이 더 필요하고 또 부족한 자원을 어떻게 적절하게 배정할 것인가에 대한 결정을 하는 데 도움을 준다. 즉, 자원의 배분과 프로그램의 기획 및 프로그램 개발을 위한 의사결정 도구(decision-aiding tool)로 활용된다.

2. 욕구의 유형

- 규범적 욕구(normative need)
- 인지된 욕구(felt need)
- 표출된 욕구(expressed need)
- 상대적인 욕구(comparative need)

3. 욕구조사의 과정 및 내용

일반적으로 욕구조사에 대한 계획과 그 과정은 어디서 필요한 자료를 수집할 것인가에 대한 생각으로 점철되어 있다고 할 수 있다. 이는 대체로 5단계로 나누어 볼 수 있다. 욕구조사에 포함될 내용에는 크게 지역주민, 클라이언트, 지역사회 등에 관한 기초적인 정보와 아울러 기존 서비스에 대한 평가와 새로운 서비스 프로그램에 대한 욕구가 있다. 그리고 빠뜨릴 수 없는 중요한 내용으로 지역사회의 다양한 자원, 즉 인적 · 물적 · 정보 자원 등의 활용 가능한 지역사회 자원에 대한 내용도 포함되어야 한다.

4. 욕구조사의 방법

- 기존 자료의 활용
- 개괄적인 접근 방법: 주요 정보 제공자 면접, 공청회 및 지역사회 포럼, 소그룹별 토의기법, 델파이기법, 포커스 그룹 등
- 과학적인 접근 방법: 지역사회 설문조사
- 다중접근 방법 및 수렴적 분석

5. 욕구조사를 마친 후

욕구조사가 끝나고 이를 기초로 구체적인 프로그램이 필요하다고 인정되었다면, 그 후속 조치는 지역사회가 이 새로운 프로그램을 도입하는 데 대해 어떤 반응을 보이는가, 즉 프로그램 도입에 대한 준비성(community's readiness to respond)을 파악하고 이를 높이는 것이다. 그리고 지역사회에 어떤 변화를 도모하기 위해서는 욕구조사 과정에 여론 주도층인 주요 지역 인사 및 지도자를 포함시키는 것이 필요하다. 왜냐하면 이 과정을 통해 그들이 욕구조사 결과를 자신의 것으로 받아들이게 되고, 새로운 프로그램을 도입하는 데 지지자 및 옹호자의 역할을 수행할 수 있기 때문이다.

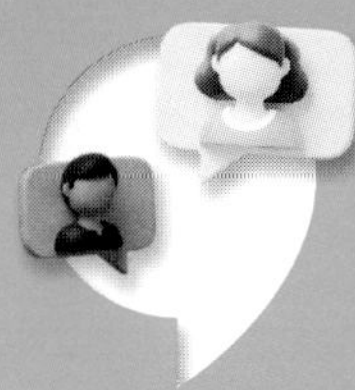

제9장

프로그램 평가 조사

탐구하고자 하는 주요 질문

1. 프로그램 평가의 목적은 무엇인가?
2. 프로그램 평가 시 사전에 고려할 사항에는 어떤 것이 있는가?
3. 프로그램 평가 조사에는 어떤 유형이 있는가?
4. 프로그램 평가를 수행할 때 고려할 사항에는 어떤 것이 있는가?

최근 사회복지 현장에서 프로그램 평가에 대한 관심이 고조되고 있다. 프로그램 평가는 프로그램의 효과성과 효율성 등을 파악하여 클라이언트들에게 보다 나은 서비스를 제공할 뿐만 아니라, 관리자에게 프로그램의 지속과 예산 편성 등에 관한 결정을 하는 데 중요한 정보를 제공한다. 또한 프로그램에 대한 평가는 예산을 지원하는 기관이나 정부 및 클라이언트에 대한 사회복지사로서 책무성(accountability)을 검증할 수 있는 좋은 도구가 된다.

프로그램은 어떤 구체적인 목적을 달성하기 위해 고안된 조직적인 활동이며, 사회복지실천의 하나로 제공되는 개입이나 서비스를 의미한다. 또한 클라이언트를 대상자 또는 주체로 참여하도록 하여 프로그램을 운영하는 사회복지기관과 클라이언트의 상호교류를 통해 이루어진다. 좋은 사회복지 프로그램이 되려면 적합한 인력, 예산, 안정된 재정, 효과 검증을 위한 조사연구, 이론적 근거, 서비스의 철학 그리고 서비스의 경험적 평가에 대한 체계적인 노력이 필요하다(Royse et al., 2006: 5-11).

프로그램 평가에 대해 Rossi와 Freeman(1982)은 "사회적 개입 및 대인 서비스 프로그램의 개념화, 설계, 기획, 관리행정, 실행, 효과, 효율 및 활용에 대한 이해와 증진을 목적으로 하는 연구"(성숙진 외, 2005: 628 재인용)라고 하였다. 김기원(2001)은 "프로그램의 효과성, 효율성, 적절성, 만족도 등을 체계적으로 분석하여 의사결정권자로 하여금 합리적 결정을 내릴 수 있도록 정보를 산출하는 사회적 과정"(p. 508)이라고 보았다. 그리고 우수명(2004)은 "프로그램 발전을 위하여 프로그램의 기획 및 진행의 과정, 종결에 나타나는 긍정적 · 부정적 요인의 원인을 총체적 · 체계적인 평가기준을 통하여 진단하는 것"(p. 202)이라고 하였다. 여기서 공통적으로 제시되는 점은 프로그램 평가란 프로그램의 개선과 발전을 위해 이루어지는 일련의 활동 자체를 포괄적으로 다룬다는 것이다.

이 장에서는 프로그램 평가의 목적과 그 유형에 대해 주로 설명하고자 한다. 이 내용을 통해 다양한 프로그램 평가 방법을 익혀 자신에게 유익한 프로그램 평가 모델을 활용할 수 있기를 바란다.

1. 프로그램 평가의 목적

프로그램 평가는 논리적이고 질서정연한 과정으로서 기본적으로 여느 조사연구와 같으며, 어떤 특정한 질문이나 가설에서 시작한다. 그러나 일반적인 조사연구와 프로그램 평가는 그 결과나 데이터의 유용성 면에서 다소 다르다. 일반적으로 평가 대상자는 프로그램 평가의 결과에 대해서는 긴장하며 그 결과를 기다릴 수 있다. 또한 일반적인 조사의 목적이 과학적인 지식을 산출하는 것이라면, 프로그램 평가로 얻은 지식은 어떤 구체적인 프로그램에만 적용할 수 있다. 사회와 사람을 위한 서비스 프로그램에 대해 좀 더 나은 결정을 하기 위한 도구로서 프로그램 평가를 생각해 보면, 이는 주어진 자원을 가장 잘 활용하여 클라이언트의 문제를 해결하고 삶의 질을 향상시키는 데 기여한다고 하겠다(Royse et al., 2006: 12-13).

그렇다면 과연 프로그램 평가는 반드시 필요한 것인가? 이에 대하여 자세히 알아보기 위해서 다음 질문에 대답해 보자.

- 클라이언트가 필요로 하는 도움을 받고 있는가? 그리고 클라이언트를 돕기 위한 더 좋은 방법은 없는가?
- 클라이언트를 돕는 노력, 즉 프로그램이 과연 원하는 목표를 성취하였는가?
- 우리 기관의 성공률을 다른 기관의 성공률과 비교하는 방법은 무엇인가?
- 현재 진행 중인 프로그램을 지속적으로 운영해야 하는가?
- 우리 기관의 프로그램을 어떻게 하면 개선할 수 있는가?

이러한 질문들을 기초로 하여 구체적으로 프로그램 평가의 목적을 정리하면 다음과 같다.

- 프로그램 평가는 프로그램의 효과성과 효율성을 파악하여 예산 지원에 대한 정당성을 확보한다. 또한 클라이언트에게 필요한 정보를 제공함으로써 유익을 줄 수 있다.
- 관리자의 의사 결정에 도움을 준다. 즉, 관리자는 프로그램 평가 결과를 프로그램의 지속 여부와 예산 편성에 대한 결정 등을 판단하는 근거로 활용한다.

- 평가는 프로그램 운영자로 하여금 책무성(accountability)을 다할 수 있도록 만든다. 사회복지사는 클라이언트에 대해서뿐만 아니라 공공기관과 공공조직에 소속된 전문가로서 책임을 진다.
- 프로그램 평가는 프로그램의 개발과 개선에 필요한 정보를 제공한다. 따라서 모든 프로그램은 평가되어야 하고, 평가를 통해 사회복지서비스 활동의 효과성과 효율성을 지속적으로 개선할 수 있다.

2. 프로그램 평가 시 사전 고려 사항

일반적으로 프로그램을 평가하기 전에 몇 가지 고려할 사항이 있는데, 이를 정리하면 다음과 같다.

- '프로그램 평가에 얼마나 많은 시간이 제공되는가?' 사회복지 현장에서 시간은 다소 제한적으로 제공되는 경향이 있다. 따라서 프로그램 평가에 더 많은 시간을 할애할 수 있다면 더 정교한 평가가 가능할 것이다.
- '어떤 자원이 있는가?' 활용 가능한 인력이나 예산 등이 이에 해당한다. 이용 가능한 자원에 따라 프로그램의 구성과 내용이 달라질 수 있다.
- '평가보고서를 읽을 사람은 누구인가?' 보고서를 읽을 사람이 클라이언트인지, 아니면 일반 대중인지, 아니면 관리자나 다른 조사연구자인지에 따라 보고서의 준비는 달리 이루어져야 하며, 그 작성 방법도 다르게 결정된다.
- '평가의 목적이 무엇인가?' 프로그램 평가를 통해 무엇을 얻으려고 하는가에 따라 평가의 기획과 진행이 달라야 한다.

따라서 프로그램 평가 설계는 목적, 시간, 자원 및 보고서 제출기관을 동시에 고려하여 결정해야 한다.

3. 프로그램 평가의 유형

Point 프로그램 평가의 유형

기본평가 →	형성평가 →	과정평가 →	결과평가
• 서비스 이용에 대한 평가(서비스 이용에 대한 자료는 가장 기초적인 정보) • 클라이언트의 서비스 이용만족도에 대한 평가(평가 중 가장 단순하면서 자주 사용하는 평가)	• 프로그램의 개발 및 초기단계에서 프로그램의 정착을 위해 평가 • 프로그램 개선이 목적(program improvement) • 형성평가를 위한 방법으로 전문가의 자문 • 표준모델 참고 및 확인 • 특별위원회 구성	• 프로그램이 계획대로 실행되고 있는지 평가 • 프로그램 모니터링(정해진 목표에 따라 서비스가 제공되고 있는가? 서비스 이용 실태 파악) • 프로그램의 질 보증(제공되는 서비스가 문제가 없는지? 규정 및 기준대로 서비스가 제공되고 있는가? 이용자 만족도) • 프로그램 실행 점검 및 질 관리가 목적	• 프로그램의 성공 여부 평가(프로그램의 목표 달성, 프로그램 성과, 클라이언트의 변화 여부 등) • 과정평가의 결과와 결과평가의 결과를 연계하는 것이 중요 • 비용분석 평가도 포함됨

1) 서비스 이용에 대한 평가

서비스 이용에 대한 평가(service utilization)는 모든 기관이 프로그램 평가보고서에 포함하는 가장 기초적인 정보로, 프로그램과 서비스를 누가, 언제, 어떻게 이용하였는가를 평가하는 것이다. 그러나 이러한 서비스 이용 현황 자료만으로는 그 프로그램이 좋았는지, 효과적이었는지, 효율적이었는지를 판단할 수 없다. 〈표 9-1〉은 자살예방 상담 서비스 프로그램에 대한 클라이언트의 서비스 이용에 대한 자료를 보여 주고 있는데, 이 표만으로는 서비스의 질적 측면에 대해서 알 수 없다. 프로그램 관리자는 프로그램을 모니터링하기 위해 서비스 이용 자료를 유용하게 활용할 수 있다. 즉, 이용 현황 자료는 프로그램이 클라이언트 집단에 대한 계획된 개입의 정도를 측정하는 것이라 할 수 있다.

표 9-1 자살예방 프로그램의 클라이언트 이용 데이터

이용 내역	서비스를 받은 클라이언트(%)	인구센서스 기준(%)
금년도 서비스를 받은 클라이언트 수	523	
여성 클라이언트	361(69%)	51%
18세 미만 클라이언트	26(5%)	26%
55세 이상 클라이언트	209(40%)	13%
저소득 가구 클라이언트	99(19%)	27%
이전에 상담 서비스를 받은 경우	89(17%)	
스스로 의뢰한 클라이언트	507(97%)	
평균 상담 건수	2.3건	

자료: Royse (2011), p. 287 〈표 12-1〉 재구성.

또한 이러한 자료를 통해 구체적이고 측정가능한 목표(objectives)를 개발할 수 있다. 예를 들면, 〈표 9-2〉에서 보는 바와 같이 '저소득 모자가정 자녀의 지원 프로그램에서는 올해 12월 31일까지 체육활동에 참여하는 인원을 60명으로 늘린다'는 목표를 설정할 수 있다.

표 9-2 저소득 모자가정 자녀 지원 프로그램의 이용 현황

프로그램	내용	시간	클라이언트 수 (월평균)	목표 (연말까지)
학습지도	숙제 지도, 외국어, 컴퓨터 실습 등	월~금 14 : 30~18 : 00	120	150
체육활동	호신술, 농구, 탁구	매주 목 16 : 00~18 : 00	50	60
여름캠프	가족기능 강화를 위한 캠프	7월 23일~25일 (2박 3일)	42	
상담	초기상담 및 과정상담, 문제 개입상담	수시	10	15

자료: 삼성복지재단(2000), p. 25 재구성.

목표 설정 시 주의할 점은 목표를 구체적으로 진술해야 하고, 측정 가능하고 쉽게 검증할 수 있도록 해야 한다. 그리고 그 결과들이 언제 실현될지를 예상할 수 있는 시기 또한 제시하는 것이 적절하다.

2) 클라이언트 만족도 평가

클라이언트/이용자 만족도(consumer satisfaction)는 평가의 유형 중에서 가장 단순하고 자주 사용하는 평가다. 그러나 이 만족도 평가는 대체로 긍정적인 결과를 산출하는 것으로 알려져 있다. 즉, 대부분의 클라이언트가 서비스에 대해 대체로 만족한다고 표현한다. 정말 만족할까? 클라이언트 만족도가 긍정적 결과로 나타나는 이유는 무엇일까? 그것은 대체로 다음과 같다.

- 측정과 관련하여 기관의 실천가 및 평가자로서 클라이언트 평가 도구들을 대체로 기관에서 자체 제작(homemade)된 것으로써 신뢰도와 타당도에 대해 알 수가 없다.
- 참여자 선정에 오류(selection bias)가 있는 경향이 있다. 서비스에 만족하지 않는 사람은 프로그램 초기에 탈락하여 서비스를 받지 않거나 참여하지 않는 경향이 있다.
- 클라이언트가 갖는 취약성이다. 즉, 서비스를 받는 클라이언트가 부정적으로 응답했을 경우에 사회복지사나 서비스를 계속 확보할 수 없다는 두려움과 위험 요인이 발생한다. 따라서 클라이언트는 이런 상황을 고려하여 서비스에 대해 긍정적인 반응을 보인다.

그럼에도 클라이언트 만족도는 전문가로서 클라이언트 경험을 공유하고, 포괄적인 평가 전략의 일부분으로 활용한다. 그러므로 앞서 지적한 부정적인 측면을 제거하기 위해서 클라이언트 만족도 평가를 할 때 다음과 같은 사항을 고려하는 것이 필요하다(Royse, 2011: 293-294).

TIP 클라이언트 만족도 평가 시 고려 사항

- 신뢰도와 타당도가 검증된 척도를 사용한다.
- 동일한 도구를 반복해서 사용한다(기초선과 데이터의 추세를 알 수 있다).
- 평가조사가 정기적으로 행해지도록 한다.
- 평가도구에는 충분한 정보를 얻기 위해 최소한 한 문항 이상의 개방형 질문을 포함한다.

사례

클라이언트 만족도 척도

다음 항목들은 귀하가 받은 서비스에 대한 느낌을 평가하기 위해 만들었습니다. 가장 가까운 항목에 체크해 주세요.

문항	전혀 그렇지 않다	거의 그렇지 않다	가끔 그렇다	종종 그렇다	대체로 그렇다	대부분 그렇다	항상 그렇다
직원들은 진심으로 나를 대해 준다.	1	2	3	4	5	6	7
내가 기대했던 것 이상으로 도움을 받았다.	1	2	3	4	5	6	7
나를 돕는 사람들은 나의 느낌이나 감정을 잘 이해해 준다.	1	2	3	4	5	6	7
직원들은 나를 있는 그대로 받아 준다.	1	2	3	4	5	6	7
내가 정말로 필요로 하는 것에 도움을 받았다.	1	2	3	4	5	6	7
다른 사람들에게 이곳을 추천하겠다.	1	2	3	4	5	6	7
도움이 또 필요하다면 다시 여기로 오겠다.	1	2	3	4	5	6	7

자료: Client Satisfaction Inventory(CSI) from Walmyr Publishing Company (http://www.walmyr.com/scalesample.php)에서 재구성

3) 형성평가

주로 프로그램 개발 및 실행 초기단계에서 실시되는 형성평가(formative evaluation)는 프로그램을 개선하는 데 초점을 둔다. 따라서 이 평가는 프로그램 발전을 위해 필요한 정보를 수집하는 것이 목적이며, 적은 비용으로 신속하게 실행할 수 있다. 일반적으로 형성평가는 아직 개발단계에 있거나 시행 초기단계에 있는 프로그램을 보완하거나 개선하는 데 활용되며, 통계적 접근이나 계량적 분석 방법을 이용하지 않는 경향이 있다. 따라서 양적 조사보다는 질적 조사의 속성—주로 기술적(narrative) 형식—을 지닌다. 또한 프로그램에 대한 클라이언트와 직원의 경험을 기술하는 경우가 많고, 기관의 기록과 노트를 검토하는 과정이나 참여자의 관찰에서 나오는 경우가 일반적이다. 그리고 형성평가 결과는 프로그램을 발전(program development)시키는 가이드로 활용된다. 이러한 형성평가는 보통 다음과 같은 방법을 활용한다.

- 전문가의 자문을 얻는다. 실천 현장에서 전국적인 명성을 가진 인사나 지역적인 명성을 가진 인사, 또는 비슷한 지역 내의 유사한 기관의 사회복지사나 기관장을 대상으로 실시할 수 있다. 이를 통해 프로그램을 향상시키기 위해 기관이 즉각적으로 강조해야 할 부분과 장기적으로 해야 할 부분에 대한 구체적인 목록을 작성한다.
- 전국적으로 인증된 기관에서 '표준모델'을 찾아 벤치마킹한다. 예를 들면, 미국아동복지연맹(The Child Welfare League of America)의 아동복지 서비스 지침과 같은 것이다. 이러한 표준 모델은 프로그램에서 중도 탈락하거나 재발하는 클라이언트에 관해 대략적인 지침을 제공한다.
- 특별위원회(ad hoc committee)를 구성한다. 여기에는 직원, 클라이언트, 지역사회에서 명망 있는 사람, 기관의 운영위원회 위원의 참여가 가능하다. 프로그램 개선에 관한 생각을 설문지로 작성하여 클라이언트와 직원에게 회람하고 난 후, 엄선된 특별위원회에 의해 참가자의 생각과 경험 그리고 프로그램에 대한 희망 사항과 아이디어를 공유한다. 그러므로 형성평가의 목적은 최종적이거나 종결평가를 제공하는 것이 아니라 프로그램 개선을 위한 정보를 체계화 하는 것이다.

한편, 프로그램 형성평가와 대비되는 평가 유형으로 종결평가(summative evaluation)가 있다. 이는 프로그램에 대한 최종 결론적인 형태의 평가로 프로그램의 목적과 목표가

미국아동복지연맹(CWLA)의 아동복지 서비스에 대한 기준
출처: https://www.cwla.org/our-work/cwla-standards-of-excellence/

충족되었는지, 그리고 프로그램 효과가 다른 기관과 집단에도 일반화할 수 있는지를 평가한다(Marlow, 2011: 88-90). 이 평가 방법은 보통 재정지원기관에 의해 요구되는 프로그램 평가의 유형으로 실증적 조사에 의해 산출된 객관적 자료에 더 많은 관심이 있다.

4) 과정평가

일반적으로 프로그램 형성평가는 과정평가(process evaluation)를 포함할 수 있지만 모든 과정평가가 프로그램 형성 초기과정에서 실행되는 것은 아니다. 왜냐하면 과정평가의 경우 프로그램의 수행 과정 중 어느 단계에서도 실행할 수 있으며, 프로그램의 종결 시점에 가서 그 프로그램이 과연 계획대로 실행되었는지를 평가하기 위해서도 실행하기 때문이다. 형성평가와 마찬가지로 과정평가 역시 주로 기술적(narrative) 형식을 띠며, 새로운 프로그램의 개발 과정에 주요 결정 사항과 발생한 이벤트(events)를 서술하고 있다.

특히 정부에서 새로운 시범사업을 시행할 때 과정평가를 선호하는데, 이는 다른 지역에서 비슷한 프로그램을 실행하고자 하거나 반복하고자 할 때 이 과정평가로 획득한 정보가 매우 유익하기 때문이다. 과정평가에서는 프로그램의 실행 과정을 모두 기록하게 되며(document the operations of a program), 주로 이야기 형식을 활용하여 의사 결정과 새로운 프로그램 개발에서 핵심적 사안들을 구체적으로 기술한다. 즉, 어떤 프로그램을 시작하고 운영하는 데 필요한 것, 반복하지 말아야 하는 실수, 다음 팀에 대한 충고 등을 제공함으로써 그 역할을 한다고 볼 수 있다. 특히 사회복지 분야에서 시범사업(demonstration project or pilot project)은 과정평가가 활용되는 가장 대표적인 사례다.

사례

상병수당제도 시범사업

코로나19 팬데믹 당시 근로자가 질병으로 정상적인 근로활동을 하지 못할 때 소득 손실을 보전해 주는 제도의 필요성이 제기되었다. 상병수당제도는 근로자가 업무와 관련 없는 질병, 부상으로 인해 경제활동이 어려운 취업자의 치료에 집중할 수 있도록 소득을 보전해 주는 제도로 OECD 36개국 중 32개국에서 도입 중인 제도다. 우리나라 정부는 2025년 본 제도 도입을 목표로 2022년 7월부터 시범사업을 시작하였으며, 2024년 1월, 2024년 7월 추가로 실시하여 총 3단계에 걸쳐 14개 지역에서 시범사업을 실시하였다. 소득 기준은 가구 중위소득 120% 이하를 대상으로 2024년 기준 일 47,560원(최저임금의 60% 수준)이 최대 90일 또는 120일까지 지원하는 것으로 설계되었다. 하지만 제한적인 대상자, 불충분한 소득 보장 등 여러 문제점과 과제가 도출되어 본 사업 전면 도입은 2027년 이후로 연기되었다.

자료: 윤성원(2022); https://www.hani.co.kr/arti/society/rights/1149398.html)

주거급여 시범사업

정부(국토교통부)는 저소득 서민들의 주거복지 향상을 위한 주거급여 개편안에 대한 시범사업(pilot program)을 2014년 7월부터 실시한다고 밝혔다. 주거급여는 기존 기초생활보장제도의 통합급여 가운데 주거비를 따로 분리해 지급하는 것으로서 주거급여의 대상자와 지원액이 늘어 수혜자가 확대되는 효과가 있다. 새로운 주거급여 제도의 본격 시행을 앞두고 실시하는 시범사업은 전국 23개 지역을 대상으로, 서울 3개구(성북 · 서대문 · 노원)와 경기 과천을 비롯한 전국 23개 시 · 군 · 구이며 그 대상 가구는 약 4만 가구에 이른다.

개편된 주거급여 대상 가구는 전체 소득 중 중간(50%)에 해당되는 중위소득의 43%(2014년 기준 4인 가구 월 174만 원) 이하인 가구이며, 가구 소득과 거주지, 가구원 수, 실제 임차료 등에 따라 주거급여액은 달라진다. 즉, 수급자의 소득 인정 금액이 가구원 수별 생계급여 선정 기준(3인 84만 원, 4인 102만 원)보다 적거나 같은 경우에는 기준임대료 범위 내 실제 임차료를 지급하게 된다. 이때 기준임대료는 서울과 경기, 광역시, 지방 등 거주 지역에 따라 4등급으로 구분하고, 가구원 수에 따라 10~34만 원으로 차등 적용된다. 한편, 소득 인정 금액이 생계급여 선정 기준보다 높은 경우에는 기준임대료에서 자기 부담 금액을 뺀 금액을 지급하도록 했는데 자기 부담 금액은 소득 인정 금액에서 생계급여 선정 기준을 뺀 금액의 2분의 1에 해당되도록 규정하였다.

자료: 한국보건복지정보개발원, 복지뉴스(2014. 7. 3.)

그리고 과정평가의 초점은 클라이언트의 성공 여부가 아니라, 프로그램 수행 과정에서 무엇이, 왜 일어났는지(what happened and why)에 있다. 그러므로 과정평가에 활용되는 자료는 클라이언트의 서비스 이용 현황 자료, 클라이언트의 피드백 자료, 심지어 클라이언트에 대한 성과 자료까지 포함한다.

한편, Royse와 그의 동료(2006: 127-128)는 과정평가에서 다음과 같은 질문을 유용한 질문으로 제시하고 있다.

- 프로그램이 지역사회나 조직 내에 도입된 이유는 무엇인가?
- 프로그램의 기준, 가정, 관례, 전통, 특성은 무엇인가?
- 프로그램의 내용은 무엇이며, 그 구성 요소는 무엇인가?
- 프로그램 대상자의 사회인구학적 속성은 어떻게 되는가?
- 직원은 어떤 사람들이며, 그 수는 적절한가? 그들을 평가하는 기준은 있는가?
- 프로그램을 확대하거나 반복할 때 변화되어야 할 점은 무엇인가?
- 결과에 대한 평가의 계획은 무엇인가?
- 프로그램의 비용과 지출은 어떠한가?

연구 사례

중증 발달장애인 자립생활 역량 시범사업 과정평가

정소연 등(2019)은 중증 발달장애인 자립생활 역량 증진을 위해 개발된 시범사업 프로그램에 대한 과정평가를 수행하였다. 과정평가를 위해 사용한 자료는 프로그램 매뉴얼, 간담회 녹취록, 참여자 관찰일지, 활동 동영상 등 다양한 질적 자료를 활용하였으며, 과정평가 결과 시범사업의 투입-실행-산출은 대체로 적절한 것으로 평가되었다. 그리고 사업 전 과정에서 기획 의도 및 사전 계획이 충실히 수행되었으며, 프로그램에 대한 참여자들의 높은 만족도와 긍정적 경험이 나타났다고 보고하였다. 저자들은 과정평가 외에 성과평가를 수행하였으며, 사전-사후-추후검사를 실시하여 지역사회 참여 영역에서 통계적으로 유의미한 결과를 확인하였다.

TIP 과정평가에서 활용되는 유용한 자료

- 클라이언트의 사회인구학적 특징
- 클라이언트의 서비스 이용 현황
- 직원의 특성: 전문직의 정도, 경력, 사회인구학적 특성
- 프로그램 활동: 특별한 이벤트와 모임, 직원 모임, 제공된 훈련, 작성된 프로그램 계획, 절차, 훈련 매뉴얼
- 위원회, 직원, 협의회 모임의 회의록
- 프로그램과 관련된 공문과 내부 문서
- 클라이언트 만족도 자료
- 재정 관련 자료: 프로그램 투입 비용과 지출

자료: Royse et al. (2006), p. 126.

5) 결과평가

성과평가 또는 효과성 평가로도 알려진 결과평가(outcome evaluation)는 프로그램이 클라이언트에게 의도하였던 변화를 이루어 냈는가를 평가한다. 클라이언트의 변화를 알아보기 위해서 주로 실험적 조사설계를 활용하여 인과관계를 파악하고, 그 결과에 초점을 둔다. 보통 통제집단, 무작위 배정을 통해 프로그램이 실행되며, 이 과정에서 객관적인 자료를 얻기 위해 사전, 사후검증을 활용하여 프로그램의 효과성, 즉 클라이언트의 변화를 실증적으로 증명하고자 한다(이에 대해서는 '제6장 실험조사설계'를 다시 검토하기 바란다).

프로그램의 결과에 대해 평가할 때는 일반적으로 다음과 같은 원칙을 활용한다(Beutler, 1993: Peterson & Bell-Doan, 1995; Royse, 2011: 295 재인용).

- 가능한 한 통제집단을 둔다. 비교가 핵심이므로 평가자는 성숙, 역사, 검증 효과와 같은 내적 타당도를 고려한다.
- 클라이언트 표본들은 대표성을 가져야 한다. 타당하지 않은 결론은 편의표집에서 나오고, 표집 절차에서 선택적 편의주의가 발생한다.
- 통제집단, 실험집단의 무작위 배정을 강력하게 추천한다.
- 결과에 대한 측정은 신뢰도와 타당도가 확보되어야 한다.

- 개입은 표준화되고 가능한 단일화하여 적용할 필요가 있다. 즉, 개입에 대한 프로토콜(protocols)이 필요하다.
- 임상적으로 의미 있는 사정은 통계적으로 의미 있는 분석 결과를 수반한다.

연구 사례

다문화 교육 프로그램의 효과성 평가

황성동, 임혁, 윤성호(2012)는 이주문화에 대한 상호문화적응과 통합의 관점에서 대학생들을 대상으로 다문화 교육 프로그램을 개발하고 그 효과성을 평가하였다. 연구방법으로 유사실험조사설계의 한 유형인 비동일 통제집단 전후 비교조사 방법을 사용하였으며, 실험집단(45명)과 통제집단(47명)에서 나타나는 다문화 태도의 차이를 분석하였다. 프로그램 효과성의 지속성 여부를 분석하기 위하여 추후조사를 실시하였다. 분석 결과, 다문화 교육 프로그램에 참여한 실험집단의 사전-사후 차이는 통제집단에 비해 유의미한 것으로 나타났으며(t=4.264, p=.000), 사전-추후 차이 역시 두 집단 간에 유의미하게 차이가 있음(t=2.466, p=.016)을 알 수 있었다. 하지만 통제집단의 경우 사전-사후-추후 점수 간에 변화가 없는 것으로 나타났다.

6) 비용효과평가

비용분석평가(cost analysis)로도 알려진 비용효과평가(cost effectiveness)는 결과에 대한 평가의 한 유형이지만 프로그램의 비용을 분석한다는 점을 강조할 때 별도로 구분할 수 있다. 예를 들면, 미국의 저소득 아동 및 어머니를 위한 영양지원 프로그램(WIC)은 1달러 지출당 메디케이드(Medicaid) 비용 2.91달러의 절감 효과를 거둔 것으로 나타났다(Buescher et al., 1993).

비용효과평가는 각각 프로그램의 성공률을 비교할 수 있고, 그 성공률을 비용 측면에서 비교 검토할 수 있게 해 준다. 따라서 의사 결정자로 하여금 어떤 프로그램을 선택할 것인가에 도움을 준다. 그런데 비용이 적게 드는 프로그램이 항상 좋은 것은 아니며, 비용이 많이 드는 프로그램이 결국에는 비용 효과적인 경우가 많다. 이러한 형태의 프로그램 평가는 결국 정책 결정자로 하여금 최선의 프로그램을 선택하도록 만들어 준다.

한편, 비용편익 분석(cost-benefit analysis)은 비용효과성분석과 달리 프로그램에 투입된 비용(cost)과 그 결과(benefits)를 모두 금전 단위(monetary units)로 측정하는 것을 말한다. 하지만 평가조사에서도 때때로 개입(프로그램)의 결과를 절대적인 기준으로 환산한다는 것이 용이하지 않은 경우가 있다(예: 향상된 자긍심, 노인복지회관 설립의 효과, 직원의 소속감 및 협동심 향상). 그렇지만 사회복지사들은 자신들의 서비스(개입)를 비용효과적인 측면에서 검토해야 하며, 지역사회에 필요한 복지 서비스에 적절한 예산이 뒷받침되지 않을 때(예방이나 문제 해결 측면에서) 그 사회가 치러야 할 비용이 훨씬 크다는 것을 일반 대중에게 증명할 수 있어야 한다. 나아가 가장 효과적이고 효율적인 프로그램을 제시할 수 있을 때 사회복지사의 전문성과 인정감은 훨씬 높아진다. 보통 비용효과성에 대한 조사를 진행할 때 필요한 단계는 다음과 같이 구성할 수 있다(Royse, 2011: 297-298).

- 프로그램 성공에 대해 구체적으로 개념화한다(예: 중증만성정신장애인의 고용지원 프로그램에서 성공은 무엇을 말하는가).
- 프로그램 결과에 대한 데이터 수집을 준비한다(평가에 포함되는 클라이언트를 확인하고 얼마나 많은 기간 동안 자료를 검토할 것인지를 결정한다).
- 클라이언트로부터 프로그램 결과에 대한 데이터를 수집한다(성공의 범주에 해당하는 사항을 결정하기 위해 과거 프로그램 이용자에게 자료를 수집한다).
- 프로그램 비용을 계산한다(이때 인건비, 시설 임대비와 유지비 등을 포함한다).
- 비용효과성을 계산한다(여기서는 클라이언트 성공의 수를 전체 비용으로 나누어 계산

연구 사례

비용효과평가

박승민(2009)은 흡연하는 임산부들을 위한 금연 프로그램의 비용효과성을 메타분석을 통해 그 결과를 제시하였다. 연구 결과 흡연 임산부에 대한 금연 프로그램이 비용효과성이 있는 것으로 나타났는데, 구체적으로 보면 금연 프로그램에 참여한 실험집단이 통제집단에 비해 평균 22.5년 더 양질의 삶(Quality Adjusted Life Years: QALYs)을 누리는 것으로 보고하였다.

비용편익평가

서동우(2002)는 2001년 지역정신보건센터의 사업 효과성을 분석하였다. 정신보건센터의 운영으로 말미암아 환자의 입원 기간 감소와 노동 수입 증가로 인해 정신보건센터당 투입 비용을 100으로 할 때 그 편익은 273으로 나타났다. 즉, 정신보건센터 프로그램은 투입된 비용에 대해 약 2.7배의 편익이 발생하였다고 보고하였다.

한다. 예를 들면, 프로그램 총 비용은 4,000만 원이고, 10건의 성공 사례가 있었다면 각 성공한 클라이언트에 대한 성공 단가는 400만 원으로 계산한다).

이상에서 설명한 프로그램 평가에 대한 유형을 정리하면 〈표 9-3〉과 같이 제시할 수 있다.

표 9-3 프로그램 평가의 유형 요약

유형		목적	내용 및 의의
기본 평가	서비스 이용 평가	• 프로그램 이용과 이용자에 대한 모니터링	• 의도한 목표 및 대상에 대한 확인 가능(프로그램에 대한 모니터링 가능) • 클라이언트의 특성 파악 • 사실적인 묘사(description)
	클라이언트 만족도 평가	• 클라이언트의 서비스에 대한 만족도 측정	• 가장 단순하면서도 가장 자주 사용 • 비교적 저렴한 비용으로 가능 • 포괄적 평가의 일부분으로 많이 활용
형성 평가	형성평가	• 프로그램 개선에 초점 • 개발 단계 및 실행 초기 프로그램 보완	• 형성평가 방법: ① 전문가 자문, ② 표준 모델 찾기, ③ 특별위원회 구성 • 질적 연구인 기술적(narrative) 형식을 띠며, 클라이언트와 직원의 경험 기술, 참여자 관찰 활용
과정 평가	과정평가	• 프로그램이 계획대로 실행되었는지 점검 • 프로그램 진행 과정 기술 • 프로그램 모니터링 • 프로그램 질 확인 및 보증	• 정부의 시범사업에 많이 활용 • 프로그램의 실행 과정을 모두 기록 • 기술적 형식을 띠며 새로운 프로그램 • 개발 과정의 주요 사항을 묘사(서비스 이용 현황, 직원, 프로그램 활동, 만족도, 투입 비용과 지출 등)
결과 평가	결과평가	• 프로그램의 성공 여부에 초점 • 클라이언트의 변화를 검증	• 종결평가(summative evaluation)와 동일한 의미 • 재정 지원 기관에서 보통 요구하며, 경험적 자료에 근거하여 결론적 평가 • 주로 실험적 조사설계를 활용
	비용효과평가	• 각 프로그램의 성공률과 비용 측면에서의 성공률 비교 • 비용효과성 강조	• 결과평가(outcome evaluation)의 한 유형이지만 비용분석에 초점 • 비용편익분석(cost-benefit analysis)은 비용과 효과를 모두 금전 단위로 제시

4. 프로그램 평가를 수행할 때 고려 사항

프로그램 평가를 할 때 가장 어려운 것은 평가, 비용, 성공 등을 어떻게 개념적으로 구체화할 것인가다. 또한 복지기관 운영에 있어 정치적 분위기와 같은 요인이 프로그램 평가 조사에 영향을 줄 수 있다. 아울러 프로그램 평가자는 모든 평가가 본질적으로 불편한 것이라는 인식을 하는 것이 중요하다. 왜냐하면 평가 대상자가 평가받을 때 불편함이나 위기감을 느낄 수 있으므로 평가자는 프로그램 평가 결과에 의해 영향을 받을 수 있는 사람에 대해 민감성을 가져야 한다.

또한 평가라는 것은 항상 정치적인 활동임을 기억해야 한다. 왜냐하면 프로그램 평가 결과는 직원 해고나 특정 프로그램의 예산 삭감에 사용되기 때문이다. 따라서 평가하는 과정에서 발생할 수 있는 문제와 반대를 예상해야 한다. 그리고 항상 해 오던 기존의 관행에 대해 변화를 가져올 수 있기 때문에 일부 직원은 협력하지 않고 담당업무나 양식을 숨기거나 기존 관행을 이야기하는 것에 대한 두려움으로 정직하게 이야기하지 못할 수도 있다.

일반적으로 평가는 세분화된 양식으로 그 내용을 기술할 필요가 있다. 즉, 프로그램 평가는 대답될 질문이나 검증될 가설을 포함하고 평가 세부 항목을 기록한다. 그리고 프로그램 평가에 대한 보고서를 작성할 때는 보고서를 이해할 독자를 고려하여 작성해야 하며, 충분한 시간을 가지고 평가를 수행하고 최종보고서를 작성해야 한다. 또한 평가하는 데 필요한 보상이나 평가를 위한 정규업무 외 추가적 시간도 고려해야 한다. 이 외에도 프로그램 평가 과정에서는 가능한 한 표준화된 도구를 사용하고 다른 프로그램과의 연관성 등을 알아보며, 사무 처리와 같은 업무의 예산 확보 또한 고려해야 한다.

요약

프로그램 평가 조사

1. 프로그램 평가의 목적

프로그램 효과성과 효율성 파악, 관리자의 의사결정 지원, 프로그램 개발 및 개선에 도움, 운영자의 책임성 구현

2. 프로그램 평가 시 사전 고려 사항

시간, 자원, 목적, 평가보고서 제출 기관(대상)

3. 프로그램 평가의 유형

유형	질문	목적	내용 및 의의
서비스 이용평가 (service utilization)	서비스 이용자들이 누구이며, 이들이 어떻게 이용하고 있는가?	• 프로그램 이용과 이용자에 대한 모니터링 • 구체적 목표 설정	• 의도한 목표 및 대상에 대한 확인 가능(프로그램에 대한 모니터링 가능) • 클라이언트의 특성 파악 • 사실적인 묘사(description)
클라이언트 만족도평가 (consumer satisfaction)	클라이언트들이 우리가 제공하는 서비스나 프로그램에 만족하는가?	• 클라이언트의 서비스에 대한 만족도 측정	• 가장 단순하면서도 자주 사용 • 비교적 저렴한 비용으로 가능 • 포괄적 평가의 일부분으로 많이 활용
형성평가 (formative evaluation)	현재 진행 중인 이 프로그램을 좀 더 나은 프로그램으로 만들 수 있는 방법이 무엇인가?	• 프로그램 개선에 초점 • 신속하고 저비용으로 가능 • 개발 및 초기 단계의 프로그램 수정, 보완	• 형성평가 방법: ① 전문가 자문, ② 표준모델 찾기, ③ 특별위원회 구성 • 질적 연구인 기술적(narrative) 형식을 띠며, 클라이언트와 직원의 경험 기술, 참여자 관찰 활용 • 종결평가(summative evaluation)와 대비
과정평가 (process evaluation)	(프로그램의 성공 여부보다는) 프로그램이 계획대로 실행되었는가?	• 프로그램의 실행 점검 및 질 관리에 초점	• 정부 시범사업을 실시할 때 많이 활용 • 프로그램의 실행 과정을 모두 기록

		• 프로그램 기술 • 프로그램 모니터링 • 프로그램 질 확인	• 기술적 형식을 띠며 새로운 프로그램 개발 과정의 주요 사항을 서술(서비스 이용 현황, 직원, 프로그램 활동, 만족도, 투입 비용과 지출 등)
결과평가 (outcome evaluation)	프로그램을 이용하는 클라이언트들이 변화되었는가?	• 프로그램의 성공 여부에 초점(성과평가) • 클라이언트의 변화를 검증	• 종결평가(summative evaluation)와 같은 의미 • 재정지원기관에서 보통 요구하며, 경험적 자료에 근거하여 결론적 평가를 내림 • 주로 실험적 조사설계를 활용(예: 통제집단, 무작위 배정, 표본 대표성 고려)
비용효과 평가(cost effectiveness)	클라이언트를 지원하는 데 얼마나 비용이 투입되었는가?	• 각 프로그램의 성공률과 비용 측면에서의 성공률 비교 가능 • 비용 분석, 비용 효과성 강조 • 최선의 프로그램 선택 가능(복지서비스에 대한 효과성과 효율성 제시 가능)	• 결과평가(outcome evaluation)의 한 유형이지만 비용분석에 초점 • 적은 비용의 프로그램이 항상 최선은 아니며, 고비용의 프로그램이 결국 비용효과적인 경우가 많음 • 비용편익분석(cost-benefit analysis)은 비용과 효과를 모두 금전 단위로 제시

제10장

질적 조사

탐구하고자 하는 주요 질문

1. 질적 조사의 의미는 무엇인가?
2. 질적 조사의 특성은 무엇이며, 양적 조사와 어떤 차이점이 있는가?
3. 질적 조사의 자료 수집 방법에는 어떤 것이 있는가?
4. 질적 조사의 활용 사례(유형)에는 어떤 것이 있는가?
5. 질적 조사의 신뢰도와 타당도에 대한 문제는 어떻게 해결하는가?

1. 질적 조사란

1) 질적 조사의 개념

질적 조사 방법의 기원　질적 조사 방법은 19세기 말 문화인류학 중 문화기술학—비서양 문화와 비서양인에 대한 탐구를 목적으로 한—의 영향에서 비롯되었으며, 제2차 세계대전 말엽에는 시카고 사회학파 중심의 심층 관찰에 기반을 두고 풍부한 질적 조사가 이루어졌다. 그 후 Glaser와 Strauss(1967)의 *The Discovery of Grounded Theory* 출간으로 질적 조사는 하나의 조사 방법으로 체계화되었다. 그리고 1970년대 중반에는 데카르트학파가 실증주의와 가치중립적인 과학적 탐구에 대한 의문을 제기하였으며, 특히 Thomas Kuhn(1970)의 *The Structure of Scientific Revolution* 출간 이후에 질적 조사 방법에 대한 관심이 고조되었다. 이어 1980년대에는 포스트모더니즘에 의한 영향으로 과거의 전형적인 과학적 연구 보고서와는 다른 형태의 연구 결과물이 나타났다(Denzin & Lincoln, 2000).

질적 조사의 의미와 필요성　질적 조사(qualitative research)란 연역적 · 계량적 조사 방법을 활용하는 전통적인 양적 조사(quantitative research)[1)]에서 나타나는 문제점을 지적하면서 귀납적 · 해석적 조사 방법을 강조하는 연구방법으로, 경험을 중시하는 과학적 실증주의 혹은 논리적 실증주의를 거부하는 일련의 입장이다. 인간과 사회의 끊임없는 상호작용을 조사연구하는 사회복지학, 사회학, 심리학, 문화인류학, 교육학 등에서는 기존의 양적 조사 방법에 대한 대안적인 조사 접근과 방법을 개발하였는데, 이를 양적 조사와 구별하여 질적 조사라 부르고 있다.

질적 조사는 가설검증에 얽매이는 양적 조사와 달리 조사 대상에 대한 깊은 관여를 통해 폭넓고 다양한 자료를 수집 · 종합하여 이루어진다. 사람들의 살아가는 자질구레한 이야기 속에서 오히려 역사적 실체와 거시적 전망을 찾아낼 수 있다는 것이 질적 조사의 관점이자 입장이다. 질적 조사 방법은 조사자가 다양하고 복잡한 현실의 문제에

1　계량적 조사로 부르기도 하지만 이 책에서는 질적 조사와 대비되는 개념으로 양적 조사(quantitative research)라는 용어로 일관성을 유지하고자 한다.

밀접하게 접근하고 그 해결책을 찾고자 할 때, 양적 조사 방법을 보완하거나 대체하는 역할을 해 왔다(김정근, 이용재, 1996).

질적 조사는 이제까지 논의되어 왔던 조사 형태와는 다르다. 즉, 양적 조사는 계산(counting), 측정, 수적 분석에 의존하지만, 질적 조사는 통계 및 수치를 거의 또는 전혀 사용하지 않는다. 가끔 계산이 사용되기는 하지만 이것이 중요한 방법이 되는 것은 아니며, 오히려 질적 조사자는 사회적 관계와 상호작용의 패턴을 이해하고자 모색한다. 그리고 일화적 서술(anecdotal accounts)도 조사 대상자의 세계를 기술하는 데 사용된다.

질적 조사자는 조사를 수행하는 데 융통성이 있으며, 조사 목표나 조사 질문은 자료가 수집되고 있는 중에도 변경될 수 있다. 연구를 시작하기에 앞서 어떤 방법론을 염두에 두고 있기는 하지만, 자료를 수집하기 전에 조사설계와 방법론을 엄격하고 확고부동하게 결정할 것을 요구하지는 않는다. 많은 조사자가 질적 조사의 목적은 조사를 마친 후에 가설을 생성하는 것이라고 느끼고 있고, 이러한 유동성 및 융통성으로 말미암아 질적 조사로서 '적절하지 않은' 연구 주제는 없다고 볼 수 있다. 이런 의미에서 질적 조사는 탐색적 조사로 간주하기도 한다.

그러면 "어떤 경우에 질적 조사가 필요한가?"라고 질문할 수 있는데, 일반적으로는 다음과 같은 경우에 질적 조사가 적절하다고 할 수 있다.

- 잘 알려지지 않은 주제에 대한 탐색적 접근을 하고자 하는 경우
- 민감하고 정서적으로 깊이 있는 주제를 심층적으로 조사하고자 하는 경우
- 실제로 어떤 삶을 살고 있는 사람에게서 '생생한 경험'에 대한 이해와 그 의미를 도출하고자 하는 경우
- 사회복지실천에서 프로그램이나 정책 및 기관의 내면(the inside)을 탐구 · 평가하고자 하는 경우

그러면 이상의 경우를 염두에 두고 다음의 사례들을 생각해 보자.

사례

질적 조사의 적용 1

때때로 사회복지기관에서 클라이언트가 어떻게 대우받고 평가되는지를 파악할 필요가 있다. 이럴 경우에는 양적 조사보다는 질적 조사가 더 유용할 수 있다. 즉, 단순히 어떤 척도나 설문지를 이용해 클라이언트의 평가나 피드백을 받기보다는 기관 관리자들 스스로가 클라이언트로 가장해서 클라이언트가 사회복지기관에서 실제 어떤 인식과 대우를 받고 있는지를 파악해 볼 수 있다. 실제 국민연금관리공단의 평가팀에서는 매년 고객(가입자)으로 가장해서 고객에 대한 직원의 태도나 업무 수행 능력 및 친절성 등을 평가하고 있다.

질적 조사의 적용 2

프로그램을 평가하는 질적 조사에서는 프로그램을 성공적으로 마친 클라이언트가 얼마나 되는지, 척도를 통해 클라이언트의 문제에 얼마나 변화가 있었는지를 조사하기보다는 프로그램의 결과로 클라이언트의 생활이 실제 어떻게 변화되었는지에 더 관심이 있다. 그래서 면접 또는 인터뷰를 통해 직접 클라이언트 자신의 말로(또는 기록으로) 그들의 변화와 경험을 심층적으로 파악함으로써 보다 엄격하게 프로그램을 평가할 수 있다.

질적 조사의 적용 3

미국 사회에서 유색 인종에 대한 차별이 여전히 존재하는지를 알아보기 위해서는,

- 유색인종이 아파트 입주 신청서를 제출하고(반응: '빈집이 없다.')
- 1시간 뒤에 백인이 아파트 입주 신청서를 제출한 후(반응: '빈집을 안내해 준다.')

각 신청서에 대한 아파트 관리자의 반응을 비교해 보면 인종 간의 차별이 존재하는지를 확인할 수 있다.

자료: Royse (2004), p. 246.

2) 질적 조사의 특성

질적 조사는 양적 조사와는 여러모로 다른 특성을 보인다. 특히 질적 조사는 규모가 큰 양적 조사와 달리 연구 대상자가 소규모일 경우가 많으며, 연구 대상자가 생활하고 있는 공간, 즉 자연스러운 삶의 상태 그 자체가 연구의 장이 되는 경우가 많다. 그리고 별다른 가설 없이도 연구를 시작할 수 있으며, 주로 논리의 전개 방식은 귀납적 성격을 띤다. 이러한 질적 조사의 특성을 정리하면 〈표 10-1〉과 같다.

표 10-1 질적 조사의 특성

질적 조사(Qualitative Research)		
특성	조사자 자신이 조사도구가 된다.	척도나 측정도구를 사용하는 것이 아니라 조사자 자신이 조사도구(research tool)가 된다. 즉, 모든 데이터는 조사자의 눈과 귀를 통해 걸러지고 수집된다.
	작은 규모의 표본(대상자)이 가능하다.	소수 사람의 생활을 면밀하게 관찰해서 사회문제를 밝히며, 특히 잘 드러나지 않거나 주류에 속하지 않는 사람의 생활 경험을 이해하려고 한다(예: 북한이주민, 노인요양시설 거주 노인, 외국인 이주노동자 등).
	자연스러운 상태의 생활 환경이 연구의 장이 된다.	사회복지사에게 잘 알려진 사례조사와 같이 어떤 현상(사물)을 심도 있고 구체적으로 이해하려는 목적으로 수행된다. 그리고 어떤 객관화된 척도를 사용해서 어떤 문제나 현상을 파악하기보다는 조사 대상자의 삶의 현장에서 이루어지는 구체적인 일상의 삶에 대한 심층적인 이해와 파악을 추구한다.
	주로(이야기 방식의) 기술적인 묘사가 많다.	어떤 가설을 검증하려는 양적 조사와 달리 조사 대상자들의 사회적 관계와 상호작용의 유형을 파악하려고 하며, 조사 대상자의 삶을 묘사하기 위해 일화적 서술(anecdotal accounts)을 사용하는 경우가 많다.
	귀납적이고 탐색적인 성격을 띤다.	질적 조사는 보다 융통성 있고, 데이터가 수집되는 동안에 조사 목적이나 조사 질문이 수정될 수 있다. 그리고 질적 조사의 목적은 차후 검증을 위한 가설을 만드는 것으로써 일반적으로 그 성격이 탐색적 조사로 규정되는 경우가 많다.
사례	노인요양시설에서의 삶은 실제 어떤 모습일까?	양적 조사에서 추구하는 객관화된 척도를 사용해서 노인요양시설 입주자의 생활만족도나 외로움 또는 우울증을 분석하는 것이 아니라, 입주자와 직접 면담과 관찰을 통해 노인요양시설에서의 생활을 보다 세밀하게 기술하여 그 생활의 실상을 보다 구체적이고 풍부하게 그려 낸다.

〈계속〉

자료 수집 방법	관찰	연구 대상자의 행위나 사회적 과정 등을 세밀하게 관찰한다.
	심층면접	비구조화된 개방형 질문으로 심층면접을 진행한다.
	개인 기록의 분석	개인의 편지, 일기, 전기, 연설 등을 분석한다.
	참여관찰	관찰 대상자의 문화와 환경에 몰입하여 관찰한다 (예: 정신질환자로 가장하여 정신병원에 입원, 휠체어 체험 등).
	포커스 그룹	6~8명의 참여자로 구성된 그룹에서 자유롭게 의견 제시 및 토의를 진행한다.
장점	• 풍부하고 자세한 사실의 발견이 가능하다. • 문제에 대한 새로운 시각(통찰력)을 제공한다. • 조사설계나 자료 수집에 융통성이 있고, 때로는 저비용으로 쉽게 시작할 수 있으며, 작은 집단이나 표본으로도 가능하다.	
단점	• 주관적이라는 인상을 주기 쉽다. 즉, 결과에 대한 주관적인 이해가 반드시 현실이나 경험적 검증 결과와 일치하지는 않는다. • 재정 지원을 받는 것과 출간에 어려움이 있다(일반적으로 재정 지원 기관과 학술지 심사위원들은 주로 양적 조사 오리엔테이션이 더 강하다). • 조사 결과를 일반화하는 데 어려움이 있으며, 재정 지원 기관에서는 'hard' 데이터를 'soft' 데이터보다 선호하는 경향이 있다. • 조사 결과의 효율성을 입증하거나 실천적 적용을 이끌어 내기에는 미흡하다.	

자료: Royse (2011), p. 269.

3) 질적 조사와 양적 조사의 비교

이러한 특성을 지닌 질적 조사를 좀 더 쉽게 이해하기 위해 질적 조사의 여러 특성을 양적 조사와 비교하면 〈표 10-2〉와 같다.

표 10-2 질적 조사와 양적 조사의 비교

구분	질적 조사(해석적 접근)	양적 조사(경험적/실증적 접근)
특성	• 주관적이며 특별한 개입 없이 시작이 가능하다. • 방법과 연구 디자인에 융통성이 많다. • 가설 없이 시작이 가능하다. • 탐색적 성격이 강하다. • 별다른 이론적 배경 없이 시작이 가능하다.	• 객관적이고 주로 개입이나 실험을 동반한다. • 융통성이 적다. 즉, 연구 설계 및 변수가 사전에 확정된다. • 주로 가설검증이 목적이다. • 설명적 성격이 강하다. • 구체적인 이론적 배경을 가지고 시작한다.

〈계속〉

	• 학습자로서 연구자의 역할 • 작은 표본 및 대상자에게도 적용이 가능하다. • 자연스러운 실제 환경에서 주로 실시된다.	• 전문가로서 연구자의 역할 • 규모가 큰 표본에 주로 실시한다. • 비교적 구조화된 환경에서 실시된다.
자료 수집 방법	• 관찰 • 심층면접 • 개인 기록의 분석 • 참여관찰 • 포커스 그룹 등	• 개입 • 실험 • 구조화된 설문지 등
척도 활용	척도나 측정도구의 활용이 낮고 통계적 분석이 드물다.	척도를 빈번히 활용하고 계량화된 분석에 초점을 둔다.
목적	주로 어떤 주제, 관계 및 패턴의 발견	주로 가설검증(testing hypothesis)
조사 유형	• 근거이론연구 • 사례연구 • 문화기술학적 조사연구 • 참여행동 조사연구(PAR) 등	• 설문조사연구 • 실험조사연구 • 단일사례연구 • 욕구조사 • 프로그램 평가 조사 등
연구자	문화인류학자, 사회학자, 사회복지학자 등	사회복지학자를 포함한 대다수의 사회과학자
장점	• 심층적이고 풍부한 사실 발견이 가능하다. • 문제에 대한 새로운 시각(통찰력)을 제공한다. • 조사설계 및 자료 수집의 융통성(가끔 저비용)이 있다. • 쉽게 시작할 수 있고, 작은 집단(표본)에도 가능하다.	• 객관적이고(측정 가능한) 일반화할 수 있는 결과를 산출할 수 있다. • 재정 지원과 출판에 용이하다. • 'hard' 데이터의 구축이 가능하다.
단점	• 주관적이라는 인상을 주기 쉽다. 즉, 결과에 대한 주관적 이해가 반드시 현실이나 경험적 검증과 일치하지는 않는다. • 조사 결과를 일반화하는 데 어려움이 있으며, 재정 지원 기관에서는 'hard' 데이터를 'soft' 데이터보다 선호하는 경향이 있다. • 조사 결과의 효율성을 입증하거나 실천적 적용을 이끌어 내기에는 미흡하다. • 재정 지원과 출간에 어려움이 있다(일반적으로 재정 지원 기관과 학술지 심사위원들은 주로 양적 조사 오리엔테이션이 더 강하다).	• 결과가 구체적이거나 충분히 구체적이지 못한 경향이 있다. • 조사연구의 장이 다소 덜 자연스러울 수 있다. • 모든 결과를 계량화하려는 시도가 있다. 즉, 조작적으로 정의할 수 있거나 측정 가능한 자료만 보려고 하기 때문에 조사 결과가 제한적이고 피상적이기 쉽다.

〈계속〉

두 가지 조사 방법 모두 체계적인 자료 수집을 통해 사실 발견을 도출하는 과학적인 조사 방법이다. 따라서 양적 조사와 질적 조사는 상호 배타적으로 그 우월성을 판단하기 곤란하며, 조사의 목적이나 주제 및 조사 속성에 따라 선택적으로 활용할 수 있을 것이다. 그리고 이 양자는 상호 보완적이라는 인식하에 두 방법을 적절히 통합 또는 선택적으로 활용한다면 조사의 가치를 더 높일 수 있을 것이다. 즉, 질적 조사의 일반화 문제와 타당성 · 신뢰성 문제는 객관적이고 실증적인 속성을 지닌 양적 조사를 통해 보완될 수 있으며, 양적 조사의 제한적이고 피상적인 결과들은 질적 조사의 구체적이고 현장감 있는(real-life) 속성을 통해 보완될 수 있다. 실제 프로그램 평가 조사의 경우 두 방법을 혼용한다. 즉, 설문조사와 포커스 그룹을 활용하여 이해의 폭과 깊이를 확보하려고 한다. 이 방법은 마치 렌즈의 줌을 가까이 하기도 하고 멀리하기도 하여 관찰하는, 즉 '숲'과 나무'를 모두 보는 것으로 비유할 수 있다.

2. 질적 조사의 실행

1) 질적 조사의 자료 수집 방법

질적 조사자는 메모, 인터뷰 기록, 노트, 일지 등을 통해 주로 서술적(descriptive)이고 이야기 방식(narrative)의 연구 결과물을 산출한다. 주요 데이터 수집 방법으로는 관찰, 심층면접, 개인 기록의 분석, 참여관찰, 포커스 그룹 등이 있다.

관찰(observation) 관찰자는 어떤 행동, 사회적 과정 또는 특정 개인을 조사하기 위해 드러나지 않는 곳에 자신을 두고 연구 대상을 면밀하게 관찰한다. 일반적으로 관찰자는 관찰 대상자의 세팅 속으로 흡수 · 융합되는 것이 바람직하지만 관찰 대상자의 시야(sight)에서 반드시 숨을 필요는 없다. 그러나 관찰자의 존재가 관찰 대상자의 정상적인 활동에 변화를 야기해서는 안 된다.

심층면접(in-depth interview) 질적 조사에서 흔히 사용하는 자료 수집 방법으로 연구자는 정보 제공자, 즉 조사 대상자와 보다 깊이 있는 내용을 인터뷰하게 되는 데, 이때 주로 개방적 질문을 통해 연구 대상자의 경험, 관계 및 세계관에 대해 보다 구체적으로 이야기하도록 유도한다.

연구 사례

양소남 등(2025)은 질적 연구방법을 적용하여 3명의 마약류 중독 당사자가 경험한 외상과 이들의 회복 여정을 심층적으로 이해하고자 하였다. 연구를 위해 반구조화된 심층면접과 문서를 활용하여 자료를 수집하였으며, 자료 분석은 분석적 귀납법과 주제 분석을 활용하였다. 분석 결과 외상은 약물 사용의 계기가 되기도 하고 의미 있고 건강한 삶을 재구성하는 데 기여하는 등 회복 과정 전반에 영향을 미친 것으로 나타났다. 연구자들은 연구 결과를 토대로 다층적 회복 지원체계 강화, 회복자 중심의 멘토링 시스템 구축 등 실천적, 정책적 방안을 제시하였다.

개인 기록의 분석(reading of personal documents) 편지나 일기, 자서전, 사진 등은 연구 대상자의 '내면(insider)'에 대한 정보를 제공하는 중요한 정보원으로 사용할 수 있다. 예를 들면, 2024년 미국 민주당 전당대회에서 행한 민주당 대통령 후보였던 Kamala Harris의 연설을 살펴보면 그 사람의 정치관뿐만 아니라 그가 자란 가정환경, 경제관, 신앙관 등에 대해서도 파악할 수 있다.

참여관찰(participant observation) 질적 조사자는 조사 대상자와 함께 생활하고 함께 활동함으로써 그들 스스로 관찰 대상자의 문화에 완전히 젖어 들어 관찰하게 된다. 이는 다음과 같이 몇 가지 범주로 나눌 수 있다.

- 소극적 관찰: 이 경우 관찰자는 행동과 장면을 관찰하지만 상호작용하거나 직접 그 상황에 참여하는 상태는 아니다. 따라서 조사자는 하나의 관찰 표적을 찾으며 방관자 같은 역할을 자임한다. 소극적 관찰은 그 자체가 관찰의 한 유형을 구성하기도 하지만, 종종 보다 많은 개입을 하기 이전의 예비단계로 행하기도 한다.
- 능동적 관찰: 조사자는 일반적으로 관찰 대상자가 행하는 대로 함께 그 상황에 참여한다. 가령, 조사자가 어떤 규칙을 학습하기 위해 관찰에 임할 때라도 그 상황에 직접 참여함으로써 그 규칙을 학습한다. 그러나 조사자는 완전한 구성원이 될 수 없으며, 자연스러운 참여자가 되도록 노력하여야 한다.
- 완전 참여관찰: 조사자는 그 집단 및 문화의 한 사람으로 아주 자연스러운 참여자가 된다. 이 경우 조사자는 가장 완벽한 수준에서 그 상황에 몰입하며, 구성원의 한 사람으로 활동한다.

연구 사례

참여관찰의 가장 고전적인 사례 중 하나는 1970년대 초 미국 스탠퍼드 대학교에서 이루어진 연구로, 여덟 사람이 정신질환자로 가장하여(환청을 호소하며) 정신병원에 입원하였다. 이들은 평균 19일 동안 입원하였으며, 입원 기간 동안 그 누구도 이들이 정상인인 것을 알아채지 못했다. 그리고 퇴원 시에는 정신분열증이 다소 완화된 상태라는 진단을 받았다. 이들은 정신병원에 있는 동안 정신병원의 내부 상황과 치료진, 환자의 모습, 치료자와 환자의 상호작용 등을 생생하게 그려 냈다(Rosenhan, 1973: 250-258).

포커스 그룹(focus groups) 포커스 그룹은 보통 6~8명(많은 경우 12명 정도도 가능)이 한 그룹을 형성하고, 이 그룹에 참여하는 구성원에게 어떤 주제에 대한 상호작용을 유발함으로써 참가자로 하여금 의미 있는 제안 및 의견을 도출하도록 하여 자료를 수집하는 방법이다. 포커스 그룹의 가장 큰 장점은 어떤 이슈에 대해 참가자들의 다양하고 폭넓은 정보를 자유롭게 얻을 수 있다는 것이다.

원래 포커스 그룹은 영리기관에서 상품이나 서비스에 대한 평가 및 마케팅을 위해 시작되었고 지금도 많이 활용되고 있지만, 최근에는 사회복지기관을 포함하여 많은 비영리기관에서도 점차 활용하고 있다. 그 이유는 비용이 비교적 적게 들고, 결과 분석 등에 많은 시간적 투자가 필요하지 않기 때문이다. 일반적으로 서비스나 프로그램에 대한 탐색적 · 기초적 데이터를 얻기 위해 포커스 그룹을 활용하는 경우가 많다. 대인면접과는 달리 포커스 그룹은 참가자 사이에 상호작용을 유발하여 유용한 의견을 도출할 수 있으며, 다양한 시각을 발견할 수 있다. 따라서 포커스 그룹에서는 주로 개방형

포커스 그룹의 모습(미국 버지니아주 햄프턴 시청)

출처: http://www.hampton.va.us/community-plan/group_members_and_contact_information.html)

질문을 사용하여 참여자의 생각을 자극하고 고무하며, 그들의 아이디어, 태도, 반응, 제안 및 통찰력을 유도한다.

사례

포커스 그룹의 사례 1

어떤 복지법인의 조직 진단을 위해 중간관리자를 대상으로 포커스 그룹을 활용한다면 법인에 대한 다양하고 구체적인 의견 및 평가를 도출할 수 있을 것이다. 이때 대략적인 개방형 질문의 핵심은 다음과 같이 세울 수 있다.

- 지금까지 일해 오면서 만족스러웠던 점과 불만스러웠던 점은 무엇인가?
- 조직 내의 의사소통과 인사관리 시스템 등에 대해 어떤 의견이 있는가?
- 앞으로 법인의 발전을 위한 방향과 새로운 프로그램을 도입한다면 어떤 프로그램이 유용하겠는가?
- 조직문화의 개선을 위한 제언은 무엇인가?

포커스 그룹의 사례 2

어떤 대학에서 신임 교수를 채용하고 난 뒤 교수 채용 과정과 대학 발전을 위한 의견을 수집하고자 할 때 신임 교수 중 특히 경력 교수를 대상으로 포커스 그룹을 실행할 수 있다. 이 포커스 그룹을 통해 교수 채용 과정에 대한 다양한 의견을 청취하고, 나아가 현재 대학 운영—교육, 조사, 행정 시스템—에 대해 기존의 구성원과 다른 비교적 객관적인 의견을 수집할 수 있다.

포커스 그룹은 통계적으로 유의미한 결과를 산출하는 것이 아니라 질적인 데이터를 제공하는 것이 주목적이다. 즉, 어떤 분명한 증거를 통해 증빙 자료를 만드는 것이 아니므로 참여자의 의견, 느낌, 평가를 간단하게 제공하는 데 그 의미가 있다. 일반적으로 포커스 그룹은 소규모 샘플이 그 한계이므로 연구의 타당성을 확보하기 위해서는 다양한 사람을 대상으로 2~5개의 포커스 그룹을 형성하여 비교적 신뢰할 만한 결과를 도출하는 것이 바람직하다. 포커스 그룹을 실제 수행하는 과정은 연구 주제나 참여자의 속성에 따라 다양한 형태가 가능하지만 일반적으로 〈표 10-3〉과 같이 7단계로 구성된다.

표 10-3 포커스 그룹의 실행 과정

단계	내용
1단계	조사 문제나 구체적인 질문을 정한다(그룹을 진행하는 동안에 제기할 질문 항목을 먼저 정리한다).
2단계	참여자를 정한다(이때 가능한 그 집단을 대표할 수 있도록 다양하고 무작위로 선정한다).
3단계	6~8명의 참가자를 수용할 수 있는 조용하고 적당한 공간을 마련한다(일반적으로 6~8명의 참여자가 적당하지만 12명 정도까지도 가능하다).
4단계	집단에서 질문을 제기하고 이끌어 갈 조정자(moderator)를 정한다(이때 조정자는 토론에는 참여하지 않지만 질문을 구체화하거나 참가자의 응답을 명료하게 하기 위해 다른 방식으로 표현을 유도할 수 있다).
5단계	오디오 녹음 및 비디오 녹화가 필요하다면 장비를 갖추어야 하며, 이것이 가능하지 않을 때는 기록(노트)을 잘할 수 있는 보조원을 준비시켜 놓는 것이 바람직하다.
6단계	포커스 그룹 진행의 기본적인 규칙을 설명하고, 참여자가 모두 편안해질 수 있도록 가벼운 농담이나 아주 쉬운 연습을 해 본다. 그리고 참여자에게 정답이나 오답이 있을 수 없으며 단지 참여자 자신의 생각과 견해에 관심이 있음을 알려 준다.
7단계	데이터를 분석한다. 녹음한 것을 기록문으로 작성한 후 중심 주제나 핵심 사항을 가려낸다. 이때 좀 더 객관적이고 합리적인 결과를 도출하기 위해서는 기록문을 3명 정도의 각기 다른 사람이 읽고 확인하게 하여 조사자의 편향을 방지한다. 그리고 결과 보고서는 최소한의 핵심 사항과 주요 주제를 파악하여 제시하도록 한다.

2) 질적 조사의 진행 과정

이제 질적 조사의 진행 과정을 살펴보자. 질적 조사는 연구 주제와 연구 속성에 따라 다양한 과정으로 전개되지만 이 책의 제3장에서 조사 과정을 5단계로 설명하였기 때문에 여기서도 일관성을 유지하기 위해 5단계로 설명하고자 한다.

- 1단계: 질적 조사의 첫 단계는 문제의 발견이나 주제의 선정, 관찰할 사람 및 현상을 결정하게 된다.
- 2단계: 조사 주제와 관련된 문헌에 대해 익숙해지고, 관련 연구 결과를 검토하는 단계다. 그러나 이것이 항상 필수적인 것은 아니며, 때때로 자료 수집이나 자료 수집 후에 문헌 검토를 할 수도 있다. 왜냐하면 조사자는 조사 대상 및 주제에 대해 가능한 편견과 선입견 없이 조사에 임해야 하기 때문이다. 그리고 이 단계에서는 전체적인 조사의 진행에 대한 구체적인 계획을 수립한다.

- 3단계: 연구(관찰)할 장소에 접근하여, 그곳 사람들과 상호작용을 통해 그들의 활동을 관찰한다. 때로는 한두 사람의 주요 정보 제공자에게서 그곳의 여러 상황과 활동을 이해하는 데 도움을 받기도 하며, 보다 밀접한 환경 속으로 들어갈 준비를 하게 한다. 이때 정보 제공자는 조사 대상 집단이나 문화에 대한 내부 전문가로 이들 및 조사 대상자와의 라포(rapport) 형성과 장기간의 관계 형성이 자료 수집에 매우 중요하다.
- 4단계: 현장에 대한 접근과 조사 대상자와의 관계 형성이 이루어지고 나면 곧장 자료 수집으로 들어가게 되는데, 이때 연구자가 보고 듣고 느끼는 모든 것이 자료가 된다. 직접 보고 듣고 느끼는 것 외에도 그 현장과 문화 속에서 만들어진 사회적 생성물 등 그곳에 있는 것은 무엇이든 자료로 수집될 수 있다. 이때 면접이 이루어지며, 대체로 비구조적으로 이루어지며, 질적 조사자는 학습자이기 때문에 가능한 한 많은 현지 기록(field notes)과 경청(listening)을 하게 된다.
- 5단계: 연구의 마지막 단계로 지금까지 수집한 데이터를 분석하고 보고서를 작성한다. 데이터를 분석하는 것은 양적 조사와 같이 어떤 특정한 코드북이 있는 것이 아니고, 관찰과 기록 등 모든 수집된 데이터에서 어떤 중심 주제나 패턴을 발견하기 위함이다. 최근 서구에서는 질적 분석을 위한 소프트웨어가 개발되어 있으며, 이 중 NVivo, ATLAS/ti, NUDIST, Ethnograph, HyperQUAL 등이 많이 사용된다 (Rosyse et al., 2006: 102).

3) 질적 조사의 유형

질적 조사의 유형이나 방법은 다양한 형태로 나타나지만, 여기에서는 가장 보편적으로 활용되는, 근거이론연구, 사례연구, 문화기술학적 조사연구, 참여행동연구의 네 가지로 한정하였다.

근거이론연구(grounded theory) 조사 과정을 통해 체계적으로 수집되고 분석된 자료를 상호 비교·검토함으로써 어떤 이론을 추출하는 방법이다. 이때 자료 수집, 분석 그리고 도출된 이론이 매우 밀접한 관계를 갖는다. 근거이론연구에서 조사자는 미리 어떤 이론을 설정하지 않고 조사를 시작하며 자료 수집과 분석 과정에서 이론이 생성되도록 한다. 그리고 이 생성된 이론은 자료에 근거하는 것으로서(developed out of data) 연구 주제에 대한 직관력을 제공하며, 이에 대한 이해력을 높이고 후속 조치를 취하는 데 의미 있는 지침을 제공한다. 즉, 근거이론연구는 연구자가 이론적 민감성을 가지고 이론적 표본추출, 지속적 비교 방법, 메모, 코딩 등을 통해 체계적으로 이론을 개발하고자 하는 질적 연구방법이다(신경림, 2002; Glaser & Strauss, 1967; Strauss & Corbin, 1997). 다시 말하면, 근거이론연구는 수집된 데이터를 통해 어떤 이론(가설)을 도출하는 연구방법을 말한다(Grounded theory is a methodology for developing a theory that is derived out of data).

연구 사례

근거이론을 활용한 연구 사례 1

석희정(2014)은 해석학적 근거이론 방법을 활용하여 남성독거노인들이 홀로 살아가는 과정에서 겪었던 경제적 · 심리사회적 · 신체적 어려움의 내용과 그 어려운 생활 속에서 벗어나기 위한 과정 및 삶의 의미를 연구하였다. 총 6명의 대상자에게 심층면접을 통해 자료를 수집하여 의미 단위로 분석하고 범주화 작업을 진행하였다. 연구 결과를 토대로 남성독거노인들을 위한 사회적 지지 프로그램 개발과 지원방안을 모색하였다.

근거이론을 활용한 연구 사례 2

김영숙, 임효연(2010)은 근거이론 방법을 활용하여 주민참여복지 네트워크에 대한 질적 연구를 수행하였다. 이들은 24명의 주민 및 복지기관 종사자들을 대상으로 심층면담과 문서기록을 통해 자료를 수집하였으며, Strauss와 Corbin(1990)의 방법을 활용하여 자료를 분석하였다. 분석 결과 개방코딩에서는 32개의 하위범주 및 13개의 범주를 구성하였으며, 축코딩에서는 개방코딩의 결과를 패러다임에 따라 정리하였다. 그리고 최종적으로 선택코딩에서는 '사회복지 환경을 타개하기 위한 아래로부터의 실천혁명'이라는 핵심 범주를 제시하였다.

사례연구(case studies) 이 방법은 사회복지사에게는 매우 익숙한 것으로서 개별적인 사례(클라이언트)에 관한 정보, 즉 데이터를 체계적으로 조직화하는 연구방법으로 정의할 수 있다. 이는 개입을 필요로 하는 임상적인 문제를 밝히기 위해 활용되어 왔다. 그리고 사례연구는 질적인 방법을 사용하여 단일 사회현상과 클라이언트에 관해 조사할 수 있는 심층적인 조사 방법이지만 양적인 방법과 결합하여 사용할 수 있는 조사 방법이기도 하다. 사례에 관련된 자료를 수집하기 위해서 면접, 사회력 및 개인력

분석, 관찰 등의 방법을 사용하며, 주로 대상자(사례)를 중심으로 그를 둘러싸고 있는 사회환경과의 상호작용을 이해하고 심도 있게 서술하는 데 중점을 둔다.

문화기술학적 조사연구(ethnographic studies) 일찍이 인류학에서 출발하였으며, 교육학, 인류학, 사회학 등에서 많이 활용되고 있다. 이 연구 유형은 실제 자연스러운 세상에서 매일의 삶을 관찰하는 것(자연적 묘사, 문화적 묘사)에 초점을 두며, 특히 사람의 주관적 경험과 해석을 강조하기도 한다. 문화기술학적 연구는 관찰, 몰입, 비공식적 대화, 참여 등을 통해 관찰 대상자의 관점(from a native' s point of view)에서 특정 집단의 문화를 이해하는 방법이다.

특히 특정 집단이나 사람을 제대로 이해하기 위해서는 오랜 기간 동안 관찰에 임해야 하는데, 이때 관찰 대상자의 환경과 문화에 상당 기간 완전히 몰입(immersion)하는 것이 연구자가 주로 활용하는 기법이다. 문화기술학(ethnography)은 연구자가 활용하는 연구 유형(방법)이기도 하고, 그 연구 결과물을 의미하기도 한다. 따라서 문화기술학적 연구를 통해 독자는 어떤 특정 집단(사회)의 가치, 신념, 지식, 행위 등을 이해하고 수용하게 된다(Padget, 2004: 76-96).

예를 들면, 언젠가 모 방송국의 프로그램에서 지하철역에서 생활하는 한 노숙자의 삶과 인생을 그렸는데, 이 과정에서 그 노숙자의 하루 24시간의 일거수일투족을 묘사하였다. 즉, 노숙자의 삶을 그리기 위해 그 생활 환경 속으로 들어가 아침에 일어나면서부터 밤에 잠들기까지 모든 생활 모습을 있는 그대로 기술한 것이다. 이것이 곧 문화기술학적 연구에 가까운 것이라고 하겠다. 이처럼 문화기술학적 조사연구는 특정 기관이나 대상자의 삶과 문화를 이해하기 위해 실제 그 장으로 들어가 그들의 관점에서 그 삶과 환경을 밀도 있게 그려 내는 연구방법이라고 하겠다. 다음 연구 사례를 보면 이 연구 유형을 이해하는 데 도움이 될 것이다.

연구 사례

문화기술학적 연구 사례 1

Floersch(2004)는 사회복지실천 현장에서 상황적 지식(situational knowledge)이 어떤 독자적인 가치가 있는지, 그리고 기존의 학술적 이론(disciplinary knowledge)과 어떤 상호 연관성이 있는지를 분석하고자 하였다. 이 연구에서 그가 사용한 방법은 실천적 · 문화기술학적 접근(practice ethnography)으로, 실제 정신보건센터에서 근무하고 있는 세팅으로 들어가 사례관리자와 함께 생활하고 행동함으로써 그들의 일상적인 사례관리 실천 과정에 완전히 몰입하였다. 그리고 그 과정에서 수집된 모든 데이터(대화 내용, 기록 등)를 분석한 결과, 실천 현장에서 얻은 지식의 유용성(practice wisdom)을 주장하였다.

문화기술학적 연구 사례 2

한상영(2012)은 문화기술학적 연구방법을 활용하여 한국 사회에 이주해 온 여성 결혼이민자들이 경험하는 다문화가족의 적응 형태를 구체적이고도 생생하게 그 모습을 기술하려고 하였다. 총 13명의 여성 결혼이민자를 연구 참여자로 하여 이들의 입장에서 관찰, 심층면접 그리고 주변 인물과의 비공식적인 면담을 통해 여성 결혼이민자들이 한국 사회에서 적응해 가는 다양한 모습 — 자녀 양육, 부부관계, 가족과의 관계, 새로운 문화에 적응 등 — 을 심층적으로 연구하였다.

참여행동조사연구(participatory action research: PAR) 참여행동연구(PAR)란 문제 인식과 해결 과정에서 조사자와 참여자(대상자)가 함께 문제를 분석(해결)하는 조사 방법으로, 조사자와 참여자가 함께 집합적으로 토론과 상호작용을 통해 지역사회 문제의 구조적 원인을 분석해 나가는 교육적 과정이기도 하다. 그리고 문제 해결을 위해 지역사회에 급진적인 변화가 이루어지도록 조사자와 참여자가 함께 연합하여 집단적 행동을 취하는 조사 방법이다. 여기서 조사의 결과는 지역사회 차원에서 결정되고 조정된 행동 조치로 나타난다.

이 연구의 목적은 사회변화(social change)와 임파워먼트(empowerment)라고 할 수 있는데, 단순히 지역사회의 문제나 현실을 밝히는 데 그치지 않고 급진적인 변화를 이루는 데 목적이 있다. 따라서 기존의 연구 유형과는 매우 다르며, 일종의 대안적 연구 형태라고 할 수 있다. 참여행동연구의 진행 과정에서 이루어지는 주요 활동은 집합적인 조사탐구, 교육, 교화 및 계몽 그리고 행동 조치이며, 연구 대상으로는 주로 소수집단, 즉 빈곤층, 여성, 원주민, 농어촌 주민 등이다. 그리고 연구자와 대상자가 함께 연구를 진행하며, 지역사회에 기반하고 그 지역사회의 문제를 해결하고자 하는 연구라는 특징이 있다(Mardiros, 2002).

연구 사례

Mardiros는 호주 원주민 부족의 알코올 문제와 이에 따른 자살 및 정신질환 문제를 서구 사회의 관점이 아닌, 호주 원주민 사회의 관점에서 그들과 함께 인식 · 규정하고 함께 해결을 모색하는 연구를 수행하였다. 저자는 이 원주민 부락에 들어가서 지역보건 간호사로 활동하면서, 원주민 리더와 함께 지역사회에 기반을 둔 문제 인식과 대화, 토론, 교육 등을 통해 그 스스로 의사결정을 하도록 하고, 임파워먼트를 통해 자율적으로 문제를 해결해 나가도록 유도하였다.

자료: Mardiros (2001), pp. 58-78.

3. 질적 조사의 신뢰도와 타당도

질적 조사연구자는 양적 조사연구자들과 사뭇 다른 방법으로 연구 결과의 신뢰도와 타당도를 확인한다. 어떤 경우에 질적 연구자는 양적 연구자가 사용한 방법보다 더 다양한 방법을 통해 자료를 수집하며, 또 실제 데이터를 수집하는 상황(환경) 속에 있었기 때문에 연구 결과의 타당도가 양적 연구보다 더 높다고 주장하기도 한다(Royse, 2004: 244). 하지만 양적 조사와 마찬가지로 질적 조사에서도 신뢰도와 타당도는 매우 중요한 이슈다. 이에 관해 Belcher(1994)는 질적 연구의 신뢰도와 타당도를 확보하기 위한 전략으로 다음과 같은 세 가지 방법을 제시하였다.

- 장기간 관계 유지(prolonged engagement): 조사하고자 하는 문화 및 집단에 대해 학습할 뿐만 아니라 학습하고 이해한 것을 확인하기 위해서 충분한 시간을 투자해야 한다.
- 지속적인 관찰(persistent observation): 매일매일 관찰하고 그 관찰한 것을 지속적으로 기록해야 한다.
- 다각화(triangulation): 자료 수집에서 어떤 오류나 일관적이지 못한 것을 줄이기 위해 다양한 출처와 방법, 여러 관찰자를 활용해야 한다.

이외에도 동료의 조언과 지지, 예외적 사례의 분석, 모든 기록의 유지 등이 질적 연구의 타당도와 신뢰도를 확보하기 위한 방법으로 제시되었다(유태균 역, 2001: 180-193).

TIP **질적 조사연구의 유용성을 검토하기 위한 질문**

- 연구 결과가 일반적인 기존의 지식과 일치하는가?
- 하나의 연구로서 논리적이며 구조적으로 타당한가?
- 연구에 깊이가 있는가? 아니면 피상적이고 단순한 것인가?
- 연구 결과가 활용 가치가 있으며, 학술적으로 또는 실천적으로 기여하는 바가 있는가?
- 연구 결과가 새로운 사실의 발견이라는 의미가 충분한가?
- 연구의 내용이 풍부하며 통찰력을 제시하고 있는가?

자료: Meloy (1994).

4. 질적 조사에 대한 논쟁

양적 조사를 선호하는 연구자는 종종 질적 조사의 연구 결과에 대해 의구심을 가지고 있다. 그래서 1950년대와 1960년대의 저널에서는 양적 조사 방법과 질적 조사 방법에 대한 상대적인 가치와 중요성에 관련된 논쟁이 시작되었다. 사회복지 분야에서 적절한 조사 방법에 관한 이 논쟁은 최근 사회복지 저널에서도 가끔 격렬하게 재현되고 있는데, 이는 사회복지조사자들이 양적, 경험적 접근 방법을 더 많이 사용하고 있기 때문에 다시 표면화되고 있는 것이다. 즉, 양적 방법을 신호하는 사람들은 질적 방법이 그 효과성을 증명하고 실천을 이끌어 내는 데 필요한 지식을 도출하지 못한다고 믿고 있다.

한편, 질적 접근 방법을 지지하는 사람들은 실증주의적 접근 방법이 단순히 조작적으로 정의하고 측정할 수 있는 데이터에만 집중하는 경향이 있기 때문에 양적 접근 방법은 아주 제한적이고 피상적인 것이라고 반박한다. 또한 경험주의자는 전체를 보는 대신에 문제 상황을 분해하고 쉽게 계량화할 수 있는 것에만 초점을 둔다고 공격받고 있다. 즉, 경험주의자들이 '객관성'에 대한 집착으로 말미암아 연구의 참여자와 나머지 구체적인 것들 사이에 발생하는 중요한 상호작용을 종종 간과하고 있다는 것이다.

그럼 어떤 견해가 옳은가? 그리고 사회복지에 가장 적절한 조사 방법은 무엇인가? 사실상 두 방법 모두 적합하다. 현상에 대한 이해에서 양적 접근과 질적 접근은 모두 나름대로 한계가 있으므로, 특히 훈련과정에 있는 조사자는 두 가지 접근 방법을 모두 사용할 수 있도록 학습해야 한다. 사회복지사는 두 가지 방법을 모두 사회복지 실천에 유익하게 활용할 수 있으며, 각 접근 방법은 다른 접근 방법에 의한 조사 결과를 더 풍성하게 하는 데 사용할 수 있다.

실제 프로그램 평가 조사를 하는 연구자들은 두 가지 방법을 통합적으로 활용하고 있다. 예를 들면, 계량적인 설문조사와 포커스 그룹을 활용해서 연구의 폭과 깊이를 아우르는 결과를 산출한다. 결국 양적 조사와 질적 조사는 상호 보완적이며, 조사하고자 하는 프로그램이나 현상을 이해하는 연구자의 능력을 향상시키는 데 기여한다고 볼 수 있다(Royse, 2011: 277-278).

나아가 Madey(1982)는 프로그램 평가에서 질적 방법과 양적 방법을 통합함으로써 생기는 유익에 대해 구체적으로 주장하였다. 우선, 질적 접근은 조사 도구를 구성하는 설문 항목을 선택하는 데 도움을 주며, 경험적으로 검증된 개념에 대한 외적 타당성(external validation)을 제공해 줄 수 있다. 그리고 질적 조사자의 현장 기록은 양적 조사의 조사 결과를 설명하고 보충하는 구체적인 사례로 활용할 수 있다. 반면에 양적 방법은 조사에서 그 대상자가 대표성을 띠는지 혹은 대표성을 띠지 못하는 사람으로 구성되어 있는지를 확인해 주고, 후속 인터뷰나 관찰에 대해 지침을 제공해 줄 수 있다. 또한 데이터를 수집하는 데도 '엘리트 편향(elite bias)'[2)]을 수정하고 좀 더 큰 규모로 데이터를 체계적으로 수집하도록 하여, 질적 조사의 결과에 대한 타당성을 확보함으로써 질적 조사자에게 유익을 줄 수 있다.

2 예를 들면, 면접할 때 그 사회체계의 엘리트나 주요 인물 및 관리자들을 우선 인터뷰하려는 경향을 말한다.

요약

1. 질적 조사란

질적 조사는 연역적 · 계량적 방법의 양적 조사(quantitative research)와 달리 귀납적 · 해석적 접근 방법으로, 조사 대상에 대한 깊은 관여를 통해 수집한 폭넓고 다양한 자료를 분석하여 인간과 사회의 끊임없는 상호작용을 심층적으로 탐구하는 조사를 말한다. 질적 조사는 조사자 자신이 조사 도구가 되고, 작은 규모의 연구 대상자로 시작하며, 주로 이야기 방식의 기술적인 묘사가 특징을 이룬다. 그리고 조사 대상자의 자연스러운 삶의 현장이 연구의 장이 되며, 논리적으로는 귀납적이고 탐색적인 성격을 띤다.

질적 조사는 사회복지실천에서 다양하게 활용되지만, 특히 다음과 같은 경우에 활용된다.

- 잘 알려지지 않은 주제에 대한 탐색적 접근을 하고자 하는 경우
- 민감하고 정서적으로 깊이 있는 주제를 심층적으로 조사하고자 하는 경우
- 실제로 어떤 삶을 살고 있는 사람에게서 '생생한 경험'에 대한 이해와 그 의미를 도출하고자 하는 경우
- 사회복지실천에서 프로그램이나 정책 및 기관의 내면(inside)을 탐구 · 평가하고자 하는 경우

2. 질적 조사의 자료 수집 방법과 유형

질적 조사의 자료 수집 방법으로는 관찰, 심층면접, 개인 기록의 분석, 참여 관찰, 포커스 그룹을 주로 활용한다. 그리고 질적 조사의 주된 유형에는 근거이론연구(grounded theory), 사례연구(case studies), 문화기술학적 조사연구(ethnographic studies), 참여행동조사연구(participatory action research)가 있다.

3. 질적 조사의 신뢰도와 타당도

질적 조사는 양적 조사와는 사뭇 다른 방법으로 연구 결과의 신뢰도와 타당도를 확인하게 된다. 어떤 경우에는 질적 연구자들이 양적 연구자들이 사용한 방법보다 더 다양한 방법을 통해 자료를 수집하고, 실제 데이터를 수집하는 상황(환경) 속에 있었기 때문에 연구 결과의 타당도가 양적 연구보다 더 높다고 주장하기도 한다. 하지만 양적 조사와 마찬가지로 질적 조사에서도 신뢰도와 타당도는 매우 중요한 이슈다. 이러한 질적 연구의 신뢰도와 타당도를 확보하기 위한 전략으로 주로 세 가지 방법을 활용한다.

- 장기간 관계 유지(prolonged engagement)
- 지속적인 관찰(persistent observation)
- 다각화(triangulation)

4. 질적 조사에 대한 논쟁

사회복지학에서 질적 조사와 양적 조사의 유용성에 대한 논란이 여전히 지속되고 있기는 하지만, 현재로서는 두 가지 조사 방법이 모두 유용한 것으로 밝혀졌다. 현상에 대한 이해에서 양적 접근과 질적 접근은 모두 나름대로 한계가 있으므로, 특히 훈련 과정에 있는 조사자들은 두 가지 접근 방법을 모두 사용할 수 있도록 준비해야 한다. 사회복지사는 두 가지 방법 모두를 사회복지실천에 유익하게 활용할 수 있으며, 각 접근 방법은 다른 접근 방법에 의한 연구 결과를 더 풍성하게 하는 데 사용할 수 있다.

실제 프로그램 평가 조사를 하는 연구자들은 두 가지 방법을 통합적으로 활용하고 있다. 예를 들면, 계량적인 설문조사와 포커스 그룹을 활용해서 연구의 폭과 깊이를 통합하는 결과를 산출해 낸다. 결국, 양적 조사와 질적 조사는 상호 보완적이며, 조사하고자 하는 프로그램이나 현상을 이해하는 연구자의 능력을 향상하는 데 기여한다고 볼 수 있다.

제3부

자료 수집, 분석 및 보고서 작성

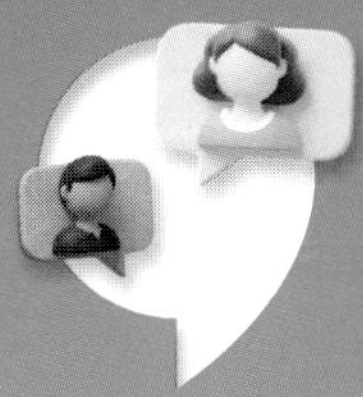

제11장

2차적 자료 수집과 내용 분석

1. 2차적 자료 수집의 의미
2. 2차적 자료 수집의 장단점
3. 기존 데이터에 대한 접근 및 분석
4. 내용 분석
   1) 내용 분석의 대상과 방법　2) 내용 분석의 진행 과정
   3) 내용 분석의 장단점

⊙ 요약

탐구하고자 하는 주요 질문

1. 2차적 자료 수집의 의미와 그 장단점은 무엇인가?
2. 인터넷에서 구할 수 있는 데이터에는 어떤 것이 있는가?
3. 내용 분석의 의미는 무엇인가?
4. 내용 분석은 어떻게 진행하는가?

우리는 일반적으로 자료를 수집하면 연구자가 직접 자료를 수집하는 1차적 자료 수집만을 연상하게 되는데, 사실 조사연구에서는 이미 존재하는 자료, 즉 2차적 자료를 활용하는 2차적 자료 수집의 경우도 빈번히 발생한다. 이 장에서는 2차적 자료 수집 방법과 분석, 그리고 2차적 자료 수집, 즉 비관여적 자료 수집 방법을 활용한 대표적인 연구 방법 중 하나인 내용 분석(content analysis)에 대해 보다 구체적으로 설명하고자 한다.

1. 2차적 자료 수집의 의미

조사자는 자료 수집 시 관찰, 실험, 설문 등 다양한 방법을 통해 자료를 수집할 수 있다. 그러나 관찰, 실험, 설문 등의 자료 수집 방법에는 하나의 공통적인 가능성이 있는데, 그것은 바로 조사 대상자가 조사자의 의도나 목적에 대해 또는 실험이나 관찰 환경에서 조사에 대한 반응성(reactivity)을 일으킬 수 있다는 점이다. 즉, 조사 대상자가 사회적 바람직성(social desirability)을 고려해 응답하거나 행동하는 경우가 있다. 이 반응성과 사회적 바람직성은 조사자가 원래 조사하려 하였던 조사 대상자의 자연스러운 실제 환경에서의 태도, 행동, 지식에 의도하지 않은 변화를 초래하여 조사 결과에 영향을 미치기도 한다. 이러한 조사 대상자의 예상하지 못한 반응성이 조사에 영향을 미친 가장 잘 알려진 사례가 호손효과(Hawthorne Effect)다. 제2차 세계대전 이전에 시카고에 있는 Western Electric 공장에서 조사에 참여한 노동자는 특별한 물리적 환경의 변화(예: 조명의 밝기를 높이거나 작업 스케줄을 바꾸는 등)에 상관없이 생산량을 향상시킨다는 것을 발견하였다. 즉, 실험에 참여하고 있다는 사실 자체가 반응성을 불러일으켜 조사에 참여한 노동자로 하여금 생산량을 향상시키는 결과를 낳았다는 것이다(Royse, 2011: 236). 따라서 조사자는 조사 대상자가 조사에 참여하고 있다는 사실을 아는 것 자체만으로도 어떤 다른 독립변수보다 더 많은 영향을 줄 수 있어, 정확한 자료 수집에 영향을 미칠 수도 있다는 사실을 인식하여야 한다.

자료 수집 단계에서 발생하는 조사 대상자들의 반응성 문제를 피할 수 있는 자료 수집 방법은 조사자가 직접 새로운 자료를 수집하는 대신에 이미 존재하고 있는 자료를 대상으로 자료를 수집하는 방법이다. 기존의 데이터를 자료로 활용하는 방법은 조사자와 조사 대상자 간의 상호작용이 포함되지 않아 비관여적인 조사(unobtrusive research)

라고 부르며, 이러한 2차적 자료 수집을 비관여적 자료 수집이라고 한다. 이 비관여적 조사의 고전적 사례는 Webb, Campbell, Schwartz와 Sechrest(1966)의 *Unobtrusive Measures: Nonreactive Research in the Social Sciences*[1] 였다.

사회복지사가 자료 수집 과정에서 반응성 문제를 인식하고 있든 인식하지 못하고 있든 간에, 일상적인 과업 수행을 통해 매년 많은 데이터를 수집하고 있다. 이들 데이터 중 절대다수는 일상적으로 클라이언트들에게 서비스를 전달하는 모든 과정에서 수집된 것이다. 기관 양식, 평가 양식, 과정 기록, 사회력(social history) 등의 각 과정별 양식은 귀중한 정보를 생산한다. 그리고 이들 데이터는 조사를 목적으로 수집되지는 않았지만, 이와 같은 데이터의 수집은 조사에 관심이 있는 사회복지사에게는 조사연구를 실행할 수 있는 많은 기회를 의미한다.

비관여적 조사의 의도는 다른 조사의 결함을 찾아내는 것이 아니라 새로운 가설을 평가하거나 원래 조사연구에서 탐색하지 않았던 질문을 탐색하려는 것이다. 원래 조사가 시민들의 태도에 대한 횡단적인 조사 방법으로 자료를 수집하였다면, 2차적 자료 분

뉴욕 메트로폴리탄 박물관 내부 전경

출처: http://www.metmuseum.org

1 Webb과 그의 동료들은 사람들이 무심코 남겨 놓은 흔적을 관찰하여 인간의 행위에 대한 연구를 자유로이 수행했다. 예를 들어, 박물관에서 어떤 전시물이 가장 인기가 있는지를 알고 싶은 경우, 여론조사를 수행할 수도 있지만, 여론조사는 사람들이 조사자가 듣고자 하는 전시물 또는 자신들이 더 지적이고 진지해 보이도록 하는 전시물을 얘기할 가능성이 있다. 또한 여러 전시물 옆에 서서 지나가는 관람객의 수를 셀 수도 있다. 하지만, 사람들이 당신이 무엇을 하는지 알아보기 위해 당신 주변으로 모여들 수 있다는 문제가 여전히 존재한다. 이럴 경우에 전시물 앞의 바닥이 닳은 정도를 조사해 보면 어느 전시물 앞에 사람들이 더 많이 멈추고 관람했었는지를 알 수 있다. 즉, 타일이 가장 많이 닳은 곳이 가장 인기 있는 전시물일 것이라고 생각할 수 있다(성숙진, 유태균, 이선우 역, 1998: 458에서 재인용).

석에서는 하위 인구집단의 태도를 평가할 수 있을 것이다. 이러한 2차적 분석은 1차적 분석을 확대・발전시키거나 조사자가 1차적으로 보고한 내용의 범위를 넘어선다. 즉, 2차적 자료 분석은 새로운 가설에도 쉽게 적용할 수 있고 다른 많은 추가적인 작업 없이 가설을 검증할 수 있다는 유연성을 가진다. 그리고 조사자는 하나의 데이터나 문서 출처(document source)에 한정되지 않고 다양한 기관의 데이터를 활용할 수도 있다.

2. 2차적 자료 수집의 장단점

이제 이러한 2차적 자료 수집의 장점과 단점을 구체적으로 살펴보자. 먼저, 2차적 자료 수집의 장점에는 다음과 같은 것들이 있다.

- 조사자가 관심을 가지고 있는 연구 주제에 관해 다른 조사자들이 이미 자료를 수집하였다면, 자신이 자료를 수집하는 데 쏟아야 하는 많은 시간과 노력을 절약할 수 있다. 따라서 조사자는 평소에도 관심 분야에 대해 유용한 정보를 제공하는 데이터베이스에 대해 알고 있어야 하며, 수시로 검색함으로써 새로운 조사 결과에 대한 정보를 파악하려고 노력해야 한다.
- 이미 기존에 수집된 자료들을 활용하는 경우, 기존의 자료 수집 과정에서 발생하였던 오류가 이미 일반적으로 널리 알려지고 인정된 상태에 있다. 대체로 모든 조사는 몇 가지 한계점을 가지고 있다. 따라서 기존의 자료를 활용하는 경우 이미 존재하는 한계점을 조사자가 알고 있는 상태에서 자료를 활용할 수 있다는 장점이 있다.
- 이미 존재하는 자료를 활용하기 때문에 조사자는 자료 수집 과정 중에 클라이언트나 조사 대상자와 상호작용을 걱정할 필요가 없다. 즉, 조사 대상자와 직접적인 상호작용이 없는 상태에서 자료를 수집하기 때문에 자료 수집 과정에서 조사자가 조사 대상자에게 미치는 영향과 조사 대상자의 반응성, 자료 수집 과정에서 발생할 수 있는 조사 대상자의 권익을 해칠 가능성(사생활 침해, 익명성)에 대해서는 염려하지 않아도 된다.
- 2차적 자료 수집 방법의 가장 큰 장점으로 부각되는 것으로 장기간에 걸친 사회문제의 변화에 대한 분석과 비교조사가 가능하다.

반면에 2차적 자료 수집이 갖는 단점으로는 다음과 같은 것을 들 수 있다.

- 때때로 조사에 필요한 중요한 역사적 기록이 화재, 홍수, 태풍 등의 천재지변과 곤충이나 동물들에 의해 훼손되는 경우가 있을 수 있다.
- 종종 조사에 필요한 자료가 수집된 기준이 시간이 지나면서, 정책의 변화나 자료 수집 과정의 변화를 거쳐 기존의 자료와 현실 사이에 차이(gap)가 존재할 수 있다.
- 분석에 활용하려고 하는 기존 자료의 신뢰성에 문제가 있을 수 있다. 예를 들면, 범죄 발생률의 경우, 경찰당국이 범죄에 대한 전쟁을 선포하고 법 규정을 엄격하게 적용한 특정한 시기의 범죄 발생률은 평소의 범죄 발생률보다 상대적으로 높게 나타날 가능성이 있다. 이 같이 이미 존재하는 통계자료를 활용하는 경우에 조사자는 2차적 자료의 신뢰성에 항상 관심을 기울이고 있어야 한다.
- 조사자는 조사에 필요한 가장 최근의 자료를 구할 수 없는 경우가 종종 있다. 왜냐하면, 보통 사회복지기관이나 공공기관에서는 가장 최근의 자료를 생산하는 데 통상 6개월에서 1년 정도가 소요되기 때문이다.

이상의 내용을 요약하면 〈표 11-1〉과 같다. 2차적 자료 수집과 분석은 많은 장점을 가지고 있지만, 조사자는 완결성, 정확성 측면에서 기존 자료의 내용들을 조사 목적에 맞도록 변환해야 하는 수고를 감수해야 한다. 따라서 2차적 자료에 대한 접근 방법은 큰 규모의 조사를 수행하기에는 자원이 부족한 경우나 더 정확한 조사 방식으로 조사를 수행하기 곤란한 경우, 조사 문제나 질문이 조사자가 직접 자료를 수집하기에 적합하지 않은 경우에 적절한 대안으로 활용된다고 할 수 있다(Royse, 2011: 238-240).

표 11-1 2차적 자료 수집의 장단점

장점	단점
• 자료 수집을 위한 시간과 노력이 절약된다. • 기존의 자료 수집에서 발생하였던 오류가 이미 알려져 있어 인정되고 수용된 상태다. • 조사 대상자와 직접적인 상호작용이 없기 때문에 조사자가 미치는 영향, 즉 조사 대상자의 반응성을 고려하지 않아도 된다. • 비관여적 자료 수집의 가장 큰 장점으로 장기간의 변화 분석과 비교조사가 가능하다.	• 중요한 역사적 기록이 천재지변 등으로 훼손될 가능성이 있다. • 시간이 흐름에 따라, 또는 정책의 변화에 의해 기존 데이터와 현실 사이에 차이(gap)가 존재할 수 있다. • 자료의 신뢰도에 문제가 있을 수 있다. • 데이터를 생산하는 데 시간이 걸리기 때문에 최신 데이터를 확보하지 못하는 경우가 있다.

3. 기존 데이터에 대한 접근 및 분석

조사자가 접근할 수 있는 기존 정보는 이미 많은 분량으로 수집되어 있다. 이들 기존에 수집된 정보는 다양한 모습의 통계적인 형태(단행본, 보고서 등)로 존재하기도 하고 많은 경우 디지털화된 자료의 형태로 존재하기도 한다. 따라서 기존의 자료를 자료로 활용할 때 조사자는 한 가지 자료만이 아니라 각기 다른 기관들에서 제공한 다양한 자료를 활용할 수 있다.

또한 근래에 들어 컴퓨터를 활용한 방대한 규모의 조사가 공공기관이나 민간기관에서 정책 결정이나 공공서비스에 대한 의견을 파악하기 위해 많이 진행되고 있다. 이들 조사는 특정한 몇몇 주제만을 조사하는 것보다 훨씬 다양한 주제를 대상으로 조사하고 있다. 따라서 연구 주제가 사회적 · 경제적 · 정치적 조건 등을 포괄하는 다양한 변수 간의 관계를 포괄하는 가설을 검증하고자 할 때 유용하게 활용할 수 있다. 또한 자료의 규모나 양적인 면에서 개별 기관에 소속된 조사자나 조사자 단독으로 수행하는 조사에서 얻을 수 있는 자료의 분량과는 많은 차이가 있다. 즉, 거대하고 전국적인 표본을 대상으로 자료를 수집한 조사 결과들을 무료 혹은 저렴한 비용으로 개별 조사연구자나 사회복지기관에서 활용할 수 있다.

기존의 자료 중에서 가장 쉽게 접할 수 있는 자료는 사회지표(social indicators)에 대한 자료다. 사회지표는 사회문제에 대한 전반적인 경향에 대한 정보를 제공하는데, 통상 국가기관에 의해 작성되고 제공된다. 사회지표와 관련된 정보를 수록하고 있는 대표적인 것으로는, 국가데이터처(옛 통계청)에서 매년 발간하는 통계 연보, 경찰청에서 발간하는 범죄백서, 각 정부 부처에서 발행하는 백서 등이 있다. 따라서 유능한 사회복지사는 자신의 전문 분야에 유용한 사회지표를 제공하는 기관이나 자료 출처에 대해 잘 알고 있어야 한다.

2차 자료 분석은 기존에 수집된 설문조사 자료나 다른 조사자가 수집한 자료를 재분석하는 것이다. 1차적 자료 수집(실험, 서베이)의 초점이 자료를 수집하는 것에 맞추었다면, 2차적 자료의 초점은 분석에 맞추어진다. 조사자들이 2차적 자료 분석 방법을 활용하는 경우가 점차 증가하고 있는데, 이들 기존의 조사 결과를 활용한 2차 자료 분석은 자료 수집을 위한 별도의 특별한 노력을 기울이지 않아도 방대한 규모의 데이터를 활용할 수 있다는 점이 가장 큰 장점으로 부각된다. 〈표 11-2〉는 인터넷상에서 쉽게 접근할 수 있는 유용한 자료를 제공하는 사이트들이다.

표 11-2 각종 통계나 데이터를 제공하는 포털 사이트

사이트	내용
https://kosis.kr	우리나라 국가데이터처에서 제공하는 국가통계포털로 각종 인구센서스나 사회지표에 대한 자료를 제공한다.
https://kossda.snu.ac.kr	서울대학교에서 관리하는 한국사회과학자료원에서는 사회과학에 대한 데이터 아카이브를 소장하고, 한국종합사회조사 등 다양한 연구자료를 제공하고 있다.
https://data.gov	미국 연방정부 기관의 통계자료, 보고서, 기록물 등을 종합적으로 제공하는 정부 데이터 포털 사이트다.
https://gapminder.org	스웨덴의 비영리 독립적인 기관으로서 데이터에 대한 오류와 편견을 불식하고 사실에 근거한 올바른 세계관을 갖추도록 하는 데 목적을 두고 있다.
https://census.gov	미국 인구국의 인구센서스(가구, 소득, 빈곤 자료 등을 포 함)에 대한 정보를 제공한다.
https://icpsr.umich.edu/index.html	보건 · 사회 및 정치과학연구에 대한 다양한 데이터를 보유한 대학 간 연합 데이터베이스 포털사이트로 미국 미시간대학교에서 관리하고 있다.
https://www.kff.org	미국 Kaiser Family Foundation(KFF)에서는 보건에 관한 주요 이슈들, 특히 저소득과 취약 인구층에 대한 정보를 제공한다. 특히 50개 주의 보건 적용 범위, 비보험, 보건 비용, 여성 건강, 소수자 보건, 메디케이드, 메디케어를 비교하는 데 유용한 자료를 제공한다.
https://unstats.un.org/UNSDWebsite	세계 각국의 아동 출산율, 교육, 보건, 주택, 문맹률, 실업률, 청년 인구와 노년 인구에 대한 정보를 제공하는 UN 포털사이트다.

자료: Royse (2020), pp. 251-252 재구성.

사례

웹에서 활용 가능한 데이터 제공 사이트

다음 그림 중 첫 번째 사이트는 서울대학교에서 제공, 관리하는 한국사회과학자료원으로 사회과학에 대한 다양한 데이터 아카이브를 소장하고 있으며, 교육 강좌를 수행하면서 다양한 데이터를 제공한다. 두 번째 사이트는 스웨덴의 비영리 독립기구인 Gapminder로 세계의 빈곤, GDP, 생활만족도, 기후변화 등에 대한 잘못된 정보를 불식하고자 객관적 사실에 기반하여 각종 유용한 데이터와 정보를 제공하고 있다. 세 번째 사이트는 미국 미시간대학교에서 운영 중인 정치 및 사회과학 관련 연구 데이터 포털사이트 ICPSR로 다양한 유형의 데이터를 다운로드할 수 있으며 직접 분석도 가능하다.

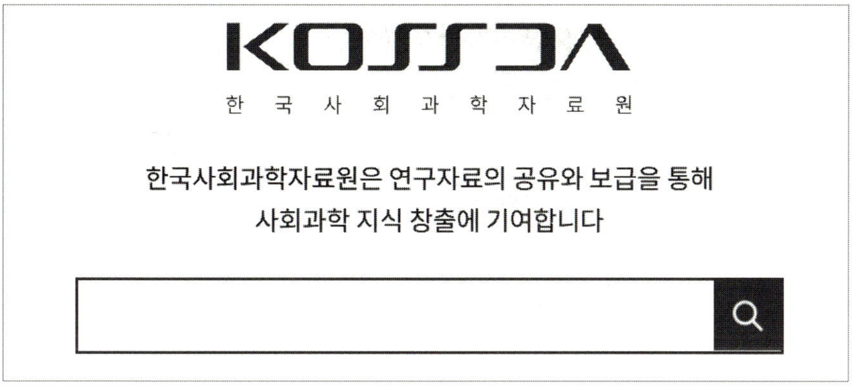

자료: http://kossda.snu.ac.kr

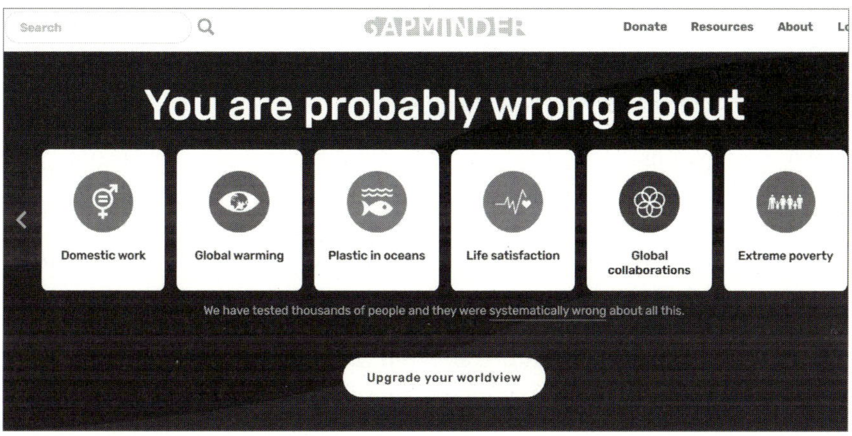

자료: http://gapminder.org

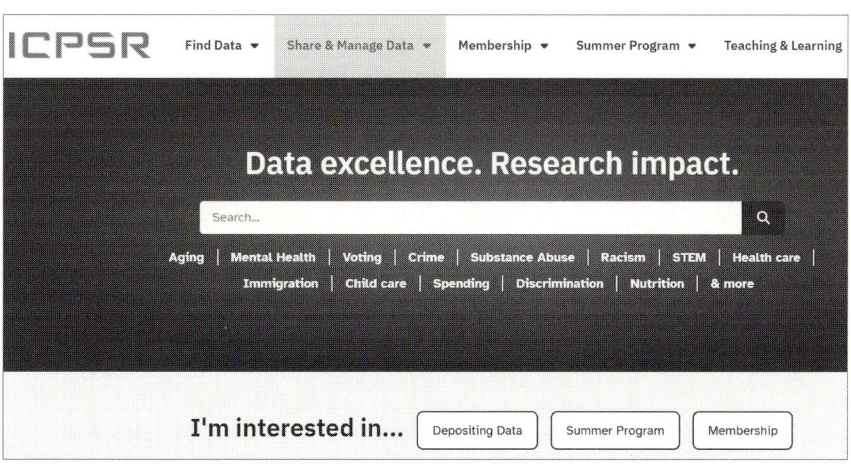

자료: http://icpsr.umich.edu/sites/icpsr/home

4. 내용 분석

내용 분석(content analysis)은 반드시 비관여적으로만 자료를 수집하는 것은 아니지만 일반적으로 비관여적 자료 수집 방법을 활용하는 가장 대표적인 조사 방법 중 하나로, 연구 주제와 관련된 내용을 수집하고 분석하기 위한 연구방법이자 분석기법이다. 이때 '내용'은 단어, 의미, 그림, 상징, 생각, 주제 및 의사소통된 그 어떤 메시지를 나타낸다. 결국 내용 분석은 이러한 인간의 의사소통의 기록을 객관적이고 체계적으로 분석하는 방법이다.[2)]

연구 사례

내용 분석기법을 활용한 사회복지 교육 관련 연구

이현지, 조계화(2012)는 사회복지학을 전공하는 대학생들을 대상으로 '인간'과 '사회복지사'에 대한 시각을 탐색하고자 사회복지학 전공 대학생 21명을 대상으로 심층면접을 통해 수집한 자료를 내용 분석하였다. 분석 결과 네 개의 범주 '인간다움' '의미 있는 삶의 가치' '사회복지사의 이미지' '사회복지사의 능력'으로 분류되었으며, 각 범주당 7~8개의 주제를 발견할 수 있었다. 그중 '사회복지사의 이미지'에 대해서는 밝고 긍정적이며, 일에 열정적인 능력 있는 전문가를 포함하는 7개의 주제로 분류되었으며, '사회복지사의 능력'에 대해서는 판단력, 전문성, 적극성, 친화력 등 8개의 주제로 나타났다. 이러한 연구 결과는 향후 사회복지사의 교육과정 개발에 미치는 함의가 크다고 하겠다.

1) 내용 분석의 대상과 방법

내용 분석의 분석 대상은 인간의 의사소통이 담겨 있는 기록물로서 출판물, 공문서, 연설문, 신문, TV, 영화, 개인적 편지, 일기와 같은 역사적인 기록물에 포함된 핵심 단어나 문장 또는 주제가 된다. 분석 방법으로는 단어나 문장의 사용 빈도를 계산하거나

2 내용 분석은 계량적 접근으로 이루어지는 경우가 많지만, 기록 속에 담긴 의미나 어떤 주제 및 패턴을 찾아내는 질적인 접근으로도 활용된다. 이 장에서는 계량적 접근 방법에 기초해서 내용 분석을 다루고자 한다.

신문 기사의 크기나 연설 내용 중 특정 주제를 언급한 시간 등을 측정하여 다른 사람도 반복 측정할 수 있도록 객관적인 방법을 활용하며 범주화하고 계량화한다.

2) 내용 분석의 진행 과정

내용 분석의 진행 과정은 일반적으로 조사 질문 및 가설의 설정, 분석 대상의 결정, 분석 단위 결정 및 표본추출, 데이터의 범주화 및 계량화, 신뢰도 검증의 순서로 이루어진다. 이 과정의 각 단계별 유의 사항은 〈표 11-3〉과 같다. 그리고 이 과정에 따라 내용 분석의 실제 사례들을 〈표 11-4〉와 〈표 11-5〉에 제시하였다.

표 11-3 내용 분석의 진행 과정과 유의 사항

진행 과정	유의 사항
조사 질문 및 가설의 설정	연구 주제의 선정과 측정하고자 하는 개념을 구체적으로 조작화해야 한다.
분석 대상의 결정	분석에서 가장 신뢰할 수 있는 자료가 무엇인가를 생각하고, 이를 기준으로 연구 주제에 매우 밀접하고 자료 수집이 용이한 자료를 선정한다. 그리고 분석하고자 하는 내용의 분류 기준 및 범주를 생각한다.
분석 단위 결정 및 표본추출	분석 단위로는 단어, 주제, 문단, 인물 등이 주로 사용되며, 그 존재의 유무, 빈도, 비중 등을 분석한다. 그리고 자료가 방대할 때는 표본추출을 통해 분석 자료를 압축한다.
데이터의 범주화 및 계량화	데이터를 범주화할 때는 포괄성과 상호 배타성의 원칙을 지키며, 구체적으로 드러난 명시적 분류뿐만 아니라 자료에 내재된 잠재적 의미를 찾아내는 것도 중요하다.
신뢰도 검증	내용 분석의 신뢰도는 분석한 자료의 분류가 서로 다른 연구자 간에 얼마나 일치하는가를 통해 확인할 수 있다.

표 11-4 내용 분석의 사례 1(New York Times에 나타난 한국 및 한국인에 대한 이미지)

진행 과정		적용
1단계	조사 질문 및 가설의 설정	미국인이 가지고 있는 한국 및 한국인에 대한 이미지는 무엇인가(특히 1980년대 후반 이후 미국인의 한국에 대한 이미지가 시계열적으로 어떻게 변화되고 있는가)?
2단계	분석 대상의 결정	1980년에서 2003년까지 지난 24년간 『뉴욕타임스』에 나타난 한국 및 한국인 관련 기사 및 논평

〈계속〉

3단계	분석 단위 결정 및 표본추출	24년간의 기사 중 매년 3개월(10~12월)치의 기사로 한정하였으며, 이 중 내용 분석을 위해서 2년에 한 달(10월)의 기사 중 50개를 임의 추출하여 분석한다.
4단계	데이터의 범주화 및 계량화	기사의 내용에 따라 크게 여섯 가지 범주, 즉 전쟁과 안보, 정치, 경제경영, 사회, 문화, 기타로 분류하였으며, 각 범주 내에 하위범주를 구성하였다. 예를 들면, 정치의 경우 미국의 외교 및 정부 활동, 한국의 국내 정치, 남북 관계로 구분하였다. 그리고 이 범주에 따라 계량화 작업을 수행한다.
5단계	신뢰도 검증	별다른 신뢰도 검증 방법을 사용하지 않았다.

자료: 이현송(2004), pp. 228-255.

표 11-5 내용 분석의 사례 2(응용과학으로서 사회복지학에 대한 논문의 분석)

진행 과정		적용
1단계	조사 질문 및 가설의 설정	응용사회과학으로서 사회복지학의 정체성에 대한 논란의 해소 방법은 무엇인가(과거 130년간 사회복지 주요 저널을 통해 사회복지가 어떻게 묘사되고 있는지에 대한 객관적인 관점 제공)?
2단계	분석 대상의 결정	1870년에서 1990년까지 130년 동안 사회복지의 주요 학술지, 즉 그 시대에 사회복지에 대해 학술적 내용을 가장 잘 나타내고 있다고 판단되는 학술지를 선정한다(예: The Journal of Social Sciences, The Survey, Social Service Review, Social Casework, Social Work).
3단계	분석 단위 결정 및 표본추출	분석 대상인 주요 사회복지 학술지에 게재된 개별 논문들을 분석 단위로 결정한다. 그리고 게재 논문이 여러 다양한 학술지에 게재되었기 때문에 25~100%의 비율로 비례무작위표집을 활용하여 추출하였다. 전체 조사 대상 논문은 541개다.
4단계	데이터의 범주화 및 계량화	각 논문을 실증주의적 논문(empiricism), 기술적 논문(technology), 이론적 논문(conceptualization), 가치 및 철학적 논문(valuation), 논평적 논문(commentary)의 다섯 가지 상호 배타적이고 포괄적인 기본 범주로 구분하였다. 실증주의적 논문은 하위 범주로는 계량적인 자료 수집 방법, 2차 자료 수집, 질적인 자료 수집 방법으로 다시 구분하였다. 그리고 각 논문들이 해당되는 범주에 퍼센트로 표시하였다(중복 가능).
5단계	신뢰도 검증	평가자 간 신뢰도(interrater reliability) 평가 방법을 활용하였다.

자료: Klein & Bloom (1994), pp. 421-431.

3) 내용 분석의 장단점

이제 내용 분석에 대한 결론으로 내용 분석의 장점과 단점에 대해 살펴보자. 우선, 내용 분석의 가장 큰 장점은 무엇보다 안전성(safety)이 보장된다는 것이다. 설문 조사나 실험 등과 달리 내용 분석은 실수가 발생하더라도 기존 자료를 다시 검토할 수 있기 때문에 실수를 보완할 수 있다. 그리고 내용 분석은 장기간에 걸쳐 일어난 과정을 조사할 수 있기 때문에 역사적 분석, 즉 시계열적 분석도 적용 가능하며, 시간과 비용 면에서 경제적이다. 직접적으로 자료를 수집하는 설문조사 방법을 활용하려면 많은 시간과 비용이 필요하지만, 간접적으로 자료를 수집하는 내용 분석법을 이용하면 별도의 많은 비용을 들이지 않고서도 조사를 수행할 수 있다.

이러한 장점에도 불구하고 내용 분석은 일단 기록된 자료에만 의존해야 하는 한계가 있다. 또한 내용 분석은 실질적인 타당도를 확보하기 어렵고, 비록 자료 수집상의 타당도는 확보할 수 있다고 하더라도 기록물이 어떤 행위자의 행동, 태도 등을 있는 그대로 반영하였다고 보기는 힘들기 때문에 연구 대상(주제)의 실상을 충분히 객관적으로 파악하였다고 보는 데에는 한계가 있을 수밖에 없다(Royse, 2011: 247-248).

표 11-6 내용 분석의 장단점

장점	단점
• 조사 대상자의 반응성을 유발하지 않기 때문에 비관여적이다. • 시간과 비용면에서 경제적이다. • 기존의 자료를 활용하기 때문에 많은 분량의 데이터를 다룰 수 있다. • 분석상의 실수를 언제라도 수정할 수 있기 때문에 안전성을 확보할 수 있다.	• 단어, 표현 혹은 사건의 명백히 드러난 내용(manifest content)과 잠재된 내용(latent content)[3]을 구분, 코딩 및 평가하는 데 어려움이 있다. • 분석 대상이 되는 자료가 기존의 자료이므로 조사자는 영향력이 큰 외생변수를 통제할 수 없다. 즉, 내용 분석은 인과관계를 증명하기에는 적절하지 않다. • 기존 자료를 활용함으로써 타당도 확보에 어려움이 있다. • 기록된 자료에만 의존해야 한다는 한계가 있다.

3 명백한 내용으로는 빈도(예, 단어, 그림의 출현 빈도)나 공간의 크기(예, 그림이나 그래픽의 크기)를 들 수 있고, 잠재적 내용으로는 의견이나 경험 등에 대한 것으로서, 예를 들면 긍정적 또는 부정적 경험 그리고 지지적인(supportive) 또는 비지지적인(nonsupportive) 견해를 들 수 있다.

요약

1. 자료의 유형

- 1차 자료: 연구자가 직접 수집한 자료
- 2차 자료: 기존의 모든 이용 가능한 자료(available data)

2. 자료 수집 방법

- 1차 자료 수집 방법(관여적 방법): 연구 대상자와 의사소통 및 상호작용에 의한 수집 방법(설문지, 관찰 등)
- 2차 자료 수집 방법(비관여적 방법): 연구자가 검색, 직접 문의(기관 및 조사자), 참고문헌, 기존 데이터 등을 수집하는 방법

3. 내용 분석법

인간의 의사소통 기록을 객관적이고 체계적으로 분석한다. 활용 자료의 예를 들면, 출판물, 연설문, 신문, 텔레비전, 영화, 편지, 일기, 회의록, 상담록 등이 있다. 이러한 자료를 기초로 누가, 왜, 무엇을, 어떻게, 누구에게, 어떤 영향을 끼쳤는가를 추론한다.

예) 정신질환자에 대한 언론의 시각, 언론에 비친 '복지'라는 용어의 의미 변화

4. 내용 분석의 절차

- 조사 질문 또는 가설의 설정: 조사하고자 하는 주제를 설정하고 이에 대해 명확하게 규정(definition)한다.
- 분석 대상의 결정: 분석하고자 하는 대상, 즉 분석 자료를 결정한다. 예) 2000~2004년까지의 주요 일간신문의 사설, 2003년 사회복지관의 클라이언트 면담 기록 전체
- 분석 단위 결정 및 표본추출: 여기에는 크게 기록 단위(단어, 주제, 인물, 문단 등)와 맥락 단위(단어가 들어 있는 문장을 의미하고 기록 단위보다 상위 기록 단위의 성격을 좀 더 명확히 하고자 할 때 검토하는 단위)가 있다. 예) 특정 저널에 실린 개별 논문(클라이언트 집단, 계량분석 대 질적 분석 등)

대부분의 문헌자료는 방대하기 때문에 표본추출을 해야 하는 경우가 대부분이다.

- 데이터의 범주화 및 계량화: 범주(categories)를 규정하되 상호 배타적이고 구체적

이 되도록 하고, 범주가 결정되면 이에 따라 계량화를 시도한다. 예) 출현의 유무(appearance), 빈도(frequency), 시간/공간(time/space)

- 신뢰도 확인: 다른 사람이 같은 내용을 코딩 및 계량화하여 상호 비교한다.

5. 내용 분석의 장단점

- 장점: 비관여적이고, 비교적 비용이 적게 들며, 많은 분량의 데이터를 다룰 수 있다. 그리고 안전성(실수를 즉각 보완)이 있고, 역사적 조사에 적용 가능하며, 조사 대상자의 반응성 문제 해결이 가능하다.
- 단점: 기록되고 드러난 자료에만 의존하다 보니 드러난 내용(manifest content) 외에 잠재된 내용(latent content)를 파악하기가 어렵고, 그 내용의 타당도 확보가 어렵다. 그리고 외생변수를 통제할 수 없어 인과관계를 증명할 수 없으며, 코딩의 신뢰도와 타당도에 문제가 있을 수 있다.

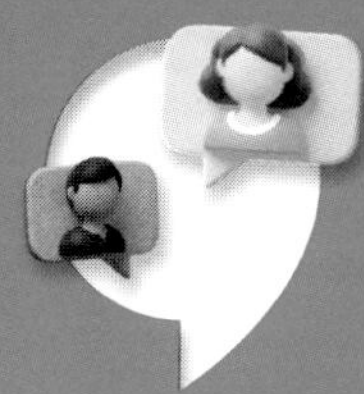

제12장

계량적 자료 분석

1. 자료 분석의 준비

1) 자료의 정리 및 편집　　2) 자료 입력

2. 통계분석의 분류

1) 기능에 따른 분류: 기술통계분석, 추론통계분석

2) 변수의 수에 따른 분류: 일원적 분석, 이원적 분석, 다원적 분석

3) 모집단의 분포 및 가정에 따른 분류: 모수통계, 비모수통계

3. 기술통계분석

1) 일원적 분석　　2) 이원적 분석

3) 다원적 분석

4. 추론통계분석과 가설검증

1) 가설검증　　2) 표본분포와 중심극한정리

3) 모수의 추정과 신뢰구간, 신뢰수준

5. 가설검증을 위한 추론통계분석

1) 카이스퀘어 검증　　2) t-검증

3) 일원분산분석　　4) 상관관계분석

5) 다중회귀분석

⊙ 요약

탐구하고자 하는 주요 질문

1. 계량적 자료 분석의 과정은 어떠한가?
2. 통계적 분석의 분류와 그 의미는 무엇인가?
3. 가설검증의 의미는 무엇인가?
4. 가설검증에 사용되는 분석기법에는 어떤 것이 있는가?

1. 자료 분석의 준비

자료 분석이란 조사 과정의 네 번째 단계로서 자료 수집이 끝난 후 수집된 자료, 즉 원자료(raw data)를 조사의 목적에 맞도록 통계적으로 분석하는 것이다. 이를 위해 사회과학에서는 주로 SPSS(Statistical Package for the Social Sciences), SAS(Statistical Analysis System), Stata, R, jamovi 프로그램을 사용한다.

본격적인 자료 분석을 위해서는 준비 과정이 필요하다. 자료 분석의 준비 과정으로는 우선 수집된 자료에 대한 정리와 편집을 하고, 정리된 자료는 분석을 위해 컴퓨터에 입력하게 된다.

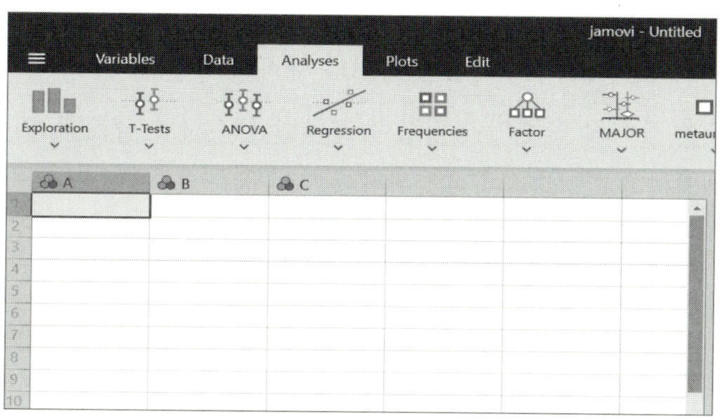

jamovi 초기 화면

TIP jamovi 프로그램

최근 데이터 분석을 위한 공개 프로그램(open-source software)으로 jamovi가 소개되어 각광을 받고 있다. 이 프로그램은 R에 기반한 프로그램으로 헌신적인 일련의 데이터 과학자들에 의해 개발되었으며, 그 후 많은 연구자가 참여하면서 점점 더 발전되고 있다. 이 jamovi 프로그램의 장점은 인터넷에서 무료로 다운받아 설치하여 누구나 사용할 수 있으며, SPSS와 같이 그래픽 기반으로 이루어져 있어 초보자도 쉽게 접근할 수 있다는 점이다. 현재 상당수의 학생과 연구자가 이용하고 있으며, 그 전파속도가 급속도로 증가하는 추세다.

자료: http://www.jamovi.org

1) 자료의 정리 및 편집

자료 정리 및 편집은 수집된 자료를 컴퓨터에 입력하기 전에 수집된 자료(예: 설문지)의 누락 부분과 오류를 검토하고 확인하는 과정을 말한다. 이 과정에서 특별히 확인해야 할 것으로는 다음과 같은 사항이 있다.

- 중복으로 체크한 것은 없는가?
- 의도적으로 응답을 하지 않았거나 빠뜨린 경우는 없는가?
- 응답 내용이 이해하기 어려운 것은 없는가(예: 1 또는 7의 구분)?
- 분석 데이터로 사용하기에 부적절한 케이스는 없는가?

한편, 수집된 자료가 그 내용이 모호하거나 애매한 부분이 있는 경우 연구자가 정당한 판단 기준을 가지고 수정이나 가감하는 과정을 거쳐야 하는데, 이를 원자료(raw data)의 편집 과정이라고 한다. 이 과정에서 조사연구의 객관성을 저해할 수 있는 연구자나 자료 편집자의 의도가 개입하지 않도록 하는 것이 중요하다.

2) 자료 입력

자료의 정리와 편집 과정을 마친 후에는 자료 입력에 들어가게 된다. 여기서는 우선 주어진 자료를 먼저 부호화(coding)한 후에 컴퓨터에 입력한다. 부호화란 수집된 자료들에 대해 숫자 또는 문자와 같은 기호를 부여하는 과정을 말한다. 즉, 각 케이스마다 고유번호를 부여하고 각 변수와 변수 값에 대한 정의를 내리고 부호(주로 숫자)를 부여하는 것을 말한다. 이 부호화를 위해서는 코드북(codebook)을 먼저 만들어야 하는데, 이것은 입력할 각 변수에 대한 구체적인 정의와 변수 값을 부여해 놓은 일련의 지침서를 말한다(〈표 12-1〉 참조).

자료 입력(data entry)은 〈표 12-2〉에서 보는 바와 같이 크게 두 가지 방법이 있는데, 우선 통계분석 프로그램(예, R, SPSS, jamovi 등)에 직접 입력하는 방법이 있고, 두 번째 방법으로 Excel에 입력하여 이를 불러오는 방법이 있다. 최근에는 Excel로 입력하여 데이터를 불러오는 방법이 보다 보편적이다. 보다 자세한 것은 자료 분석론 교재들에서 다루고 있으니 이를 참고하기 바란다.

한편, 자료 입력을 마친 후에는 빈도분석을 통해 데이터 입력에서 오류가 없었는지를 확인하는 것이 반드시 필요하다. 예를 들면, 10대만을 대상으로 한 설문조사에서 자료를 입력한 후 빈도분석을 실시하였는데, 빈도분석표의 연령 변수에 22라는 숫자가 나타났다면 분명 잘못 입력한 것이므로 수정이 필요하다.

표 12-1 '교양과목에 대한 강의 만족도 조사' 설문지, 코딩 결과, 코드북(응답 180명)

설문지

다음 항목에 응답해 주세요.

- 성별: 남( ), 여( )
- 나이: 만( )세
- 학년: ① 1학년, ② 2학년, ③ 3학년, ④ 4학년

- 수강한 교과목에 대해 전반적으로 얼마나 만족하십니까?

① 매우 불만족( ), ② 불만족( ), ③ 보통( ), ④ 만족( ), ⑤ 매우 만족( )

코딩 결과

0011243 ········· 3
0022212 ········· 4
0032184 ········· 4
0041221 ········· 5
⋮
1801262 ········· 2

코드북

변수 이름	자릿수	변수 설명	변수 값	기타
케이스 번호	3		1-180	
성별	1	성별	1: 남, 2: 여	
나이	2	나이	1~98(만 나이) 99: 결측	
학년	1	학년	1: 1학년, 2: 2학년, 3: 3학년, 4: 4학년	
만족도	1	전반적인 만족도	1: 매우 불만족 2: 불만족 3: 보통 4: 만족 5: 매우 만족	

표 12-2 **자료 입력 방법**

통계분석 프로그램에 직접 입력	Excel에 입력한 데이터 불러오기
통계분석 프로그램의 실행 자료의 입력 및 변수 정의 저장하기(*.sav, *.dta, *.omv)	Excel에서 데이터 입력 후 저장(*.xlsx) 통계분석 프로그램에서 Excel 파일 불러오기

2. 통계분석의 분류

이상에서 자료의 입력이 이루어지면 이제 남은 과제는 주어진 데이터를 적절한 통계분석기법을 활용하여 실제 분석하는 것이다. 그럼 실제 분석하기에 앞서 먼저 통계분석에 대해 알아보자.

통계분석은 크게 기능별로 기술통계와 추론통계로 분류할 수 있고, 분석되는 변수의 수에 따라 일원적 분석, 이원적 분석, 다원적 분석으로 나눌 수 있다. 이 외에도 모집단의 분포와 관련하여 모수통계와 비모수통계로 구분할 수 있다. 우선, 기능적 분류에 따른 기술통계와 추론통계에 대해 살펴보자.

1) 기능에 따른 분류: 기술통계분석, 추론통계분석

통계분석을 기능적으로 분류하면 기술통계분석과 추론통계분석으로 나눌 수 있다. 기술통계분석은 주어진 표본의 자료로 변수의 특성을 기술하거나 표본 자료를 요약하는 기능을 한다. 추론통계분석은 표본의 특성에서 모집단의 특성을 추정(infer), 즉 통계치를 가지고 모수를 추정하는 역할을 한다([그림 12-1] 참조).

예를 들면, 우리나라 전체 가구의 평균소득을 알아보기 위해 1,000가구를 표본추출하여 조사하였다. 이때 1,000가구의 평균소득을 산출하는 것은 기술통계분석이다. 그러나 정작 우리가 알고자 하는 것은 전체 가구(모집단)의 평균소득(모수)이다. 여기서 우리는 모수가 정확하게 얼마인지는 알 수 없고, 다만 표본의 수치(통계치)를 가지고 추정할 수 있을 뿐이다. 이때 활용되는 것이 바로 추론통계분석이다(김환준, 2004: 271).

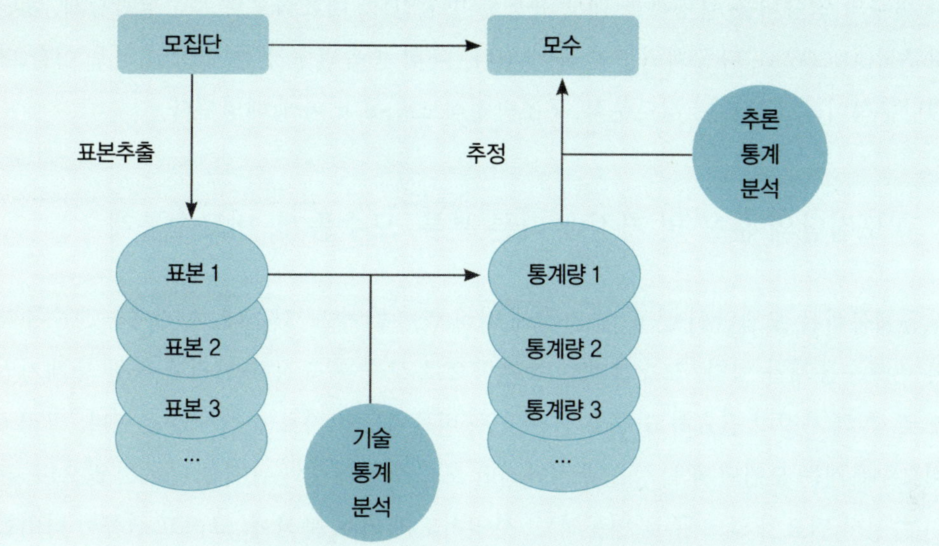

그림 12-1 기술통계분석 및 추론통계분석의 관계

자료: 권재명(2017), p. 124 재구성.

Point

- 모수(parameter): 모집단의 특성을 나타내는 값(μ = 모집단 평균)
- 통계치(statistic): 표본의 특성을 나타내는 값(통계량, $\bar{X}$ = 표본 평균)

2) 변수의 수에 따른 분류: 일원적 분석, 이원적 분석, 다원적 분석[1)]

일원적(univariate) 분석은 단일변수에 대한 기술 및 자료에 대한 요약으로 빈도분석이 대표적인 예다. 이원적(bivariate) 분석은 두 변수 간의 관련성에 대한 분석이나 설명을 목적으로 하며 교차분석, 상관관계 등이 있다. 마지막으로 다원적(multivariate) 분석은 셋 이상의 변수 간의 관계를 설명하고자 하거나, 두 변수 간의 관계 분석 과정에서 제3의 변수의 영향력 배제를 목적으로 활용한다. 그리고 하나의 변수에 작용하는 다양

1 이를 일변량분석, 이변량분석, 다변량분석으로 부르기도 한다.

한 변수의 영향력을 설명하는 데도 유용한 방법인데, 대표적으로 부분상관관계, 공변량분석(ANCOVA), 다중회귀분석 등이 있다. 특히 종속변수가 둘 이상인 경우 이를 다변량분석이라고 부르며 경로분석, 구조방정식모형 등이 이에 해당된다.

3) 모집단의 분포 및 가정에 따른 분류: 모수통계, 비모수통계

통계분석은 모집단의 분포 및 가정에 따라 분류할 수도 있는데, 여기에는 모수통계와 비모수통계가 있다. 모수통계는 통계량으로 모수를 측정하는 것에 관한 통계기법으로, 흔히 가정이 필요하고 주로 등간척도, 비율척도의 자료 분석에 활용된다. 그리고 비모수통계는 모집단의 특성을 추정하지만 모수와 통계량의 관계를 다루지 않으며, 흔히 가정이 필요치 않고 주로 명목척도, 서열척도의 자료 분석에, 그리고 샘플이 작업할 때 활용한다.

한편, 이러한 통계분석의 분류를 사회복지 자료 분석에서 흔히 활용하는 분석 방법과 연계하여 좀 더 구체적으로 설명하면 〈표 12-3〉과 같고, 이를 다시 변수의 유형(척도)에 따라 활용되는 분석 방법으로 분류하면 〈표 12-4〉와 같다.

표 12-3 통계분석에 따른 분석 방법

기술통계분석(descriptive statistics)	추론통계분석(inferential statistics)	
	모수통계	비모수통계
빈도분석	독립집단평균차이검증(t-검증) 대응집단차이검증(대응t-검증)	카이스퀘어 독립성(independence) 검증
교차분석	분산분석(ANOVA) 공분산분석(ANCOVA) 다변량분산분석(MANOVA)	Mann-Whitney U 검증(독립 표본) Kruskal-Wallis 검증(독립 K 표본) Wilcoxon Singed-Rank 검증(대응 표본)
신뢰도분석	상관관계분석 회귀분석 로지스틱회귀분석	

표 12-4 **척도(변수)의 유형에 따른 분석 방법**

척도(변수)*	활용 사례	정보 유형	통계 기법	통계분석 방법
명목척도	성별, 종교, 결혼 유무	범주	모수통계	회귀분석(독립변수로 사용) 로지스틱회귀분석(종속변수로 사용)
			비모수통계	카이스퀘어 독립성 검증
서열척도	정치 성향, 선호도	범주, 서열	모수통계	Spearman's 서열상관관계분석
			비모수통계	Mann-Whitney U 검증 Kruskal-Wallis 검증 Wilcoxen Signed-Rank 검증
등간척도	지능지수, 온도	범주, 서열, 거리	모수통계	평균(차이)검증, 분산분석, 회귀분석, 상관관계분석, 요인분석, 판별분석, 군집분석, 로지스틱회귀분석, 공분산분석, 다변량분산분석
비율척도	경력, 거리, 월 소득, 서비스 시간	범주, 서열, 거리, 비율	모수통계	

* 설문지를 만들 때 항상 분석 방법을 미리 생각하는 것이 필요하며, 가능한 한 상위척도로 질문을 만드는 것이 분석에 유리하다(예: 나이, 교육, 경력 등). 그리고 등간척도 변수와 비율척도 변수를 묶어서 연속변수라고도 한다.

3. 기술통계분석

우선, 기술통계분석에서 가장 기본적인 분석은 한 변수에 대한 특성을 기술 · 요약하는 목적으로 하는 일원적 분석에서 출발하고, 여기에 주로 기술통계량을 활용하는 것이다. 일원적 분석에서 주로 활용되는 주요 기술통계량을 정리하면 〈표 12-5〉와 같다. 그리고 기술통계분석을 활용하는 것은 일원적 분석 외에도, 두 변수 간의 관계를 기술하는 이원적 분석(예: 교차분석)과 여러 변수로 구성된 다원적 분석(예: 신뢰도 분석)도 가능하다.

표 12-5 **주요 기술통계량 관련 내용**

구분	통계량	내용
집중경향치 (central tendency)	평균(mean: M)	산술평균. 우리가 흔히 생각하는 평균값
	중앙값(median: Me)	전체 사례 중에서 50%(중간)에 해당하는 값
	최빈값(mode: Mo)	전체 사례 중에서 가장 빈도가 높은 값
산포 (dispersion)	분산 또는 변량 (variance)	개별값들이 평균에서 떨어진 거리(편차)의 제곱 합을 자유도, 즉 (전체 사례 수 - 1)로 나눈 값(분산=표준편차^2) $s^2 = \frac{\sum_{i=1}^{n}(x_i - \overline{X})^2}{n-1}$
	표준편차 (standard deviation)	분산의 제곱근 값으로 개별값들이 평균에서 떨어진 거리를 계량화한 값 $s = \sqrt{\frac{\sum_{i=1}^{n}(x_i - \overline{X})^2}{n-1}}$
	최소값(minimum)	변수의 값 중 가장 작은 값
	최대값(maximum)	변수의 값 중 가장 큰 값
	범위(range)	최대값에서 최소값 사이의 거리
	표준오차(S.E.)	추정치의 표준편차(예, 표본평균들의 표준편차)
	변동계수 (coefficient of variation, CV)	분산의 상대적 정도를 측정하기 위한 통계치로, 평균값이 상이한 자료들의 분산도를 정확하게 비교하기 위한 기준 통계치다. 즉, 측정 단위에 영향을 받지 않도록 표준편차를 평균값으로 나눈 수치를 말한다. $\text{cv} = \frac{s}{\overline{X}}$
분포 (distribution)	정규분포	표본을 통한 통계적 추정 및 가설 검정의 기본이 되는 분포로 실제 사회적, 자연 상태에서 접하는 데이터 분포라고 할 수 있다. 그 속성은 평균을 중심으로 좌우 대칭을 이루며 봉우리가 하나인 단봉분포로 종 모습을 보인다. 특히 평균=0, 표준편차=1인 분포를 표준정규분포라고 한다.
	왜도(skewness)	자료의 좌우 대칭도를 나타낸다. $S_k = \frac{3(\overline{X} - M_e)}{s}$ (Me: 중앙값, s: 표준편차) $S_k = 0$: 좌우 대칭, $S_k > 0$: 왼쪽으로 치우친 분포, $S_k < 0$: 오른쪽으로 치우친 분포
	첨도(kurtosis)	자료의 상하 대칭도를 나타낸다. $k > 0$ 이면 변수 값들이 중앙에 몰려 있다.

자료: 최일섭, 김성한, 정순둘(2001), pp. 235-248 재구성.

1) 일원적 분석

여기서 사용할 데이터는 조직진단(N=75).omv로 어떤 복지법인의 조직진단에 대한 데이터다. 우선 일원적 분석의 예로는 각 연속변수의 기술통계량을 들 수 있는데, 〈표 12-6〉에서 보는 바와 같이 사회복지기관 직원들의 연령, 경력, 월 소득에 대한 최소값, 최대값, 평균, 표준편차 등을 요약·정리할 수 있다.

표 12-6 각 변수의 기술통계량

변수	사례(N)	평균	표준오차	표준편차	범위	최소값	최대값
연령	75	31.7	.810	7.01	40	21	61
근무 경력	75	55.9	4.506	39.02	164	4	168
월 소득	75	168.3	8.323	71.11	350	100	450

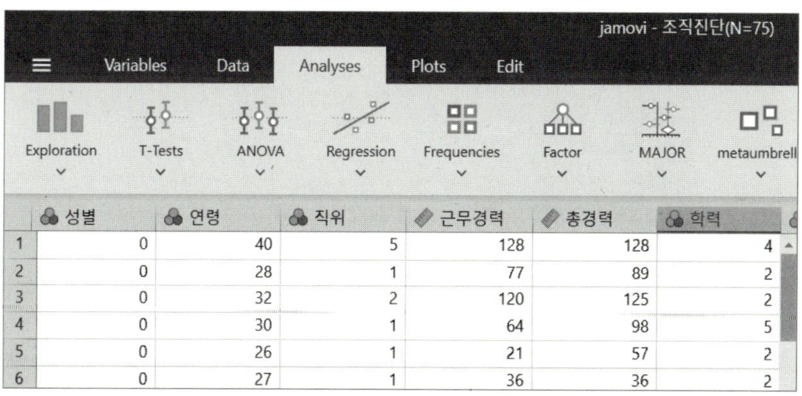

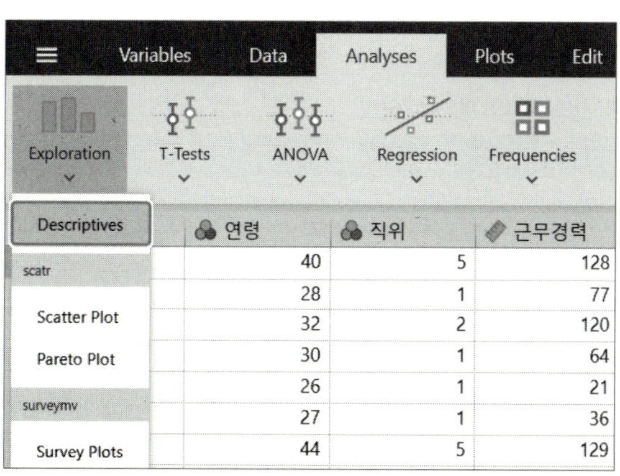

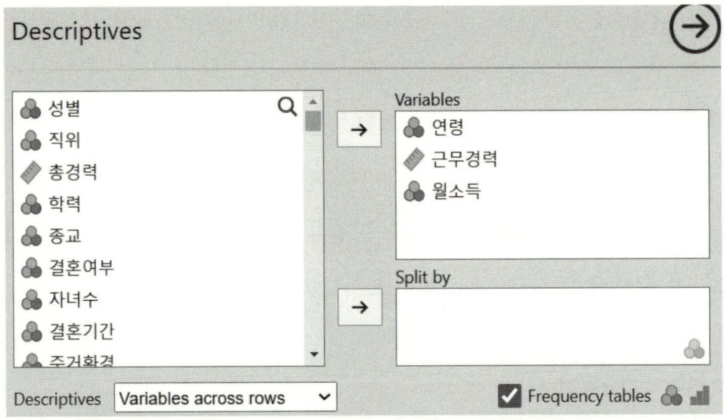

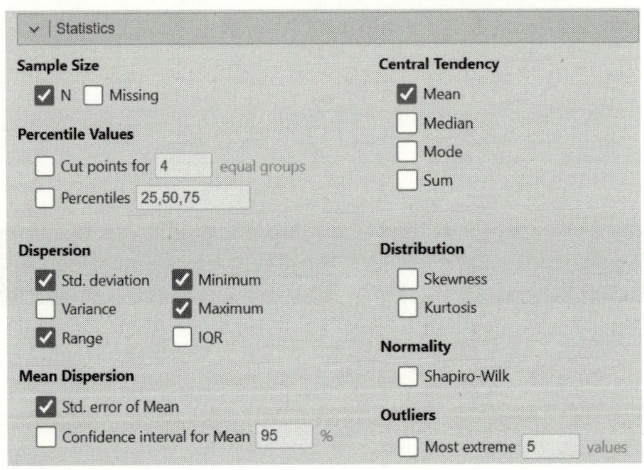

그리고 가장 빈번하게 활용되는 일원분석은 빈도분석(frequencies)인데 〈표 12-7〉에서 보는 바와 같이 연령에 대한 빈도분포와 이에 대한 유효 퍼센트 및 누적 퍼센트 등을 파악할 수 있다.

표 12-7 연령에 대한 빈도분석의 예(N=75)

연령	빈도	퍼센트	누적 퍼센트
21	1	1.3	1.3
23	1	1.3	2.7
24	4	5.3	8.0
25	6	8.0	16.0
26	4	5.3	21.3
27	6	8.0	29.3
28	8	10.7	40.0

〈계속〉

29	2	2.7	42.7
30	6	8.0	50.7
31	6	8.0	58.7
32	4	5.3	64.0
33	4	5.3	69.3
34	5	6.7	76.0
35	2	2.7	78.7
37	4	5.3	84.0
38	1	1.3	85.3
39	2	2.7	88.0
40	2	2.7	90.7
41	1	1.3	92.0
42	1	1.3	93.3
44	2	2.7	96.0
47	1	1.3	97.3
54	1	1.3	98.7
61	1	1.3	100.0
합계	75	100.0	

그리고 빈도의 분포를 앞에서와 같이 〈표〉로도 제시할 수 있지만, 주로 명목변수 및 서열변수인 경우 그래프나 차트로 제시할 수 있는데 가장 많이 활용하는 것은 [그림 12-2]와 [그림 12-3]에서와 같이 막대그래프(bar graph)이다.

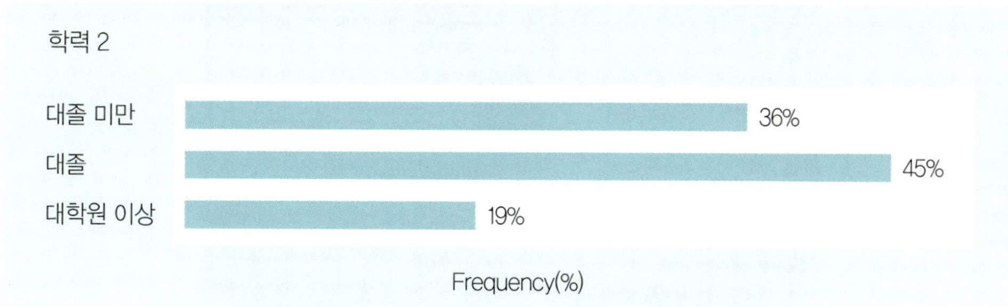

그림 12-2 직원들의 학력에 대한 막대그래프(N=75)

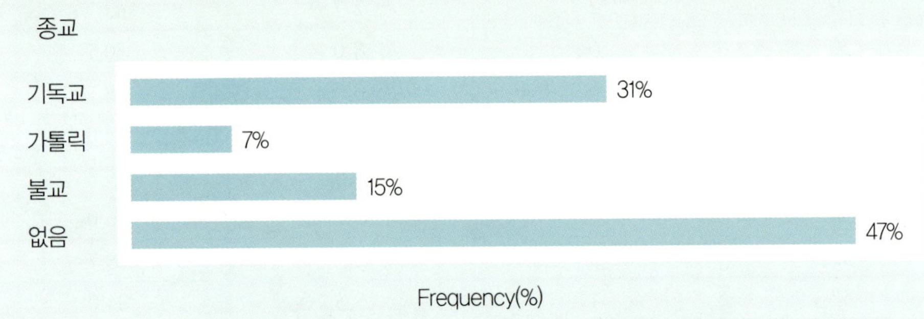

그림 12-3 직원의 종교에 대한 막대그래프(N=75)

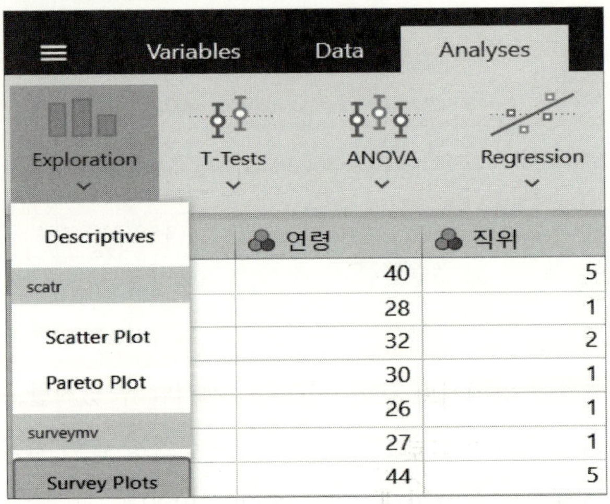

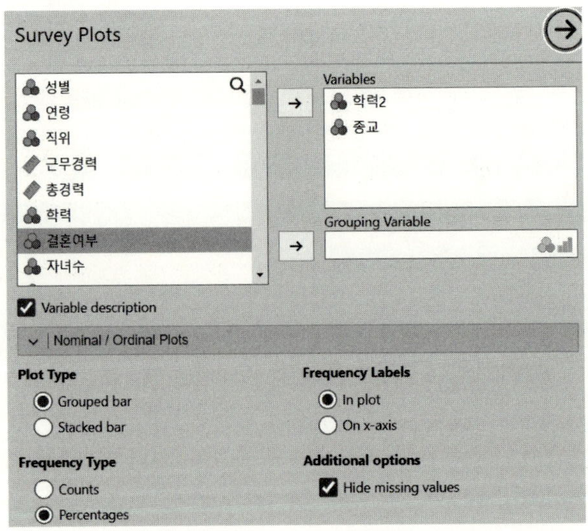

2) 이원적 분석

기술통계분석에서도 이원적 분석을 할 수 있는데, 대표적인 분석은 두 변수 간의 교차분석(crosstabs)이다. 〈표 12-8〉에서 보는 바와 같이 성별에 따른 조직의 사명과 비전에 대한 공감도를 비교 · 분석해 볼 수 있다. 남자 직원은 사명과 비전에 대한 공감 비율이 73.3%, 여자 직원은 71.1%로 나타나서, 남자가 여자보다 공감 비율이 약간 더 높다는 것을 알 수 있다.

표 12-8 성별에 따른 조직의 비전에 대한 공감도에 대한 교차분석(N=75)

구분			조직의 사명과 비전에 대한 공감도		합계
			공감하지 않는다	공감한다	
성별	남	빈도	8	22	30
		%	26.7	73.3	100.0
	여	빈도	13	32	45
		%	28.9	71.1	100.0
합계		빈도	21	54	75
		%	28.0	72.0	100.0

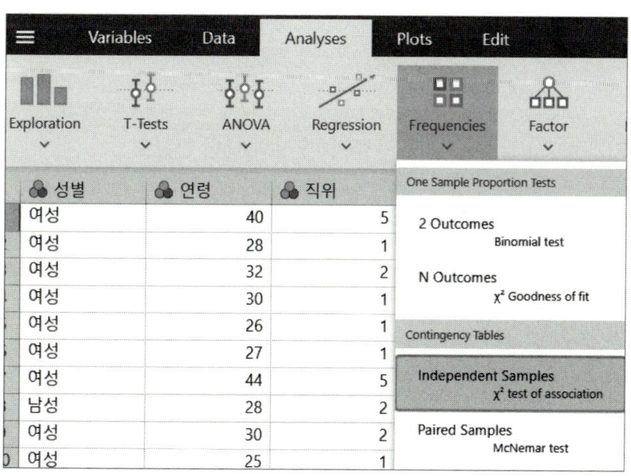

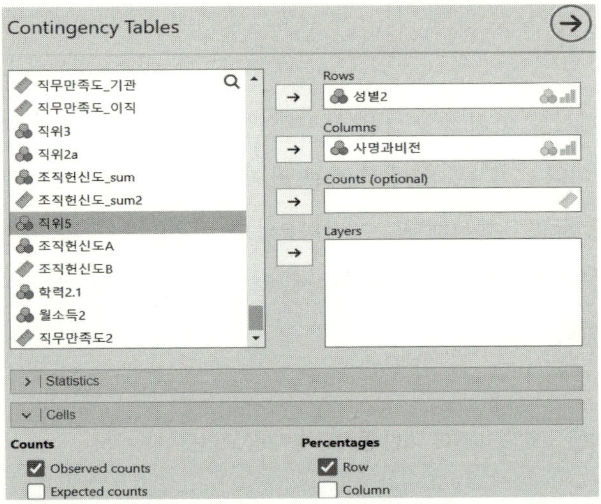

3) 다원적 분석

기술통계분석을 활용한 다원적 분석으로는 척도의 내적 일관성 신뢰도 분석을 예로 들 수 있다. 이는 우리가 조사에서 빈번히 활용하는 각 척도의 과학성, 즉 내적 일관성 신뢰도를 확인할 수 있는 분석기법이다. 〈표 12-9〉와 같이 사회복지기관에서 사회복지사들의 클라이언트에 대한 헌신도(7개 항목)를 만들고 이에 대한 신뢰도를 분석하였는데, jamovi를 이용하여 분석한 결과 크론바흐 알파 신뢰도=.838로 나타나 비교적 신뢰도가 높음을 알 수 있다.

표 12-9 사회복지기관에서 사회복지사들의 클라이언트에 대한 헌신도

항목(변수)	평균	표준편차	수정된 항목-전체 상관관계	항목이 삭제된 경우 Cronbach 알파
클라이언트 헌신도 1	4.12	0.548	.673	.805
클라이언트 헌신도 2	4.15	0.566	.497	.829
클라이언트 헌신도 3	4.12	0.572	.606	.813
클라이언트 헌신도 4	4.05	0.617	.633	.809
클라이언트 헌신도 5	3.89	0.653	.669	.802
클라이언트 헌신도 6	3.81	0.734	.421	.847
클라이언트 헌신도 7	4.11	0.694	.675	.801

평균	표준편차	Cronbach의 알파
4.04	0.448	.838

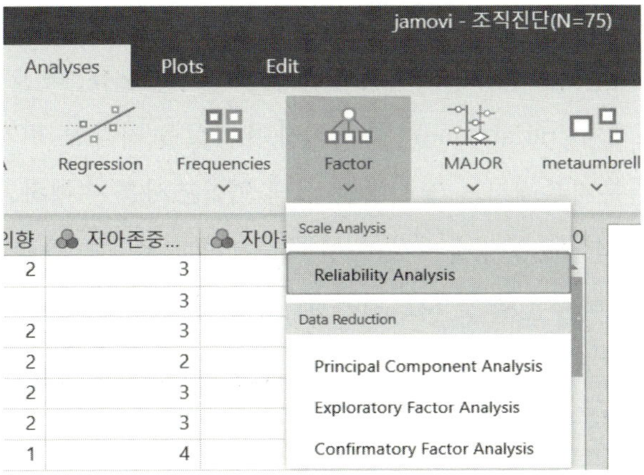

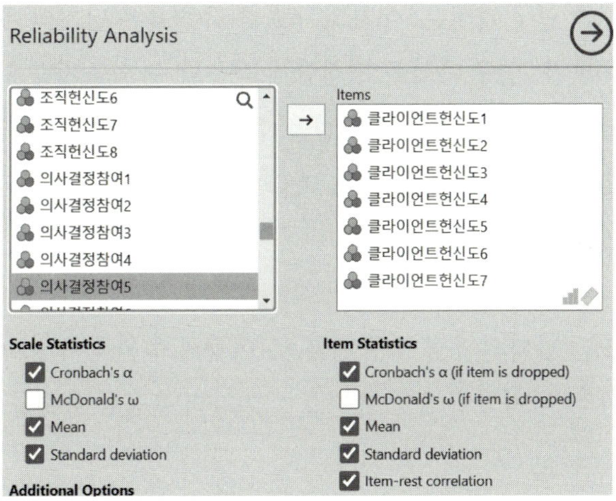

4. 추론통계분석과 가설검증

1) 가설검증

가설검증(hypothesis testing)이란 표본의 속성을 모집단에 적용, 일반화함으로써 가설의 진위를 결정하는 것을 말하는데, 여기에 추론통계분석을 활용한다. 표본분석의 결과가 통계학적으로 유의미한 것인지, 즉 표본의 통계치에 나타난 차이나 관계가 모집단에서의 차이나 관계를 나타내는 것인지를 확인하는 것이 바로 가설검증이다. 추론통계학은 표본의 특성, 즉 통계치에서 모집단의 특성, 모수를 추정하는 통계학이다. 이

때 모집단에 대한 추정은 어디까지나 통계치로 추정한 것이기 때문에 오류를 내포할 가능성이 항상 존재한다. 따라서 가설검증에서는 이러한 오류, 즉 오차의 가능성을 유의수준(알파)과 임계치(critical value)[2)]로 제시하여 가설을 기각 또 비기각하게 된다.

예를 들어, 보건복지부에서는 정신질환 실태 역학조사를 수행하기 위해 18세 이상 성인을 대상으로 표본 6,000명을 추출하여 지난 1년간 우울증 유병률을 조사하였다. 그 결과 남자 1.0%, 여자 3.8%로 나타났는데, 이 결과로만 보면 여자가 남자보다 우울증에 걸릴 확률이 약 3.8배 높다고 할 수 있다. 그러나 과연 이 결과를 모집단(전체 국민)에도 적용할 수 있는가?

이 경우 표본의 결과(통계치)를 가지고 가설을 검증해 볼 수 있다. 이때 우리가 검증하고자 하는 가설, 즉 연구 가설은 "여자의 우울증 유병률은 남자의 우울증 유병률보다 높다."라고 설정한다. 이 연구 가설을 모집단에 적용할 수 있는지를 확인하기 위해서는 가설을 검증해야 한다. 그런데 우리는 가설을 검증할 때 연구 가설뿐만 아니라 이에 대립하는 가설, 즉 영가설도 수립하게 된다. 따라서 다음과 같이 연구 가설(H_1)과 영가설(H_0)을 설정할 수 있다.[3)]

H_1 : 남자의 우울증 유병률 < 여자의 우울증 유병률

H_0 : 남자의 우울증 유병률 = 여자의 우울증 유병률

Point

- **연구 가설(research hypothesis)**: 연구자가 지지하는 가설, 즉 검증하고자 하는 가설을 말한다.
- **영가설(null hypothesis)**: 연구 가설에 대한 논리적 대안으로서 연구 결과 통계치를 우연에 의한 것으로 진술하는 가설을 말한다.

2 모집단에 대해 설정한 가설을 기각하는 기준값을 의미하며, 임계치를 기준으로 가설을 기각하게 되는 영역을 기각 영역(the region of rejection)이라고 한다. 일반적으로 통계분석에서는 편의상 설정한 유의수준(보통 5%)과 유의확률값(p-value)을 기준으로 가설 기각 여부를 결정한다.

3 영가설(null hypothesis)을 귀무가설이라고도 하지만 이 책에서는 보다 직관적으로 이해가 잘 되도록 영가설이라고 부른다. 왜냐하면 영가설의 내용이 두 집단 평균의 차이가 없다 또는 추정치가 제로(0)인 경우가 많기 때문이다.

한편, 가설검증을 할 때 변수 간의 차이나 관계가 있다는 연구 가설을 검증하는 것은 그 가설이 참이라고 가정되더라도 언제든지 후건긍정의 오류[4]를 범할 수 있기 때문에 변수 간의 차이나 관계가 없다는 영가설을 설정하여 이를 실제 검증함으로써 간접적으로 연구 가설을 검증하는 절차를 따르게 된다. 즉, 가설검증은 영가설의 기각에 초점을 맞추게 되며, 영가설을 기각하게 되면 연구 가설은 지지된다.

그런데 영가설을 검증하는 과정에서는 항상 두 가지 오류를 범할 수 있다. 즉, 영가설이 참인데 이를 부정하거나, 영가설이 거짓인데 이를 긍정하는 오류가 발생할 수 있다. 이를 정리하면 〈표 12-10〉과 같다.

〈표 12-10〉에서 보듯이 영가설이 참임에도 이를 기각하게 되면 1종 오류가 발생하게 되고, 영가설이 거짓임에도 이를 기각하지 않게 되면 2종 오류가 발생하게 된다. 그러나 2종 오류보다는 1종 오류가 더 심각한 오류이므로, 통계적 검증은 1종 오류의 허용확률, 즉 알파(α)의 한계 내에서 이루어진다. 일반적으로 알파의 수준은 0.05를 기준으로 사용하게 되며, 실제 통계분석에서는 p-value, 즉 유의확률값을 산출하게 된다. 이 p-value가 알파보다 작을수록 영가설을 확고하게 기각하게 되어, 그 분석 결과는 통계학적으로 유의한(statistically significant) 결과로 인정된다. 즉, 표본에서 나온 분석 결과(통계치)를 모집단에 적용해도 큰 무리가 없다고 판단하는 것이다.

표 12-10 **가설검증의 오류**

결정	영가설(H_0)	
	참(true)	거짓(false)
기각함	1종 오류(α)*	바른 결정
기각하지 않음	바른 결정	2종 오류(β) **

* 1종 오류: 영가설이 참임에도 이를 기각하는 오류를 말하며, 이를 비유적으로 말하면 무죄인데 유죄로 판명되는 경우를 말한다.

** 2종 오류: 영가설이 거짓임에도 이를 기각하지 않는 오류를 말하며, 이를 비유적으로 말하면 유죄인데 무죄로 판명되는 경우를 말한다.

4 후건검증의 오류(fallacy of affirming the consequent)란 뒷부분을 참으로 받아들임으로써 앞부분을 참이라고 할 때 발생하는 오류를 말한다[보다 자세한 것은 최일섭, 김성한, 정순둘(2001), pp. 252-253을 참조하시오.

TIP 알파(α)와 유의확률(p-value)

- 알파(α): 가설검증 시 1종 오류의 허용확률을 말하며, 알파의 크기에 따라 기각 영역이 정해진다. 알파의 크기는 보통 0.01이나 0.1보다 0.05를 더 자주 사용한다. 일반적으로 α는 유의수준(significance level)과 같은 의미로 α=.05는 유의수준 5%와 동일한 의미다. 보통 알파가 작을수록 H0을 기각할 가능성이 적지만, 이는 잘못 기각할 가능성이 적으므로 자신의 의사결정(연구 가설)에 보다 확신을 가질 수 있다.
- 유의확률(p-value): 영가설을 기각하는 경우 1종 오류를 범할 확률을 말한다. p-value가 알파보다 작을수록 영가설을 확고하게 기각할 수 있다. 즉, p-value가 유의수준보다 작으면 영가설을 기각하게 되고, 연구 가설을 지지하게 된다. 이때 분석 결과가 통계적으로 '유의하다'라고 말한다.

자료: 이학식, 김영(2002), pp. 124-127.

2) 표본분포와 중심극한정리

앞에서 설명한 바와 같이 가설을 검증할 때 우리는 연구 가설을 설정하게 되고, 이 연구 가설을 검증함으로써 분석 결과를 모집단에 적용할 수 있다. 예를 들면, 연구 가설을 '여자가 우울증에 걸릴 확률은 남자보다 높다.'고 설정한 경우, 이 연구 가설이 모집단에 적용할 수 있는지를 확인하기 위해서는 가설검증이 필요하다. 이때 우리는 표본분포를 통해 가설을 검증하는데, 이 표본분포의 가장 대표적인 것이 바로 평균의 표본분포다. 표본분포(sampling distribution)[5]란 표본추출을 반복한다고 가정할 때 각각의 표본에서 계산된 통계치(예: 표본의 평균)의 분포를 말한다. 그러나 실제 조사에서는 표본추출을 한 번만 하는 것이 보통이므로 이 분포는 어디까지나 가상적 분포다. 이렇게 모집단에서 추출한 표본(즉, 표본평균)분포의 성격은 바로 다음의 중심극한정리로 표현된다(tip 참조).

표본의 특성에 표준편차가 있듯이 표본분포에는 표준오차가 있는데, 이것은 표본분포의 표준편차를 의미한다. 즉, 표준오차란 추출된 표본들의 평균이 실제 모집단의 평균과 어느 정도 떨어져서 분포되어 있는지를 알아내는 수치라고 할 수 있다. 표준오차

5 sampling distribution은 표집분포라고 말하는 것이 정확하지만, 표집 결과, 즉 각 표본들의 분포이므로 이해의 편의상 표본분포라고 하는 것이 적절하다고 본다. 따라서 이 책에서는 표본분포로 부른다.

TIP 중심극한정리(central limit theorem)

일정한 크기(n=25-30) 이상의 표본을 무작위로 반복해서 추출할 때 이 무작위표본의 평균분포는 정규분포와 유사하게 된다. 이때 표본분포의 표준편차를 표준오차(SE)라 부른다. 표본분포는 표본의 크기가 클수록 정규분포에 보다 가깝게 된다. 즉, n이 클수록 표준오차가 적어지고 표준오차가 작을수록 표본의 통계치가 모수의 값에 가깝게 된다. 이 중심극한정리를 이용하면 모집단의 분포에 대한 가정이 없어도 정규분포를 이용할 수 있다(Ahhikari & DeNero, 2018).

표본분포의 표준편차, 즉 표준오차(SE)는 다음과 같이 구하게 된다.

$\sigma_{\overline{X}} = \frac{\sigma}{\sqrt{n}}$ 또는 $\sigma_{\overline{X}} = \frac{s}{\sqrt{n}}$

는 표본오차(sampling error)와 유사한 개념이라고 할 수 있으며, 한 표본에서 얻은 통계치(주로 평균)가 얼마나 정확한지를 보여 준다. 즉, 표준오차가 적을수록 추정치의 정확성(precision)은 높아진다. 결국 표준오차는 모집단의 성격과 표본의 크기에 의해 좌우된다. 즉, 분자인 모집단의 표준편차가 작을수록(즉, 모집단이 동질적일수록) 표본의 표준오차는 줄어들고, 분모인 표본의 크기가 클수록 표준오차는 감소한다(최일섭, 김성한, 정순둘, 2001: 182-185).

3) 모수의 추정과 신뢰구간, 신뢰수준

우리가 실제값, 즉 모집단의 모수에 대해 알고자 할 때는 표본조사의 결과를 토대로 모수를 추정할 수밖에 없다. 즉, 표본의 통계치(예: 평균)를 통해 모수를 추정할 때 어떤 확률을 가지고 일정한 구간으로 추정하는 것이 일반적이다. 즉, 보통 "모집단의 평균(모수)이 얼마부터 얼마 사이의 값을 가질 확률은 몇 퍼센트다."라고 말한다(김환준, 2004: 278). 이때 모수를 포함할 범위, 즉 구간을 신뢰구간(confidence interval)이라 하고, 모수가 신뢰구간 내에 포함될 확률을 신뢰수준(confidence level)이라고 한다. 일반적으로 모수를 추정할 때 사용하는 신뢰수준과 신뢰구간은 〈표 12-11〉과 같이 정리할 수 있다.

표 12-11 모수의 추정 시 신뢰수준별 신뢰구간

신뢰수준	모수의 신뢰구간	용어
90%	$\overline{X}-1.68\sigma_{\overline{X}} \le \mu \le \overline{X}+1.68\sigma_{\overline{X}}$	μ: 모집단 평균 $\overline{X}$: 표본의 평균 $\sigma_{\overline{X}}$: 표본분포의 표준편차(표준오차)
95%	$\overline{X}-1.96\sigma_{\overline{X}} \le \mu \le \overline{X}+1.96\sigma_{\overline{X}}$	
97%	$\overline{X}-2.17\sigma_{\overline{X}} \le \mu \le \overline{X}+2.17\sigma_{\overline{X}}$	
99%	$\overline{X}-2.58\sigma_{\overline{X}} \le \mu \le \overline{X}+2.58\sigma_{\overline{X}}$	

모집단의 평균(μ)은 95%의 신뢰수준에서 $\overline{X}\pm1.96\sigma_{\overline{X}}$ 범위에 존재한다고 말한다. 그런데 여기서 문제는 표본조사를 통해 표본평균($\overline{X}$)은 구할 수 있지만, 가상적 표본분포의 표준편차($\sigma_{\overline{X}}$)는 알 수 없다는 것이다. 일반적인 통계 이론에 따르면 표본분포의 표준편차, 즉 표준오차는 $\sigma_{\overline{X}} = \frac{\sigma}{\sqrt{n}}$로 계산되지만, 모집단의 표준편차($\sigma_{\overline{X}}$)를 모르므로 실제 σ 대신 σ에 대한 추정치인 표본의 표준편차(s)를 사용한다. 따라서 $\sigma_{\overline{X}} = \frac{\sigma}{\sqrt{n}} = \frac{s}{\sqrt{n}}$ 가 되고, 95%의 신뢰구간은 $\overline{X}\pm1.96\frac{s}{\sqrt{n}}$ 가 된다.

사례

2015년 전국 가구 중 표본 100가구의 월 소득을 조사하여 전체 가구의 월 소득을 추정한다고 하자. 표본조사 결과 표본평균($\overline{X}$)이 250만 원, 표준편차(s)가 100만 원이 나왔다고 한다면 표본분포의 표준편차, 즉 표준오차는 $\sigma_{\overline{X}} = \frac{s}{\sqrt{n}} = \frac{100}{\sqrt{100}} = 10$이 되고, 95%의 신뢰수준에서 신뢰구간은 $\overline{X}\pm1.96\frac{s}{\sqrt{n}}$ = 250±1.96(10) = 250±19.6, 즉 230.4~269.6이 된다.

이와 같이, 모집단(전체 가구)의 월 평균소득이 230.4만 원에서 269.6만 원 사이에 속할 확률이 95%가 된다. 여기서 95%의 확률이라는 것은 모수가 그 범위를 벗어날 확률이 5%라는 것을 의미한다. 다시 말해, 표본평균으로 모수를 잘못 추측할 가능성, 즉 오차가 5%라는 말이다. 그런데 여기서 오차 확률을 3%로 낮추어 97%의 신뢰수준으로 정하고 싶다면 $\overline{X}\pm2.17\frac{s}{\sqrt{n}}$ = 250 ±2.17(10) = 250±21.7, 즉 228.3~271.7이 되어 신뢰구간이 더 커지게 된다.

여기서 전체 가구의 월 평균소득이 228.3만 원에서 271.7만 원 사이에 속할 확률이 97%라고 말한다. 따라서 95%보다 신뢰구간이 커지게 됨을 알 수 있다. 즉, 오차를 줄이려고 신뢰수준을 높이게 되면 신뢰구간은 커지게 됨을 알 수 있다. 따라서 신뢰구간을 크게 하지 않고 오차 확률을 줄이려면 표본의 크기를 증가시켜야 한다. 만약 표본의 크기를 100가구 대신 400가구로 조사하였다면 표준오차는 $\sigma_{\overline{X}} = \frac{s}{\sqrt{n}} = \frac{100}{\sqrt{400}}$ = 5가 되므로, 95% 신뢰수준에서 신뢰구간은 $\overline{X} \pm 1.96 \frac{s}{\sqrt{n}}$ = 250±1.96(5) = 250±9.8, 즉 240.2~259.8이 된다. 결국 표본이 100가구일 때보다 신뢰구간이 작게 됨을 알 수 있다(김환준, 2004: 277-278).

5. 가설검증을 위한 추론통계분석[6)]

1) 카이스퀘어 검증

카이스퀘어(chi square: χ^2) 검증은 주어진 자료가 명목변수인 비연속적 범주로 구성될 경우 두 변수 간의 관계(연관성)를 검정할 때 사용하는 방법이다. 예를 들면, 사회복지기관에서 직원의 성별과 직위 간의 관계를 검증하고자 할 때 사용할 수 있다. 〈표 12-12〉에서 보는 바와 같이 직원의 성별과 직위 간의 연관성을 살펴보면, 남자의 경우 팀장 이상이 70.0%인 반면, 여성의 경우 그 비율은 35.6%에 불과하다. 따라서 이 경우 두 변수 간의 카이스퀘어 값 χ^2=8.54(df=1, p=.003)이므로 H_0(성별과 직위는 독립적이다 또는 연관성이 없다)는 기각된다. 즉, "성별과 직위는 연관성이 있으며, 성별에 따라 직위는 다르다"라고 말할 수 있다.

표 12-12 **성별과 직위의 연관성에 대한 카이스퀘어 검증**

구분			직위: 평직원	직위: 팀장 이상	합계	
성별	남	빈도	9	21	30	χ^2=8.54 df=1 p=.003
		%	30.0	70.0	100.0	
	여	빈도	29	16	45	
		%	64.4	35.6	100.0	
합계		빈도	38	37	75	
		%	50.7	49.3	100.0	

6 여기서 사용한 데이터는 조직진단(N=75).csv, 자아존중감.csv이며 분석 결과를 포함하고 있는 jamovi 파일은 조직진단(N=75).omv, 대응집단t-검정.omv이다.

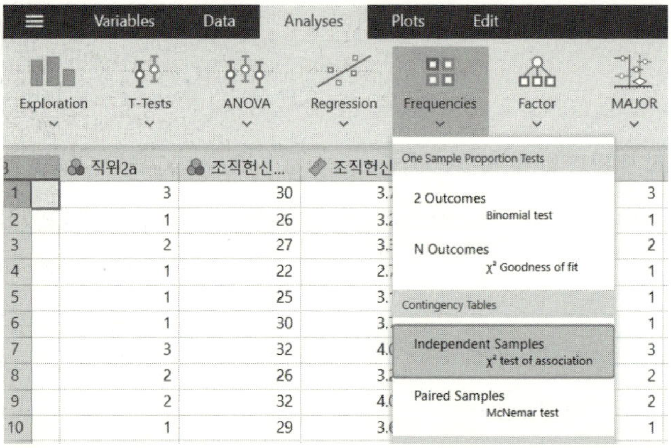

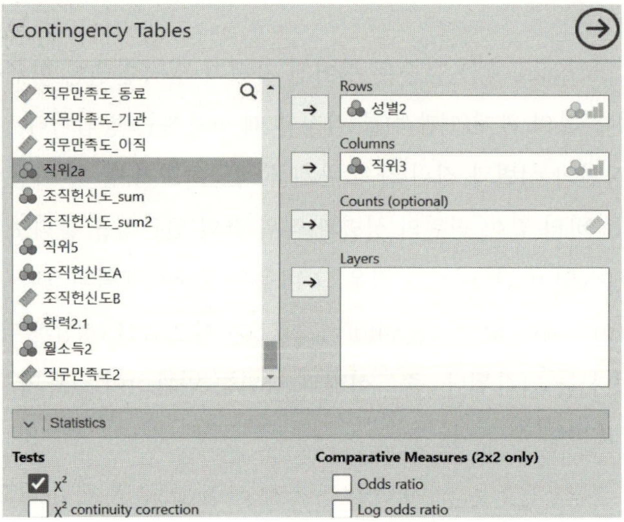

2) t-검증

독립집단 t-검증(두 집단 간의 평균 차이 검증) 일반적으로 t-검증은 독립된 두 개의 집단 간의 평균 차이가 유의미한지를 검정할 때 사용한다. 즉, 성별(남녀)에 따른 자존감 또는 조직헌신도 등(모두 연속변수)에 대한 평균 차이를 검증할 때 활용한다. 그리고 t-검증은 표본이 추출된 모집단이 정규분포를 이루고 있으며, 표본이 최소한 25~30 이상일 때 사용 가능하다. 우선적으로 두 집단 간의 분산의 동질성에 대한 검증, 즉 등분산 검증(the Levene' s test for equality of variances)을 확인해야 한다.

〈표 12-13〉은 사회복지기관에서 성별에 따른 월 소득의 차이를 검증하고 있다. 〈표 12-13〉을 보면 남자의 경우 월 소득이 약 194만 원, 여자의 경우 약 150만 원으로 나

타났다. 이 두 집단 간의 소득 차이가 과연 유의미한 차이인지를 확인하는 것이 t-검증의 목적이다. 이 경우 우선 두 집단 간의 분산의 동질성, 즉 등분산에 대한 검증을 확인해야 하는데, Levene의 등분산 검증 결과 F=1.64(p=.204)이므로 두 집단 간의 분산이 동질함을 확인할 수 있다. 이어서 두 집단(남녀)의 평균에 대한 검증 결과 t=2.669 (p=.009)이므로 H_0(남녀 간의 월 소득에 차이가 없다)를 기각하게 된다. 따라서 두 집단 간의 월 소득 차이는 통계적으로 유의하다.

표 12-13 성별에 따른 월 평균소득의 비교(t-검증)

성별	사례	평균	표준편차	표준오차
남	30	193.83	73.03	13.33
여	45	150.49	64.78	9.88

Levene의 등분산 검증

	F	df	df2	유의확률
월 소득	1.64	1	71	.204

두 집단 평균의 동일성에 대한 t-검정				
t	자유도	유의확률(양쪽)	평균 차이	차이의 표준오차
2.67	71	.009	43.34	16.24

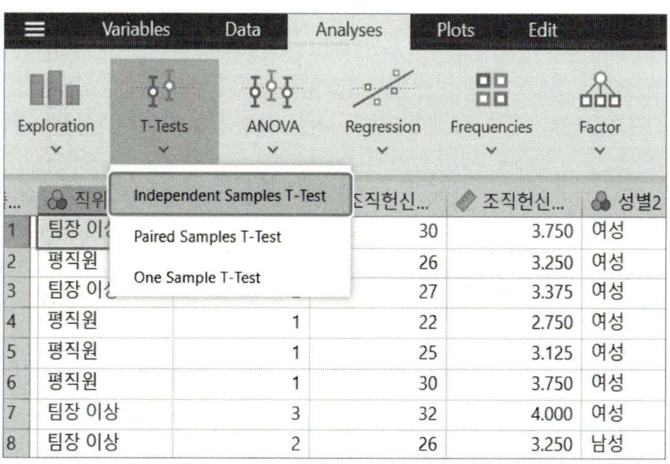

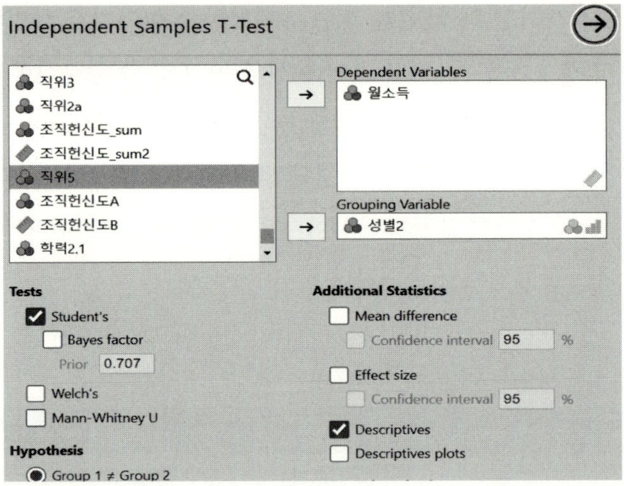

대응집단 t-검증(단일집단의 사전-사후 차이 t-검증) 한편, t-검증의 또 다른 유형은 대응집단(paired group)의 경우인데, 이는 어떤 집단의 사전검사와 사후검사의 차이 등을 알아보고자 하는 경우에 주로 활용한다. 검정 방법은 독립집단의 경우와 동일하다. 〈표 12-14〉는 청소년들의 자아존중감 향상 프로그램에 참여한 참가자들의 사전점수와 사후점수 간의 차이를 검증한 결과다. 〈표 12-14〉에서 나타났듯이 사전점수는 65.07인데 반해 사후점수는 74.47로 상당히 향상된 것으로 나타났다. 분석 결과 t=4.54(p<.001)이므로 사전 자아존중감 점수와 사후 자아존중감 점수의 차이는 유의한 것임을 알 수 있다. 즉, 프로그램 참가 이후 청소년들의 자아존중감이 통계적으로 유의하게 증가하였음을 알 수 있다.

표 12-14 자아 존중감 향상 프로그램 참가자들의 사전 · 사후 점수 비교(대응집단 t-검증)

대상	대응 시간	평균	N	표준편차	평균의 표준오차
대응집단	사전 자아 존중감	65.07	15	10.69	2.76
	사후 자아 존중감	74.47	15	7.34	1.89

<table>
<tr><th rowspan="3">대응 집단</th><th colspan="4">대응 차이</th><th rowspan="3">t</th><th rowspan="3">자유도</th><th rowspan="3">유의확률(양쪽)</th></tr>
<tr><th rowspan="2">평균 차이</th><th rowspan="2">평균 차이의 표준오차</th><th colspan="2">차이의 95% 신뢰구간</th></tr>
<tr><th>하한</th><th>상한</th></tr>
<tr><td>사후-사전</td><td>9.40</td><td>2.07</td><td>4.96</td><td>13.84</td><td>4.54</td><td>14</td><td><.001</td></tr>
</table>

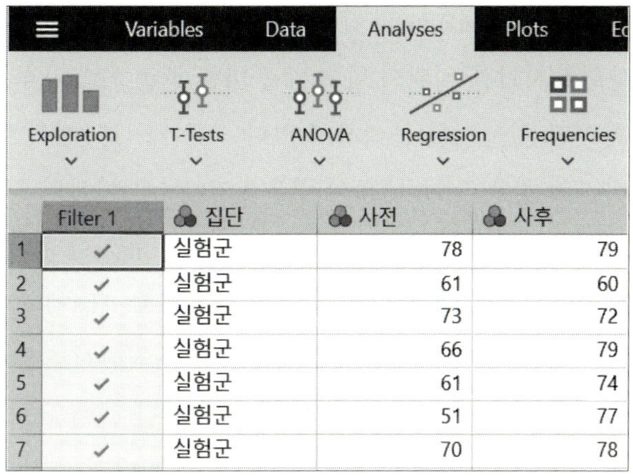

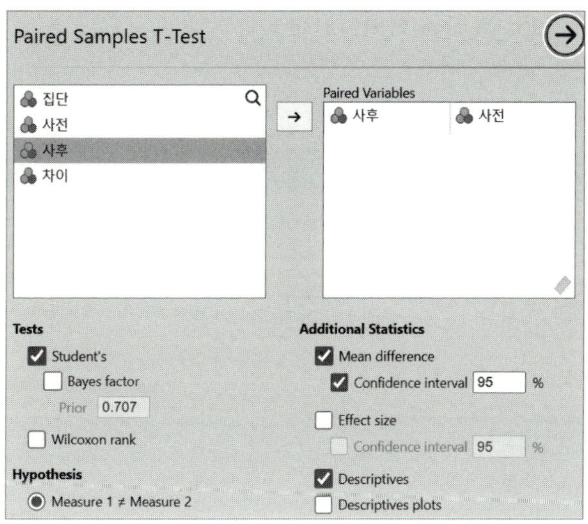

3) 일원분산분석

일원분산분석(one-way analysis of variance, one-way ANOVA)은 t-검증의 연장이라 할 수 있는데, 다만 이 경우는 집단이 셋 이상이다. 즉, 독립변수에 세 개 이상의 집단이 있는 경우 각 집단에 대한 종속변수의 평균 차이가 유의한지를 검증할 때 사용한다. 예를 들면, 사회복지기관에서 직원들의 학력에 따라 조직헌신도나 직무만족도에 차이가 있는지를 알고자 하는 경우에 활용할 수 있다. 앞서 두 집단 간의 검증에는 t 값을 사용하였지만, 여기서는 세 집단 이상이므로 F 값을 사용한다. ANOVA의 경우 두 집단 간에도 분석이 가능하지만 이 경우 F값은 t 값과 동일하게 분석된다. 그리고 ANOVA를 한 후 집단 간에 차이가 있는 것으로 밝혀지면, 어떤 집단 간에 차이가 있는지를 확인하기 위해 사후검증(주로 Tukey or Scheffe 검증)을 해야 한다.

〈표 12-15〉는 사회복지기관 직원의 학력(대졸 미만, 대졸, 대학원 석사 재학 이상)에 따라 조직헌신도에 차이가 있는지를 분석하고 있다. 〈표 12-15〉에서 보는 바와 같이 조직헌신도는 대졸 미만의 경우 3.59, 대졸의 경우 3.77, 석사 이상의 경우 4.05로 차이가 있는 것으로 보인다. 그런데 과연 이 차이가 통계적으로 유의한 차이인지를 확인하기 위해 분산분석을 한 결과 F=3.652(p=.031)로 나타났으므로, H_0(세 집단 간에 조직헌신도에 차이가 없다)를 기각하게 되며, 따라서 세 집단 간의 조직헌신도에 유의한 차이가 있다고 말할 수 있다. 그리고 이 세 집단 중에 과연 어떤 집단 간에 유의한 차이가 발생하였는지를 알기 위해 Scheffe 사후검증 결과, 대졸 미만 집단과 대학원(석사 재학) 이상 집단 간의 차이가 유의한 차이로 밝혀졌다(p=.031).

표 12-15 학력에 따른 조직헌신도의 차이에 대한 일원분산분석(one-way ANOVA)

구분	사례	평균	표준편차	표준오차
대졸 미만	27	3.59	.56	.11
대졸	34	3.77	.41	.07
대학원 석사 재학 이상	14	4.05	.67	.18
합계	75	3.76	.54	.06

구분	제곱 합	자유도	평균제곱	F	유의확률
집단 간	1.97	2	.98	3.65	.031
집단 내	19.40	72	.27		
합계	21.37	74			

학력 구분(I)	학력 구분(J)	평균 차이 (I-J)	표준오차	t	유의확률
대졸 미만	대졸	-.18	.13	-1.34	.411
	대학원 이상	-.46	.17	-2.70	.031
대졸	대학원 이상	-.28	.16	-1.71	.239

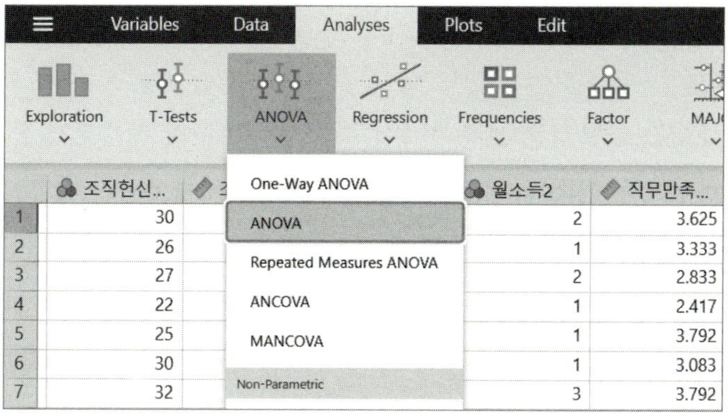
Variables
Data
Analyses
Plots
Edit
Exploration
T-Tests
ANOVA
Regression
Frequencies
Factor
One-Way ANOVA
ANOVA
Repeated Measures ANOVA
ANCOVA
MANCOVA
Non-Parametric
조직헌신...
월소득2
직무만족...

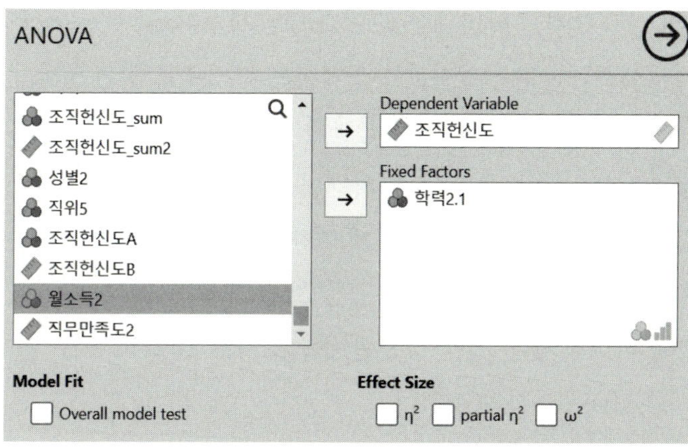
ANOVA
조직헌신도_sum
조직헌신도_sum2
성별2
직위5
조직헌신도A
조직헌신도B
월소득2
직무만족도2
Dependent Variable
조직헌신도
Fixed Factors
학력2.1
Model Fit
Overall model test
Effect Size
η²
partial η²
ω²

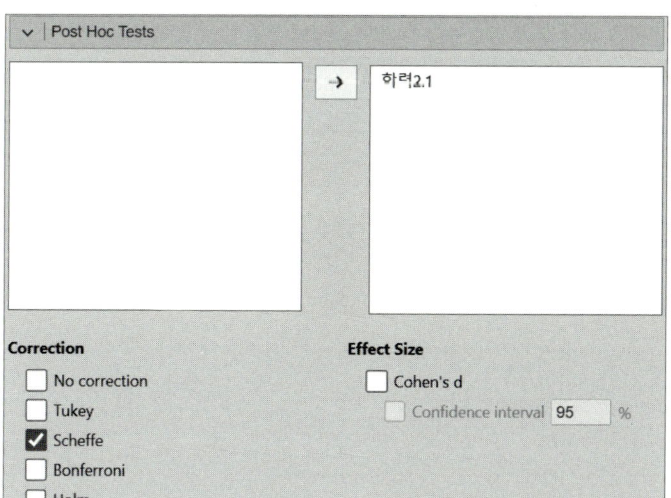
Post Hoc Tests
학력2.1
Correction
No correction
Tukey
Scheffe
Bonferroni
Holm
Effect Size
Cohen's d
Confidence interval
95
%

4) 상관관계분석

상관관계(correlation)분석은 보통 연속변수와 연속변수의 관계로서 둘 또는 그 이상의 연속변수 중 한 변수가 변함에 따라 다른 변수가 어떻게 변하는지를 알아보는 것이다. 이때 변화의 정도와 방향을 상관관계라고 한다. 다시 말해, 한 변수가 커지거나 작아질 때, 다른 변수가 어떻게 변하는지 그 변화의 정도와 방향을 예측하여 알려 주는 분석 방법이다. 예를 들면, 사회복지사의 소득과 직무만족도 간의 상관관계를 검증하고자 할 때 상관관계분석을 하게 된다.

두 연속변수의 상관관계를 나타내는 피어슨 상관계수(Pearson correlation coefficient: r)는 그 범위가 −1에서 +1이며, 절댓값 1에 가까운 값일수록 상관관계가 높다. 그리고 상관관계의 방향을 나타내는 '+'는 정적 상관관계(한 변수 ↑, 다른 변수 ↑)를, '−'는 부적 상관관계(한 변수 ↑, 다른 변수 ↓)를 나타낸다.

〈표 12-16〉은 한 사회복지기관의 직원에 대해 직무만족도를 포함한 여러 변수에 대한 상관관계를 분석한 것이다. 〈표 12-16〉을 보면 직무만족도는 근무 경력을 제외하고는 모든 변수와 비교적 높은 정적 상관관계를 보이고 있으며, 모두 통계적으로 유의한 상관관계($p < .001$)로 나타나고 있다.

표 12-16 각 변수에 대한 상관관계 분석 결과(Pearson 상관계수, 양쪽 검증)

모형	직무만족도	조직헌신도	클라이언트 헌신도	의사결정 참여도	자아존중감	근무 경력	월 소득
직무만족도	-						
조직헌신도	.67***	-					
클라이언트 헌신도	.39***	.34**	-				
의사결정 참여도	.55***	.53***	.32**	-			
자아존중감	.48***	.43***	.45***	.45***	-		
근무 경력	.13	.17	.02	.38***	.11	-	
월 소득	.39***	.47***	.04	.45***	.21	.55***	-

*p < .05, **p < .01, ***p < .001

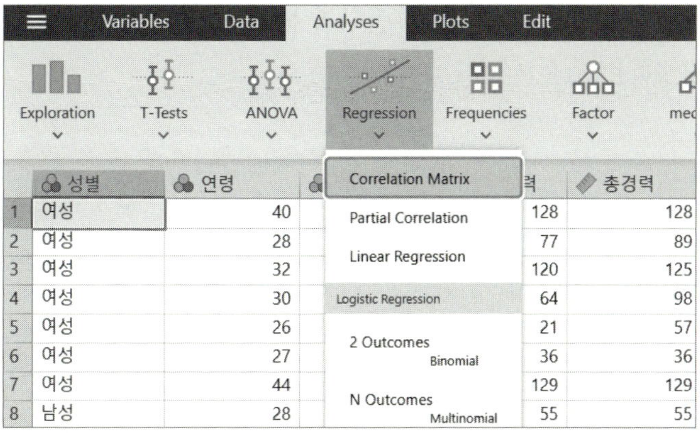

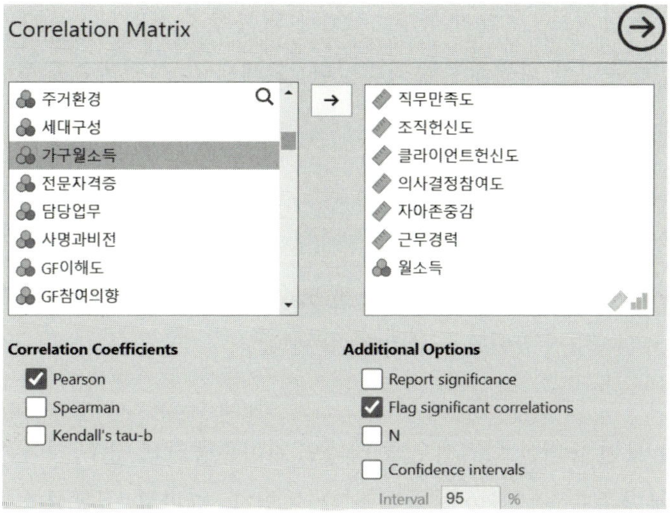

5) 다중회귀분석

다중회귀분석(multiple regression)은 한 변수가 다른 변수들과 어떠한 관계가 있는지를 분석하기 위하여 사용하는 방법으로, 독립변수들의 값을 가지고 종속변수의 값을 설명하고 예측하는 것을 검정한다. 예를 들면, 직원들의 소득, 근무 경력, 클라이언트 헌신도 등이 직무만족도에 미치는 영향, 즉 예측력을 알고자 할 때 활용하며, 다른 변수의 효과를 통제한 상태에서 각 변수의 영향력을 파악할 수 있다.

〈표 12-17〉은 사회복지기관 직원의 자아존중감, 근무 경력, 클라이언트 헌신도, 월소득 및 의사결정 참여도(독립변수)가 직무만족도(종속변수)에 영향을 미치는가를 알아보기 위해 다중회귀분석(입력 방식)을 실시한 결과다. 이 경우 우선 알고자 하는 것은

다섯 개의 독립변수가 결합적으로 종속변수의 분산을 설명하는 데 유용한가의 문제다 (H_0: 회귀식의 설명력 R^2=0 또는 모든 회귀계수=0).

$$\text{회귀식: } Y = a + b_1 \cdot X_1 + b_2 \cdot X_2 + b_3 \cdot X_3 + b_4 \cdot X_4 + b_5 \cdot X_5$$

〈표 12-17〉에서 보는 바와 같이, 우선 회귀모형을 요약한 결과표를 보면 회귀식의 설명력인 수정된 R^2=.403으로 나타났으며, 회귀식의 검정값 F=10.73($p < .001$)이므로 회귀식은 유의한 것으로 나타났다. 그리고 각 독립변수들의 회귀계수(regression coefficient: B)를 살펴보면, 월 소득(p=.014)과 의사결정 참여도(p=.007), 자아존중감(p=.047)은 모두 유의한 회귀계수로 나타났다. 그래서 각 회귀계수를 포함한 회귀식을 만들면 다음과 같다.

직무만족도

= 1.251 - .002*근무 경력 + .002*월 소득 + .191*클라이언트 헌신도 + .153*의사결정 참여도 + .281*자아존중감

이 회귀식을 보면 유의한 회귀계수 중 하나인 자아존중감의 경우, 자아존중감이 1.0만큼 커지면 직무만족도는 .281만큼 커짐을 알 수 있다. 그리고 각 독립변수의 상대적 영향력을 나타내는 표준화계수(베타)를 보면 독립변수들 중 의사결정 참여도가 .327로 가장 영향력이 큰 변수임을 알 수 있다.

마지막으로 독립변수 간의 높은 상관관계를 파악하는 다중공선성(multicollinearity)을 분석하기 위해 공차한계와 분산팽창요인(VIF)을 살펴보면 모두 공선성에는 큰 문제가 없는 것으로 나타났다.[7]

7 독립변수들 간에 다중공선성을 파악하는 이유는 한 독립변수가 종속변수에 대한 설명력이 높더라도 다중공선성이 높다면 그 설명력이 낮게 나타나기 때문이다. 그리고 공선성을 진단하기 위한 기준으로는 일반적으로 공차한계(< .40), VIF(> 2.5)를 사용한다(김태근, 2006: 223-224).

표 12-17 직무만족도에 대한 다중회귀분석의 분석 결과

1) 모형 요약

모형	R	R^2	수정된 R^2	평균오차(RMSE)
1	.667[a]	.445	.403	.348

a. 예측변수(독립변수): 자아존중감, 근무 경력, 클라이언트 헌신도, 월 소득, 의사결정 참여도

2) 분산분석[a] 결과

모형	제곱합	자유도	평균제곱	F	유의확률
선형회귀분석	7.09	5	1.42	10.73	< .001[b]
잔차	8.85	67	.13		
합계	15.94	72			

a. 종속변수: 직무만족도
b. 독립변수: 자아존중감, 근무 경력, 클라이언트 헌신도, 월 소득, 의사결정 참여도

3) 계수[a]

모형	비표준화계수		표준화 계수	t	유의확률	공선성	
	B	표준오차	베타			공차 한계	VIF
(상수)	1.251	.454		2.756	.008		
근무 경력	-.002	.001	-.174	-1.556	.124	.661	1.514
월 소득	.002	.001	.289	2.524	.014	.632	1.583
클라이언트 헌신도	.191	.109	.181	1.758	.083	.779	1.284
의사결정 참여도	.153	.055	.327	2.797	.007	.605	1.652
자아존중감	.281	.139	.221	2.020	.047	.694	1.440

a. 종속변수: 직무만족도

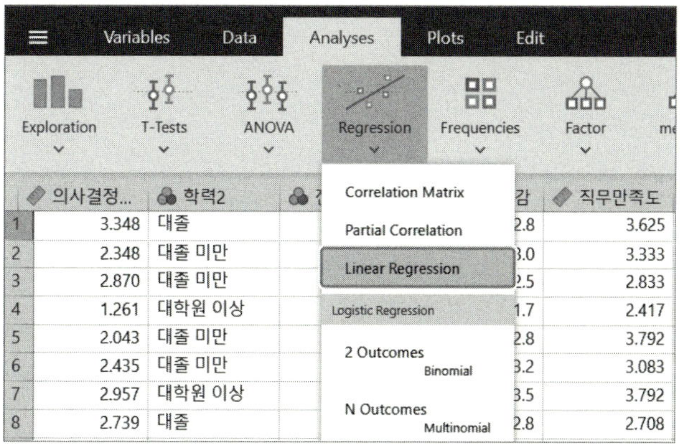

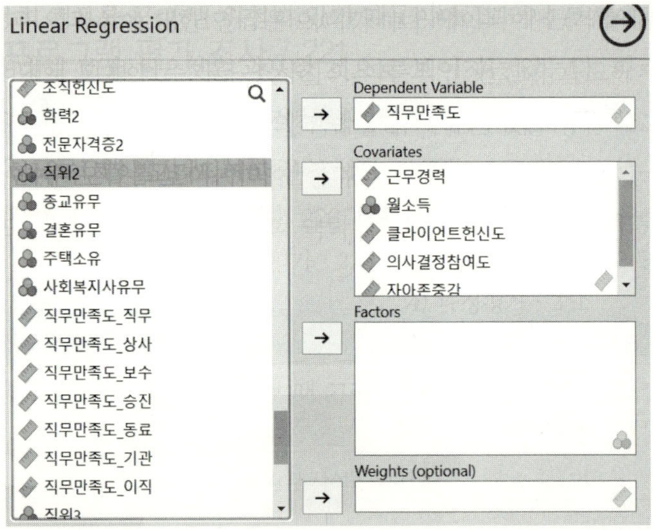
Linear Regression
조직헌신도
학력2
전문자격증2
직위2
종교유무
결혼유무
주택소유
사회복지사유무
직무만족도_직무
직무만족도_상사
직무만족도_보수
직무만족도_승진
직무만족도_동료
직무만족도_기관
직무만족도_이직
직위3
Dependent Variable
직무만족도
Covariates
근무경력
월소득
클라이언트헌신도
의사결정참여도
자아존중감
Factors
Weights (optional)

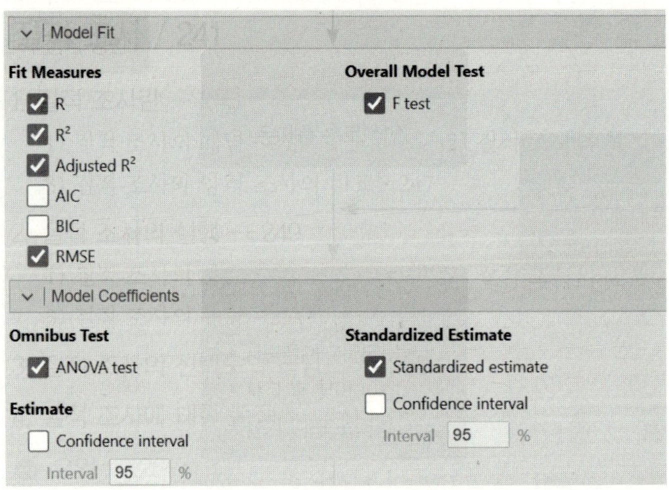
Model Fit
Fit Measures
R
R²
Adjusted R²
AIC
BIC
RMSE
Overall Model Test
F test
Model Coefficients
Omnibus Test
ANOVA test
Estimate
Confidence interval
Interval 95 %
Standardized Estimate
Standardized estimate
Confidence interval
Interval 95 %

요약

1. 자료 분석의 준비

- 원자료(raw data)의 정리 및 편집: 원자료의 부실과 누락 등을 처리하는 것으로, 특히 모호한 응답 자료에 대해 정확한 판단과 처리가 필요하다.
- 부호화(coding): 수집된 자료에 대한 숫자나 문자 등의 기호를 부여하는 것이다. 코드북(codebook)은 변수 이름과 변수 값을 일목요연하게 정리한 것이다.
- 자료 입력(data entry): 여기에는 자료 입력의 적절한 방법의 선택이 중요하다.

2. 통계분석의 이해

1) 기능에 따른 분류

- 기술통계(descriptive statistics): 개별 변수들에 대한 묘사와 변수들 간에 나타나는 다양한 관계에 대한 분석
- 추론통계(inferential statistics): 조사 자료가 모집단의 일부인 표본이라는 점을 감안하여, 표본에서 나타나는 분석 결과가 과연 모집단의 속성을 어느 정도 반영할 수 있는지 등에 대한 분석[예: 카이스퀘어 검증, t-검증, ANOVA(변 량/분산분석), 회귀분석 등].

2) 분석 단위(변수 수)에 따른 분류

- 일원적(univariate) 분석: 단일 변수에 대한 묘사, 빈도분석(예: 여론조사의 변수)
- 이원적(bivariate) 분석: 두 변수 간의 관련성에 대한 분석, 설명
  - 교차분석(crosstabs): 명목변수와 명목변수의 관계에 대한 분석
  - 상관관계(correlations): 수량변수와 수량변수의 관계 분석
  - t-검증: 명목변수와 수량변수(종속변수)의 관계 분석
- 다원적(multivariate) 분석: 셋 이상의 변수들 간의 관계 설명으로 두 변수 간의 관계 분석 과정에서 제3의 변수의 영향력 배제를 목적으로 하거나 하나의 변수에 작용하는 다양한 변수의 영향력 설명
  - 부분상관관계(partial correlations), 공변량분석(ANCOVA)
  - 다중회귀분석(multivariate regresssion), 군집분석(cluster analysis)
  - 판별분석(discriminant analysis), 요인분석(factor analysis), 신뢰도 분석(reliability analysis)

3) 모집단의 분포 및 가정에 따른 분류

- 모수통계: 모집단이 정상분포라는 가정하에 표본에서 모집단의 특성을 추정(등간척도, 비율척도 자료)
- 비모수통계: 모집단 특성의 분포에 대해 어떤 가정을 하지 않고 모집단의 특성을 추정(주로 명목척도, 서열척도 자료) 그리고 표본의 크기가 작을 때

<table>
<tr><td rowspan="3">통계분석</td><td>기술통계</td><td rowspan="3">일원적 분석
이원적 분석
다원적 분석</td><td>빈도분석, 교차분석, 신뢰도분석 등</td></tr>
<tr><td rowspan="2">추론통계</td><td>모수통계</td></tr>
<tr><td>비모수통계</td></tr>
</table>

3. 가설검증

가설검증이란 표본의 특성을 모집단에 적용, 일반화함으로써 가설의 진위를 결정하는 것을 말하는데, 여기에 추론통계를 활용한다. 표본분석의 결과가 통계적으로 유의한 것인지, 즉 통계치 간의 차이나 관계가 모집단의 차이나 관계를 나타내는 것인지를 확인하는 것이 바로 가설검증이다.

보통 가설검증은 영가설의 기각에 초점을 맞추게 되며, 영가설을 기각하게 되면 연구 가설은 지지된다. 그리고 가설검증에서는 오차 가능성을 유의수준(α)으로 제시하여 보통 유의확률(p 값)을 기준으로 가설을 기각 또는 채택하게 된다. 가설검증에 흔히 사용되는 분석기법으로는 카이스퀘어 검증, t-검증, 일원분산분석, 상관관계분석, 다중회귀분석 등이 있다.

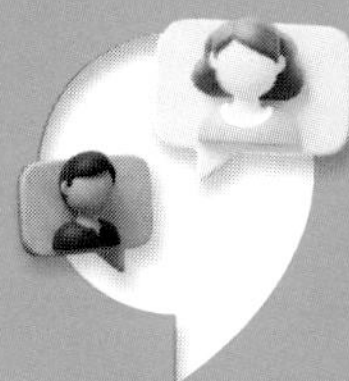

제13장

질적 자료 분석

1. 질적 자료의 수집
   - 1) 면접
   - 2) 관찰
   - 3) 일정 기록과 일지
   - 4) 문헌 및 기록물 검토
2. 질적 자료의 체계적 정리
   - 1) 현장 기록 정리
   - 2) 자료의 조직화
   - 3) 기록에 대한 코딩
   - 4) 데이터에서 갭의 발견
3. 질적 자료의 분석
   - 1) 분석을 위한 계획
   - 2) 범주화
   - 3) 자료 해석하기
   - 4) 타당도 검증

⊙ 요약

탐구하고자 하는 주요 질문

1. 질적 자료를 수집하는 주요 방법은 무엇인가?
2. 어떻게 하면 질적 자료를 체계적으로 정리할 수 있는가?
3. 질적 자료 분석은 양적 자료 분석과 어떻게 다른가?
4. 질적 자료 분석에서 범주화의 의미는 무엇인가?
5. 질적 자료의 타당성을 검증하는 방법은 무엇인가?

지금까지 우리가 주로 다루어 온 계량적 자료와는 성격이 매우 다른 질적 자료를 분석하는 일은 쉬운 일이 아니며 때로는 혼란스러울 수 있다. 특히 잘 훈련된 조사 보조원이 자료 관리와 분석의 많은 작업을 대신 할 수 있는 양적 조사와 달리 질적 조사에서는 질적 조사자 자신이 자료 수집 및 분석의 도구이자 주체가 되어야 한다. 또한 질적 조사에서는 자료 수집과 분석이 동시에 일어나면서 서로 복잡하게 결합되어 있다. 특히 수많은 자료를 통해서 어떤 유형(pattern)이나 맥락(context)을 찾아내는 과정인 질적 자료 분석에서 간혹 조사자들은 자료 자체에 압도당해 어려움을 겪기도 한다. 그러나 조사자가 용기를 가지고 이 과업을 수행해 나간다면 비록 질적 자료 분석이 쉽지 않은 작업이기는 해도, 생각하기에 따라서는 창의성과 순발력을 요하는 흥미로운 작업이 되기도 한다. 이 장에서는 질적 자료를 분석할 수 있는 방법을 서술하고자 논의의 주제를 크게 질적 자료의 수집, 질적 자료의 체계적 정리, 질적 자료의 분석으로 구분하여 구체적으로 설명하고자 한다.

1. 질적 자료의 수집[1)]

질적 조사에서 자료 수집은 조사 대상자뿐만 아니라 전기, 일기, 편지, 역사적 기록, 영화, 사진, 비디오테이프 등의 다양한 기록물을 통해서 이루어진다. 그리고 질적 조사자는 조사하고자 하는 현상을 파악하기 위하여 조사 참여자와 면담하거나 현장에 직접 참여하여 관찰하는 방법도 선택한다. 조사자가 선택하는 자료 수집 방법은 연구 주제의 성격이나 특성에 따라 달라지며, 자료 수집 방법 간에는 서로 연관성이 있고 보통 한두 가지 이상의 방법을 이용하여 자료 수집을 하게 된다.

질적 조사 방법에 그다지 익숙하지 않은 학생들은 심층면접만을 유일한 자료 수집 방법으로 생각하기도 하지만, 질적 조사를 하기 위해 조사자는 면접 이외에도 많은 것이 필요하다. 조사 목적에 비추어 볼 때 관련성이 있다고 판단되는 경우, 문서나 기록은 정보를 제공해 줄 수 있는 또 하나의 중요한 자료가 될 수 있다. 어떤 조사에서는 면

1 자료 수집 부분은 앞서 제10장 질적 조사에서 이미 설명하였지만, 이 장에서는 질적 자료 분석에 대한 논리의 전개상 자료 수집 → 자료 정리 → 자료 분석 과정을 다시 보충해서 설명하고자 한다.

접이 가장 주된 자료 수집 방법이 될 수 있고, 다른 조사에서는 관찰이 주된 방법이 될 수 있다. 이와 같이 질적 조사는 양적 조사와 달리 다양한 출처에서 자료를 수집할 수 있다.

질적 자료의 수집 방법은 크게 면접, 관찰, 일정 기록과 일지, 문헌 및 기록물 검토의 네 가지로 구분할 수 있다(Marlow, 2005: 165-179).

1) 면접

면접(interviews)은 양적 조사와 질적 조사에서 모두 사용되는 자료 수집 방법으로, 특히 심층면접은 질적 자료의 수집에 흔히 사용된다. 면접이란 정보를 유도하기 위해 사전에 계획하고 이를 구체화한 것으로, 조사자가 직접 관찰할 수 없는 것을 발견하기 위해서 면접을 실시한다. 사람들의 행동, 감정, 주변 세계에 대한 해석 방법 등을 알아보기 위한 경우, 또는 반복하기 불가능한 과거 사건들에 관심이 있을 경우 면접은 필수적이다. 질적 조사에서는 비구조화된 면접에서 구조화된 면접에 이르기까지 다양한 형태의 면접을 이용할 수 있다.

구조화된 면접(structured interview) 조사자가 대상자에게 동일한 질문을 하는 방법으로, 조사자는 보통 질문이 기록된 면접지를 가지고 면접 일정에 따라 질문을 한다. 이 방법에서는 묻고자 하는 질문의 표준화, 질문 방법의 표준화, 면접의 표준화를 통하여 '편향(bias)'을 최소화하려고 한다.

반구조화된 면접(semi-structured interview) 주요 질문에 대해서는 동일하지만 정보를 더 얻기 위해서 상황에 따라 질문을 수정하거나 변경할 수도 있다. 이때 조사자는 응답자에 대한 이해와 표현 정도에 따라 질문을 다르게 할 수도 있다.

비구조화된 면접(unstructured interview) 면접에 대한 간단한 주제 목록만을 가지고 질문을 한다. 물론, 질문 목록에는 응답자에게 반드시 요구하는 질문도 있으나 대체로 질문을 하는 방식은 자유롭다. 적절한 때에 민감하게 질문하고 대화 도중에 해당 주제에 관해서 대화할 수도 있다. 이는 가장 자유롭고 개방적인 형태의 면접이다.

2) 관찰

조사연구를 진행하면서 모든 현상이나 행위에 대한 정보를 질문이나 면접을 통해 수집할 수는 없다. 특히 아동의 행동이나 불법적인 행위에 대한 자료 수집은 더욱 그렇다. 사회복지조사론을 학습하기 이전에도 사회복지 전공 학생들은 관찰(observations)이란 것이 사회복지실천의 핵심적인 부분이라는 것을 배웠기 때문에 비교적 관찰에는 익숙하리라 생각된다. 우리가 수행하는 관찰에는 크게 구조화된 관찰과 비구조화된 관찰이 있다.

구조화된 관찰(structured observation) 구조화된 관찰은 관찰 내용과 그 범주를 사전에 결정해 놓고 관찰하는 방법이다. 주로 관찰할 내용에 대한 규정을 미리 정해 놓고 그 발생 빈도, 방향, 범위 등을 범주화하게 되며, 이러한 범주로 관찰된 것은 계량화할 수도 있다.

비구조화된 관찰(unstructured observation) 비구조화된 관찰은 관찰 대상, 방법 등에 대해 분명히 규정하지 않은 상태에서 관찰하는 방법이다. 이는 사전에 알려진 사실들이 충분치 않은 상황에서 시작하는 질적 조사에 주로 이용된다. 비구조화된 관찰의 가장 대표적인 것으로 참여관찰이 있다.

- 참여관찰(participant-observation): 참여관찰은 연구자가 관찰 대상 집단의 내부에 스며들어가 그 구성원의 하나가 되어 그들과 함께 생활하거나 활동하면서 관찰하는 것이다. 관찰자는 피관찰자와 긴밀한 접촉과 관계를 유지할 수 있으며, 모든 행위와 상황에 대해 자연스럽게 관찰할 수 있다는 점이 장점으로 부각된다. 그러나 관찰자가 함께 생활함으로써 동조현상이 생겨 객관성을 잃게 될 가능성도 있다. 또한 관찰자 자신도 자신에게 주어진 역할을 하면서 관찰해야 하기 때문에 철저한 관찰이 어려울 수도 있고, 관찰한 사실을 즉각 기록으로 남겨야 하나 그럴 수 없는 상황이 발생할 수도 있다.

참여관찰법을 소개한 Frank H. Cushing이 관찰한 Zuni 인디언 소녀
출처: http://en.wikipedia.org/wiki/ Participant _observation

3) 일정 기록과 일지

질적 조사에서 활용하는 중요한 일차적 자료로는 사건이나 행위 등의 단순한 내용을 시간대(일정)별로 정리한 일정 기록(logs), 어떤 행위의 내용을 구체적으로 정리한 기록(메모)인 일지(journals), 그리고 이러한 기록물들을 행위별 또는 날짜별로 정리한 일기(diary)를 들 수 있다. 질적 조사에서 조사 자료는 풍부하게 기술된 현장 기록의 형태로 이루어진다. 이러한 기록은 현장 구성원의 일상생활을 의미하는 다양한 상황 속에서 관찰된 세세한 상호작용을 반영하는 것이기 때문에 매우 중요하다.

4) 문헌 및 기록물 검토

질적 자료 수집의 또 다른 유형으로는 전기, 일기, 편지, 역사적 기록, 필름, 사진, 비디오테이프 등의 서류와 문서 등의 문헌 및 기록물 검토(reading of documents)가 있다. 이러한 기록과 문헌은 직접적인 관찰이나 면접으로 수집할 수 없었던 상황에 대한 정보를 제공해 줄 수 있다. 또한 조사자에게 개개인의 삶, 중요한 사회기관이나 단체의 역사, 그보다 더 광범위한 사회적인 추세나 경향 등에 관한 귀중한 정보를 제공해 줄 수 있다.

이상의 네 가지 방법 외에도 '제10장 질적 조사'에서 설명한 포커스 그룹을 통한 자료 수집 방법도 있다.

연구 사례

장정은과 심혜선(2025)은 학교 밖 청소년의 일상생활 경험에 대한 연구에서 포토보이스(photovoice)를 활용하여 학교를 중단한 청소년 7명을 대상으로 총 6회기 과정을 진행하였다. 참여 청소년이 제출한 211장의 사진과 총 6회기 포토보이스 진행 과정을 녹음한 녹취록을 분석 자료로 활용하였으며, 수집된 자료는 귀납적 질적 분석 방법을 적용하여 분석하였다. 포토보이스는 연구참여자들이 카메라를 통해 자신의 삶을 기록하여 이를 바탕으로 그룹 토론을 통해 자신의 경험과 생각을 자유롭게 표현할 수 있는 강점이 있다. 특히 글보다는 이미지로 자신의 이야기를 쉽게 전달할 수 있는 청소년에게는 연구 참여에 대한 적극성과 주도적인 역할을 기대할 수 있다.

2. 질적 자료의 체계적 정리

자료의 수집이 끝나게 되면 수집된 자료를 분석하기 위해 우선 이를 체계적으로 정리할 필요가 있다. 이 과정에는 기록에 대한 정리, 자료의 조직화, 기록에 대한 코딩 등의 과업이 포함된다(Marlow, 2011: 217-223).

1) 현장 기록 정리

질적 자료 수집의 주요 방법으로 관찰과 면접이 흔히 활용되는데, 현장 기록(field notes)은 현장 관찰과 면접에서 중요한 과업 중 하나이며 분석을 위한 중요한 자료가 된다. 질적 연구에서는 많은 기록을 정리하는 것이 복잡하기 때문에 이를 체계적으로 정리하지 못하는 경우가 많다. 따라서 질적 자료 분석을 위한 첫 번째 단계 중 하나는 면접이나 관찰을 끝내고 곧바로 현장 기록을 재구성하여 정리하는 것이다.

그럼 먼저 '무엇을 기록할 것인가?'라는 질문이 생기는데, 이 질문에 대한 답은 조사자가 가진 관심에 따라 달라진다. 왜냐하면 어떤 조사자도 자신이 관찰한 모든 것을 기록할 수는 없기 때문이다. 그렇지만 일반적으로 가급적 많은 기록을 남기는 것이 가장 바람직한 것으로 알려져 있다. 현장 관찰의 초기단계에서 기록해야 하는 것으로는 물리적 공간, 행위자, 행위, 상호작용, 관계, 느낌이나 감정의 표현 등을 가장 일반적인 것으로 꼽을 수 있다.

그리고 '어떻게 기록할 것인가?'라는 질문이 이어지는데, 이 질문에는 상당한 수준의 유연성과 민감성이 필요하다고 말할 수 있다. 인간이 가진 기억력의 한계를 고려해 볼 때 관찰한 것을 가급적 빨리 기록으로 옮기는 것이 나중으로 미루는 것보다 바람직하다. 가끔 조사자가 노트에 무엇인가를 기록하는 행위가 자연스러운 분위기를 해치거나 더 나아가서 사람의 기분을 상하게 만들 수 있다. 이러한 경우를 대비해서 일단은 기억력에 의존해서 머릿속에 기록하고, 그다음에는 짧게 메모를 하거나 녹음기를 사용하는 것이 필요하다. 그리고는 관찰을 마치고 그날 관찰한 내용을 그날 즉시 보다 자세하게 기록으로 옮기는 것이 필요하다. 특히 면접한 내용을 옮겨 적는 일(transcription)은 시간이 많이 걸리고 지루한 작업이라는 것을 염두에 두어야 한다.

일반적으로 현장의 기록과 기록 관리를 위해서는 다음과 같은 다섯 가지 기본 규칙을 제시할 수 있다(Bernard, 1994).

- 기록을 길게 작성하려 하지 말고 가능한 짧은 기록을 많이 수집하라.
- 각 장소에서 기록한 내용들을 서로 분리하여 보관하라.
- 언제라도 기록할 준비를 하고 기억에 의존하지 말라.
- 현장 메모를 할 때는 사람들이 불편해할 것을 두려워하지 말고 기록하는 것에 대해 미리 양해를 구하라.
- 가능하면 그날 현장 기록은 정리할 시간을 마련해서 그날 정리하라.

TIP 현장 기록의 내용별 분류

- 현장 메모(field jottings): 현장에서 즉시 그냥 받아 기록한 정리되지 않은 메모
- 현장 노트(field notes): 현장 메모를 정리한 것
- 현장 일지(field journal): 현장에서 특정한 날짜에 경험한 것을 비교적 구체적으로 기록한 것
- 현장 일기(field diary): 현장에서 경험한 기록을 일자별로 정리한 것
- 현장 일정 기록(field log): 현장에서 시간대별 계획이나 실제 진행한 일에 대한 기록

2) 자료의 조직화

관찰이나 면접에서 얻은 수많은 자료를 활용하여 설득력 있는 설명이나 주장을 어떻

게 구성하고 제시할 것인지를 고민하는 것은 질적 조사에서 중요한 과업이다. 대부분의 질적 조사를 수행하는 사람은 자료 수집을 위한 질적 접근 방법의 장점을 잘 인식하고 있으나, 이렇게 수집된 질적 자료를 어떻게 활용할 것인가에 대해서는 이해가 부족한 경우가 많다. 따라서 수집된 자료를 어떻게 정리하면 필요할 때 효과적으로 이용할 수 있을 것인가라는 문제는 질적 조사의 성패를 가름하는 주요한 요인이 된다.

질적 자료 관리의 목적은 필요한 자료를 가장 효율적으로 끄집어내고 분석할 수 있도록 자료를 관리하고 조직화(organizing files)하는 것이다. 현장 기록이 이루어진 뒤에는 주요한 기록 사항이나 초안 형태의 기록을 다시 정리하여 자세히 쓰게 된다. 이때 자료 관리의 예방적 차원에서 항상 복사본을 만들어 두어야 하며, 모든 현장 기록, 면접 기록, 일지, 메모에는 매번 기록이 이루어질 때마다 해당 날짜와 시간, 장소가 반드시 기록되어야 한다. 일반적으로 〈표 13-1〉과 같이 다섯 가지 유형의 폴더로 구분해서 자료를 관리하는 것이 필요하다.

표 13-1 **자료 폴더의 유형**

기본 자료 폴더	조사하고자 하는 주제에 대한 기록, 대부분의 기록이 이 폴더에 포함됨
방법론 폴더	자료 수집 방법에 대한 기록: 면접, 녹음, 관찰 등의 모음집
신상 관련 폴더	인테이크, 방문 등 조사 대상자에 대한 개인적 신상 항목에 대한 정보 모음집
문헌 폴더	조사하고 있는 문헌, 이론 등에 대한 정보 모음집
분석 방법 폴더	어떻게 분석할 것인가, 어떻게 분석했는가 등의 분석에 관련되는 정보 모음집

자료: Marlow (2005), p. 210 재구성.

3) 기록에 대한 코딩

다섯 가지 유형으로 기록을 조직화한 후에도 분석을 위해서는 추가적으로 기록에 대한 코딩 작업(coding notes)이 필요하다. 즉, 현장 기록을 정리할 때 기록을 분류할 수 있는 코드를 사용하는 작업이 중요한데, 이 코드는 각 페이지의 머리 부분이나 가장자리에 숫자나 부호로 기록할 수 있다. 여기서 잊지 말아야 할 것은 양적 자료에서와 마찬가지로 가능하면 코드북(codebook)을 만들어 두는 것이 필요하다는 점이다. 물론 이 코딩은 연구 목적이나 분류의 정확성(precision) 정도에 따라 다양하게 할 수 있다.

예를 들면, 프로그램 평가의 경우, 기관의 위계 조직 권한을 구분하거나 서비스를 제공한 클라이언트의 유형을 구분하기 위해 코드가 필요하다. 또한 사회복지실천에 대한 평가연구에서는 실시한 면접의 내용에 따라 코드를 부여할 수 있다. 질적 자료 분석에서 코딩은 사전에 결정된 구조틀(framework)에 데이터를 강제로 짜맞추는 것이 아니라 수집된 데이터 속에서 구조틀을 도출하는 과정이다. 그러므로 데이터가 코드에 적합한지를 점검하고 적합하지 않으면 데이터를 버리는 것이 아니라 코드를 수정해야 한다.

4) 데이터에서 갭의 발견

자료를 체계적으로 정리하면서 잊지 말아야 할 것으로, 연구자는 데이터에서 갭을 발견하는 것(identifying gaps in the data)과 누락된 정보의 내용을 확인하고, 이에 대한 메모를 해 두어야 한다는 것이다. 데이터 수집에 관한 내용들이 연구 초기에 결정된 양적 조사에서는 데이터 갭을 확인하는 과정이 필요하지 않지만, 질적 조사에서는 연구가 상당히 진행될 때까지는 실제 어떤 자료가 수집되어야 하는지를 정확히 모를 경우가 있다.

코딩이 진행됨에 따라 조사자는 자신에게 필요한 것과 필요하지 않은 데이터를 분리할 수 있게 된다. 이 분리 작업은 통찰력과 많은 인내심이 필요하며, 조사자는 종종 두세 번에 걸쳐 데이터를 검토하는 과정에서 수집된 정보의 부족함을 발견하게 되고 아직 구하지 못한 데이터를 확인하게 된다.

3. 질적 자료의 분석

수집된 자료에 대한 체계적 정리가 되고 나면 이제 남은 과업은 자료 분석인데, 분석에 본격적으로 들어가기 전에 우선 질적 자료 분석의 특성에 대해 알아보자. 왜냐하면 질적 자료와 계량적 자료는 그 분석 방법에서 많은 차이가 있다. Neuman(2003)에 의하면 자료로 정의된 것, 즉 자료의 속성 자체가 그 차이를 일으키는 원인이 되기 때문이다. 따라서 질적 자료의 특성을 서로 성격이 다른 두 가지 유형의 자료의 분석에서 차이점을 통해 다음과 같이 정리할 수 있다.

- 자료가 질적인 경우 자료 수집, 조직화 및 분석 간에 구분이 훨씬 어렵다. 예를 들면, 질적 자료 분석은 종종 자료 수집이 완료되기 전에 시작할 수 있다. 이것을 중간단계의 분석(interim analysis)이라고도 한다.
- 분석 방법에서는 계량적 자료가 훨씬 더 구조화되어 있다. 따라서 질적 자료 분석이 훨씬 더 도전적이고 시간적으로도 성공적으로 완료하기가 어렵다.
- 질적 자료 분석에서 주된 목표는 자료에서 유사성과 차이점을 통하여 유형(패턴)을 찾는 것이다. 이들 패턴을 확인하는 데 다양한 기술을 사용할 수 있다.
- 질적 자료의 분석에서는 어떤 자료의 유형이 부각된다고 그것을 바로 독자적인 결론으로 유도하려는 유혹에 빠지지 않도록 자료를 그 맥락 속에서 유지하는 것이 중요하다. 즉, 맥락 속에서 자료를 유지하고, 그 속에서 고려하여야 한다. 그러므로 맥락의 내용이 결여된 채 해석된 정보는 의미 전달이 부족하고 왜곡된 방식으로 사건이나 상황을 나타낼 수 있는 정보로 나타나기 쉽다.
- 질적 데이터 분석은 연역적이기보다는 귀납적이다. 즉, 주의 깊은 관찰로 시작해서 데이터의 연결성이나 유형을 찾아내고, 이를 통해 어떤 가설을 만들어 내며, 궁극적으로는 이를 이론적인 개념으로 발전시킨다.

이러한 두 분석 방법의 차이점을 요약 · 정리하면 〈표 13-2〉와 같다.

표 13-2 **계량적 자료 분석과 질적 자료 분석의 비교**

계량적 자료 분석	질적 자료 분석
자료 수집, 조직화, 분석이 분리 진행됨	자료 수집, 조직화, 분석이 종종 동시에 진행됨
구조화된 통계적 검증 사용	비구조화된 분석 방법 사용
분석의 목표는 통계적 유의성을 증명하는 것	분석의 목표는 자료의 패턴을 찾아내는 것
분석을 위하여 데이터는 분리됨	분석을 위하여 데이터는 맥락 속에서 유지됨
연역적 분석 과정	귀납적 분석 과정

자료: Marlow (2005), p. 217 〈표 11-1〉 재구성.

이러한 특성과 차이점을 염두에 두고 질적 자료를 분석하는 것이 바람직하다. 일반적으로 질적 자료의 분석은 분석을 위한 계획 수립, 범주화, 자료의 해석, 자료에 대한 타당도 검증의 순서로 이루어진다(Marlow, 2005: 218-230).

1) 분석을 위한 계획

데이터가 체계적으로 정리되고 나면 이제 자료 분석에 들어가게 되는데, 여기서는 우선 데이터 분석에 대한 계획이 필요하다. 하지만 질적 데이터의 분석에는 어떤 확고하게 일치된 규칙이나 원칙이 존재하는 것은 아니므로 모든 데이터 기록을 다시 읽고 검토함으로써 데이터 전체에 대해 이해하는 것이 필요하다. 이 과정에서 간단한 기록을 하거나 새로운 아이디어를 메모해 두는 것이 필요하다. 예를 들면, 김연미(2003)의 AIDS 감염인에 대한 연구에서 데이터 중에 '버림받음(abandonment)'이란 단어가 빈번히 나오는 것을 발견하게 되면 이를 기록해 두는 것이 필요하다. 두 번째는 조사연구 저널(research journal), 즉 조사연구에 대한 일지(journal)를 기록하는 것이 필요하다. 이것은 연구의 과정과 이 과정에서 얻는 모든 아이디어나 통찰력 등을 기록하는 것을 의미한다. 예를 들면, 앞의 '버림받음'이란 단어는 종종 가족에 관한 맥락에서 발견되는데, 이때 이 맥락을 기억하고 기록하는 것이 필요하다는 것이다. 여기서 중요한 것은 무언가를 체계적으로 정리하기보다는 우선 데이터에서 떠오르는 모든 것을 유의해서 기록해 두는 것이다.

2) 범주화

앞에서 언급한 대로 질적 조사는 연역적이라기보다는 귀납적이므로 연구 주제와 관련된 어떤 패턴, 즉 주제의 연결된 모습이 데이터에서 도출되어야 한다. 이를 위해서는 데이터가 조직되고, 분류 · 편집되어 분석 가능한 패키지로 정리되어야 한다. 이때 연구자는 어떤 테마(핵심 내용)를 추출하기 위해 연구의 목적에 부합되는 개별 데이터를 찾아서 코드를 부여하고 범주화(identifying categories)해야 하는데, 바로 이 단계에서 이러한 범주(categories)를 만들고, 이를 코딩하는 작업이 진행된다.

첫 번째 단계의 코딩 수집된 데이터 속에서 의미를 가진 정보, 즉 의미 단위(meaning units)를 발견하고, 이것을 범주로 묶고 이 범주에 코드를 부여하는 단계다. 이것은 다음과 같은 다섯 단계를 포함한다.

- 데이터에서 중요한 경험이나 아이디어, 즉 의미 단위를 발견한다.

- 의미 단위를 범주 속에 맞추고 범주에 이름을 부여한다.
- 범주에 코드를 부여한다.
- 코딩을 다시 정리하고 재조직화한다.
- 코딩의 종료 시점을 결정한다.

두 번째 단계의 코딩 이 단계는 다소 추상적이며, 자료를 해석하는 과정을 포함한다. 그리고 데이터의 어떤 관련성을 발견하기 위한 첫 과정으로 범주 사이의 유사점과 차이점을 확인한다. 여기에는 다음 두 단계가 포함된다.

- 각 범주에서 의미 단위들을 추출한다.
- 범주 간에 비교와 대조를 하고, 이를 통해 범주를 묶은 다음 어떤 주제(중심 내용)로 통합한다.

이러한 과정을 정리하면 [그림 13-1]과 같다.

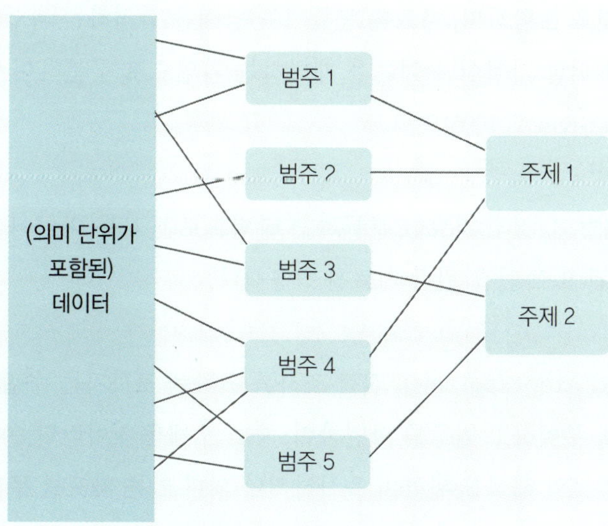

그림 13-1 질적 자료 분석에서 범주화

자료: Marlow (2011), p. 219 [그림 11-2] 재구성.

범주의 유형 범주화 작업에 활용되는 범주에는 두 가지 유형이 있는데, 이는 고유

범주화와 조사자 범주화다(Marlow, 2005: 221-223).

- 고유 범주화(indigenous categories): 내부자적(emic) 접근법을 사용하여 조사 대상자의 관점에서 관찰된 대상자의 표현이나 용어를 사용함으로써 범주를 명료화한다. 많은 경우 이 접근은 사회복지사가 클라이언트의 관점에서 세상을 볼 수 있도록 하기 위하여 라포를 형성하는 실천기술과 공감을 개발하는 데 매우 적합하다.
- 조사자 범주화(researcher-constructed categories): 이 유형은 조사자 자신이 수집한 데이터에서 직접 범주를 만드는 것을 말한다. 이런 의미에서 본다면 내용 분석은 조사자가 만든 범주를 활용하는 질적 조사의 유형이라고도 할 수 있다.

3) 자료 해석하기

이 단계는 질적 자료의 분석에서 아마도 가장 흥미로운 단계이며, 이제 연구의 목적을 달성하고자 하는 핵심에 와 있다고 할 수 있다. 자료의 해석은 변수와 개념 간의 관계를 관찰하는 것을 포함하며, 자료를 분류하는 방식을 선정하는 과업과 질적 조사의 목적을 달성하기 위한 가설이나 이론을 개발하는 과업으로 구분하여 살펴볼 수 있다(Tutty, Rothery, & Grinnell, 1996).

분류 체계의 개발 질적 자료를 분류하는 방법으로는 보통 다이어그램, 매트릭스, 셈(counts), 누락된 요소 연결, 반증 자료를 활용한다.

- 다이어그램(cluster diagrams): 질적 조사를 위하여 조사자는 수집된 데이터에 대하여 코드를 부여하고 범주를 확인하며, 중심 주제를 찾아간다. 이러한 과정에서 조사자는 자료의 해석을 위하여 유사하거나 의미 있는 자료를 무리 지어 놓고 원이나 그림과 같은 시각적인 부호를 사용하게 된다.
- 매트릭스(matrices): 개별적인 의미를 표로 나열한 것으로서 조사자가 특정 구조를 가지고 자료에 보다 쉽게 접근할 수 있도록 분류하고, 자료 간의 관련성을 확인할 수 있게 한다. 또한 개별 자료의 차이점과 유사점을 비교·대조하면서 의미를 찾아내고 의미의 구조를 용이하게 그려 나갈 수 있게 한다.

- 셈(counts): 연구자는 자신의 연구를 계량화하지 않고도 의미 단위, 범주 또는 핵심 내용의 발생 빈도를 셀 수 있다. 이러한 방법은 분석에서 또 다른 차원을 제공하며, 데이터를 다루는 데 어떤 편향이 존재하는지를 확인할 수 있도록 도와준다. 이러한 방법은 내용 분석에서 종종 활용된다.
- 누락된 요소 연결(missing links): 자료를 코딩하고 범주화하면서 일차적으로 분류를 마치고 다시 검토하는 과정에서 발생한다. 이 과정에서 어떤 두 범주가 서로 관련되어 있는 것을 먼저 파악하는데, 여기에 이 범주들을 연결하는 제3의 변수가 있다면 그것을 찾아내어 연결해 준다.
- 반증 자료(contradictory evidence): 질적 분석에서는 상충되는 반증 자료가 도외시되어서는 안 되며, 반드시 자료의 분류 과정에서 고려되어야 한다. 왜냐하면 반증 자료는 나중에 자료의 타당성을 검증하는 데 활용되기 때문이다.

연구 사례

민성은(2016)은 질적 자료 분석 방법으로서 매트릭스 분석에 대한 논의에서 매트릭스 분석의 유형으로 SWOT 매트릭스 분석 방법에 대한 내용을 소개하였다. 매트릭스는 행과 열로 이루어진 두 목록을 상호 교차함으로써 자료를 시각화하는 방법으로, 매트릭스 분석은 자료 수집과 자료 분석이 순환적으로 이루어지는 질적 연구 과정에서 광범위한 질적 자료를 효과적으로 이해하는 데 편리하다. 경영학에서 널리 활용되기 시작한 SWOT 분석은 최근 교육학, 심리학, 의학, 사회복지학 등 다양한 분야에서도 활용되고 있다. 이 분석은 크게 가로축의 내부 요인, 외부 요인, 세로축의 긍정 요인, 부정 요인으로 영역화되어 있으며, 이들의 교차를 통해 강점, 약점, 기회, 위협 요인이 분석의 주요 구성요소가 된다.

가설과 이론 개발 질적 조사는 가설검증보다는 가설 개발과 일차적으로 관련되어 있으며, 질적(해석적) 분석은 인과성(causality)과 연관성(linkages)에 관한 추정(speculation)을 포함하고 있다. 따라서 인과적 흐름도(causal flowchart)를 구성하는 것은 인과성을 나타내는 한 방법이 된다. 이것은 데이터 검토, 패턴의 관찰, 현상에 대한 원인 분석에서 나타난 생각들을 시각적으로 표현한 것이다. [그림 13-2]는 HIV/AIDS 감염인의 삶에 대한 연구에서 나타난 인과적 흐름도다. 이 인과적 흐름도를 바탕으로 HIV/AIDS 감염인의 삶은 세 가지 유형(삶을 체념하는 유형, 평범한 삶을 유지하는 유형, 삶에 희망을 거는 유형)으로 나타난다는 가설을 설정할 수 있다.

가설의 개발과 인과성에 대한 언급은 어디까지나 데이터에 근거를 두어야 하며, 이를 데이터에 억지로 끼워 맞추거나 조사자의 이론적인 편견이 과도하게 영향을 미쳐서는 안 된다. 질적 분석에서는 데이터의 맥락을 유지하는 것을 충분히 고려해야 하며, 양적 분석과는 다른 모습을 보여 주어야 한다. 즉, 데이터의 각 요인이 서로 순환되고 상호 의존하고 있음을 통해서 데이터의 맥락적 상호관계가 드러나게 하는 것이 질적 분석의 장점이 되어야 한다.

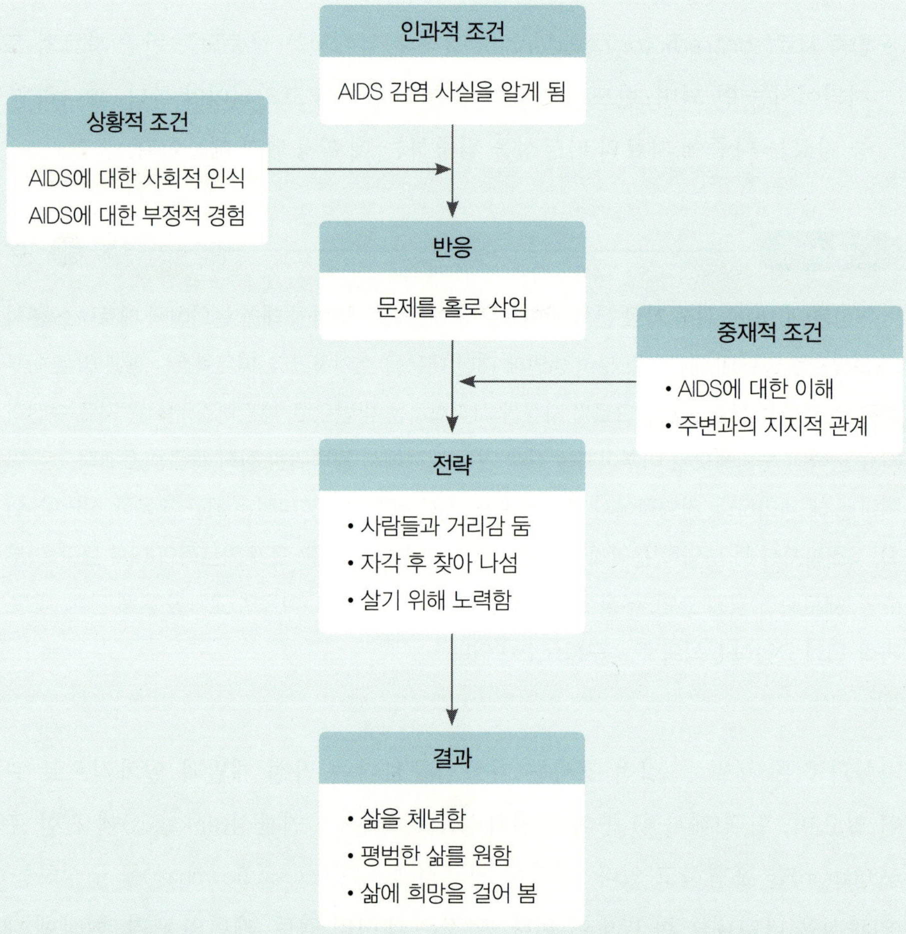

그림 13-2 'HIV/AIDS 감염인의 삶의 과정' 연구에서 인과적 흐름도의 사례

자료: 김연미(2003), p. 142 [그림 4-1] 재구성.

4) 타당도 검증

질적 데이터의 타당도 검증(validating data)은 계량적 데이터의 타당도 검증과 다른 과정을 요구한다. 일반적으로 질적 데이터의 타당도 검증을 위한 과정은 대안 가설의 고려, 예외적인 사례 검토, 다각화, 데이터의 맥락 유지를 포함한다.

대안 가설(rival hypothesis) 질적인 조사에서 어떤 가설이 설정되고 나면 이에 대한 대안적 가설이 검토되고 조사 가설과 비교·검토되어야 한다. 이 대안적 가설은 일반적으로 기존 문헌이나 데이터에서 나오게 된다. 조사 가설과 대안 가설은 모두 데이터를 검토함으로써 검증되어야 하고, 어떤 가설이 가장 정확하게 데이터를 반영하고 있는가를 고려해야 한다.

예외적인 사례(negative cases) 데이터를 관찰하고 분석할 때 일반적으로 어떤 패턴이 드러나지만, 동시에 패턴에 맞지 않는 예외적인 사례가 나타나기 때문에 이에 대한 검토와 설명이 필요하다. 이 경우 조사자는 예외적인 사례가 일반적인 사회적 변형의 일부인지, 주제에 대한 조사자의 지식 부족 때문에 발생한 것인지, 진짜 독특한 경우인지 살펴보아야 한다.

다각화(triangulation) 여러 가지 다양한 방법, 즉 다양한 유형의 데이터(예: 인터뷰와 관찰, 질적·양적 모두 포함해서)를 수집하거나 여러 사람에게 데이터를 분석하도록 하거나 데이터를 이해하는 데 다양한 이론을 활용하는 방법이다. 즉, 다양한 출처에서

연구 사례

Soloman(1994)은 사회복지사와 노숙자 복지서비스 신청자에 대한 연구에서 여섯 가지의 데이터 수집 방법을 활용하였는데, 이 다양한 방법으로 수집된 결과들을 비교함으로써 연구 결과에 대한 타당도를 확보할 수 있었다. 이 여섯 가지 방법은, ① 8명의 주요 정보 제공자와 토론, ② 복지 사무소에서 관찰, ③ 47건의 신청 인터뷰의 관찰, ④ 복지 수급자와 케이스 워커와 25건의 인터뷰 관찰, ⑤ 4명의 복지서비스 인테이크 워커와 개별 인터뷰, ⑥ 15명의 노숙자 신청자와 인터뷰로 구성되었다.

자료: Marlow (2001), p. 221 재인용.

얻은 데이터를 서로 비교할 수 있도록 함으로써 데이터의 타당성을 검증하게 된다. 다각화를 통해서 얻은 데이터는 간혹 상충되는 결과를 가져올 수도 있지만, 이러한 상충되는 정보는 색다른 정보이며, 이것은 조사의 주제를 이해하는 데 또 다른 차원을 제공한다고 생각할 수 있다.

데이터의 맥락 유지(preserving the context of the data) 질적 조사 분석에서 핵심은 데이터를 그 맥락(상황) 속에서 이해하는 것이다. 이것은 조사의 결과가 왜곡되지 않도록 하는 첫 단계라고 할 수 있다. 그리고 일반적으로 질적인 조사에서는 의도적 표집이 이루어짐으로 하여 조사 결과의 상황이 제한적이고, 이 때문에 그 결과의 일반화에 한계가 있을 수밖에 없다. 따라서 조사 결과에 대한 이해는 항상 그 데이터의 맥락 속에서 이루어져야 한다.

조사자 스스로 신뢰성 확보(establishing researcher's own credibility) 질적인 분석의 성공은 분석기법보다는 조사자 자신에게 달려 있기 때문에 조사자는 자신의 기록이나 데이터에 대해 아주 세심한 주의를 기울여야 한다. 이때 조사 과정에 대한 정확한 조사연구일지를 기록 · 유지하는 것은 조사자 스스로 신뢰성을 확보하는 데 매우 중요하다.

요약

계량적 자료와는 성격이 매우 다른 질적 자료를 분석하는 일은 쉬운 일이 아니지만 창의성과 순발력을 필요로 하는 흥미로운 작업이기도 하다.

1. 질적 자료의 수집

질적 조사에서 자료 수집은 조사 대상자뿐만 아니라 다양한 기록물을 통하여 수집하는데, 질적 자료 수집의 방법은 크게 면접, 관찰, 일정 기록과 일지, 문헌 및 기록물 검토로 구분할 수 있다.

2. 질적 자료의 체계적 정리

수집된 자료를 분석하기 위해서는 우선 이를 체계적으로 정리할 필요가 있다. 이 과정에는 기록에 대한 정리, 자료의 조직화, 기록에 대한 코딩 등이 포함된다.

- 기록 정리: 질적 자료의 분석을 위해서는 우선 면접이나 관찰을 끝내고 곧바로 현장 기록을 재구성해야 한다.
- 자료의 조직화: 수집된 자료를 필요에 따라 가장 효율적으로 끄집어내고 분석할 수 있도록 자료를 관리하고 조직화한다.
- 기록에 대한 코딩: 자료를 조직화한 후에 분석을 위해 자료를 코딩하는 작업이 필요하며, 이 코드는 각 기록의 머리 부분이나 가장자리에 숫자나 기호로 기록한다.
- 데이터에서 갭의 발견: 자료를 체계화하면서 연구자는 데이터에 갭이 있거나 누락된 정보가 없는지를 살펴보고 이에 대해 메모하는 것을 잊지 않아야 한다.

3. 질적 자료의 분석

질적 자료를 분석할 경우 그 자료의 특성을 이해하고 분석하는 것이 필요하다. 분석 과업은 분석을 위한 계획 수립, 범주화, 자료의 해석, 타당도 검증의 순서로 이루어진다.

- 분석을 위한 계획: 질적 데이터의 분석에는 어떤 확고하게 일치된 규칙이나 원칙이 존재하는 것은 아니므로, 우선 모든 데이터 기록을 다시 읽고 검토 함으로써 데이터 전체에 대해 이해하는 것이 필요하다. 이 과정에서 간단한 기록을 하거나 새로운 아이디어를 메모해 두는 것이 필요하다.

- 범주화: 연구자는 어떤 테마(핵심 내용)를 추출하기 위해 연구의 목적에 부합되는 개별 데이터를 찾아서 코드를 부여하고 범주화해야 하는데, 바로 이 단계에서 그러한 범주(categories)를 만들고 코딩하는 작업이 진행된다.
- 자료 해석하기: 자료의 해석은 변수와 개념 간의 관계를 관찰하는 것을 포함하며, 우선 자료를 분류하는 방식을 선정하는 과업과 질적 조사의 목적을 달성하기 위한 가설이나 이론을 개발하는 과업으로 구분하여 살펴볼 수 있다.
- 타당도 검증: 질적 데이터의 타당도 검증(validating)은 일반적으로 대안 가설의 고려, 예외적인 사례 검토, 다각화, 데이터의 맥락 유지를 포함한다.

제14장

조사보고서 작성

1. 조사보고서 작성의 목적과 원칙
2. 조사보고서의 구성
3. 조사보고서 및 학술논문에 대한 검토 기준
4. 사회복지실천과 출간
5. 프로그램 지원신청서 및 연구지원신청서 작성

⊙ 요약

탐구하고자 하는 주요 질문

1. 조사보고서를 작성하는 목적은 무엇인가?
2. 조사보고서는 어떻게 구성하며, 그 내용은 무엇인가?
3. 프로그램 지원신청서 및 연구지원신청서는 어떻게 작성하는가?

일반적으로 조사연구를 수행한 후에는 그 결과를 알릴 수 있는 조사보고서를 작성하도록 요구받게 된다. 왜냐하면 관리자나 슈퍼바이저는 사회복지기관에서 수행한 조사연구에 대해 결과를 보고 받기 원한다. 특히 서비스나 프로그램을 재정적으로 지원한 공공 및 민간기관에서는 그 프로그램에 대한 평가를 요구한다. 그리고 기관에서 제공한 서비스나 실행한 프로그램에 관심이 있는 동료들 또한 조사 결과에 관심을 갖고 있다.

이외에도 사회복지사가 조사보고서를 작성해야 하는 구체적인 이유로는 다음과 같은 것이 있다.

- 새로운 사회복지실천 기법의 개발이나 사회복지서비스 확대에 필요한 재원을 마련하고자 할 때 조사보고서가 필요하며, 이것을 작성하는 것은 사회복지사로서 전문 경력을 쌓는 것과 같다.
- 사회복지사는 어떤 위원회의 위원이 되거나 특정 자료의 수집 결과를 보고하는 프로젝트를 수행하게 되는데, 이 과정에서 공식적인 보고서 작성이 기대되므로 조사 과정과 결과를 기술하고 논의하는 지식을 갖추어야 한다.
- 보고서를 작성하는 일은 학위논문이나 학술논문을 쓰는 데 필요하며, 학술지에 원고를 기고하는 데도 도움을 줄 수 있다.

1. 조사보고서 작성의 목적과 원칙

조사 결과는 조사연구의 목적에 따라 적절하게 활용되어야 하며, 조사가 제기하는 문제에 대한 해답을 기다리는 사람들에게 조사의 경험적인 결론을 제시해야 할 필요가 있다. 조사 문제에 대한 조사연구의 결론을 공개하는 것은 일반적이며, 공개되지 않는 것은 개인적인 지식으로만 끝나기 때문에 사회적인 지식이 되기 위해서는 조사 결과가 반드시 공표되어야 한다. 그리고 조사 결과에 관심을 가진 많은 사람에게 알림과 동시에 이를 공개하여 그 보편타당성과 객관성을 검증받는 것이 조사보고서를 작성하는 주요 목적이다.

이러한 목적으로 조사보고서를 작성하는 데는 일반적으로 다음과 같은 원칙이 준수되어야 한다(김영종, 2007: 592).

조사보고서 표지 사례

- **포괄성**: 조사에서 제기한 문제, 문제 해결을 위해 사용한 조사 방법, 수집된 자료들의 성격과 분석 결과, 분석 결과에 대한 적용과 함의 그리고 가능하면 그 대안에 이르기까지 모든 것이 빠지지 않고 설명되어야 한다.
- **정확성**: 정확한 보고서의 작성은 조사 결과의 해석과 활용에 중요한 영향을 미친다. 따라서 자료 수집 과정의 타당성과 수집된 자료의 질, 자료 처리 및 분석 과정의 적절성, 보고서 양식이나 내용에서 흔히 발생하는 사소한 오류들(오타, 누락, 수치 오류)이 정확성을 판단하는 기준이 된다.
- **명확성**: 보고서를 명확하게 하려면 보고서 작성자가 보고서 내용에 대해 올바른 논리적 이해력을 갖추어야 하며, 그것들을 명확한 단어나 문장으로 표현할 수 있어야 한다.
- **효율성**: 보고서는 다양한 정보를 간결하게 전달하는 효율성을 가져야 하며, 보고서 이용자에게 필요한 것을 모두 포함하면서도 최소한의 함축된 내용으로 전달할 수 있어야 한다.

2. 조사보고서의 구성

조사보고서는 크게 표지, 목차, 요약, 본문, 부록 등으로 구성된다. 그리고 본문의 주요 내용은 서론, 문헌 고찰, 조사 방법, 조사 결과, 논의 및 결론의 순서로 구성된다. 그 주요 내용을 정리하면 〈표 14-1〉과 같다(Royse, 2020: 349-358).

표 14-1 **조사보고서의 본문 구성 및 주요 내용**

서론	
• 문제의 기술 • 조사 문제나 가설의 진술 • 문제의 중요성과 조사 목적	• 문제나 이슈를 명확히 하고 조사 질문이나 가설을 제시한다. • 주제의 범위 안에서 독자들의 흥미를 자극하고 조사의 필요성을 제공한다. • 문제에 대해 무엇이 알려져 있고, 무엇이 알려지지 않았는가를 밝힌다. • 조사의 목적에 대해 구체적으로 그리고 간결하게 서술한다.

〈계속〉

문헌 고찰	
• 이론적 · 역사적 고찰 • 기존 문헌에서의 갭 • 조사 목적의 반복 기술	• 문헌 고찰에서 발견된 주요 내용에 대해 독자에게 설명하는데, 주제와 관련된 것만 언급하고 보다 재미있도록 약간의 논쟁이나 흥밋거리를 제공한다. • 최근 조사의 주요 내용을 포함하며, 현장에서 이루어지고 있는 주요 조사를 포괄한다. • 조사 문제에 관하여 잘 알려지지 않은 문제에 관해 요약하고 연구자의 관심사를 독자에게 상기시킨다. • 전체 연구 모형을 그림으로 제시한다.
조사 방법	
• 조사 설계와 자료 수집 과정 • 조사 대상자의 특성 • 표본추출 • 측정도구의 설명 • 자료 분석 절차	• 어떻게 조사를 수행하였는가를 상세하게 서술한다. - 조사설계: 실험설계인지, 비동일 통제집단 설계인지, 아니면 몇 가지 짧은 설문조사인지를 설명한다. - 대상자: 어떻게 선정되었는가? 무작위표집인가? 비확률표집은 아닌가? 주제에 대해 특별하거나 독특한 것이 있는가? - 자료 수집 절차: 전자설문조사, 기록 고찰 혹은 응답자 개별면접법을 사용하였는가? - 측정도구: 사용한 도구는 무엇인가? 알려진 신뢰도와 타당도는 무엇인가? - 자료 분석: 어떤 통계기법이 사용되었는가? 여기서는 조사자가 무엇을, 어떻게, 왜 수행하였는지 독자가 이해할 수 있도록 모든 부분을 분명히 설명하는 것이 필요하다.
조사 결과	
• 결과의 사실적 정보 제시 • 표, 차트로 제시 • 통계적 · 실천적 중요성 논의	• 수행한 통계분석의 결과를 보고한다. 실제 발견한 것을 포함하고, 발견한 사실을 있는 그대로 나타낸다. • 분석하고 발견된 내용을 요약한다. 가장 중요한 결과를 제일 먼저 제시하고, 사용한 가설에 따라 첫 번째 가설과 관련된 발견을 보고하고, 그다음에 두 번째 가설로 이동하며 계속한다. • 통계적으로 유의미한 것으로만 독자들의 결론을 제한하지 않으며, 실천적 중요성도 빠뜨리지 않고 언급한다. • 핵심적인 발견 사실을 언급하고 가장 적절하게 표현한다. 그리고 장황함을 줄이는 방법으로 표나 차트를 포함시킨다.
논의 및 결론	
• 결과의 간결한 요약 • 결과의 실천적 · 정책적 적용 • 조사의 한계나 제한점 • 후속 조사의 제안	• 결과의 간결한 요약과 함께 시작하며, 주요 결과나 핵심적인 것을 다룬다. • 독자들을 위해 결과를 해석하고 실천 및 정책을 위한 결과의 타당성을 제시해야 한다. • 조사의 한계를 논의하고 조사 결과의 일반화 가능 범위를 논의한다. • 향후 필요한 조사와 조사자를 위한 제안 사항을 언급한다. • 특히, 결론 부분에서 개입이 기대한 바대로 작용되었는가? 클라이언트에게 도움이 되었는가 등을 자료에 근거해서 주장한다.

〈계속〉

참고문헌	• 통상 저자의 이름에 따라 가나다(알파벳) 순서로 정리하며, 보편적인 문헌 표기 스타일(예: APA 방식)을 따른다.
부록	• 조사 과정에 사용된 중요한 자료나 설문지, 지침을 포함하고 측정도구의 사본을 첨부한다.

3. 조사보고서 및 학술논문에 대한 검토 기준

일반적으로 출간된 연구 결과는 항상 훌륭한 연구라고 생각하지만, 실제 학술지에 발표된 연구 결과도 조잡한 경우가 더러 있다. 따라서 유용한 연구 결과인지 아닌지를 구분할 수 있는 식견이 필요하다. 왜냐하면 결함이 있는 조사보고서는 보증할 수 없는 결론으로 유도할 수 있고, 클라이언트를 위험에 빠뜨릴 수도 있기 때문이다. 따라서 보고서의 내용을 활용하고자 할 때는 이를 꼼꼼히 살펴보는 것이 필요하다. Garfield(1984)는 조사보고서의 주요 내용을 기초로 조사보고서나 학술지 논문을 평가하기 위한 지침을 제시하고 있는데, 이를 정리하면 〈표 14-2〉와 같다.

이러한 기준은 다른 사람의 조사보고서나 논문을 평가하는 데 유용할 뿐 아니라 자신의 조사보고서나 학술논문을 작성하는 데도 유용하게 활용할 수 있다.

표 14-2 조사보고서 및 학술논문에 대한 검토 기준

• 서론에서 다음의 개념을 명확히 제공하고 있는가?
① 조사 문제 ② 조사의 목적
③ 조사의 의미(중요성)

• 언급된 가설은 합당한가? 가설은 문헌 고찰에 따라 논리적으로 제시되고 있는가?

• 문헌 고찰은 다음과 같은 측면에서 이루어졌는가?
① 조사와 연관성이 있는가? ② 충분히 포괄적인가?
③ 최신 내용인가?

• 조사설계에 대해서는 언급되었는가?
① 조사 대상자는 명백한 편향됨 없이 선정된 것이 분명한가?

〈계속〉

② 통제집단이 있다면 비교를 위한 집단으로 적절한가?
③ 조사 대상자의 수는 적절한가?

- 다음에 대한 정보는 충분한가?
① 연구 절차(예: 자료 수집, 표본추출 등) ② 변수의 조작적 정의
③ 측정도구의 신뢰도와 타당도

- 분석 결과는 함의와 실천적 의미에 따라 논의되었는가?
① 적절한 통계적 검정 기법이 활용되었는가?
② 합리적인 결론이 데이터에서 도출되었는가?
③ 저자는 과도한 일반화를 주장하지는 않는가?
④ 연구의 한계는 분명히 제시되었는가?

자료: Royse (2020), pp. 362-364 재구성.

4. 사회복지실천과 출간

미국의 「사회복지사 윤리강령」 5.01(d)에 따르면, 사회복지사는 사회복지의 지식 기반 구축에 기여하고 실천, 조사, 윤리에 관련된 지식을 동료들과 공유해야 한다. 그리고 사회복지사는 새로운 지식과 기법을 전문적인 사회복지 저널 등에 기고해야 하며, 학술회의나 콘퍼런스를 통해 그들의 지식을 발표하고 공유해야 한다(NASW, 1999).

사회복지사는 조사연구 결과를 발표함으로써 사회복지 지식 기반(knowledge base)을 축적하는 데 기여하고, 다른 사람들로 하여금 그 연구 결과를 토대로 더 나은 연구를 진전시키도록 한다. 지식이란 것은 점진적인 과정으로 축적되는 것이며, 한꺼번에 축적되기보다는 조금씩 조금씩 쌓여 가고 발전해 가는 것이다. 따라서 지식을 발전시키는 중요한 한 가지 기초는 조사 과정을 이해하는 것에서 시작된다고 해도 과언이 아니다. 지식이란 것은 시간이 흐름에 따라 쉽게 낡고 구식이 되기 쉬우므로 사회복지사는 현장의 변화와 발전 상황의 흐름을 놓치지 않기 위해 조사연구 결과를 읽고 이해할 뿐만 아니라 나아가 실제 조사연구를 수행하여 그 결과물을 널리 유포하여야 한다. 그렇지 않으면 Williams와 Hopps가 언급한 것처럼 '사회복지 전문직이 발전하지 않으면, 클라이언트들이 제대로 살아갈 수 없고, 따라서 사회복지실천도 향상될 수 없다.'(Williams & Hopps, 1987: 376)고 할 수 있다.

TIP ! 학술지 기고를 위한 조언

원고를 준비할 때는 특정 학술지(저널)를 마음속에 두고 그 저널과 친숙해지는 것이 우선 필요하다. 저널은 명확한 집필, 시의적절한 관심 사항, 그 저널에 대한 적절성, 정확한 스타일의 원고를 요구한다. 원고 심사자는 충분한 문헌 고찰, 합리적인 조사설계, 정확한 통계적 기술의 이용 여부를 확인하며, 원고가 지식 기반에 공헌하는지를 결정한다. 최근에 저널에 나타난 논문을 조사하여 참고문헌 스타일, 표의 사용, 문헌 고찰의 범위, 논문의 일반적인 수준을 관찰하는 것이 필요하다. 그리고 전체 원고의 분량은(참고문헌을 포함) 보통 20페이지를 넘지 않도록 한다.

자신의 원고가 기고한 저널에서 거절당하더라도 낙심하지 말아야 한다. 그리고 원고를 다시 객관적인 시각으로 읽으려고 노력한 후, 첫 번째 저널 심사자에게 지적된 것을 교정해서 두 번째 저널에 기고한다. 두 번째도 거절된다면 자신의 원고에 관심을 보이는 다른 저널을 찾아보고 다시 시도하는 것이 필요하다. 원고를 출판하는 것은 실천 현장에의 활동과는 다르지만, 보다 왕성한 실천 활동은 저술 활동에 대한 관심도 촉진하게 만든다고 할 수 있다.

자료: Royse (2004), pp. 320-323.

5. 프로그램 지원신청서 및 연구지원신청서 작성

대부분의 프로그램 지원신청서(program proposals) 또는 연구지원신청서(research proposals)는 조사보고서에서 다룬 내용에 대해 기술하도록 요구하고 있다. 사회복지사에게는 탁월한 의사소통 기술이 요구되는데, 보통 문서상의 의사소통 기술은 설득력 있는 조사연구계획서나 프로그램 지원신청서 작성을 통해 연마할 수 있다. 일반적으로 성공적인 프로그램 지원신청서는 다음과 같은 세 가지 본질적인 요소를 갖추어야 한다.

- 흥미 있는 주제
- 그 주제에 흥미를 보이는 재정 지원기관
- 프로그램이 합리적으로 수행될 수 있는 방법이나 계획

이러한 요소를 생각하면서 재정 지원기관에서 제시하고 있는 신청 요강에 따라 신청서 또는 계획서를 작성하는 것이 바람직하다. 프로그램 지원신청서의 작성에 필요

한 주요 내용을 정리하면 〈표 14-3〉과 같다. 이 외에도 프로그램 지원신청서에는 〈표 14-4〉와 같은 내용을 부가할 수 있다.

표 14-3 **프로그램 지원신청서의 주요 내용**

문제에 대한 서술	제기되는 문제의 중요성을 기술하고, 재정지원을 요청하게 된 배경을 설명한다. 그리고 프로그램이나 문제를 숙지하고 있으며, 이에 대한 문헌 고찰 내용을 기술하고 표적 집단과 그 특징에 대한 사항도 기술한다. 아울러 제안된 프로그램의 실행에 따른 유익과 영향력을 명시해야 하며, 무엇보다 신청서의 목표를 분명히 하고 모든 사항을 신청 요강에 맞추어 작성하는 것이 필요하다.
조사자 및 기관의 자격 요건	제안된 프로그램의 실행이나 조사 수행에 대한 조사자(담당자) 및 기관의 역량을 소개하며, 그동안 기관의 성과나 성취한 내용들을 목록화하는 것이 중요하다. 또한 다른 기관과의 업무 관계나 협력 관계를 기술하는 것도 도움이 된다.
목적과 목표	제안된 프로그램이 달성하고자 하는 목적과 측정 가능한 목표를 명시하고 기술한다. 이때 가능하면 목표 달성에 대한 대략적 일정을 함께 기술하는 것이 필요하다. 여기서 제시하는 목적과 목표는 현실적인 것이어야 한다.
프로그램 설계 및 전략	프로그램이 지향하고 있는 모든 내용과 이를 실제 수행하는 데 필요한 구체적인 방법과 절차를 다룬다. • 조사 지향적 과제: 조사설계, 조사 과정, 대상자 선정, 척도, 종속변수의 조작화, 자료 분석 등 • 프로그램 개발 과제: 직원의 고용, 시설 및 장비의 구입, 프로그램 실행 방법, 클라이언트와 접촉 등
성과 및 평가 (기준, 요소)	프로그램의 성공을 측정하기 위한 계획을 기술한다. 결과평가인 경우 평가 도구나 평가를 위한 자료 수집과 분석 방법에 대한 내용을 포함한다. 과정평가인 경우 프로그램 진행 과정, 핵심적인 결정 사항, 실제 발생한 상황 및 활동, 결론을 기술한다. 특히, 지원받는 예산 집행에 대한 책임을 분명히 해야 한다.
예산	주요 비용을 명확하게 예산에 포함하고, 자원봉사나 지역사회에서 제공하는 것에 대해서도 목록화하는 것이 좋다.
향후 재원 조달	재정 지원이 종료된 후에도 프로그램은 지속될 것인가, 향후 재원 조달 계획은 무엇인가에 대해 설명한다.

표 14-4 **프로그램 지원신청서의 부가 내용**

참고문헌 및 일정	조사 및 프로그램을 수행하는 데 필요한 참고문헌을 정리하고, 그 일정표도 가능한 구체적으로 제시한다.
기대 효과	프로그램이 성공적으로 수행하였을 경우, 가능하면 그 결과에서 기대할 수 있는 효과에 대한 설명과 그 구체적인 활용 방안도 기술하도록 한다.

사례

사회복지공동모금회 신청사업(프로그램_성과중심형) 지원신청서 주요 내용

I. 배분 신청서 작성 방법

1. 기관명
2. 고유번호(사업자등록번호)
3. 사업명: 대상, 목적, 사업 내용을 포함할 수 있도록 작성하며, 부제 사용 가능
4. 사업 기본 정보
5. 사업 참여자
6. 사업 구분
7. 성과 목표
8. 주요 사업 내용
9. 사업비
10. 신청금액 세부 내역: 신청 금액 중 사업비, 인건비, 관리운영비에 해당 금액과 비율
11. 담당자

II. 신청기관 현황 작성 방법

1. 기관명
2. 대표자
3. 고유번호(사업자등록번호)
4. 전화번호
5. E-mail
6. FAX
7. 홈페이지
8. 설립 연월일
9. 주소
10. 직원 현황
11. 기관 주요 사업
12. 결산 · 예산
13. 운영법인 또는 단체

III. 사업계획서

1. 사업명
2. 사업 내용 및 추진 전략
   1) 사업 참여자 모집 전략
   2) 사업 내용 및 사업 집행 전략
   3) 기관 연계협력 전략
3. 예산 편성
4. 문제의식(사업 필요성)
   1) 사업 계획 배경
   2) 기존 유사 사업과의 차별성
   3) 신청기관의 강점
5. 목표 및 평가
   1) 산출 목표
   2) 성과 목표 및 평가 방법
6. 사업 종료 후 지향점

자료: 사회복지공동모금회(2025).

사례

사회복지공동모금회 배분 신청서 (프로그램-성과중심형)[1]

1) 기관명	○○종합사회복지관		2) 고유번호 (사업자등록번호)	100-82-○○○○
3) 사업명	독거노인의 사회적 관계망 지원을 위한 프로그램 (“실버라인”)			
4) 사업 기본 정보	연차	✓ ① 1년차 ____ ② 2년차 ____ ③ 3년차 ____ ④ 기타(　)		
	대상 지역	○○시 ○○구	사업수행 인력	2명
	사업기간	2026년 ○○월 ○○일 ~ 2026년 ○○월 ○○일 (총 12개월)		
5) 사업 참여자	참여자 구분	____ ① 아동/청소년 ✓ ② 노인 ____ ③ 장애인 ____ ④ 여성/다문화 ____ ⑤ 위기가정 ____ ⑥ 지역사회 ____ ⑦ 북한/해외		
	핵심 참여자	사회적 고립에 있는 독거노인 1인 가구	인원수	20명

어젠다	사업구분	모금회 지속가능발전목표(C-SDGs)	
생활 안정	☐ 기초생계 지원	☐ 경제적 빈곤 퇴치	☐ 영양 및 급식지원/기아 종식
역량 강화	☐ 교육/자립 지원	☐ 교육 및 자립역량 강화	☐ 양질의 일자리 만들기
	☐ 소통과 참여 확대	☐ 성평등 ☐ 사회적 약자의 권리증진	☐ 지속가능한 지역사회 인프라 구축
	☐ 문화/정보 격차 해소	☐ 적정기술과 정보기술 격차 해소 지원	☐ 사회적 배제 감소와 불평등 완화
위기 대응	☐ 보건/의료 지원	☐ 신체 · 정서적 건강과 회복	☐ 깨끗한 물과 위생
	☐ 심리/정서 지원	☐ 신체 · 정서적 건강과 회복	
	☑ 사회적 돌봄 강화	☑ 사회적 배제 감소와 불평등 완화	
	☐ 주거/안전 지원	☐ 경제적 빈곤 퇴치	☐ 지속가능한 지역사회 인프라 구축
	☐ 재난재해/기후위기 대응	☐ 경제적 빈곤 퇴치 ☐ 모두를 위한 깨끗한 에너지 ☐ 지속가능한 지역사회 인프라 구축 ☐ 지속가능한 생산과 소비 ☐ 기후변화와 대응 ☐ 해양생태계 보존 ☐ 육상생태계 보호	
7) 성과목표	① 독거노인 1인 가구의 사회적 고립감 완화 프로그램을 통한 생활만족도 향상 ② 프로그램 참여 구성원 간 유대를 통한 사회적 고립감 극복과 사회적 관계망 확대		

8) 주요 사업내용	세부 사업명	주요 내용
	독거노인 발굴	지역에서 고립된 독거노인 발굴, 참여자 선정, 오리엔테이션 및 사전검사 진행
	남성/여성 중점 프로그램	식사 지원, 사회적 고립감 극복을 위한 (심리 · 정서, 건강관리, 주거안전, 재무관리 등) 프로그램 진행
	사회적 관계망 확장 프로그램	독거노인 관계망 형성 (자조모임, 소셜 다이닝) 프로그램 운영, 사후검사, 최종평가 실행

9) 사업비	총 사업비	45,000,000원		신청금액		40,000,000원
10) 신청금액 세부내역	사업비	30,000,000원	인건비	9,000,000원	관리 운영비	1,000,000원
		75.0%		22.5%		2.5%
11) 담당자	성명	김사랑	직통전화	02-123-4567	E-mail	fruit03@fruit.or.kr
	직위	대리	휴대폰	010-1234-5678	FAX	02-123-4568

위와 같이 2026년도 사업을 신청합니다.

20○○년 ○월 ○○일

기관대표자: ○ ○ ○ (인)

사회복지공동모금회장 귀하

자료: 사회복지공동모금회(2025).

1 본 예시는 사회복지공동모금회(2025), 「2026 배분 사업 안내」에서 제시된 예시(p. 17)를 기초로 작성하였음

사례

한국연구재단 연구지원신청서 주요 내용

1. 연구계획서 표지

2. 목차

3. 연구 요약

연구 목표, 기대효과, 연구 요약, 키워드(한글, 영어)

4. 연구 내용

   1) 연구의 필요성 및 목적
   2) 연구 내용 및 방법
   3) 연구 업적 및 역량
   4) 연구 결과의 기대효과 및 활용 방안
   5) 연구 추진 일정
   6) 기타(참고문헌 포함)

5. 신청 연구비

6. 대표 업적

* A4 용지 15쪽 내외로 작성할 것.

자료: 한국연구재단(2018).

요약

1. 조사보고서 작성의 목적

- 조사의 경험적인 결론 제시(그 주제에 관심이 있거나 조사 결과가 필요한 사람들에게, 기관의 요구에 의해)
- 조사 결과에 대한 의사소통을 위해(결과 제시, 객관성 및 타당성 검증, 반복 조사 수행 가능, 후속 조사 제시)

2. 조사보고서의 순서 및 내용

- 표지(cover page): 조사의 제목, 조사 수행자의 이름, 보고서 작성 일자, 제출 기관 등
- 목차(table of contents): 장과 절, 해당 쪽 번호, 도표나 그림의 목차
- 요약(summary or abstract): 조사의 핵심적 내용(조사의 배경과 추진 과정, 결론 및 제언)
- 서론(introduction)
  - 문제 제기
  - 조사 가설 및 질문
  - 문제의 중요성 및 조사 목적
- 문헌 고찰(literature review)
  - 이론적 고찰
  - 기존 문헌의 갭
  - 조사 목적의 재서술
- 조사 방법(methodology)
  - 조사 유형 및 자료 수집 과정
  - 조사 대상자의 특성
  - 표집 유형
  - 조사(조사) 도구의 설명
  - 자료 분석 과정
- 결과(findings or results)
  - 분석 결과의 사실적 제시
  - 표 및 그림으로 제시
  - 분석 결과의 통계적 및 실천적 논의

- 논의(discussion) 및 결론
  - 결과의 요약
  - 분석 결과의 실천적 적용 및 함의
  - 조사의 제한점 및 후속 조사 제안
- 참고문헌(references)
- 부록(appendices)
  - 설문지 및 기타 조사 도구
  - 본문에 포함되지 않은 표

3. 사회복지실천과 출간

사회복지실천이 전문직임을 증명할 수 있는 한 가지는 실천에서 얻은 유용한 지식이 사회복지실천의 질, 효과성, 효율성 등을 향상시킨다는 것이다. 이러한 지식은 결과 보고서의 내용과 질에 의해 좌우된다고 할 수 있다. 따라서 효과적인 실천으로 이끌기 위해서는 조사 결과가 동료나 다른 전문직에게 반드시 유포되어야 한다. 클라이언트에 대한 개입의 성공이나 실패, 문제 등을 기록하는 것은 전문 사회복지사로서 분명한 책무이며, 조사자가 속한 기관이나 대학에 대한 인지도를 높일 뿐만 아니라 개인적으로 큰 만족감을 준다.

4. 프로그램 지원신청서 작성

일반적으로 프로그램 지원신청서에 포함되어야 할 내용으로 문제에 대한 기술, 기관의 자격 요건, 프로그램 목적과 목표, 실행 방법, 평가, 예산 등에 대한 내용이 포함된다.

제15장

조사와 윤리적 문제

1. 조사의 윤리적 문제에 대한 역사적 배경
2. 윤리적인 조사를 위한 일반적 지침
   1) 자발적 참여의 원칙
   2) 조사에 대한 충분한 정보 제공
   3) 조사 참여로 인한 피해 방지
   4) 민감한 정보의 보호
3. 조사에서 잠재적 윤리 문제
   1) 속임수
   2) 치료의 거부
   3) 보상

⊙ 요약

탐구하고자 하는 주요 질문

1. 조사연구의 윤리적 문제에 대한 배경은 무엇인가?
2. 윤리적인 조사연구를 위한 지침은 무엇인가?
3. 조사연구에 잠재되어 있는 윤리적 문제는 무엇인가?

조사연구를 진행할 때 종종 간과하기 쉬운 이슈가 바로 조사의 윤리적 문제다. 사회복지조사는 대부분의 경우 사람을 대상으로 직접 이루어지는 연구이기 때문에 더더욱 자발적 참여나 개인의 정보 보호 등의 윤리적 조사연구에 대한 이해가 반드시 필요하다. 이러한 토대가 없이는 조사자 자신뿐만 아니라 그가 속한 기관의 명예를 손상할 위험을 초래할 수 있고, 조사 대상자에게 의도하지 않은 피해를 줄 수도 있다. 다음의 몇 가지 예상 가능한 윤리적 딜레마에 관해 생각해 보자.

사례

1) 국민연금공단(National Pension Service: NPS)에서는 매년 경영 성과에 대한 평가를 위해 모든 지사를 대상으로 경영평가를 실시하고 있다. 여러 평가 항목 중에는 직원들의 고객에 대한 친절과 업무에 대한 태도 및 업무 내용 숙지 정도가 있다. 이러한 항목 평가를 위해 본부에서는 모든 지사에 고객을 가장한 평가단을 파견하는데, 이들은 고객임을 가장하여 실제 지사를 방문한 뒤 직원들이 고객에 대하는 태도와 친절 정도 그리고 업무 내용에 대한 숙지 정도를 평가하고 있다. 이렇게 고객을 가장하여 평가 조사하는 방법은 비윤리적인가?

2) 어떤 연구자의 관심은 추방될 외국인 근로자들에게 있었다. 그들이 강제 추방을 피하기 위해 어떤 결정과 계획을 세웠고 어떻게 피신하였으며, 그 과정에서 무엇을 경험하였는지를 알고 싶었다. 그래서 그는 불법체류 외국인 근로자 무리와 함께 생활하였으며, 나중에 그들을 도왔다는 이유로 경찰에 체포되었다. 이 경우 불법체류자들을 도운 것이 위법일 수는 있지만 과연 그것이 비윤리적인 것인가?

윤리적 문제는 모든 종류의 조사에서 나타날 수 있다. 특히 대부분의 조사 과정이 관찰 혹은 면접이라는 조사자와 조사 대상자 간의 대면 과정을 통해 친밀하고 역동적인 관계가 형성되는 질적 조사에서는 여러 가지 윤리적 문제를 경험하는 경우가 매우 많다. 또한 우리가 질적 조사든 양적 조사든 조사 방법을 배워 나가는 데, 특히 인간을 대상으로 하는 경우가 허다하기 때문에 조사 과정에서 일어날 수 있는 윤리적인 갈등을 잘 이해하고 조사연구라는 명목하에 비윤리성을 합리화하는 것을 최소화해야 한다. 이 장에서는 일반적으로 조사연구에서 제기될 수 있는 윤리적 쟁점에 대해 살펴보고, 이와 같은 윤리적 딜레마를 극복할 수 있는 몇 가지 실천적인 지침을 함께 고찰해 보자.

1. 조사의 윤리적 문제에 대한 역사적 배경

조사연구의 윤리적 문제에 대한 역사적 배경에는 두 가지 큰 사건이 있었는데, 바로 뉘른베르크[1] 강령과 조사윤리위원회의 설립이다(Royse, 2011: 52-55).

- 뉘른베르크 강령(Nuremberg Code): 제2차 세계대전 동안 포로를 대상으로 나치의 잔혹한 의학 실험이 행해졌는데, 전후 이러한 문제를 해결하기 위해 인간(human subject)을 대상으로 하는 조사연구에 적용되는 윤리적 기준이 1947년 뉘른베르크에서 만들어졌다(다음 페이지의 tip 참조). 이 기준은 1964년 세계의사회 헬싱키 선언으로 발전되어 제7차 개정본이 2013년 브라질에서 개최한 세계의사회 총회에서 채택되었다.

독일 뉘른베르크의 전경
출처: 테마백과사전(http://www.naver.com)

- 조사윤리위원회(Institutional Review Boards: IRB): 1932년 미국 앨라배마주 Tuskegee에서 시작된 매독 연구 사건[2]과 다른 조사연구에서 대상자 학대와 관련된 윤리적 이슈에 대한 문제를 제기한 결과, 1974년 미국에서는 「조사연구법(National Research Act)」이 제정되었고, 이어 조사윤리위원회(IRB)가 설립되었다.

1 뉘른베르크는 독일 남부에 있는 도시로 제2차 세계대전의 나치 전범에 대한 재판이 있었던 곳이다.
2 약 400명 가난한 흑인 남성을 대상으로 매독을 무료로 치료해 준다고 말하고, 실제 치료를 해 주는 대신 단순히 질병(매독)의 진전을 조사하였으며, 매독의 치료약인 페니실린이 발견된 이후에도 대상자들에게 페니실린을 제공하거나 알려 주지 않고 조사를 진행하였다. 그리고 이 연구는 1932년 시작하여 무려 1972년 『New York Times』에 의해 밝혀질 때까지 지속되었다(Jones, 1981).

TIP ! **Nuremberg Code**

Following the revelations of the Nazi medical experiments conducted during World War II, a code of conduct was introduced for doctors to abide by for future research involving human subjects.

1. The voluntary consent of the human subject is absolutely essential. This means that the person involved should have legal capacity to give consent; should be so situated as to be able to exercise free power of choice, without the intervention of any element of force, fraud, deceit, duress, over-reaching, or other ulterior form of constraint or coercion; and should have sufficient knowledge and comprehension of the elements of the subject matter involved as to enable him to make an understanding and enlightened decision.
2. The experiment should be such as to yield fruitful results for the good of society, unprocurable by other methods or means of study, and not random and unnecessary in nature.
3. The experiment should be so designed and based on the results of animal experimentation and a knowledge of the natural history of the disease or other problem under study that the anticipated results will justify the performance of the experiment.
4. The experiment should be so conducted as to avoid all unnecessary physical and mental suffering and injury.
5. No experiment should be conducted where there is an a priori reason to believe that death or disabling injury will occur; except, perhaps, in those experiments where the experimental physicians also serve as subjects. …… (후략)

자료: http://en.wikipedia.org/wiki/Nuremberg_Code

미국 연방법에 의해 설립된 조사윤리위원회는 조사 활동을 승인 또는 승인하지 않든 간에 인간을 대상으로 하는 조사에 대한 지속적인 검토와 고지된 동의 과정을 확인하고, 나아가 조사의 승인을 중지하거나 종결하는 권한을 갖는다. 이 조사윤리위원회는 일명 'Human Subject Committee'로 더 잘 알려져 있고, 현재 미국에서는 조사에 관하여 연방정부의 재정지원을 받는 모든 연구기관은 사람이 포함된 조사연구 계획의 윤리적 이슈를 검토하는 IRB를 반드시 설치해야 한다. 우리나라에서도 의과대학과 병원을 중심으로 조사윤리위원회, 즉 생명윤리심의위원회가 설치되기 시작하면서 대학교에서 수행하는 많은 연구가 이 위원회의 심의를 받고 있다. 최근에는 조사 윤리에 대한 연구자들의 관심과 책임에 대한 사회적 인식이 증가하면서 거의 모든 대학교에서 학위논문을 포함한 조사연구를 수행하기 앞서 조사연구윤리위원회의 심의를 받도록 되어 있다.

사례[3]

경북대학교 생명윤리심의위원회 심의 결과 통지서

신청번호: KNU-2020-0230-2　　　　접수번호: KNU-2020-0105-1

<table>
<tr><td>연구과제명</td><td colspan="5">아동기 부정적 경험이 초기 성인의 정신건강에 미치는 영향: 사회생태학적 레질리언스의 조절효과 (Adverse Childhood Experiences and Mental Health of Early Adulthood: Focusing on the Moderating Effect of Social Ecological Resilience)</td></tr>
<tr><td rowspan="2">연구책임자</td><td colspan="2">소속</td><td colspan="2">직위</td><td>성명</td></tr>
<tr><td colspan="2">사회과학대학</td><td colspan="2">교수</td><td>황성동</td></tr>
<tr><td>연구종류</td><td colspan="2">인간대상연구</td><td colspan="2">심의결과</td><td>승인</td></tr>
<tr><td>심의종류</td><td colspan="2">신속심의 (종료보고)</td><td colspan="2">심의일자</td><td>2021-06-14</td></tr>
<tr><td>승인번호</td><td>KNU-2020-0088</td><td>승인 및 면제일자</td><td>2021-06-18</td><td>승인유효기간</td><td>해당없음</td></tr>
<tr><td>지속심의 일정
(지속심의 보고서 일정)</td><td colspan="2">해당없음</td><td colspan="2">종료보고서 일정</td><td>해당없음</td></tr>
<tr><td>심사결과 내용,
수정보완 사항 및 재심절차</td><td colspan="5">심의 결과 해당 연구의 종료보고 심의는 승인 되었으며,
연구자의 책임 및 의무사항을 참고하여
연구 관련 자료를 보관 및 폐기하시기 바랍니다.</td></tr>
</table>

자료: 경북대학교 생명윤리심의위원회, 심의 결과 통지서(2021).

2. 윤리적인 조사를 위한 일반적 지침

사회복지조사연구를 진행함에 대상자와 연구자를 모두 보호하는 윤리적인 연구가 되기 위해서는 보통 네 가지 지침이 준수되어야 한다(Royse, 2020: 59-65). 이는 자발적

3 본 생명윤리심의위원회 심의 결과는 저자의 지도학생이었던 김민아의 박사학위 논문에 대한 심의 결과 통지서로 지도교수가 생명윤리위원회 심의를 신청하도록 되어 있어 저자의 이름이 명기되었음을 밝힌다.

참여의 원칙, 조사에 대한 충분한 정보 제공, 조사 참여로 인한 피해 방지 그리고 민감한 정보의 보호다. 이제 이에 대해 구체적으로 살펴보자.

1) 자발적 참여의 원칙

사회복지조사는 조사 대상자에게 강요되어서는 안 되며, 조사에 참여하는 모든 사람은 자발적으로 참여를 결정해야 한다. 또 조사 참가자를 구하기 위해 어떤 종류의 강제력도 사용해서는 안 되며, 모든 대상자가 자신의 선택을 이해할 수 있는 충분한 능력이 있어야 한다. 만약, 그들이 충분히 이해할 수 없다면(예: 미성년자), 그들의 법적 보호자가 허락해야 하고 대상자들 또한 이에 동의해야 한다. 심지어 부모가 아동이 조사연구에 참여하는 데 허락을 한 경우라도 아동은 참여를 거부할 수 있다. 즉, 대상자의 자기결정권은 반드시 존중되고, 언제든지 조사에서 철회하는 데 자유로워야 한다. 그래서 문서로 된 참여 동의서(consent form)가 중요한데, 보통 이를 확인하면 조사 대상자가 자원자(volunteers)임을 알 수 있다. 이러한 동의서는 조사의 특성에 관한 간결하고 일반적인 정보, 절차, 예견할 수 있는 위험, 불편 또는 유익에 대한 정보를 제공하며, 조사 대상자가 언제라도 처벌이나 불이익 없이 참여 동의를 철회할 수 있음을 나타낸다.

사례

최근 우리나라에서도 조사연구의 윤리적 이슈에 대한 관심이 고조되면서 거의 모든 대학교에 조사연구윤리위원회(IRB)가 설치되었으며, 사람을 대상으로 하는 연구는 모두 이 조사연구윤리위원회의 심사와 승인을 받도록 되어 있다. 그리고 대다수의 대학교에서 윤리적 조사연구를 위한 실천 지침이 만들어졌으며, 또한 연구자들을 대상으로 온라인 및 오프라인 교육이 실시되고 있다. 다음은 최근 온라인 연구 윤리 포럼이 개최되어 많은 학자와 연구자가 참여하여 연구 윤리에 대한 최신 이슈를 공유하고 그 정책 방향을 모색하였다.

자료: 한국연구재단(2020).

사례

조사 참여에 대한 동의서

본인 ________는, 조사 책임자 David Henderson, MSW가 지도하는 조사연구에 참여하도록 요청받았으며, 그의 전화번호는 (314) 555-0000이다.

목적

나는 조사의 목적이 내가 참여하고 있는 외래 환자 약물 치료 프로그램의 성공 여부를 검토하는 것이라는 점을 알고 있다. 클라이언트가 약물 사용을 시작하고 중단하는 이유와 어떤 요인이 이러한 결정에 영향을 미치는지를 알기 위한 것이 연구 목적이다.

기간과 장소

나는 조사가 717 South First Avenue에 있는 ODTP 사무실에서 수행될 것이라고 알고 있다. 또한 조사는 대략 60분간 소요될 것이며 비공개 상담실에서 인터뷰하게 될 것이라는 점을 알고 있다.

절차

나는 나의 사회적 심리적 안녕, 대인관계, 고용, 약물 사용 그리고 법적 활동에 관한 질문에 대답하도록 요청받을 것이다. 게다가 나의 몸에서 약물 흔적을 발견하기 위해 소변 샘플을 제공하도록 요청받을 것이며, 알코올 음주 시험을 하기 위해 음주 측정기를 사용하게 될 것이다.

위험/불편

나에 대한 일부 질문은 약물과 범죄 행동을 포함하여 매우 개인적인 것이며, 대답하는 데 다소 불편함을 줄 수 있다는 설명을 들었다.

유익

이 조사에 참여하는 것의 유익은 조사자를 도와, 정책을 수립하는 사람들이 약물 사용의 시작과 중단에 이르게 하는 요소들을 잘 이해하도록 하는 데 있다는 점을 이해하고 있다.

비밀

나는 조사 코드 번호가 나의 응답을 다른 클라이언트의 응답과 구분하는 데 이용될 것이며, 내 이름, 주소 그리고 다른 신상 정보들은 나에게서 얻은 어떤 정보와도 직접적으로 관련되지 않을 것이라는 점을 알고 있다. 조사에 참여하는 개인들의 주요 목록과 그들의 신원 정보는 엄선된 직원에 의해 이용될 때를 제외하고는 자물쇠를 채우고 안전한 장소에서 보관될 것이다. 이 조사에 관한 결과가 출판될 때 내 이름이나 다른 신상 정보는 드러나지 않을 것이다.

보상

나는 연구에 참여하는 시간과 협조에 대한 사례로 50달러를 받게 될 것이며, 만약 내가 일찍 중단할 경우, 내가 제공한 시간에 적합한 금액을 받게 될 것이라는 점을 또한 알고 있다.

철회할 권리

내가 이 조사에 참여할 의무는 없으며, 그리고 참여하는 것에 대해 내가 거절한다고 해도 어떤 처벌이나 나에게 부여된 권리의 상실과는 아무 관련이 없다는 점을 알고 있다. 또한 서비스나 다른 이익의 상실에 대한 두려움 없이 언제든지 조사에서 철회할 수 있다.

서명

나는 이 동의서 전체를 다 읽었으며 잠재적인 조사 대상자로서 나의 권리를 완전히 이해하고, 이 조사에 참여하는 것에 자발적으로 동의한다. 나는 또한 이 동의서의 사본을 받게 될 것이며, 질문이 있을 경우 조사 대상자로서 나의 권리를 논의하기 위해 Henderson 씨(314-555-0000)나 대학의 IRB와 접촉할 수 있다.

조사 대상자의 서명: ______________________ 날짜: ____________________

입회인의 서명: ______________________ 날짜: ____________________

조사자의 서명: ______________________ 날짜: ____________________

자료: Royse (2011), p. 58 [그림 3-1] 재구성.

사례

설문조사 시 참여자의 동의 요청

온라인 조사에서도 자발적 참여의 원칙이 적용됨을 알 수 있다. 즉, 참여자의 동의가 없으면 조사가 진행되지 않음을 보여 준다.

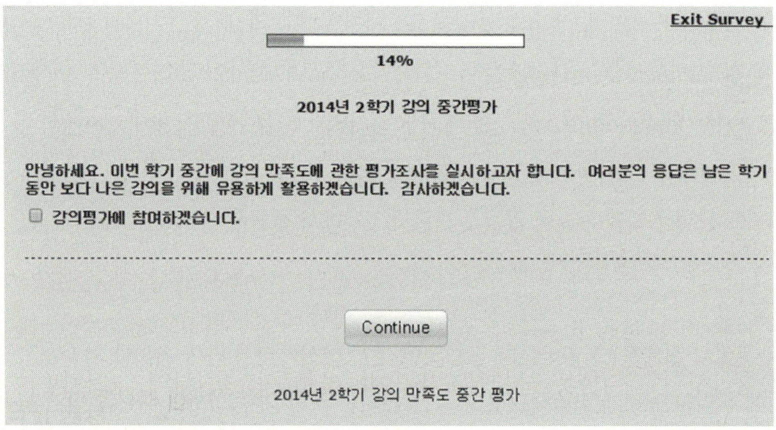

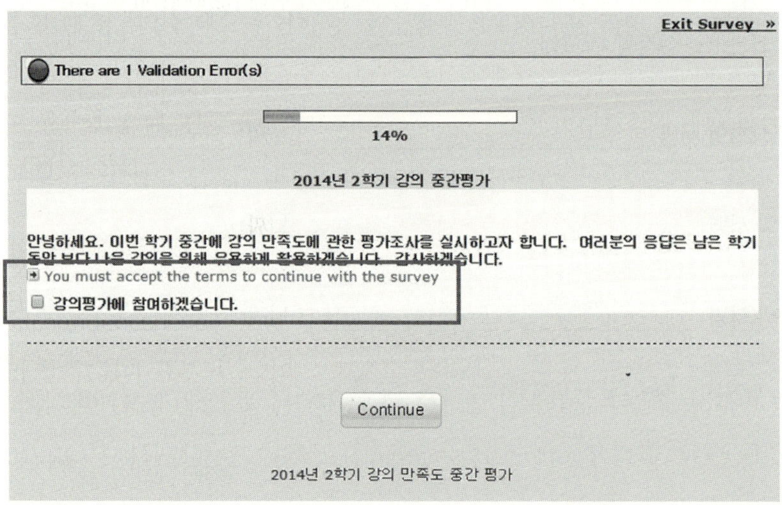

2) 조사에 대한 충분한 정보 제공

조사 대상자에게 제공되는 '충분한 정보(sufficient information)'는 조사의 목적에 대한 설명, 예상되는 참여 기간, 후속 절차 등에 대한 정보를 기본적으로 포함하며, 연구에 대한 정확한 가설을 밝힐 필요는 없지만 일반적으로 설명할 수 있어야 한다. 그리고 조사자는 조사 대상자를 필요로 하는 모든 절차에 관하여 구체적이어야 하며, 조사 참여로 말미암아 발생하는 유익한 점에 관해 설명하는 것이 필요하다. 또 만약 잠재적인 위험이 있다면 반드시 그 위험들은 확인되어야 한다. 그리고 조사 대상자에게 조사 절차나 방법에 대해 질문을 하고 답변을 들을 기회가 주어져야 하며, 그들은 언제든지 조사 절차를 묻고 대답을 들을 수 있도록 허용되어야 한다.

3) 조사 참여로 인한 피해 방지

사회복지 조사자는 조사 대상자가 명백한 피해를 입을 수 있는 조사연구를 계획하지는 않을 것이다. 그러나 조사로 말미암아 해로운 영향이나 피해가 현재 참여하고 있는 조사 참여자에게만 제한되어서는 안 된다. 왜냐하면 비윤리적인 조사는 다음 세대에 피해를 줄 수 있기 때문이다. 예를 들면, Tuskegee 매독연구는 아프리카계 미국인이 실험적인 조사에 거의 참여하지 않는 이유 가운데 하나로 알려졌다(Gamble, 1993).

일반적으로 조사윤리위원회를 통해 조사 대상자에 대한 잠재적인 피해를 예방할 수 있지만, 무엇보다 조사자는 조사 대상자에게 일어날 위험이나 피해를 확인하고 최소화할 책임이 있다. 따라서 참여자에게 일어날지도 모를 위험 상황을 항상 예의 주시해야 한다.

4) 민감한 정보의 보호

이 지침은 조사 대상자에 대한 여러 가지 정보의 부적절한 취급으로 조사 대상자에게 어떠한 피해도 일어나서는 안 된다는 지침이다. 그리고 조사 대상자의 사생활은 다음과 같은 방법으로 보호될 수 있다.

- 대상자가 익명으로 응답하도록 허용한다.
- 특수 코딩을 사용하여 개인의 신상 정보를 분리하고, 나아가 조사 원본은 안전하게 보관한다.
- 비밀스러운 자료에 대한 보호의 중요성을 강조한다.

그런데 사전검사와 사후검사를 실행하고 그 변화를 점검하기 위해 개인의 점수를 확인할 필요가 있는 상황처럼 대상자가 익명으로 응답하는 것이 항상 가능하지는 않다. 하지만 대상자가 기억하기 쉬우면서도 그들의 익명성을 보호할 특수 코드를 발견하는 것은 종종 가능하다. 예를 들면, 그런 코드는 주민등록번호 뒤 7자리 수 중 일부로 구성할 수 있을 것이다. 어쨌든 참여자의 개인 신상 정보나 민감한 정보 등은 어떤 형태로든 보호되어야 한다.

연구 사례

잠재적 피해의 사례

Punch(1986)는 그가 직면했던 딜레마를 설명하였다. 그는 자신이 지도하는 어떤 여학생 집단이 성폭행 사건 신고에 대해 경찰이 어떻게 반응하는지를 조사해 보기를 원하였다. 그런데 이 조사를 하기 위해서는 무엇보다 이야기를 꾸며야 했고, 그 신고에 대해서 경찰이 예전에 그랬던 것처럼 그 이슈를 민감하게 다루지 않을 것으로 예상했지만, 몇 가지 이유로 그 조사를 반대하였다. 첫째, 경찰에 허위 신고를 하는 것이 법적 문제가 될 수 있고, 둘째 차후 그런 고발 사건에 대해 경찰이 신뢰하지 않을 수 있다는 점이었다. 그리고 가장 중요한 이유는 경찰이 성폭행을 당한 여성들의 정당한 요구를 의심하게 할 수 있다는 점이었다.

자료: Royse (2004), p. 55 재인용.

3. 조사에서 잠재적 윤리 문제

이러한 조사의 윤리적인 지침을 숙지하고 연구를 수행하게 되면 윤리적인 조사연구를 수행할 수 있지만, 실제 조사를 진행하다 보면 잠재적인 윤리 문제, 즉 속임수, 치료 거부, 보상 등의 문제에 직면하게 된다(Royse, 2020: 67-69). 이제 이러한 잠재적인 윤리 문제에 대해 살펴보자.

1) 속임수

일반적으로 조사자가 직면하는 가장 곤란한 윤리적 문제 가운데 하나는 속임수(deception)와 관련이 있다(앞에서 제시한 잠재적 윤리 문제 사례 1 참조). 이 문제에 대해 단적으로 말하면, 속임수는 필요한 자료를 수집하거나 그 현상을 조사하기 위해 다른 방법이 없을 경우를 제외하고는 사용해서는 안 된다. 속임수가 없다면 응답자가 너무 당황해하고 부끄러워하거나 방어적이어서 정직하게 응답할 수 없을 경우에는 속임수를 제한적으로 이용할 수 있을 것이다. 어떤 조사자는 대학생과 같은 실험 대상자에게 그들이 특별한 역할이나 환경에 있다고 상상하도록 하고, 마치 그 상황이 실제인 것처럼 응답하게 하는 창의적인 시뮬레이션을 이용함으로써 클라이언트에 대한 위험한 속임수를 방지하기도 한다.

2) 치료의 거부

또 다른 문제는 조사를 수행하는 사회복지사가 통제집단의 클라이언트에게는 서비스를 제공하지 않기(denial of treatment) 때문에 비윤리적일 수 있다고 생각하는 것이다. 조사 목적을 달성하기 위해 클라이언트에게 유익한 서비스를 제공하지 않는 것은 정말 비윤리적일 수 있다. 그러나 비윤리적이지 않으면서 통제집단을 구하는 방법이 있다. 예를 들면, 만약 새로운 프로그램을 평가하는 조사연구라면 통상적인 서비스를 받는 클라이언트와 새로운 서비스를 받는 클라이언트를 비교할 수 있다. 이 경우 서비스의 거부 사태는 발생하지 않는다. 즉, 실험집단의 클라이언트는 평소대로 서비스받는 클라이언트보다 약간 다른 서비스를 받을 것이다. 그리고 많은 대기자가 있는 복지기관 또는 프로그램에서는 대기 중에 있는 클라이언트를 통제집단으로 고려할 수 있을 것이다.

통제집단을 구하는 또 다른 방법은 조사 프로그램 참여자를 유사한 프로그램 또는 기관의 클라이언트와 비교하는 것이다. 이 경우 그 집단들이 무작위로 배정된 것이 아니기 때문에 동일하지는 않지만, 적어도 기초적인 평가 자료로는 활용할 수 있다.

3) 보상

응답자 또는 조사 대상자에게 돈을 지불하는 것은 비윤리적인가? 조사에 참여하면서 발생한 비용에 대해 조사 대상자에게 보상(compensation)하는 것이 합리적으로 보이지만, 조사에 참여하도록 하기 위해 적정 수준 이상의 재정적 유인이 제공될 때는 문제가 될 수 있다. 이 경우 그 보상이 너무 크거나 과도하여 '지나친 자극'을 만드는 것을 피하는 것이 필요하다. 조사 대상자에게 큰 재정적 보상이 제공될 때, 어떤 참가자는 돈을 위해 적당히 정보를 꾸며 낼 위험이 있기 때문이다. 그러나 조사에 참여하기 위해 사용한 시간에 대해 보상하는 것은 과도한 것으로 보이지는 않는다. 따라서 조사 대상자가 장기적인 조사연구에 여러 해에 걸쳐 참여할 때나 사전, 사후조사 모두에 참여할 경우에는 적절한 유인책이 고려되어야 한다.

요약

1. 역사적 배경

- 제2차 세계대전 동안 포로를 대상으로 한 나치의 잔혹한 의학 실험 이후 인간(human subject)을 대상으로 하는 조사연구의 심사를 위한 뉘른베르크 강령(Nuremberg Code)이라는 윤리적 기준이 만들어졌다. 그리고 이 기준은 1964년 세계의사회 헬싱키 선언으로 발전하였다.
- 1932년 미국 앨라배마주에서 시작된 Tuskegee 매독조사 및 대상자 학대와 관련된 다른 조사의 결과 1974년 National Research Act가 제정되고, 조사윤리위원회(Institutional review boards: IRB)가 설립되었다.

2. 윤리적인 조사를 위한 일반적 지침

- 조사 대상자는 자원자여야 한다.
  - 조사에 참여하는 모든 사람은 참가 여부를 자유롭게 결정해야 한다(문서화된 동의서 양식 활용).
- 잠재적인 조사 대상자에게 발생하는 유익뿐 아니라 일어날 수 있는 위험(심리적 · 신체적 · 법적 · 경제적인 것) 또는 불편 사항에 대해서도 충분한 정보를 제공해야 한다. 그리고 조사 대상자는 조사 방법에 관해 질문을 하고 답변을 들을 기회가 주어져야 한다.
  - 충분한 정보: 조사의 목적, 실험 대상자의 참가 예상 기간, 이후 절차에 관한 설명, 실험의 절차에 대한 정보
- 조사 참여의 결과로 어떠한 불이익도 발생해서는 안 된다.
  - 조사자는 조사 대상자에게 닥칠 수 있는 위험이나 손해를 최소화하고 확인할 책임이 있다.
  - 조사자는 조사의 해로운 영향을 방지하기 위해 조사 대상자를 지속적으로 모니터링한다.
- 조사 대상자의 민감한 정보는 보호되어야 한다.
  - 조사 대상자가 익명으로 응답하도록 한다.
  - 조사자는 조사 결과물을 전체(집단 평균과 총계)로만 보고한다.

3. 조사에서 잠재적인 윤리 문제

- 속임수: 일반적으로 필요한 정보를 수집할 수 있는 다른 방법이 없는 경우를 제외하고

는 속임수(deception)를 사용해서는 안 된다. 조사 대상자를 속이는 것은 비윤리적이지만, 사회과학 조사에서 속임수는 어쩔 수 없는 과학적 요건에 의해 정당화될 필요성이 있다.

- 치료의 거부: 통제집단 이용이 비윤리적이라고 여길 경우, 비윤리적이지 않으면서 통제집단을 구하는 방법을 고려할 수 있다. 즉, 대기자 명단을 활용하거나 유사한 프로그램 또는 기관 이용자 집단과 비교한다.
- 보상: 조사 대상자에게 돈을 지불하는 것은 비윤리적인가? 조사 참여로 발생하는 비용을 지불하는 것은 필요하지만 조사 대상자에게 지나치게 많은 보상을 제공하는 것은 바람직하지 않다.

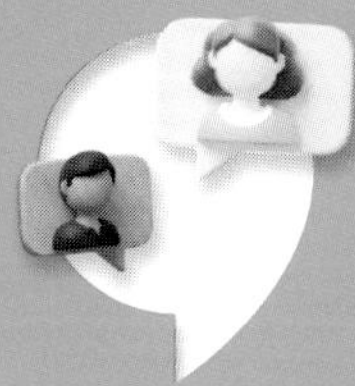

부록

부록 1 무작위 숫자표

부록 2 조직진단에 대한 설문지(예시)

부록 3 SPSS 30.0을 활용한 계량적 분석의 분석 매뉴얼 및 분석 결과

부록 1

무작위 숫자표

무작위 숫자를 뽑는 방법: 어느 한 곳에서 출발해서 위, 아래, 옆, 대각선 중 어느 방향이든 체계적으로만 따라가면서 숫자를 선택한다. 같은 숫자가 나오면 버리고 다른 수를 계속해서 뽑아가면 된다.

04433	80674	24520	18222	10610	05794	37515
60298	47829	72648	37414	75755	04717	29899
67884	59651	67533	68123	17730	95862	08034
89512	32155	51906	61662	64130	16688	37275
32653	01895	12506	88535	36553	23757	34209
95913	15405	13772	76638	48423	25018	99041
55864	21694	13122	44115	01601	50541	00147
35334	49810	91601	40617	72876	33967	73830
57729	32196	76487	11622	96297	24160	09903
86648	13697	63677	70119	94739	25875	38829
30574	47609	07967	32422	76791	39725	53711
81307	43694	83580	79974	45929	85113	72268
02410	54905	79007	54939	21410	86980	91772
18969	75274	52233	62319	08598	09066	95288
87863	82384	66860	62297	80198	19347	73234
68397	71708	15438	62311	72844	60203	46412
28529	54447	58729	10854	99058	18260	38765
44285	06372	15867	70418	57012	72122	36634
86299	83430	33571	23309	57040	29285	67870
84842	68668	90894	61658	15001	94055	36308
56970	83609	52098	04184	54967	72938	56834
83125	71257	60490	44369	66130	72936	69848

55503	52423	02464	26141	68779	66388	75242
47019	76273	33203	29608	54553	25971	69573
84828	32592	79526	29554	84580	37859	28504
68921	08141	79227	05748	51276	57143	31926
36458	96045	30424	98420	72925	40729	22337
95752	59445	36847	87729	81679	59126	59437
26768	47323	58454	56958	20575	76746	49878
42613	37056	43636	58085	06766	60227	96414
95457	30566	65482	25596	02678	54592	63607
95276	17894	63564	95958	39750	64379	46059
66954	52324	64776	92345	95110	59448	77249
17457	18481	14113	62462	02798	54977	48349
03704	36872	83214	59337	01695	60666	97410
21538	86497	33210	60337	27976	70661	08250
57178	67619	98310	70348	11317	71623	55510
31048	97558	94953	55866	96283	46620	52087
69799	55380	16498	80733	96422	58078	99643
90595	61867	59231	17772	67831	33317	00520
33570	04981	98939	78784	09977	29398	93896
15340	93460	57477	13898	48431	72936	78160
64079	42483	36512	56186	99098	48850	72527
63491	05546	67118	62063	74958	20946	28147
92003	63868	41034	28260	79708	00770	88643
52360	46658	66511	04172	73085	11795	52594
74622	12142	68355	65635	21828	39539	18988
04157	50079	61343	64315	70836	82857	35335
86003	60070	66241	32836	27573	11479	94114
41268	80187	20351	09636	84668	42486	71303

부록 2

조직진단에 대한 설문지(예시)

안녕하십니까?

여러 가지 어려운 환경 속에서도 지역주민들의 복지를 위해 수고하시는 선생님께 경의를 표합니다. 본 연구는 ○○복지재단의 노사관계 발전 프로그램의 일부로서 재단의 조직 진단에 대한 설문조사를 수행하고자 합니다.

이를 통해 조직구성원들의 직무만족도를 높이고 클라이언트의 삶을 효과적으로 개선하는 데 기여하며, 궁극적으로 ○○복지재단의 발전을 도모하고자 합니다. 다소 번거로우시더라도 본 설문지에 성실히 답변해 주시면 감사하겠습니다.

○○○○년 ○월

○○대학교 사회복지연구소

I. 다음은 귀하에 대한 일반적인 사항 및 법인의 비전 공유에 관한 질문입니다.

1. 귀하의 성별은? ① 남 (　　　　) ②여 (　　　　)

2. 귀하의 연령은? 만 (　　　　)세

3. 귀하의 직위는?

① 평직원(정규직) ② 선임 또는 팀장 ③ 과장 ④ 부장
⑤ 기관장 ⑥ 계약직 직원 ⑦ 기타(　　　　)

4. 귀하의 법인에서의 근무 경력은? 만 (　　　　)년 (　　　　)월

5. 귀하의 관련 분야 업무 총 경력은? 만 (　　　　)년 (　　　　)월

6. 귀하의 학력은?

① 고등학교 졸업 ② 전문대 졸업 ③ 대학 중퇴 ④ 대학 졸업
⑤ 대학원(석사) 재학 중 ⑥ 대학원(석사) 졸업 ⑦ 대학원 박사 재학 이상 ⑧ 기타(　)

7. 귀하의 종교는? ① 기독교 ② 가톨릭 ③ 불교 ④ 종교 없음 ⑤ 기타(　　　　)

8. 귀하의 결혼 여부는? ① 기혼 ② 미혼 ③ 이혼 및 별거 ④ 기타(　　　　)

8-1. 기혼이라면 자녀 수는? (　　　　)명
8-2. 결혼 기간은? (　　　　)년 (　　　　)월

9. 귀하의 주거 환경은?

① 자가 ② 전세 ③ 월세 ④ 자취 및 하숙 ⑤ 기타(　　　　)

10. 귀하의 세대 구성은?

① 단독세대(본인 단독) ② 부부세대 ③ 부부+자녀(2세대)
④ 부부+자녀+조부모(3세대) ⑤ 한부모세대(부자 혹은 모자세대) ⑥ 기타(　　　　)

11. 귀하의 월평균 소득은?
    약 (   )만 원

    11-1. 본인 및 배우자를 포함한 가구 전체의 월평균 소득은?
        약 (   )만 원

12. 귀하의 주 업무와 관련된 전문 자격증은? (하나만 고르시오.)
    ① 사회복지사 1급 ② 사회복지사 2급 ③ 유아(유치원) 교사 ④ 보육교사
    ⑤ 간호사 ⑥ 간호조무사 ⑦ 방사선사 ⑧ 체육지도사
    ⑨ 물리치료사 ⑩ 임상병리사 ⑪ 국가기술자격증(전기, 설비, 기계 등)
    ⑫ 기타(   )

13. 귀하의 주 담당 업무의 성격은 무엇입니까? (가장 중심되는 한 가지만 선택하십시오)
    ① 직접 서비스(대상자, 회원 및 환자에 대한 복지 서비스, 보건 및 건강증진 서비스의 직접 제공, 교육)
    ② 간접 서비스(직접 서비스를 위한 지원 · 준비 작업, 이벤트성 사업 진행, 후원, 홍보사업, 연구사업 등)
    ③ 행정 서비스(각종 회의, 서류 및 보고서 작성, 인사관리, 복무관리, 행정기관 및 유관기관과의 관련 행정업무, 시설관리, 수입 · 지출 관련 서류 작성, 출납업무, 각종 문서수발, 직원 근무 태도 관련 서류관리 등)

14. 귀하는 우리 법인의 사명과 비전에 대해 어느 정도 공감하고 있습니까?
    ① 아주 공감하고 있다. ② 대체로 공감하고 있다.
    ③ 공감하고 있지 않다. ④ 전혀 공감하지 않고 있다.

15. 귀하는 최근 법인에서 활발하게 움직이고 있는 Good Friends 사업에 대해 잘 이해하고 있습니까?
    ① 아주 잘 이해하고 있다. ② 대체로 이해하고 있다.
    ③ 잘 이해하지 못하고 있다. ④ 전혀 이해하지 못하고 있다.

16. 귀하는 이 Good Friends 사업에 적극적으로 참여할 의향이 있습니까?
    ① 적극적으로 참여하겠다. ② 어느 정도 참여하겠다.
    ③ 별로 참여할 의사가 없다. ④ 참여할 의사가 전혀 없다.

II. 다음은 자기 자신에 대한 느낌과 생각을 서술한 항목입니다. 각각의 항목에 대해 자신이 느끼고 동의하는 바대로 ○표 해 주세요.	매우 그렇다 (1)	그렇다 (2)	그렇지 않다 (3)	전혀 그렇지 않다 (4)
*1. 대체적으로 나는 내 자신에 만족하고 있다.				
2. 때때로 나는 내가 무능하다는 생각이 든다.				
*3. 나에게는 몇 가지 좋은 장점이 있다고 믿는다.				
*4. 나는 다른 사람들만큼 일을 잘 할 수 있다.				
5. 나에게는 자랑할 만한 점이 별로 없다.				
6. 나는 때때로 전혀 쓸모없는 사람이라는 생각이 든다.				
*7. 나는 최소한 다른 사람만큼 가치 있는 사람이라고 생각한다.				
8. 나는 스스로 내 자신을 좀 더 존중하기를 바란다.				
9. 전반적으로 나는 실패한 사람이라고 생각하고 싶다.				
*10. 나는 내 자신에 대해 긍정적인 태도를 가지고 있다.				

III. 다음은 귀하의 직무에 대한 사항들입니다. 각각의 항목에 대해 자신이 느끼고 동의하는 칸에 ○표 해 주세요.						
		전혀 그렇지 않다 (1점)	그렇지 않은 편이다 (2점)	그저 그렇다 (3점)	그런 편이다 (4점)	정말 그렇다 (5점)
직무	1. 나는 내가 하는 일을 좋아하고 있다.					
	2. 나의 업무는 진정으로 사람들을 돕는 일이다.					
	3. 현재 업무는 장래성이 있으며 나의 발전에 도움이 된다.					
	4. 내가 배운 지식과 기술이 현재 업무에 잘 활용되고 있다.					
상사	5. 상사는 당신의 건의나 불만을 성의 있게 받아 줍니까?					
	6. 상사는 당신이 업무를 잘 수행하였을 때 칭찬해 줍니까?					
	7. 상사는 당신의 업무 수행에 자율성을 인정해 주고 있습니까?					
	8. 당신은 상사에게서 적절한 슈퍼비전을 받고 있습니까?					
보수	9. 법인에서 본봉, 보너스, 수당 등을 결정하는 방식에 대해 만족한다.					
	10. 현재 받는 월급은 나의 노력과 업무에 대해 공정한 편이다.					
	11. 나의 월급은 타 법인의 같은 업무에 근무하는 사람과 비교하여 적당하다고 생각한다.					
승진	12. 우리 법인은 타 법인에 비해 승진이 빠른 편이다.					
	13. 나의 직무 성과는 승진에 많은 영향을 미친다고 생각한다.					
	14. 우리 법인에서는 승진이 공정하게 이루어지고 있다.					
동료	15. 우리 법인의 동료들은 서로 항상 신뢰하고 존중한다.					
	16. 동료들은 어려운 일이 생겼을 때 서로 잘 도와준다.					
	17. 직무와 관련된 사항을 동료들과 자유롭게 상의한다.					
법인	18. 우리 법인은 업무에 대한 지침이 비교적 명확한 편이다.					
	19. 우리 법인은 직원 재교육 및 재훈련 기회를 적절히 제공하고 있다.					
	20. 우리 법인의 의사 결정은 비교적 민주적으로 이루어진다.					
	21. 우리 법인의 인력 채용방법은 합리적이다.					
이직	22. 출근 시에 결근하고 싶다는 생각이 종종 든다.					
	23. 이직을 진지하게 고려해 본 적이 있다.					
	24. 현재의 수입이 보장된다면 다른 곳으로 옮기고 싶다.					
종합	모든 것을 고려할 때 당신은 당신의 직무에 대해 얼마나 만족하십니까?	매우 불만 / 매우 만족 1 2 3 4 5 6 7 8 9 10				

Ⅳ. 다음은 귀하가 속한 법인에 대한 일반적인 생각을 서술한 항목입니다. 각각의 항목에 대해 자신이 느끼고 동의하는 바대로 ○표 해 주세요.					
	전혀 그렇지 않다 (1점)	그렇지 않은 편이다 (2점)	그저 그렇다 (3점)	그런 편이다 (4점)	정말 그렇다 (5점)
1. 나는 우리 법인의 성공을 위해 보통 수준 이상으로 노력할 용의가 있다.					
2. 내가 추구하는 가치와 우리 법인의 가치는 매우 비슷하다.					
3. 나는 우리 법인의 구성원이 된 것을 다른 사람들에게 자랑스럽게 말할 수 있다.					
4. 우리 법인은 직무를 수행하는 데 나의 능력을 인정해 준다.					
5. 내가 우리 법인을 직장으로 선택한 것이 매우 기쁘다.					
6. 나는 조직구성원의 중요한 일과 관련된 우리 법인의 정책에 쉽게 동의하는 편이다.					
7. 나는 우리 법인의 발전에 대해 진심으로 관심을 가지고 있다.					
8. 많은 법인 중에서 우리 법인은 나에게 가장 좋은 직장이다.					

Ⅴ. 다음은 클라이언트(또는 회원, 자원봉사자 등)에 대한 일반적인 느낌을 서술한 항목입니다. 각각의 항목에 대해 자신이 느끼고 동의하는 바대로 ○표 해 주세요.					
	전혀 그렇지 않다 (1점)	그렇지 않은 편이다 (2점)	그저 그렇다 (3점)	그런 편이다 (4점)	정말 그렇다 (5점)
1. 나는 클라이언트의 감정을 이해하기 위해 최선을 다한다.					
2. 나는 클라이언트를 인격적으로 대하고 있다고 느낀다.					
3. 나는 클라이언트를 위해 보통 이상의 노력을 할 용의가 있다.					
4. 나는 클라이언트의 유익을 위해 기꺼이 그들의 대변자로서 역할을 수행할 수 있다.					
5. 나는 나의 개인적 이익보다는 클라이언트와의 전문적 관계를 더 우선시한다.					
6. 나는 법인의 정책보다는 클라이언트의 유익과 권익 옹호가 더 중요하다고 생각한다.					
7. 나에게 클라이언트는 매우 소중한 존재다.					

VI. 다음은 귀하가 근무하는 기관 및 법인의 의사결정 참여 정도에 대한 내용입니다. 자신이 생각하기에 가장 적절한 항목에 ○표 하세요.	사전 정보나 의사 개진의 기회가 전혀 없다.	사전 정보나 의사 개진의 기회가 조금 있다.	나의 의사가 의사 결정에 영향을 주기도 한다.	공식적 의사 결정에 참여할 기회가 있다.	의사 결정권을 충분히 행사한다.
	1	2	3	4	5
1. 업무 영역을 구성하는 것에 대해					
2. 업무를 재조정하는 것에 대해					
3. 클라이언트 기록문서 서식을 수정하는 것에 대해					
4. 문서 기록을 전산화하는 것에 대해					
5. 훈련 프로그램을 개발하는 것에 대해					
6. 새로운 서비스 제공 지역을 기획하는 것에 대해					
7. 클라이언트에 대한 서비스 스케줄을 조정하는 것에 대해					
8. 새로운 서비스를 추가하는 것에 대해					
9. 기존 서비스를 폐지하는 것에 대해					
10. 슈퍼바이저를 선택하는 것에 대해					
11. 슈퍼바이저를 평가하는 것에 대해					
12. 자신의 업무를 평가하는 것에 대해					
13. 근무 시간을 조정하는 것에 대해					
14. 동료 직원을 선택하는 것에 대해					
15. 동료 직원을 평가하는 것에 대해					
16. 법인의 장기 목표를 설정하는 것에 대해					
17. 조직 구조를 재조정하는 것에 대해					
18. 후원자를 새롭게 개발하는 것에 대해					
19. 급여 수준을 조정하는 것에 대해					
20. 월급 이외의 보상체계를 결정하는 것에 대해					
21. 클라이언트의 프로그램 참가비를 조정하는 것에 대해					
22. 예산을 할당하는 것에 대해					
23. 예산 삭감에 대한 내용을 조정하는 것에 대해					

Ⅶ. 향후 ○○복지재단의 발전을 위해 제안할 내용이 있다면 기술해 주십시오.

오랜 시간 수고하셨습니다. 대단히 감사합니다.

부록 3

SPSS 30.0을 활용한 계량적 분석의 분석 매뉴얼 및 분석 결과[1)]

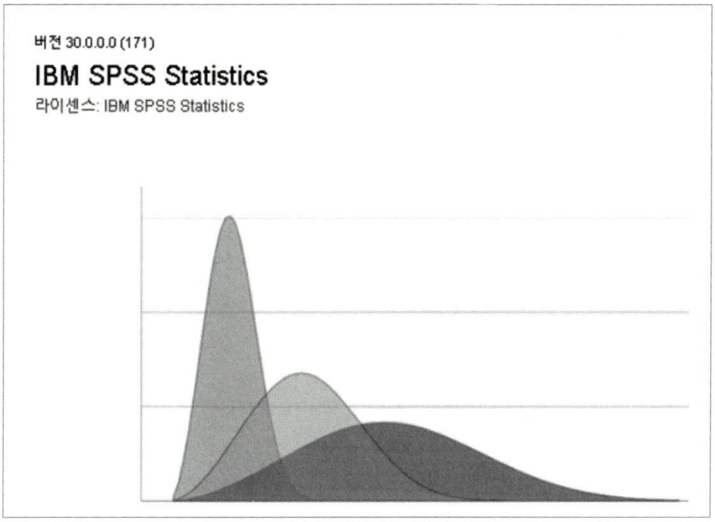

1. 빈도분석

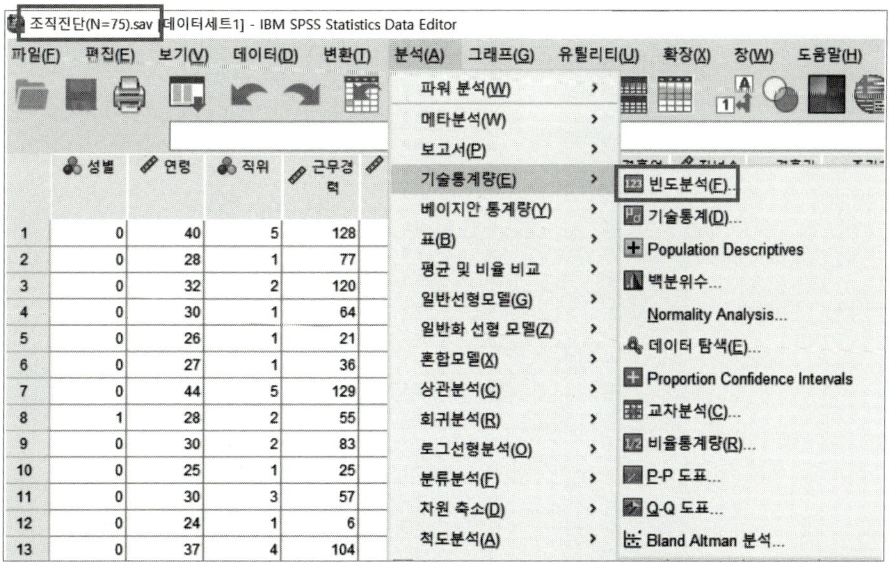

1 여기서는 제12장 계량적 분석의 내용을 SPSS 30.0으로 분석한 결과를 제시하였다.

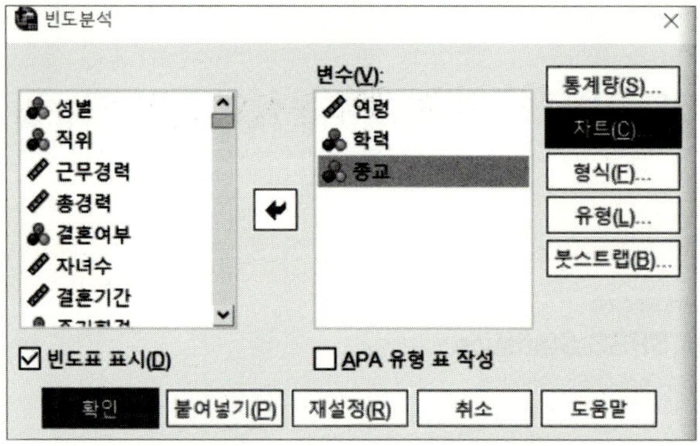

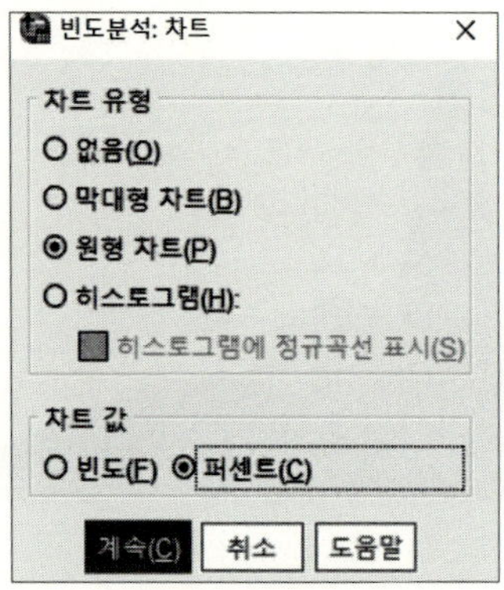

연령

		빈도	퍼센트	유효 퍼센트	누적 퍼센트
유효	21	1	1.3	1.3	1.3
	23	1	1.3	1.3	2.7
	24	4	5.3	5.3	8.0
	25	6	8.0	8.0	16.0
	26	4	5.3	5.3	21.3
	27	6	8.0	8.0	29.3
	28	8	10.7	10.7	40.0
	29	2	2.7	2.7	42.7
	30	6	8.0	8.0	50.7
	31	6	8.0	8.0	58.7
	32	4	5.3	5.3	64.0
	33	4	5.3	5.3	69.3
	34	5	6.7	6.7	76.0
	35	2	2.7	2.7	78.7
	37	4	5.3	5.3	84.0
	38	1	1.3	1.3	85.3
	39	2	2.7	2.7	88.0
	40	2	2.7	2.7	90.7
	41	1	1.3	1.3	92.0
	42	1	1.3	1.3	93.3
	44	2	2.7	2.7	96.0
	47	1	1.3	1.3	97.3
	54	1	1.3	1.3	98.7
	61	1	1.3	1.3	100.0
	전체	75	100.0	100.0	

학력

		빈도	퍼센트	유효 퍼센트	누적 퍼센트
유효	고등학교졸업	3	4.0	4.0	4.0
	전문대졸업	23	30.7	30.7	34.7
	대학중퇴	1	1.3	1.3	36.0
	대학졸업	34	45.3	45.3	81.3
	대학원(석사)재학중	6	8.0	8.0	89.3
	대학원(석사)졸업	6	8.0	8.0	97.3
	대학원 박사재학 이상	2	2.7	2.7	100.0
	전체	75	100.0	100.0	

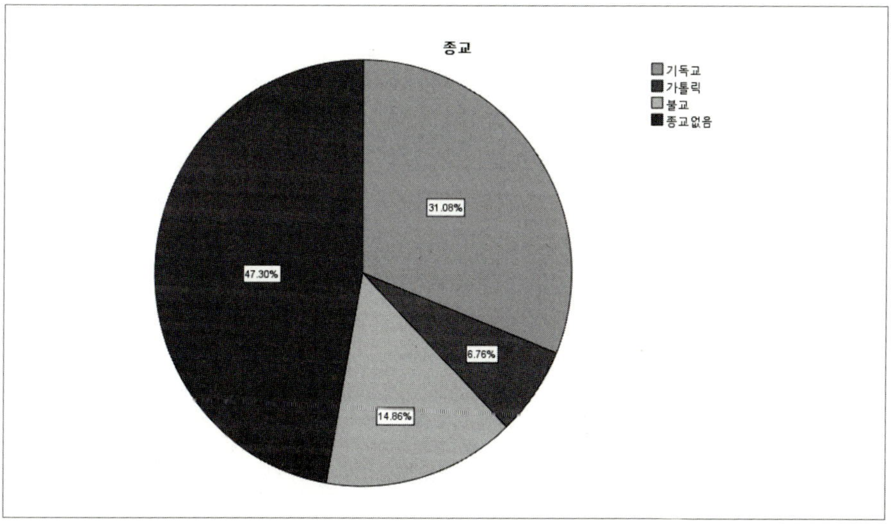

2. 기술통계량분석

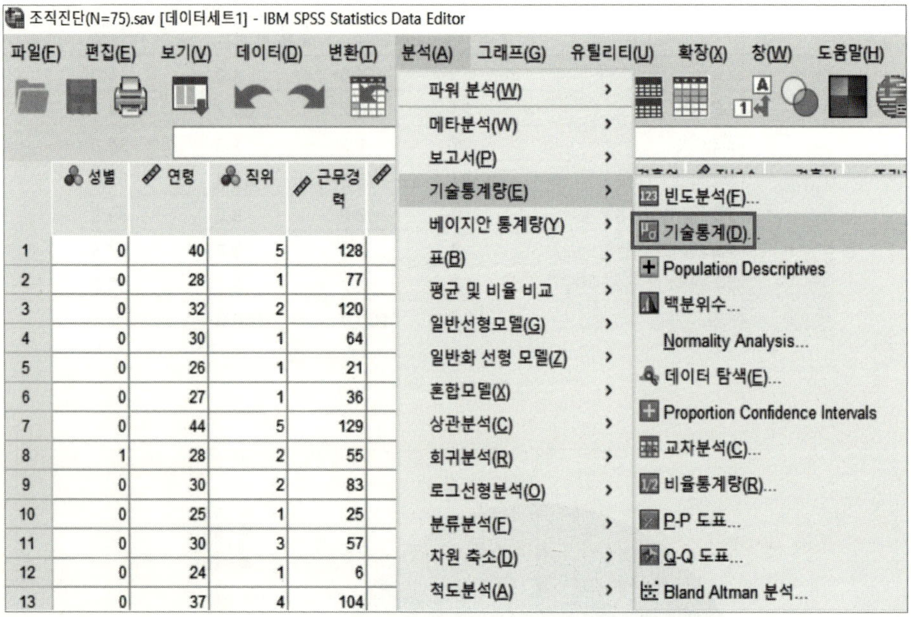
조직진단(N=75).sav [데이터세트1] - IBM SPSS Statistics Data Editor
파일(F) 편집(E) 보기(V) 데이터(D) 변환(T) 분석(A) 그래프(G) 유틸리티(U) 확장(X) 창(W) 도움말(H)
파워 분석(W)
메타분석(W)
보고서(P)
기술통계량(E)
베이지안 통계량(Y)
표(B)
평균 및 비율 비교
일반선형모델(G)
일반화 선형 모델(Z)
혼합모델(X)
상관분석(C)
회귀분석(R)
로그선형분석(O)
분류분석(F)
차원 축소(D)
척도분석(A)
빈도분석(F)...
기술통계(D)...
Population Descriptives
백분위수...
Normality Analysis...
데이터 탐색(E)...
Proportion Confidence Intervals
교차분석(C)...
비율통계량(R)...
P-P 도표...
Q-Q 도표...
Bland Altman 분석...
성별
연령
직위
근무경력
1 0 40 5 128
2 0 28 1 77
3 0 32 2 120
4 0 30 1 64
5 0 26 1 21
6 0 27 1 36
7 0 44 5 129
8 1 28 2 55
9 0 30 2 83
10 0 25 1 25
11 0 30 3 57
12 0 24 1 6
13 0 37 4 104

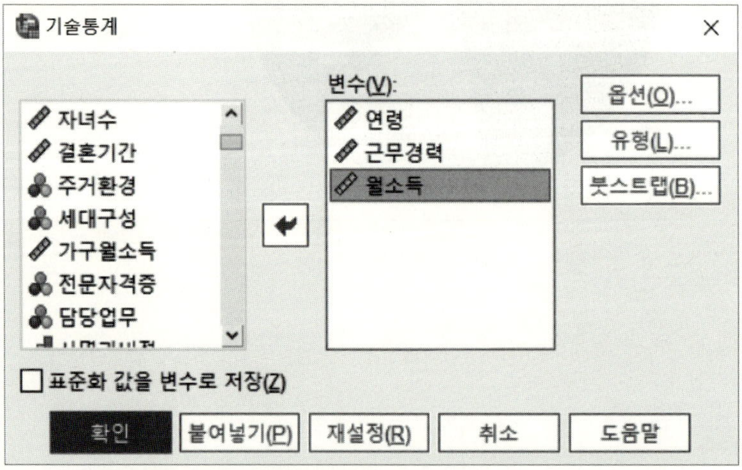
기술통계
변수(V):
자녀수
결혼기간
주거환경
세대구성
가구월소득
전문자격증
담당업무
연령
근무경력
월소득
옵션(O)...
유형(L)...
붓스트랩(B)...
표준화 값을 변수로 저장(Z)
확인
붙여넣기(P)
재설정(R)
취소
도움말

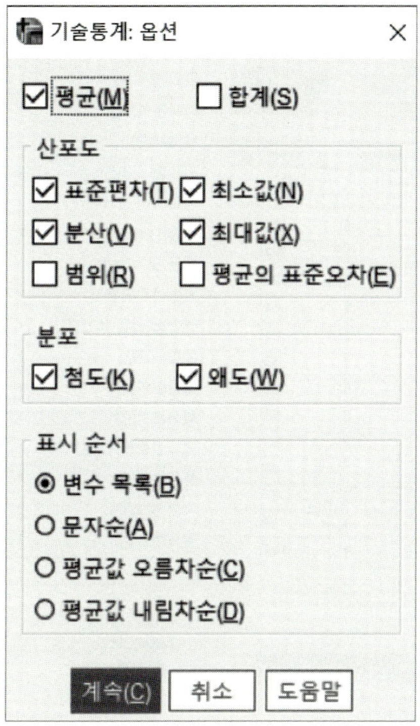

기술통계량

	N	최소값	최대값	평균	표준편차	분산	왜도		첨도	
	통계량	통계량	통계량	통계량	통계량	통계량	통계량	표준오차	통계량	표준오차
연령	75	21	61	31.75	7.014	49.192	1.629	.277	3.961	.548
근무경력	75	4	168	55.87	39.023	1522.793	.670	.277	-.369	.548
월소득	73	100	450	168.30	71.114	5057.158	1.881	.281	4.092	.555
유효 N(목록별)	73									

3. 교차분석

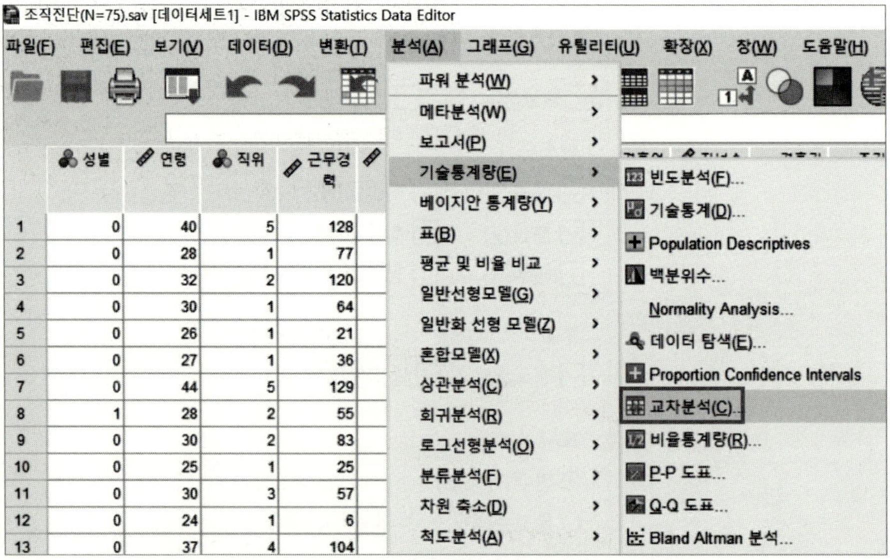

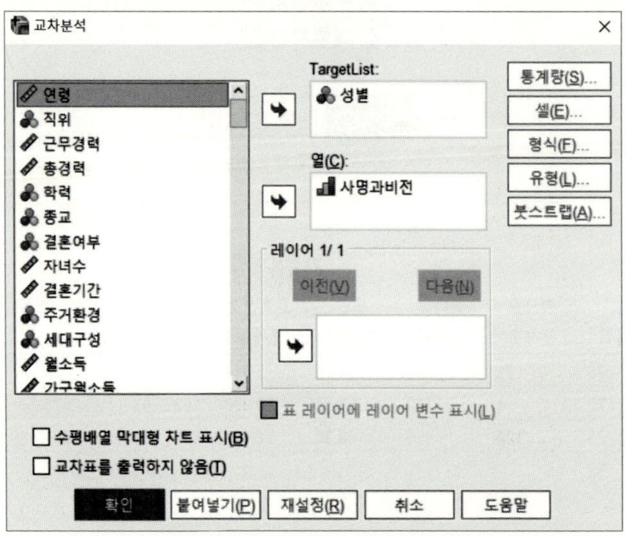

성별 * 사명과비전 교차표

			사명과비전: 아주 공감하고 있다.	사명과비전: 대체로 공감하고 있다.	전체
성별	여	빈도	13	32	45
		성별 중 %	28.9%	71.1%	100.0%
	남	빈도	8	22	30
		성별 중 %	26.7%	73.3%	100.0%
전체		빈도	21	54	75
		성별 중 %	28.0%	72.0%	100.0%

4. 신뢰도분석

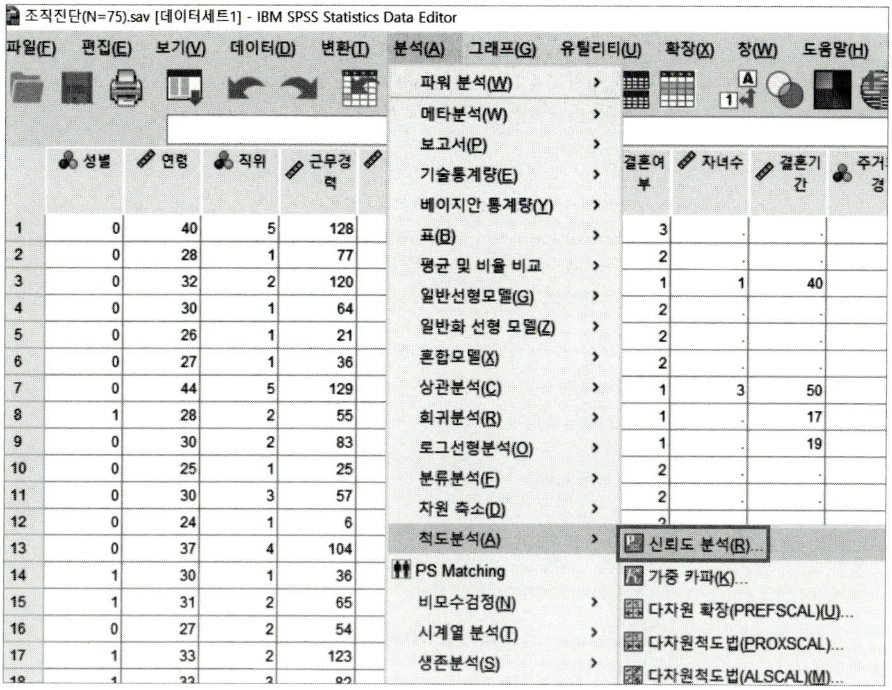

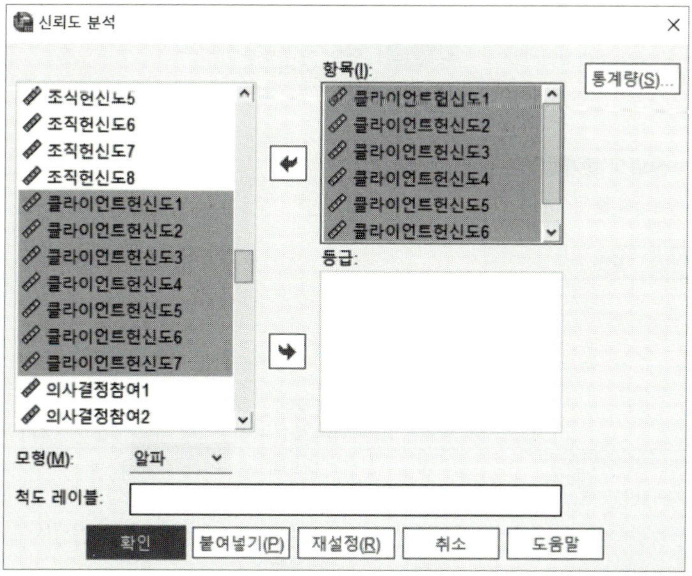

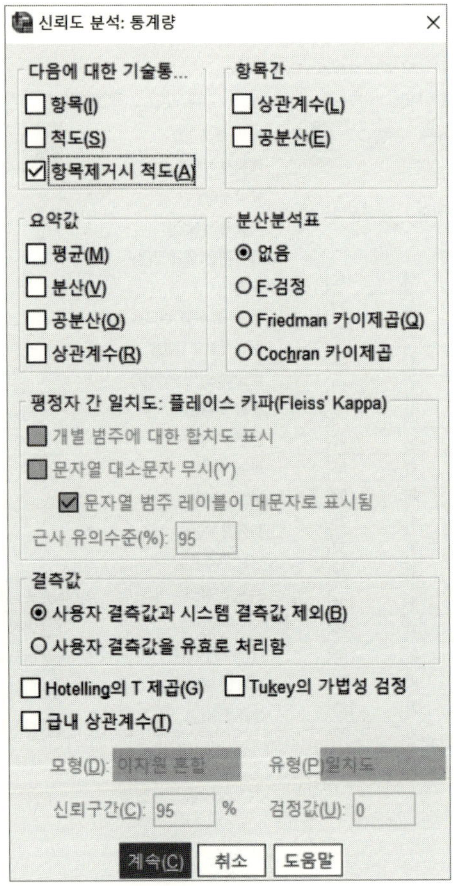

신뢰도 통계량

Cronbach의 알파	항목 수
.838	7

항목 총계 통계량

	항목이 삭제된 경우 척도 평균	항목이 삭제된 경우 척도 분산	수정된 항목-전체 상관계수	항목이 삭제된 경우 Cronbach 알파
클라이언트헌신도1	24.14	7.516	.673	.805
클라이언트헌신도2	24.11	7.933	.497	.829
클라이언트헌신도3	24.14	7.598	.606	.813
클라이언트헌신도4	24.20	7.342	.633	.809
클라이언트헌신도5	24.36	7.084	.669	.802
클라이언트헌신도6	24.45	7.593	.421	.847
클라이언트헌신도7	24.15	6.895	.675	.801

5. 카이스퀘어 검증

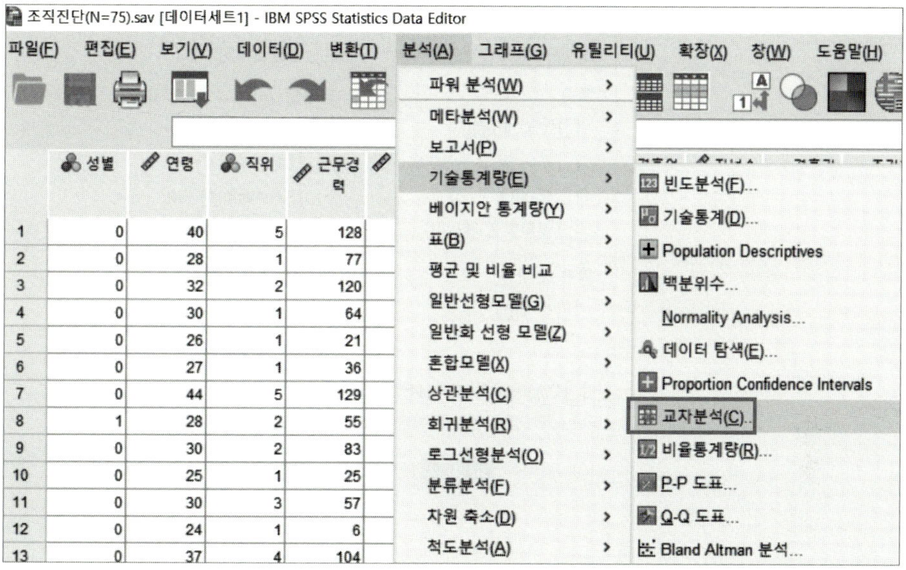

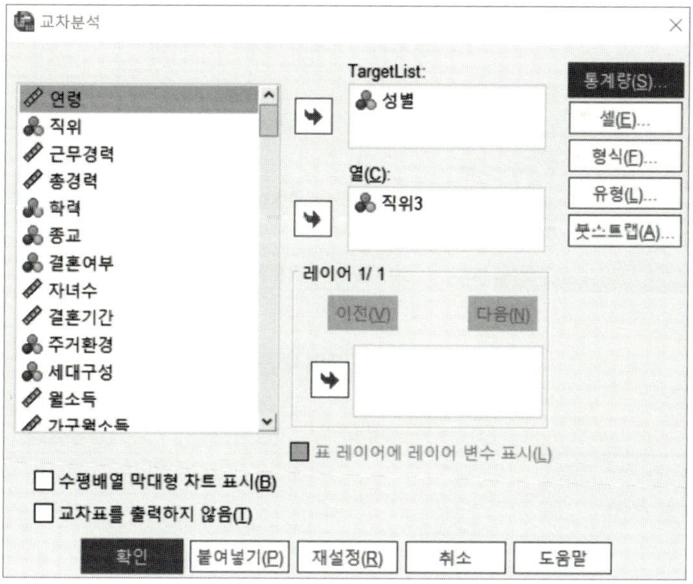

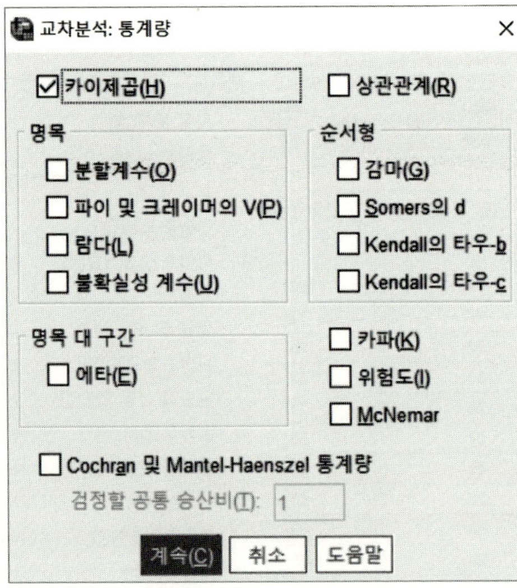

성별 * 직위3 교차표

			직위3		
			평직원	팀장 이상	전체
성별	여	빈도	29	16	45
		성별 중 %	64.4%	35.6%	100.0%
	남	빈도	9	21	30
		성별 중 %	30.0%	70.0%	100.0%
전체		빈도	38	37	75
		성별 중 %	50.7%	49.3%	100.0%

카이제곱 검정

	값	자유도	근사 유의확률 (양측검정)	정확 유의확률 (양측검정)	정확 유의확률 (단측검정)
Pearson 카이제곱	8.544[a]	1	.003		
연속성 수정[b]	7.221	1	.007		
우도비	8.733	1	.003		
Fisher의 정확검정				.005	.003
선형 대 선형결합	8.430	1	.004		
유효 케이스 수	75				

a. 0 셀 (0.0%)은(는) 5보다 작은 기대 빈도를 가지는 셀입니다. 최소 기대빈도는 14.80입니다.

b. 2x2 표에 대해서만 계산됨

6. 독립표본 t-검증

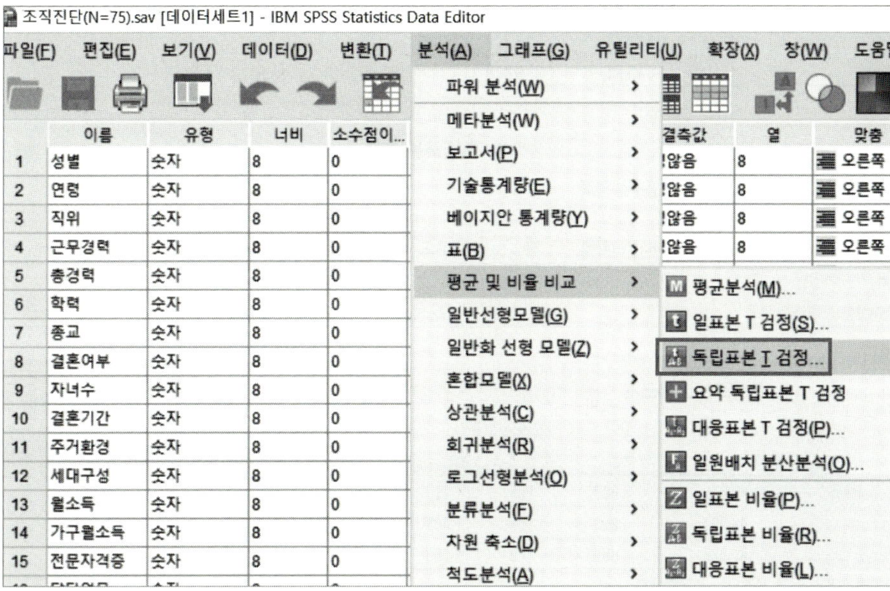

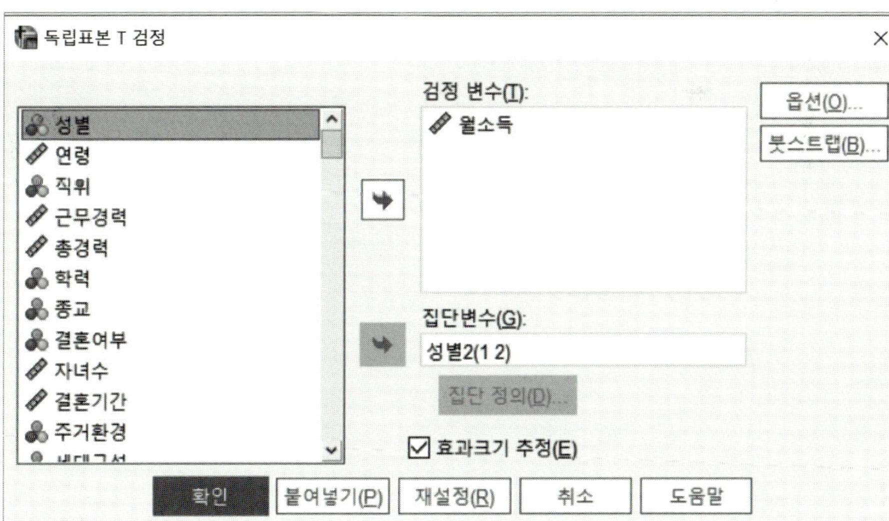

집단통계량

	성별2	N	평균	표준편차	평균의 표준오차
월소득	남성	30	193.83	73.034	13.334
	여성	43	150.49	64.776	9.878

독립표본 검정

		Levene의 등분산 검정		평균의 동일성에 대한 T 검정							
						유의확률				차이의 95% 신뢰구간	
		F	유의확률	t	자유도	단측 확률	양측 확률	평균차이	표준오차 차이	하한	상한
월소득	등분산을 가정함	1.640	.204	2.669	71	.005	.009	43.345	16.240	10.963	75.727
	등분산을 가정하지 않음			2.612	57.590	.006	.011	43.345	16.595	10.122	76.568

독립표본 효과크기

		Standardizer[a]	포인트 추정값	95% 신뢰구간	
				하한	상한
월소득	Cohen's d	68.270	.635	.155	1.111
	Hedges 수정	69.002	.628	.153	1.099
	Glass 델타	64.776	.669	.178	1.153

a. 효과크기를 추정하는 데 사용되는 분모입니다.
Cohen의 d에는 통합 표준 편차가 사용됩니다.
Hedges 수정에는 통합 표준 편차와 수정 요인이 사용됩니다.
Glass 델타에는 대조군(즉, 두 번째 그룹)의 표본 표준 편차가 사용됩니다.

7. 대응표본 t-검증

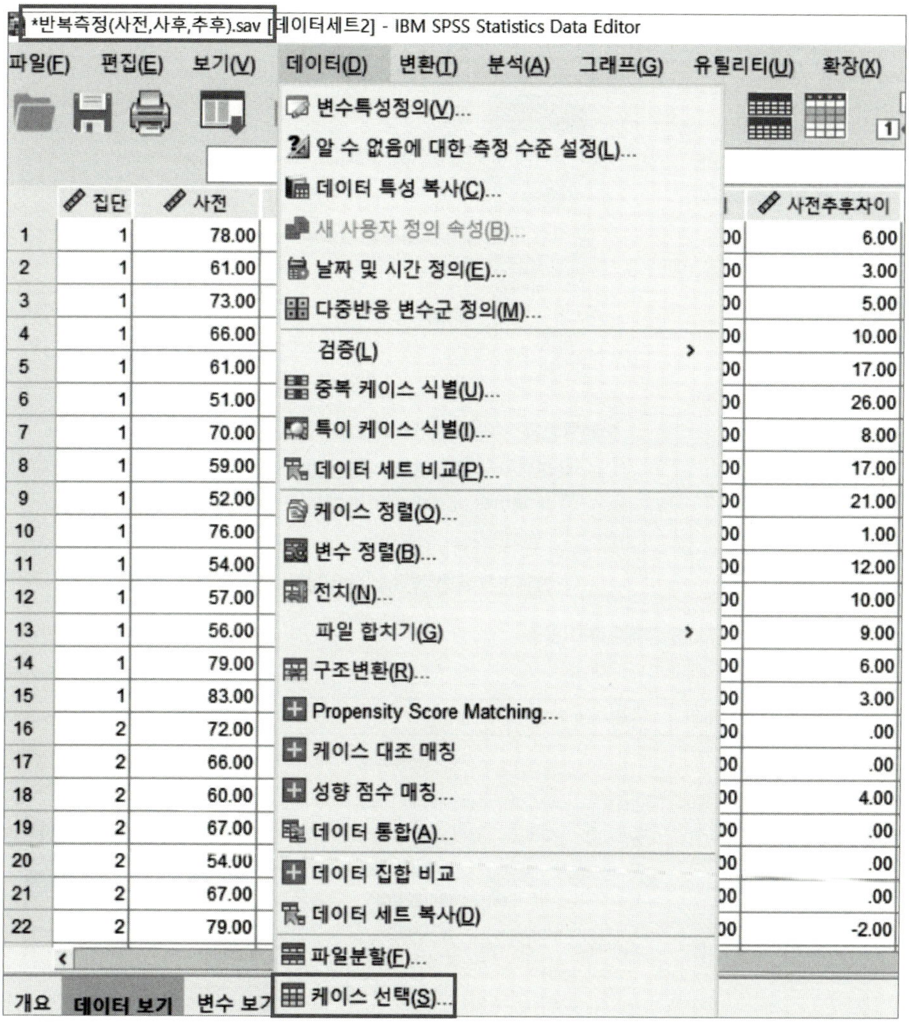
*반복측정(사전,사후,추후).sav [데이터세트2] - IBM SPSS Statistics Data Editor
파일(F) 편집(E) 보기(V) 데이터(D) 변환(T) 분석(A) 그래프(G) 유틸리티(U) 확장(X)
변수특성정의(V)...
알 수 없음에 대한 측정 수준 설정(L)...
데이터 특성 복사(C)...
새 사용자 정의 속성(B)...
날짜 및 시간 정의(E)...
다중반응 변수군 정의(M)...
검증(L)
중복 케이스 식별(U)...
특이 케이스 식별(I)...
데이터 세트 비교(P)...
케이스 정렬(O)...
변수 정렬(B)...
전치(N)...
파일 합치기(G)
구조변환(R)...
Propensity Score Matching...
케이스 대조 매칭
성향 점수 매칭...
데이터 통합(A)...
데이터 집합 비교
데이터 세트 복사(D)
파일분할(F)...
케이스 선택(S)...
집단
사전
사전추후차이
개요
데이터 보기
변수 보기

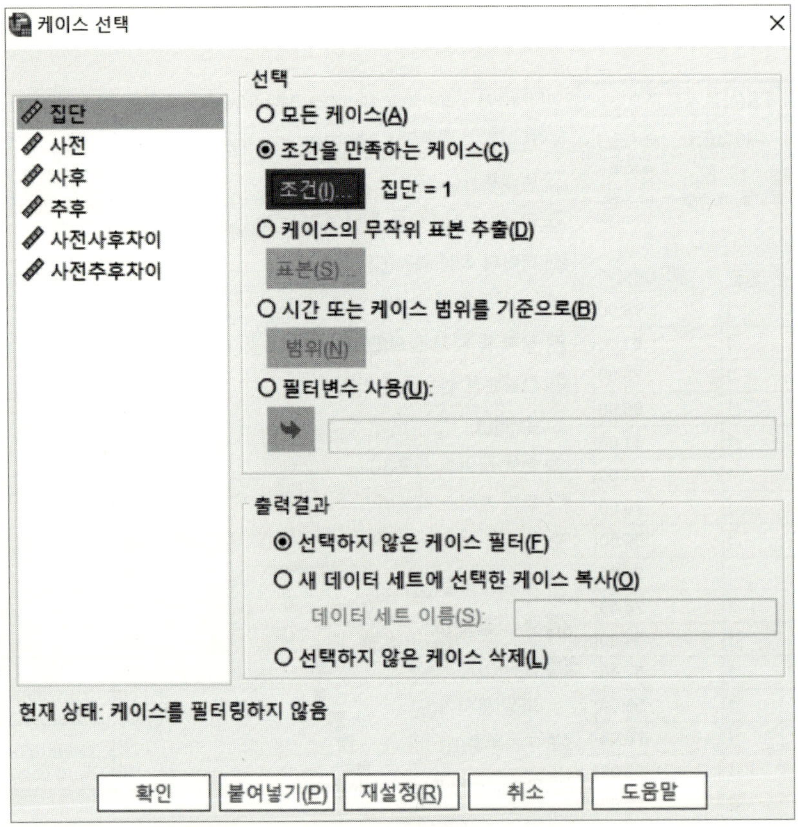
케이스 선택
선택
집단
사전
사후
추후
사전사후차이
사전추후차이
모든 케이스(A)
조건을 만족하는 케이스(C)
조건(I)...
집단 = 1
케이스의 무작위 표본 추출(D)
표본(S)...
시간 또는 케이스 범위를 기준으로(B)
범위(N)
필터변수 사용(U):
출력결과
선택하지 않은 케이스 필터(F)
새 데이터 세트에 선택한 케이스 복사(O)
데이터 세트 이름(S):
선택하지 않은 케이스 삭제(L)
현재 상태: 케이스를 필터링하지 않음
확인
붙여넣기(P)
재설정(R)
취소
도움말

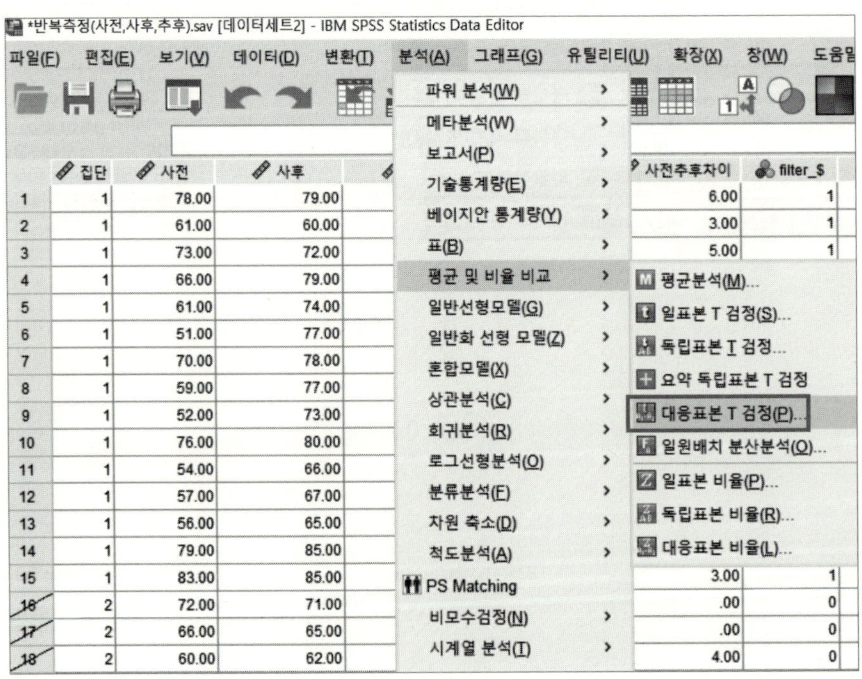
*반복측정(사전,사후,추후).sav [데이터세트2] - IBM SPSS Statistics Data Editor
파일(F) 편집(E) 보기(V) 데이터(D) 변환(T) 분석(A) 그래프(G) 유틸리티(U) 확장(X) 창(W) 도움말
파워 분석(W)
메타분석(W)
보고서(P)
기술통계량(E)
베이지안 통계량(Y)
표(B)
평균 및 비율 비교
일반선형모델(G)
일반화 선형 모델(Z)
혼합모델(X)
상관분석(C)
회귀분석(R)
로그선형분석(O)
분류분석(F)
차원 축소(D)
척도분석(A)
PS Matching
비모수검정(N)
시계열 분석(T)
평균분석(M)...
일표본 T 검정(S)...
독립표본 T 검정...
요약 독립표본 T 검정
대응표본 T 검정(P)...
일원배치 분산분석(O)...
일표본 비율(P)...
독립표본 비율(R)...
대응표본 비율(L)...
집단
사전
사후
사전추후차이
filter_$

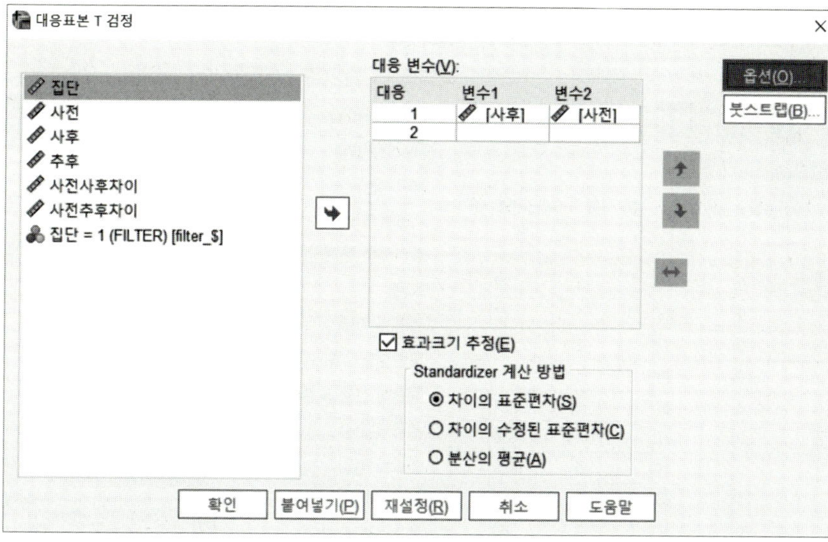

대응표본 통계량

		평균	N	표준편차	평균의 표준오차
대응 1	사후	74.4667	15	7.33744	1.89452
	사전	65.0667	15	10.68689	2.75934

대응표본 상관계수

		N	상관관계	유의확률	
				단측 확률	양측 확률
대응 1	사후 & 사전	15	.661	.004	.007

대응표본 검정

		대응차					t	자유도	유의확률	
		평균	표준편차	평균의 표준오차	차이의 95% 신뢰구간 하한	차이의 95% 신뢰구간 상한			단측 확률	양측 확률
대응 1	사후 - 사전	9.40000	8.02496	2.07204	4.95592	13.84408	4.537	14	<.001	<.001

대응표본 효과크기

			Standardizer[a]	포인트 추정값	95% 신뢰구간 하한	95% 신뢰구간 상한
대응 1	사후 - 사전	Cohen's d	8.02496	1.171	.495	1.823
		Hedges 수정	8.48944	1.107	.468	1.723

a. 효과크기를 추정하는 데 사용되는 분모입니다.
Cohen's d는 평균차이의 표본 표준편차를 사용합니다.
Hedges 수정은 평균차이의 표본 표준편차와 수정 요인을 사용합니다.

8. 일원분산분석(one-way ANOVA)

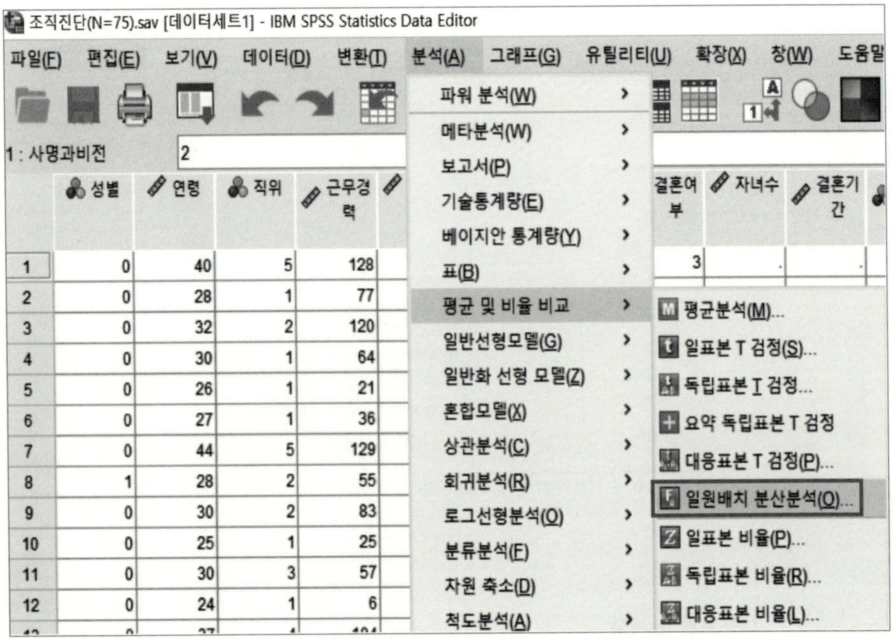

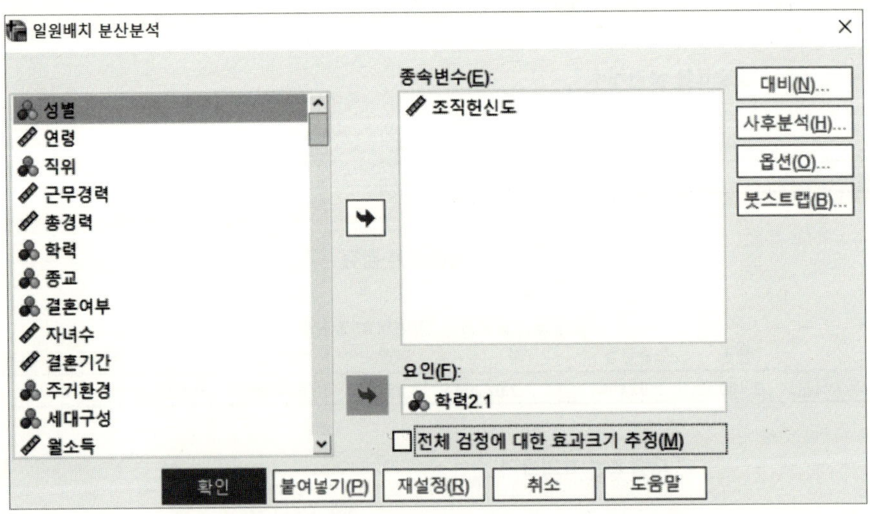

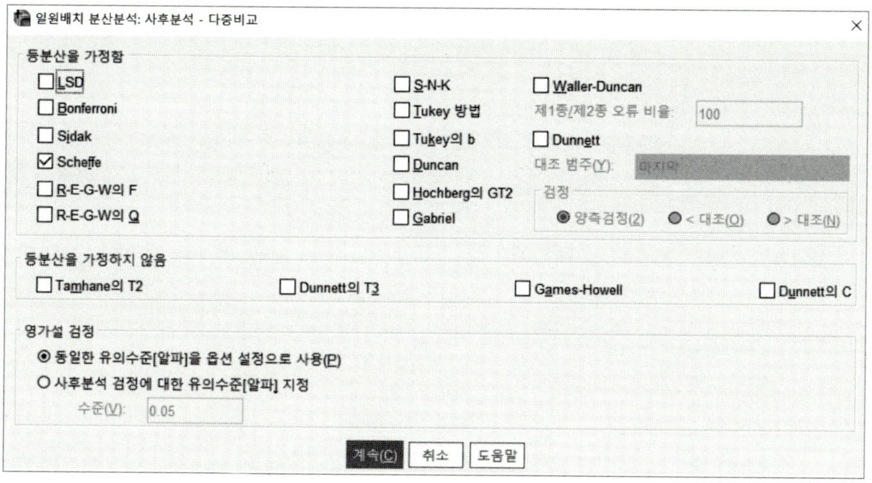

기술통계

조직헌신도

	N	평균	표준편차	표준오차	평균의 95% 신뢰구간 하한	평균의 95% 신뢰구간 상한	최소값	최대값
대졸 미만	27	3.5926	.55858	.10750	3.3716	3.8136	2.38	4.88
대졸	34	3.7721	.40763	.06991	3.6298	3.9143	3.00	4.75
대학원 이상	14	4.0536	.66815	.17857	3.6678	4.4394	2.75	5.00
전체	75	3.7600	.53735	.06205	3.6364	3.8836	2.38	5.00

ANOVA

조직헌신도

	제곱합	자유도	평균제곱	F	유의확률
집단-간	1.968	2	.984	3.652	.031
집단-내	19.399	72	.269		
전체	21.368	74			

사후검정

다중비교

종속변수: 조직헌신도

Scheffe

(I) 학력2.1	(J) 학력2.1	평균차이(I-J)	표준오차	유의확률	95% 신뢰구간 하한	95% 신뢰구간 상한
대졸 미만	대졸	-.17947	.13380	.411	-.5139	.1550
	대학원 이상	-.46098*	.17095	.031	-.8883	-.0337
대졸	대졸 미만	.17947	.13380	.411	-.1550	.5139
	대학원 이상	-.28151	.16483	.239	-.6935	.1305
대학원 이상	대졸 미만	.46098*	.17095	.031	.0337	.8883
	대졸	.28151	.16483	.239	-.1305	.6935

*. 평균차이는 0.05 수준에서 유의합니다.

9. 상관관계분석

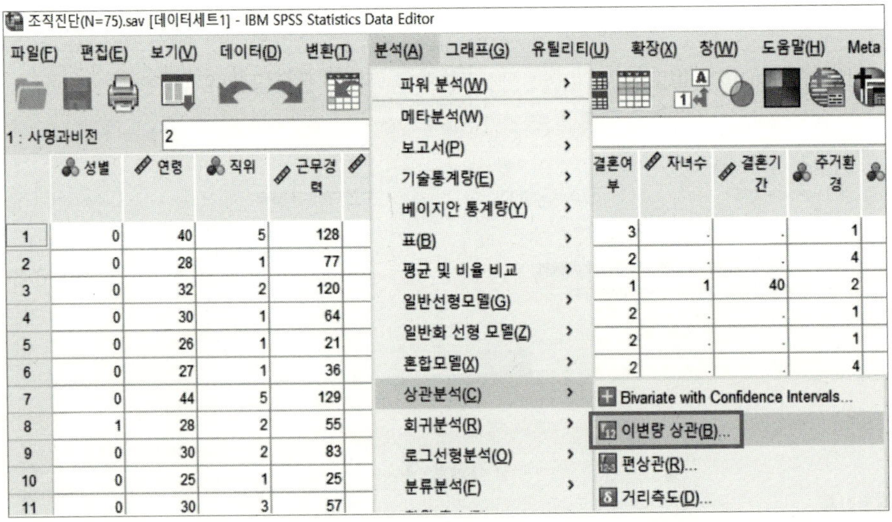
조직진단(N=75).sav [데이터세트1] - IBM SPSS Statistics Data Editor
파일(F) 편집(E) 보기(V) 데이터(D) 변환(T) 분석(A) 그래프(G) 유틸리티(U) 확장(X) 창(W) 도움말(H) Meta
파워 분석(W)
메타분석(W)
보고서(P)
기술통계량(E)
베이지안 통계량(Y)
표(B)
평균 및 비율 비교
일반선형모델(G)
일반화 선형 모델(Z)
혼합모델(X)
상관분석(C)
회귀분석(R)
로그선형분석(O)
분류분석(F)
Bivariate with Confidence Intervals...
이변량 상관(B)...
편상관(R)...
거리측도(D)...

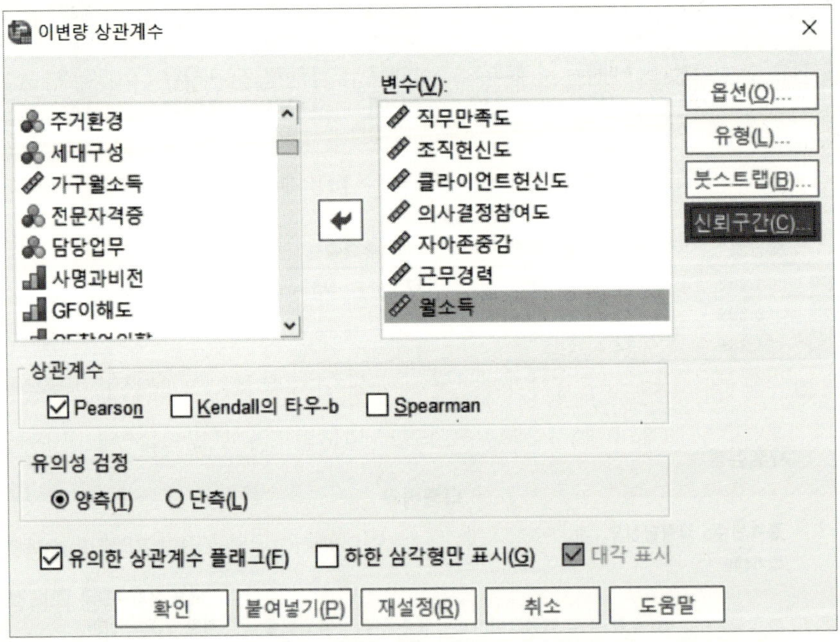
이변량 상관계수
변수(V):
주거환경
세대구성
가구월소득
전문자격증
담당업무
사명과비전
GF이해도
직무만족도
조직헌신도
클라이언트헌신도
의사결정참여도
자아존중감
근무경력
월소득
옵션(O)...
유형(L)...
붓스트랩(B)...
신뢰구간(C)...
상관계수
Pearson
Kendall의 타우-b
Spearman
유의성 검정
양측(T)
단측(L)
유의한 상관계수 플래그(F)
하한 삼각형만 표시(G)
대각 표시
확인
붙여넣기(P)
재설정(R)
취소
도움말

상관관계

		직무만족도	조직헌신도	클라이언트헌신도	의사결정참여도	자아존중감	근무경력	월소득
직무만족도	Pearson 상관	1	.672**	.389**	.548**	.481**	.128	.394**
	유의확률 (양측)		<.001	<.001	<.001	<.001	.275	<.001
	N	75	75	75	75	75	75	73
조직헌신도	Pearson 상관	.672**	1	.336**	.529**	.430**	.167	.471**
	유의확률 (양측)	<.001		.003	<.001	<.001	.151	<.001
	N	75	75	75	75	75	75	73
클라이언트헌신도	Pearson 상관	.389**	.336**	1	.321**	.450**	.016	.037
	유의확률 (양측)	<.001	.003		.005	<.001	.889	.758
	N	75	75	75	75	75	75	73
의사결정참여도	Pearson 상관	.548**	.529**	.321**	1	.447**	.378**	.450**
	유의확률 (양측)	<.001	<.001	.005		<.001	<.001	<.001
	N	75	75	75	75	75	75	73
자아존중감	Pearson 상관	.481**	.430**	.450**	.447**	1	.110	.208
	유의확률 (양측)	<.001	<.001	<.001	<.001		.347	.078
	N	75	75	75	75	75	75	73
근무경력	Pearson 상관	.128	.167	.016	.378**	.110	1	.545**
	유의확률 (양측)	.275	.151	.889	<.001	.347		<.001
	N	75	75	75	75	75	75	73
월소득	Pearson 상관	.394**	.471**	.037	.450**	.208	.545**	1
	유의확률 (양측)	<.001	<.001	.758	<.001	.078	<.001	
	N	73	73	73	73	73	73	73

**. 상관관계가 0.01 수준에서 유의합니다(양측).

10. 다중회귀분석

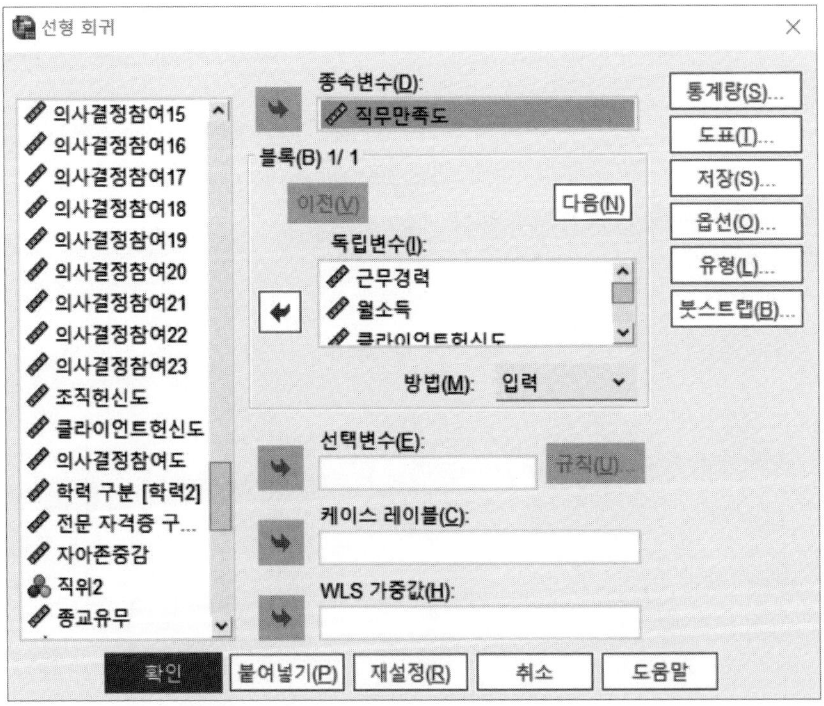

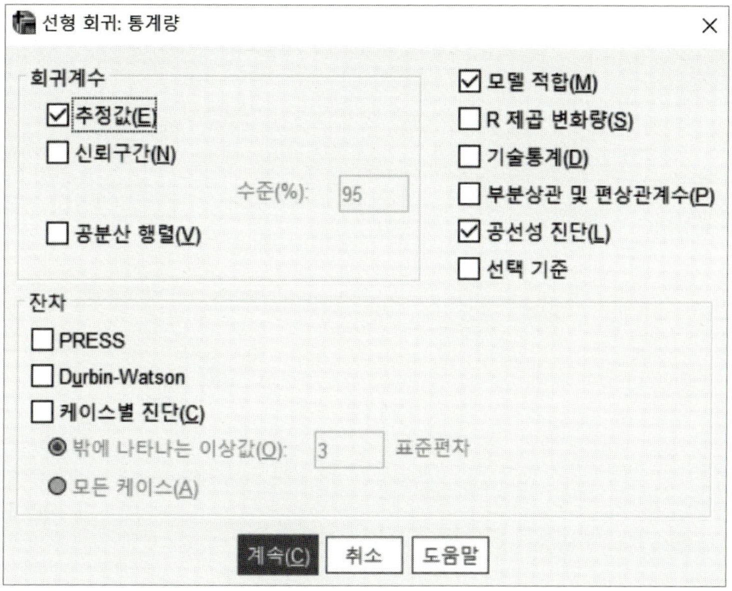

모델 요약

모델	R	R 제곱	수정된 R 제곱	추정값의 표준 오차
1	.667[a]	.445	.403	.36351

a. 예측자: (상수), 자아존중감, 근무경력, 클라이언트헌신도, 월소득, 의사결정참여도

ANOVA[a]

모델		제곱합	자유도	평균제곱	F	유의확률
1	회귀	7.087	5	1.417	10.727	<.001[b]
	잔차	8.854	67	.132		
	전체	15.941	72			

a. 종속변수: 직무만족도

b. 예측자: (상수), 자아존중감, 근무경력, 클라이언트헌신도, 월소득, 의사결정참여도

계수[a]

모델		비표준화 계수		표준화 계수	t	유의확률	공선성 통계량	
		B	표준오차	베타			공차	VIF
1	(상수)	1.251	.454		2.756	.008		
	근무경력	-.002	.001	-.174	-1.556	.124	.661	1.514
	월소득	.002	.001	.289	2.524	.014	.632	1.583
	클라이언트헌신도	.191	.109	.181	1.758	.083	.779	1.284
	의사결정참여도	.153	.055	.327	2.797	.007	.605	1.652
	자아존중감	.281	.139	.221	2.020	.047	.694	1.440

a. 종속변수: 직무만족도

참고문헌

경북사회복지공동모금회(2014). 2015년도 배분사업 설명회 자료집. 경북사회복지공동모금회.

김기원(2001). 사회복지조사방법론. 나눔의 집.

김명자 역(2005). 과학혁명의 구조. Kuhn, T. (1970). *The Structure of Scientific Revolutions*. 까치글방.

김병하(1992). 질적 연구의 이해와 실천. 도서출판 특수교육.

김성이, 채구묵(1997). 욕구조사론. 아시아미디어리서치.

김수영, 이민홍, 손태홍(2015). 고령자 사회참여 프로그램의 효과성 분석. 한국지역사회복지학, 53, 451-479. http://dx.doi.org/10.15300/jcw.2015.53.2.451

김연미(2003). HIV/AIDS 감염인의 삶의 과정: 근거이론 접근. 박사학위 논문. 이화여자대학교.

김영석(2003). 사회조사방법론(제3판). 나남출판.

김영숙, 임효연(2010). 주민참여복지 네트워크에 대한 질적연구: 근거이론 방법론. 한국사회복지학, 62(4), 223-248.

김영종(2007). 사회복지조사방법론(제2판). 학지사.

김정근, 이용재(1996). 한국문헌정보학 연구와 문화기술적 방법. 도서관학논집(제24집).

김태근(2006). u-Can 회귀분석. 인간과 복지.

김환준(2004). 사회복지연구조사방법론. 나남출판.

대구광역시(2022). 대구광역시 제5기(2023~2026) 지역사회보장계획. 대구광역시.

민성은(2016). 질적 자료 분석 방법으로서 매트릭스 분석(Matrix Analysis)의 이해. 질적탐구, 2(2), 161-191.

박승민(2009). 증거기반 사회복지실천을 향하여: 흡연 임산부 금연 프로그램의 효과성 · 지속성 · 비용효과성 분석. 극동사회복지저널, 5, 7-31.

보건복지부(2014). 지역복지계획 개요. http://team.mw.go.kr/blss/_data/htmlView.jsp?menu_cd=B_02_01_01_01

부산광역시, 부산대학교 사회복지연구소(2005). 부산광역시 사하구민 사회복지욕구조사 보고서. 부산광역시.

사회복지공동모금회(2025). 2026년 배분사업 안내. 사회복지공동모금회.

삼성복지재단(2000). 1999년 작은 나눔 큰 사랑 지원기관 우수 사례집. 삼성복지재단.

서동우(2002). 정신보건센터 사업효과 분석. 보건복지부.

서초구립반포종합사회복지관, 서울대학교 실천사회복지연구회(2007). 사회복지척도집(2판). 나눔의 집.

석희정(2014). 남성독거노인이 홀로 살아가는 경험에 관한 연구. 한국사회복지학, 66(3), 29-53.

성숙진, 유태균, 이선우 역(1998). 사회복지조사방법론. Rubin, A., & Babbie, E. (1996). *Research Methods for Social Work* (3rd ed.). 나남.

성숙진, 유태균, 이선우, 이기영 역(2005). 사회복지조사방법론. Rubin, A., & Babbie. E. (2001). *Research Methods for Social Work* (4th ed.). 시그마프레스.

손지민(2024). 몰라서 신청 않는 '상병수당' …… 예산 삭감에 본사업 연기까지. 한겨레신문, https://www.hani.co.kr/arti/PRINT/1149398.html

송주미(2008). 포커스 집단을 통한 아동복지 욕구 조사. 아동복지연구, 6(2), 43-58.

신경림(2002). Grounded Theory. 비판과 대안을 위한 사회복지학회 워크숍 자료집.

신용석, 정은경, 김정우(2014). 노인장기요양기관의 변혁적 리더십이 조직효과성에 미치는 영향: 요양보호사의 임파워먼트 매개효과를 중심으로. 한국사회복지학, 66(3), 75-99.

양소남, 김희영, 박소연, 김남형(2025). 마약류 중독당사자의 외상경험과 회복여정에 관한 연구. 한국사회복지교육, 71, 33-61.

우수명(2004). TP 사회복지 Program 개발과 평가. 인간과 복지.

유태균 역(2001). 사회복지 질적 연구방법론. Padgett, D. (1998). *Qualitative Methods in Social Work Research*. 나남출판.

윤성원(2022). 상병수당 시범사업 시행의 의의와 향후 과제. 이슈와 논점, 제1980호, 국회입법조사처

이규식(1993). 가정간호연구의 방향 제안: 운영관리 측면 비용효과분석. 간호학탐구, 제2권 1호, 39-44.

이민수, 이민규(2005). 한국 우울증 검사(KDS-30) 검사요강. 학지사.

이숙정, 유지수, 신미경, 박창기, 이현철, 최은진(2007). Propensity Score Matching 방법을 이용한 간호중재 효과 평가. 대한간호학회지, 37(3), 414-421.

이학식, 김영(2002). SPSS 10.0 매뉴얼: 통계분석방법 및 해설. 법문사.

이현송(2004). 미국 신문에 나타난 한국 및 한국인의 이미지: 지난 20년간 New York Times지의 사례분석. 미국학논집, 36(3), 228-255.

이현주, 엄명용(2014). 저소득 우울 여성 독거노인 대상 긍정심리 · 해결중심 통합 집단 프로그램 개발 및 효과. 한국사회복지학, 66(3), 101-131.

이현지, 조계화(2012). 사회복지전공 대학생의 인간과 사회복지사에 대한 주관적 인식에 대한 내용분석. 한국사회복지교육, 19, 1-20.

장은영(2021). 한국판 도덕손상 사건 척도 및 도덕손상 경험 척도 개발 연구. 한국심리학회지: 일

반, 40(3), 301-327. http://dx.doi.org/10.22257/kjp.2021.9.40.3.301
장정원, 심혜선(2025). 학교 밖 청소년의 일상생활 경험에 대한 포토보이스 연구. 보건사회연구, 45(1), 357-381.
전명희(2012). 미국으로 간 탈북자들의 정착과 적응에 관한 질적 연구. 한국사회복지학, 64(4), 89-111.
조성우(2005). SPSS를 활용한 사회복지조사연습. 청목출판사.
최유미(2004). 주부자원봉사활동의 지속성과 중단성의 영향 요인에 관한 질적 연구. 사회복지연구(제5권), 87-111.
최일섭, 김성한, 정순둘(2001). 사회복지조사론. 동인.
한국연구재단(2014). 2014년도 인문사회분야 학술지원사업 일반공동연구지원사업 신청 요강. 한국연구재단.
한국연구재단(2020). 2020 온라인 연구윤리 포럼 자료집. 한국연구재단.
한국학술단체총연합회(2014). 2014년 국제연구윤리포럼 자료집. 한국학술단체총연합회.
한상영(2012). 여성결혼이민자가 경험하는 다문화가족 적응에 관한 연구: T시를 중심으로. 한국산학기술학회논문지, 13(11), 5066-5075.
황성동(2011). 근거기반실천에 대한 태도 척도 검증. 사회과학연구, 27(4), 77-97.
황성동, 임혁, 윤성호(2012). 다문화교육 프로그램의 효과성 검증. 한국사회복지학, 64(1), 125-150.

Adams, Smelser, & Treiman. (1985). *Report for the National Research* Council. In S. Fienberg, E. Loftus, & J. Tanur. Cognitive aspects of health survey methodology: An overview. *Milbank Memorial Fund Quarterly/Health and Society, 63* (3), 547-564.
Adhikari, A., & DeNero, J. (2018). *Computational and Inferential Thinking: The Foundations of Data Science*. UC Berkeley.
Belcher, J. (1994). Understanding the process of social drift among the homeless: A qualitative analysis. In E. Sherman, & W. Reid (Eds.), *Qualitative Research in Social Work*. Columbia University Press.
Berlin, S. (1983). Single-case evaluation: Another version. *Social Work Research and Abstract, 19* (1), 3-11.
Bernard, H. (1994). *Research Methods in Cultural Anthropology*. Sage.
Beutler, L. (1993). Designing outcome studies: Treatment of adult victims of childhood sexual abuse. *Journal of Interpersonal Violence, 8*, 402-414.
Boland, K., & Atherton, C. (2002). Heuristics versus logical positivism: Solving the wrong problem. *Families in Society, 83* (1), 7-13.
Borgadus, E. (1933). A social distance scale. *Sociology and Social Research, 17*, 265-271.
Bradshaw, J. (1977). The concept of social need. In N. Gilbert, & H. Specht (Eds.), *Planning*

for Social Welfare: Issues, Models an Tasks. Prentice Hall.

Buescher, P., Larson, L., Nelson, M., & Lenihan, A. (1993). Prenatal WIC participation can reduce low birth weight and newborn medical costs: A cost benefit analysis of WIC participation in North Carolina. *Journal of the American Dietetic Association*, *93*, 163-166.

Callender, K. A., Trustey, C. E., Alton, L., & Hao, Y. (2021). Single case evaluation of a mindfulness-based mobile application with a substance abuse counselor. *Counseling Outcome Research and Evaluation*, *12*(1), 16-29. https://doi.org/10.1080/21501378.2019.1686353

Campbell, D., & Stanley, J. (1963). *Experimental and Quas-Experimental Designs for Research*. Houghton Mifflin Company.

Cook, T., & Campbell, D. (1979). *Quasi-Experimentation: Design and Analysis Issues for Field Settings*. Rand McNally.

Cooper, M. (1990). Treatment of a client with obsessive-compulsive disorder. *Social Work Research and Abstracts*, *26* (2), 26-32.

Corcoran, K., & Fischer, J. (2007). *Measures for Clinical Practice: A Source Book* (Vol. I & II) (4th ed.). Oxford University Press.

Denzin, N., & Lincoln, Y. (Ed.). (2000). *Handbook of Qualitative Research* (2nd ed.). Sage Publications, Inc.

E. Loftus, & J. Tanur. Cognitive aspects of health survey methodology: An overview. *Milbank Memorial Fund Quarterly/Health and Society*, *63* (3), 547-564.

Floersch, J. (2004). Ethnography. In D. K. Padget (Ed.), *The Quality Research Experience*. Brooks/Cole-Thompson Learning. 76-96.

Gamble, V. (1993). A legacy of district: African Americans and medical research. *American Journal of Preventive Medicine*, *9*, 35-38.

Gambrill, E. D. (2006). Evidence-based practice and policy: Choices ahead. *Research on Social Work practice*, *16*, 338-357.

Garfield, S. (1984). The evaluation of research: An editorial perspective. In A. S. Bellack, & M. Hersen (Eds.), *Research Methods in Clinical Psychology*. Pergamon.

Gibbs, L. (2003). *Evidence-Based Practice for the Helping Professions: A Practical Guide with Integrated Multimedia*. Thomson.

Glaser, B., & Strauss, A. (1967). *The Discovery of Grounded Theory*. Aldine.

Harbour, R., & Miller, J. (2001). A New System for Grading Recommendations in Evidence Based Guidelines. *British Medical Journal*, *323* (11), 334-336.

Haynes, R., Devereaux, P., & Guyatt, G. (2002). Physician's and patient's choice in evidencebased practice. *British Medical Journal*, *324*, 1350.

Higgins, J., & Green, S. (Eds.) (2011). *Cochrane Handbook for Systematic Reviews of Interventions* Version 5.1.0, The Cochrane Collaboration. Retrieved from www.cochrane-handbook.org.

Hudson, W. (1978). Notes for practice: First axioms of treatment. *Social Work, 23* (1), 65-66.

Institute for Social Research, Survey Research Center. (1976). *Interviewer's Manual* (Revised Ed.). University of Michigan Press.

Jones, J. (1981). *Bad Blood: The Tuskegee Syphilis Experiment*. Free Press.

Kerlinger, F. (1986). *Foundations of Behavioral Research* (3rd ed.). Holt, Rinehart and Winston. 15-25.

Klein, W., & Bloom, M. (1994). Social work as applied social science: A historical analysis. *Social Work, 39*, 421-431.

Koeske, G., Kirk, S., Koeske, R., & Rauktis, M. (1994). Measuring the Monday blues: Validation of a job satisfaction scale for the human services. *Social Work Research, 29* (4), 27-35.

Krueger, R. A., & Casey, M. A. (2000). *Focus Groups: A Practical Guide for Applied Research* (3rd ed.). Sage Publications.

Kuhn, T. (1970). *The Structure of Scientific Revolutions*. University of Chicago Press.

Ma, H.-H. (2006). An alternative method for quantitative synthesis of single-subject researches: Percentage of data points exceeding the median. *Behavior Modification, 30* (5), 598-617. doi:10.1177/0145445504272974

Madey, D. (1982). Some benefits of integrating qualitative and quantitative methods in program evaluation, with illustrations. *Educational Evaluation, 4* (2), 223-236.

Mardiros, M. (2001). Reconnecting Communities Through Community-based Action Research. *International Journal of Mental Health, 30* (2), 58-78.

Mardiros, M. (2002). Qualitative Research Workshop 자료집. 이화여자대학교 한국질적연구센터.

Marlow, C. (2001). *Research Methods for Generalist Social Work* (3rd ed.). Wadsworth/Thomson Learning.

Marlow, C. (2011). *Research Methods for Generalist Social Work* (5th ed.). Brooks/Cole-Cengage Learning.

McCraken, S., & Marsh, J. (2008). Practitioner Expertise in Evidence-Based Practice Decision Making. *Research on Social Work Practice, 18* (4), 301-310.

McKillip, J. (1998). Needs analysis: Process and techniques. In L. Bickman, & D. Rog (Eds.), *Handbook of Applied Social Research Methods*. Sage.

Meloy, J. (1994). *Writing the Qualitative Dissertation: Understanding by Doing*. Lawrence Erlbaum.

Mika, K. (1996). *Program Outcome Evaluation: A Step -by –Step Handbook*. Families International.

Mitchell, M., & Jolley, J. (1988). *Research Design Explained*. Holt, Rinehart, and Winston.

Mogro-Wilson, C., & Tredinnick, L. (2020). Influencing social and emotional awareness and empathy with a visual arts and music intervention for adolescents. *Children & Schools*, *42* (2), 111-119.

Nash, W. P., Marino-Carper, T. L., Mills, M. A., Au, T., Goldsmith, A., & Litz, B. T. (2013). Psychometric evaluation of the Moral Injury Events Scale. *Military Medicine*, *178* (6), 646-652. https://doi.org/10.7205/MILMED-D-13-00017

National Association of Social Workers (NASW). (1996). NASW Code of Ethics 5.02 Evaluation and Research.

Neuman, W. (2003). *Social Research Methods: Qualitative and Quantitative Approaches*. Allyn and Bacon.

Nolin, J. A., Wilburn, S.T., Wilburn, K.T., & Weaver, D. (2006). Health and social service needs of older adults: Implementing a community-based needs assessment. *Evaluation and Program Planning*, *29*, 217-226.

Nuehring, E., & Pascone, A. (1986). Single-subject evaluation: A tool for quality assurance. *Social Work*, *31*(5), 361. Nuremberg Code from http://en.wikipedia.org/wiki/Nuremberg_Code.

Padget, D. K. (Ed.). (2004). *The Quality Research Experience*. Brooks/Cole-Thompson Learning.

Peterson, L., & Bell-Dolan, D. (1995). Treatment outcome research in child psychology: Realistic coping with the Ten Commandments of Methodology. *Journal of Clinical Child Psychology*, *24*, 149-162.

Pinkston, E., Howe, M., & Blackman, D. (1987). Medical social work management of urinary incontinence in the elderly. *Journal of Social Service Research*, *10* (2, 3, 4), 188.

Punch, M. (1986). *The Politics and Ethics of Fieldwork*. Sage.

Radloff, L. (1977). The CES-D Sclae: A self-report depression scale for research in the general population. *Applied Psychological Measurement*, *3*, 385-401.

Reid, P., & Finchilescu, G. (1995). The disempowering effects of media violence against women on college women. *Psychology of Women Quarterly*, *19*, 397-411.

Roberts, A. R., & Greene, G. J. (Eds.). (2002). *Social Worker's Desk Reference*. Oxford University Press.

Rosenbaum, P., & Rubin, D. (1983). The Central Role of the Propensity Score in Observational Studies for Causal Effects. *Biometrika*, *70* (1), 41-55.

Rosenberg, M. (1989). *Society and the Adolescent Self-Image* (Revised ed.). Wesleyan

University Press.

Rosenhan, D. (1973). On being sane in insane places. *Science, 179* (January), 250-258.

Rosenthal, R. N. (2006). Overview of evidence-based practice. In A. R. Roberts & K. R. Yeager (Eds.), *Foundations of Evidence -Based Social Work Practice* (pp. 67-80). Oxford University Press.

Rossi, P., & Freeman, H. (1982). *Evaluation: A Systematic Approach* (2nd ed.). Sage.

Royse, D. (1991). *Research Methods in Social Work.* Nelson-Hall Publishers.

Royse, D. (2004). *Research Methods in Social Work* (4th ed.). Brooks/Cole-Thomson Learning.

Royse, D. (2011). *Research Methods in Social Work* (6th ed.). Brooks/Cole-Cengage Learning.

Royse, D. (2020). *Reseach Methods in Social Work* (8th ed.). Cognella Academic Publishing.

Royse, D., Thyer, B., Padgett, D., & Logan, T. (2001). *An Introduction to Program Evaluation* (3rd ed.). Wadsworth/Thomson Learning.

Royse, D., Thyer, B., Padgett, D., & Logan, T. (2006). *An Introduction to Program Evaluation* (4th ed.). Brooks/Cole-Thomson Learning.

Rubin, A. (2008). *Practitioner 's Guide to Using Research for Evidence-Based Practice.* John Wiley & Sons, Inc.

Rubin, A., & Babbie, E. (2007). *Essential Research Methods for Social Work.* Thomson Brooks/Cole.

Rubin, A., & Babbie, E. (2008). *Research Methods for Social Work* (6th ed.). Thomson Brooks/Cole

Sackett, D., Rosenberg, W., Gray, M., Haynes, B., & Richardson, S. (1996). Evidence-Based Medicine: What It Is and What It Isn't. *British Medical Journal, 312*, 71.

Sackett, D., Strauss, S., Richardson, W., Rosenberg, W., & Haynes, R. (2000). *Evidence-Based Medicine: How to Practice and Teach EBM* (2nd ed.). Churchhill-Livingstone.

Scruggs, T. E., & Mastropieri, M. A. (1998). Summarizing single subject research: Issues and applications. *Behavior Modification, 22* (3), 221-242.

Solomon, C. (1994). Welfare Workers'Response to Homeless Welfare Applicants. In C. K. Reissman (Ed.), *Qualitative Studies in Social Work Research.* Sage.

Srebnik, D., Uehara, E., Smukler, M., Russo, J., Comtois, K., & Snowden, M. (2002). Psychometric Properties and Utility of the Problem Severity Summary for Adults With Serious Mental Illness. *Psychiatric Services, 53* (8), 1010-1017.

Strauss, A., & Corbin, J. (1997). *Grounded Theory in Practice.* Sage.

Strauss, S., Richardson, S., Glasziou, P., & Haynes, B. (2005) *Evidence-Based Medicine: How to Practice and Teach EBM* (3rd ed.). Churchhill Livingstone.

Thyer, B. A. (2004). What is evidence-based practice? *Brief Treatment and Crisis Intervention*, *4* (2), 167-176.

Tutty, L., Rothery, M., & Grinnell, R. (1996). *Qualitative Research for Social Workers*. Allyn and Bacon.

Webb, E., Campbell, D., Schwartz, R., & Sechrest. L. (1966). *Unobtrusive Measures: Nonreactive Research in the Social Sciences*. Rand-McNally.

Williams, L., & Hopps, J. (1987). Publication as a practice goal: Enhancing opportunities for social workers. *Social Work*, *32* (5), 373-376.

World Medical Association Declaration of Helsinki: Ethical principles for medical research involving human subjects (2014). *jkma*, *57* (11), 899-902. doi:10.5124/jkma.2014.57.11.899.

찾아보기

ㅅ

ㅇ

저자 소개

황성동(Hwang, Sung-Dong)

부산대학교 사회복지학과 졸업(학사)
미국 West Virginia University 졸업(석사)
미국 University of California, Berkeley 졸업(박사)
행정고시, 입법고시, 사회복지사(1급) 출제위원 역임
건국대학교 교수, LG 연암재단 해외 연구교수, UC DATA 연구원 역임
현) 경북대학교 사회복지학과 명예교수

〈주요 저서 및 논문〉
『알기 쉬운 구조방정식모형-R, jamovi, JASP 프로그램』(학지사, 2025)
『누구나 할 수 있는 jamovi 통계분석』(2판, 학지사, 2023)
『쉽게 하는 R 통계분석』(학지사, 2021)
『R을 이용한 메타분석』(2판, 학지사, 2020)
『R과 jamovi로 하는 통계분석』(학지사, 2019)
『알기 쉬운 메타분석의 이해』(학지사, 2014)
「Licensure of Sheltered-Care Facilities: Does It Assure Quality?」(Social Work)
「다문화교육 프로그램의 효과성 검증」(한국사회복지학) 등이 있다.

알기 쉬운
사회복지조사방법론(3판)
Research Methods in Social Welfare (3rd ed.)

2006년 2월 10일 1판 1쇄 발행
2014년 8월 20일 1판 19쇄 발행
2015년 3월 10일 2판 1쇄 발행
2025년 1월 20일 2판 20쇄 발행
2026년 2월 20일 3판 1쇄 발행

지은이 • 황성동
펴낸이 • 김진환
펴낸곳 • (주) 학지사
04031 서울특별시 마포구 양화로 15길 20 마인드월드빌딩
대표전화 • 02)330-5114 팩스 • 02)324-2345
등록번호 • 제313-2006-000265호

홈페이지 • http://www.hakjisa.co.kr
인스타그램 • https://www.instagram.com/hakjisabook

ISBN 978-89-997-3649-0 93330

정가 24,000원

저자와의 협약으로 인지는 생략합니다.
파본은 구입처에서 교환해 드립니다.